中小企业 涉税风险防控 与纳税筹划

仁和会计教学研发中心 组编

主　编　翟继光

副主编　陈　东　张汉华　张晓卫
　　　　丁　姮

参　编　吴　勇　陈　松　李　惠
　　　　邵晓洁　张　庆

U0336852

机械工业出版社
CHINA MACHINE PRESS

本书基于金税四期环境下的最新税法，着重介绍中小企业面临的各种涉税风险（包括抽逃出资、私卡转账、发票、证据链、两套账、账务和报表）及其应对方式（包括纳税评估、了解税收征收管理法），对企业不同生产经营阶段（包括初创期、运营期、利润分配期）、不同税种所涉纳税筹划的实际操作，以及多种行业（包括餐饮、直播带货、电商及灵活就业、建筑安装、房地产业与不动产投资、金融业与股权投资）的综合纳税筹划进行了较为全面的阐述。本书以法律法规为准绳，梳理了丰富的针对性案例，能够给中小企业进行涉税风险防控和纳税筹划提供有价值的借鉴。

图书在版编目（CIP）数据

中小企业涉税风险防控与纳税筹划 / 仁和会计教学研发中心组编；翟继光主编. -- 北京：机械工业出版社，2024.7. -- ISBN 978-7-111-76485-4

Ⅰ. F812.423

中国国家版本馆CIP数据核字第2024MF9137号

机械工业出版社（北京市百万庄大街22号　邮政编码100037）

策划编辑：曹雅君　　　　　责任编辑：曹雅君　蔡欣欣
责任校对：梁　静　张　征　责任印制：任维东
北京中兴印刷有限公司印刷
2025年1月第1版第1次印刷
184mm×260mm · 22.25印张 · 468千字
标准书号：ISBN 978-7-111-76485-4
定价：80.00元

电话服务　　　　　　　　　网络服务
客服电话：010-88361066　　机　工　官　网：www.cmpbook.com
　　　　　010-88379833　　机　工　官　博：weibo.com/cmp1952
　　　　　010-68326294　　金　书　网：www.golden-book.com
封底无防伪标均为盗版　　机工教育服务网：www.cmpedu.com

前　言

企业要做好纳税筹划，得先树立风险意识与合规意识。随着金税四期上线，如何防范风险、合规纳税，越发成为纳税人的头等大事。为帮助广大中小企业在金税四期背景下更好地防控涉税风险并进行合法合规的纳税筹划，仁和会计教学研发中心组织专家编写了《中小企业涉税风险防控与纳税筹划》，希望读者读后能够有所收获。

本书基于最新税法，着重介绍了中小企业面临的各种涉税风险及其应对方式，对企业不同生产经营阶段、不同税种所涉纳税筹划的实际操作，以及多个行业的综合纳税筹划，进行了较为全面的阐述。

本书体例新颖，案例丰富，内容具有以下特点：

重点突出，针对中小企业常见的涉税风险、重点税种、重点经营环节，阐述风险应对和纳税筹划的方法与技巧。

浅显易懂，通过简洁的案例讲解涉税理论和筹划原理，方便读者学习和掌握。

实用性强，涉税案例均来自真实的司法案件和现实生活，筹划方案切实可行。

有法可循，强调纳税筹划要走"艺术路线"，不能走"魔术路线"，筹划方案均以现行有效的法律、法规为依据，符合税法规定。

紧贴现实，将近年新兴且备受关注的电商、直播带货、灵活就业等商业形式纳入代表性行业。

形式多样，为每个知识点录制了相应的视频课，随书附赠，并将经典实战案例作为练习题放入附录，帮助读者有效掌握全书内容，巩固所学。

本书面向财税从业者及财税专业领域的学员，旨在助其加深对税法的理解，有效提高其风险防范和纳税筹划的业务能力，适合作为财务工作者初学纳税筹划的入门读物，也可作为企业培训财务人员的工具书，还能作为财税培训机构与财经院校相关专业课程的指导用书。本书涉及的相关法律、法规，编写参考有效期截至 2024 年 3 月 31 日。

对于书中可能存在的疏漏之处，恳请广大读者批评指正和提出优化建议，以便本书重印或再版时修正。欢迎沟通、交流。

编　者

2024 年 3 月 31 日

目　录

第 3 篇
多行业综合
纳税筹划

329

第1篇
涉税风险与
风险应对

Chapter One
第1章
涉税风险

涉税风险是指纳税人故意或者过失违反税法的相关规定，被税务机关或者海关要求补缴税款、滞纳金、利息，接受行政处罚，或者被司法机关追究刑事责任所带来的风险。常见的涉税风险主要包括抽逃出资风险、私卡转账风险、发票风险、证据链风险、两套账风险、账务风险以及报表风险。

1.1 抽逃出资风险

抽逃出资风险是指公司验资注册成立后，因实际出资的股东以违法手段抽回出资的违法行为而要面临的法律风险。抽逃出资的主要表现形式包括：

1）制作虚假财务会计报表虚增利润进行分配；

2）通过虚构债权债务关系将其出资转出；

3）利用关联交易将出资转出以及其他未经法定程序将出资抽回的行为。

1.1.1 抽逃出资案例及解析

案例 ［2015］黄中法行终字第 00007 号

1. 基本信息

案件类型：股东向公司借款未按规定期限归还

涉案金额：个人所得税 174 万元

法律风险：补扣、补缴税款，罚款，加付滞纳金

2. 案情回顾

黄山市甲房地产开发有限公司（以下简称甲公司）系由宁波甲投资控股有限公司、苏

某某、倪某某、洪某某共同投资成立的有限责任公司。截至 2010 年年初，甲公司借款给其股东苏某某 300 万元、洪某某 265 万元、倪某某 305 万元，以上共计借款 870 万元，三人在 2012 年 5 月归还借款，该借款未用于甲公司的生产经营。2013 年 2 月 28 日，原黄山市地方税务局稽查局对甲公司涉嫌税务违法行为立案稽查，于 2014 年 2 月 20 日对甲公司做出税务处理决定，其中认定甲公司少代扣代缴 174 万元个人所得税，责令甲公司补扣、补缴。

甲公司向黄山市人民政府提出行政复议申请，黄山市人民政府作出行政复议决定，维持了税务机关的决定。甲公司不服，在法定期限内提起行政诉讼。一审法院判决维持原黄山市地方税务局稽查局的决定。

甲公司不服，提起上诉。

3. 各方观点

主体	观点（归还借款的性质问题）
甲房地产开发有限公司（上诉人）	1. 投资者借款归还后，借款人已无所得，在借款人还款后仍然按借款数额征收借款者个人所得税是错误的。 2.《财政部 国家税务总局关于规范个人投资者个人所得税征收管理的通知》（财税〔2003〕158 号）并没有规定纳税年度终了后多长时间内还款，稽查时已确认三名投资者还清了所有借款，该借款不能视作企业对投资者的红利分配
黄山市中级人民法院（受理方）	甲公司股东从公司借款超过一个纳税年度，该借款又未用于甲公司经营，稽查局将甲公司股东在超过一个纳税年度内未归还的借款视为甲公司对个人投资者的红利分配，依照《财政部 国家税务总局关于规范个人投资者个人所得税征收管理的通知》（财税〔2003〕158 号）第二条规定决定计征个人所得税，该决定符合财政部、国家税务总局关于个人投资者从投资的企业借款长期不还的处理问题的意见。黄山市地方税务局稽查局认定事实清楚，处理程序合法，责令甲公司补扣、补缴 174 万元个人所得税的处理决定适当

4. 案件焦点

立案稽查时，甲公司已确认三名投资者还清了所有借款，该借款是否能视为企业对投资者的红利分配？

5. 观点解析

甲公司借款给投资者，未用于企业的生产经营的事实清楚。三名投资者的借款虽然有归还的事实，但明显已超出该纳税年度，甲公司应履行代扣代缴义务，黄山市地方税务局稽查局责令其补扣、补缴的决定并无不当。

6. 案件结果

驳回甲公司的上诉请求，维持一审判决。

7. 案例启示

相关税法对可征税的借款有两条限制：时间限制（纳税年度终了后不归还）和用途限制（未用于企业生产经营）。这两条限制是对借款是否计征个人所得税的决定性条件。该规定的目的是防止个人投资者以借款的形式掩盖红利分配，其征税对象是纳税年度终了后未归还且未用于企业生产经营的借款。

案例　吉税稽处〔2021〕22号

1. 案情回顾

吉林乙公司法定代表人马某某持有乙公司58%的股份，其于2017年度至2018年度向公司借款，在年度终了未归还。2017年度"长期应付款——其他——马某某"借方余额3291790.61元；2018年度"长期应付款——其他——马某某"借方余额6071838.52元。上述借款在纳税年度终了既未归还又未用于企业生产经营，乙公司未按规定代扣个人所得税。

2021年12月28日，国家税务总局吉林省税务局稽查局责令乙公司补扣个人所得税合计1872725.82元，其中2017年12月份个人所得税658358.12元，2018年12月份个人所得税为556009.58元。

2. 案例解析

乙公司将公司资金借给股东，相关借款在纳税年度终了后既未归还又未用于企业生产经营，乙公司应按规定代扣代缴个人所得税。

案例　通税稽二罚〔2022〕30号

1. 案情回顾

江苏丙房地产开发有限公司（以下简称丙公司）共开发富通苑1号、2号、3号楼，其中住宅236套，面积5649.02平方米，应代收、代缴住房维修基金1896915.15元。在236套住宅中，未售16套；已售、未交房、未收到维修基金84套；已售、已交房、因迟交房等纠纷未收到维修基金66套；已售、已交房、已收到维修基金70套。截至2021年8月31日，丙公司共收取住房维修基金558172.55元，其中记入公司账91773.50元，其余466399.05元未入公司账，存入了股东周某个人账户，丙公司未代扣代缴周某个人所得税93279.81元。

2022年8月31日，国家税务总局南通市税务局第二稽查局决定对丙公司应扣未扣个人所得税（利息、股息、红利所得）的行为，处应扣未扣个人所得税税款50%的罚款，计46639.91元。

2. 案例解析

丙公司将公司资金存入股东个人账户，该行为应视为公司对股东的分红，丙公司应代扣代缴个人所得税。

1.1.2　抽逃出资的法律责任及对策建议

我们可以从三个角度出发，了解抽逃出资带来的法律责任及对策建议，见下表。

抽逃出资的法律责任及对策建议

法律责任	相关法律规定	对策	建议
民事责任	《中华人民共和国公司法》（以下简称《公司法》）规定，公司股东抽逃出资，导致公司无力缴纳税款，损害国家税收债权或者他人债权的，公司股东应当对公司所欠税款以及其他债务承担连带责任	1. 股东应当避免制作虚假财务会计报表虚增利润进行分配，严禁通过虚构债权债务关系将其出资转出；不能利用关联交易将出资转出。 2. 严禁私卡收款	股东与公司有资金往来或发生借贷关系，一定要依法签订合同，按照公平合理的市场利率支付利息
行政责任	根据税法的相关规定，公司股东如果采取借款的形式来抽逃出资，符合财税〔2003〕158 号文件规定时，应当依照"利息、股息、红利所得"项目计征个人所得税。公司股东以借款的形式抽逃出资，往往不会在年底依法缴纳个人所得税，由此会导致加收滞纳金的风险	1. 股东不要轻易从公司借款。 2. 股东不要用私卡收取公司的经营款项	股东如果要借款，则一定要在每年的 12 月 31 日之前将借款归还公司；如果仍有资金需求，可以在第二年的 1 月 1 日以后再从公司借款。借款时应签订规范的借款合同，支付公平合理的利息，同时应确保在当年 12 月 31 日之前将借款归还公司
刑事责任	《中华人民共和国刑法》（以下简称《刑法》）规定，单位和个人作为公司的股东，如果抽逃出资，损害国家税收债权，后果严重的，有可能构成犯罪，并被依法追究刑事责任	作为公司的发起人、股东，应当避免出现下列行为：违反《公司法》的规定未交付货币、实物或者未转移财产权，虚假出资，或者在公司成立后又抽逃其出资。如果出现上述行为，应当立即改正，并立刻向公司归还所抽逃的出资，避免造成"数额巨大、后果严重或者有其他严重情节"的后果，避免被追究刑事责任	

1.2　私卡转账风险

私卡转账风险是指违反法律规定，因将单位的资金存入个人银行卡以及通过个人银行卡代替对公账户进行单位资金收付的违法行为而要面临的法律风险。私卡转账的主要表现形式包括：

1）违反《人民币银行结算账户管理办法》规定将单位款项转入个人银行结算账户；

2）违反《人民币银行结算账户管理办法》规定支取现金；

3）出租、出借个人银行结算账户。

1.2.1　私卡转账案例及解析

案例　利用私卡转账偷逃税费

1. 基本信息

案件类型：通过私人账户隐匿收入

涉案金额：个人所得税、增值税及附加、企业所得税等税费 819.66 万元

法律风险：罚款 421.26 万元

2. 案情回顾

2021 年 12 月，国家税务总局杭州市税务局第一稽查局通过查询征管系统发现，甲公司 2020 年申报企业所得税收入为 3.97 亿元，申报代扣代缴个人所得税却仅为 2.91 万元，收入和工资总额严重不匹配。

甲公司主要提供国内物流运输服务，工资表显示在岗的配送员有 300 多名，大部分员工的工资在 5000 元左右，这意味着甲公司大部分员工不需要缴纳个人所得税。

稽查局工作人员调取了甲公司的所有财务资料进行核查。在核查明细账时发现，甲公司每月月底都会向公司的某名行政人员转账，每月转账金额在数十万元到上百万元不等，财务处理上借记"其他应收款"科目，下个月则通过过路费发票报销转入"主营业务成本"科目。

稽查人员调取了该名行政人员的银行账户流水。结果发现，在两年半的时间里，该私人账户竟有数万条流水记录，资金来源除了公司转账，还有许多小额资金汇入。这个账户汇出去的钱，一半进入该公司员工的账户，另一半则进入工资表上没有的一些陌生的个人账户中。

经过询问，甲公司承认通过私人账户隐匿收入的违法行为。

原来，甲公司应员工的要求，账内发放基本工资，账外发放绩效工资。由于账外发放工资会导致大额"其他应收款"挂账，无法反映公司的实际成本，需要多缴很多企业所得

税。为了逃避个人所得税，同时降低企业所得税，公司让司机帮助收集过路费发票，入账冲抵成本，同时让一些不需要开具发票的客户将运费打入公司行政人员的个人账户，用于发放部分账外工资。

至此，案情水落石出。税务机关依法对甲公司做出补缴个人所得税、增值税及附加、企业所得税等税费 819.66 万元、罚款 421.26 万元的处理和处罚决定。

3. 案例解析

风险点	解析
收集过路费发票，入账冲抵成本	1. 让司机帮助收集过路费发票入账，以虚增公司成本来达到减少企业所得税的目的，构成偷税行为。
让客户将运费打入公司行政人员的个人账户，用于发放部分账外工资	2. 让一些不需要开具发票的客户将运费打入公司行政人员的个人账户，属于典型的公款入私账行为。
每月月底向公司的某名行政人员转账，财务处理上借记"其他应收款"科目，下个月则通过过路费发票报销转入"主营业务成本"科目	该行为隐瞒了甲公司的部分应税收入，帮助甲公司少申报收入，进而少申报增值税及其附加以及企业所得税
应员工的要求，账内发放基本工资，账外发放绩效工资	将员工的部分工资打入公司行政人员的个人账户，由该个人账户向员工的私人账户发放部分工资，再由私账履行公账的部分收支功能，也是典型的公款入私账行为。该行为隐瞒了甲公司的支出性质，隐瞒了甲公司部分员工的工资薪金收入，导致甲公司少代扣代缴该部分员工的个人所得税，构成偷税行为

4. 判案依据

《中华人民共和国税收征收管理法》（以下简称《税收征收管理法》）第六十三条：纳税人伪造、变造、隐匿、擅自销毁账簿、记账凭证，或者在账簿上多列支出或者不列、少列收入，或者经税务机关通知申报而拒不申报或者进行虚假的纳税申报，不缴或者少缴应纳税款的，是偷税。

案例　利用私卡转账偷逃企业所得税案

（江苏省南京市中级人民法院〔2018〕苏 01 行终 1027 号行政判决书）

1. 基本信息

案件类型：利用私卡转账偷逃企业所得税

涉案金额：偷逃税款 4215469.61 元

法律风险：行政处罚 3372375.69 元

2. 案情回顾

2016 年 6 月，原南京市国税局稽查局（以下简称原稽查局）决定对德嘉置业公司 2009 年 1 月 1 日至 2016 年 5 月 31 日涉税问题进行调查。原稽查局在调查过程中得知，德嘉置业公司与爱康国宾公司等 9 家公司签订租赁合同，并用个人账户收取租金。德嘉置业公司应原稽查局要求提供材料，并自认向若干机构、公司以及个人出租公司房产所得未入账收入为 18255908.48 元，因财务资料缺失，无法准确认定其所属年度，故将 2015 年度未入账租金收入确定后，在 2015 年度所得税汇算清缴申报期内申报并交纳，剩余部分按照 2014 年度收入交纳所得税和滞纳金。

原稽查局分别对德嘉置业公司原总经理、实际检举人、现总经理、出纳、总账会计、执行董事进行调查询问。执行董事梁某宁陈述，其对德嘉置业公司通过私人账户收入租金未申报纳税的情况是知情的。原总经理章某提供了账外账记录。2017 年 1 月，原市国税局案审会做出审理意见认为，该案事实清楚、证据确凿、数额巨大、行为故意明显。其行为属于《税收征收管理法》第六十三条第一款规定的偷税违法行为。鉴于该公司在国税机关立案检查之前能够认识到自己的税收违法行为，主动补缴税款和滞纳金，属于从轻处罚情节。根据规定，对该公司的偷税行为处以 80% 罚款。

原稽查局告知德嘉置业公司，认定德嘉置业公司租金未入账行为构成偷税，决定按照偷税税款 4215469.61 元的 80% 罚款 3372375.69 元。

原稽查局要求德嘉置业公司提供 2011 年至 2014 年房屋出租收入申报房产税、营业税等纳税情况及 2015 年自查补缴还原到所属年度的补缴情况。德嘉置业公司按要求提供了上述材料。原稽查局出具 9 号《税务行政处罚决定书》，德嘉置业公司不服，向一审法院提起诉讼。

一审另查明，德嘉置业公司向原稽查局申报 2014 年的企业所得税纳税，共缴纳企业所得税 4215469.61 元，滞纳金为 739814.92 元。庭审中，德嘉置业公司对原稽查局出具的 9 号《税务行政处罚决定书》中认定的德嘉置业公司在 2010 年至 2014 年出租自有房产，少申报缴纳企业所得税金额为 3761308.31 元没有异议。

一审法院判决驳回德嘉置业公司的诉讼请求。德嘉置业公司不服，提起上诉。

3. 各方观点

主体	观点 1（偷税定性问题）	观点 2（处罚幅度问题）
德嘉置业公司（上诉人）	我公司在实施税务检查之前已经主动纠正，超额补缴税款及滞纳金，不能证明我公司存在偷税的主观故意，不应被定性为偷税，不应处罚	我公司在发现存在少计房租的情况后，分别向国税局和地税局补缴了所得税、营业税及房产税。补税行为发生在国地税稽查立案之前，原稽查局仍对我公司处以 80% 罚款属于明显不当

（续）

主体	观点 1（偷税定性问题）	观点 2（处罚幅度问题）
南京铁路运输法院（一审受理方）	是否具有主观故意应从行为发生时进行判断，不能因事后补缴就倒推没有主观故意。逾期后补缴税款不影响对行为的定性。本案中，原稽查局的证据能够证明德嘉置业公司在 2010 年至 2014 年出租自有房产存在故意欺骗和隐瞒应纳税收入，具有偷税的主观故意，原稽查局将德嘉置业公司定性为偷税并无不当	根据《税收征收管理法》第六十三条的规定，对纳税人偷税的，由税务机关追缴其不缴或者少缴的税款、滞纳金，并处不缴或者少缴的税款 50% 以上 5 倍以下的罚款；构成犯罪的，依法追究刑事责任。鉴于德嘉置业公司在税务检查中比较配合，也补缴了部分税款，原稽查局在法定的处罚幅度内处以 80% 罚款，处罚并无不当
南京市中级人民法院（二审受理方）	德嘉置业公司在订立租赁合同时即约定相应税费由承租人负担，以此逃避纳税义务，又违法不开具发票，说明其在租赁关系建立之初就存在隐瞒收入进行偷税的主观故意。德嘉置业公司将房屋租赁款项存入公司法定代表人、高管及财务负责人的个人名下，以账外设账等方式不计、少计收入，以此达到不缴或少缴税款的目的，其偷税主观故意图明显。德嘉置业公司的行为符合《税收征收管理法》第六十三条规定，构成偷税行为，逾期后补缴税款不影响该行为定性，且上诉人公司也没有如实按规定申报补缴应纳税款，偷税主观意图明显，应按偷税行为处理	原江苏省南京市国家税务局、江苏省南京地方税务局发布的《税务行政处罚自由裁量基准操作标准》第六条规定，纳税人实施偷税有以下情形之一的，处不缴或少缴税款 50% 以上 1 倍以下罚款：①纳税人配合税务机关检查的；②在税务机关对其违法行为做出税务处理前主动补缴税款和滞纳金的；③违法行为较轻的。被上诉人综合本案案情和上诉人公司配合税务机关检查及主动补缴税款和滞纳金情节，对上诉人公司做出 80% 处罚，符合法律及税务处罚操作标准的相关规定，并无不当

4. 案件焦点

1）在税务检查前自我纠正申报补缴税款，是否还应按偷税处理？

2）对偷税的处罚幅度是否合理？

5. 判案理由

见"3. 各方观点"中一审和二审受理方的观点。

6. 案件结果

驳回上诉，维持原判。

7. 案例解析

本案中，原稽查局在调查过程中收集的德嘉置业公司与爱康国宾公司等 9 家公司签订的租赁合同可以证明，德嘉置业公司通过约定的方式转移纳税义务，存在不申报纳税的主观故意。原稽查局对德嘉置业公司的股东、高管及财务人员的调查及银行流水可以证明，德嘉置业公司存在将租金收入打入个人账户以逃避纳税的行为。德嘉置业公司未按规定时限申报纳税，客观上造成了国家税收收入的损失，扰乱了国家税收征管的秩序。补缴的税款亦未归属到所属年限申报，客观上造成了少缴的后果。德嘉置业公司的行为符合《税收

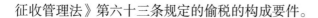

征收管理法》第六十三条规定的偷税的构成要件。

1.2.2 私卡转账的法律责任及对策建议

私卡转账的法律责任及对策建议见下表。

私卡转账的法律责任及对策建议

法律责任	相关法律规定	对策	建议
民事责任	《公司法》第二十三条：公司股东滥用公司法人独立地位和股东有限责任，逃避债务，严重损害公司债权人利益的，应当对公司债务承担连带责任。股东利用其控制的两个以上公司实施前款规定行为的，各公司应当对任一公司的债务承担连带责任。只有一个股东的公司，股东不能证明公司财产独立于股东自己的财产的，应当对公司债务承担连带责任	公对私转账时应当明确资金性质和用途，最好有书面的合同或者相关文件作为依据，确定相关资金的归属	在转账的备注中写明资金的性质或者用途，有助于未来在出现争议时查清资金的归属
行政责任	1.《税收征收管理法》第三十二条：纳税人未按照规定期限缴纳税款的，扣缴义务人未按照规定期限解缴税款的，税务机关除责令限期缴纳外，从滞纳税款之日起，按日加收滞纳税款万分之五的滞纳金。 2.《税收征收管理法》第六十九条：扣缴义务人应扣未扣、应收而不收税款的，由税务机关向纳税人追缴税款，对扣缴义务人处应扣未扣、应收未收税款百分之五十以上三倍以下的罚款	根据《税收征收管理法》的规定，单位公转私时，如果未依法代扣代缴个人所得税，有可能要承担缴纳滞纳金和罚款的法律责任。在公转私时，应提供明确的合同依据或者其他文件依据，确保资金转移的合法性，避免为抽逃出资、洗钱、逃避纳税义务以及其他违法行为进行公转私	1.支付个人款项时，要按照《税收征收管理法》规定代扣个人所得税。 2.从单位银行结算账户支付给个人银行结算账户的款项应纳税的，应保存好代扣税款的完税证明

1.3 发票风险

发票风险是指违反发票管理法律法规，取得或者开具了不合规或者不合法的发票，从而被税务机关要求补缴税款和滞纳金、被税务机关处以罚款或者被追究刑事责任的风险。

常见的发票风险包括未取得发票的风险、取得不合规发票的风险、违法不开具发票的风险以及虚开发票的风险。

虚开发票的三种行为包括为他人、为自己开具与实际经营业务情况不符的发票，让他人为自己开具与实际经营业务情况不符的发票，以及介绍他人开具与实际经营业务情况不符的发票。

1.3.1　发票风险案例及解析

案例　虚开发票被行政处罚案

（大连市中级人民法院〔2020〕辽 02 行终 619 号行政判决书）

1. 基本信息

案件类型：为他人开具与实际经营不符的发票

涉案金额：销项税额 1025044.29 元

法律风险：行政处罚 30 万元

2. 案情回顾

原告甲生物科技有限公司向乙对外贸易有限公司于 2015 年 10 月 22 日虚开 3 组增值税专用发票，开具货物名称为盐渍海参，发票金额均为 876106.19 元，销项税额均为 113893.81 元，3 组增值税专用发票的价税合计为 2970000 元；于 2015 年 11 月 16 日虚开 2 组增值税专用发票，销项税额均为 113893.81 元，2 组增值税专用发票的价税合计为 1979999.98 元；于 2016 年 4 月 27 日虚开 4 组增值税专用发票，开具货物名称为盐渍海参，发票金额均为 876106.19 元，销项税额均为 113893.81 元，4 组增值税专用发票的价税合计为 3960000 元。被告大连市长海县国家税务局（2018 年 7 月 5 日，因机构改革，原大连市长海县国家税务局职能划归被告国家税务总局长海县税务局）于 2016 年 5 月 9 日立案稽查。2019 年 5 月 28 日，被告向原告下发《行政处罚告知书》，认定原告虚开 9 组增值税专用发票，拟对原告做出罚款 30 万元的行政处罚。2019 年 10 月 22 日，被告向原告下发《行政处罚决定书》，对原告做出罚款 30 万元的行政处罚。原告不服，诉至一审法院。

一审法院驳回原告甲生物科技有限公司的诉讼请求。原告不服，提起上诉。

3. 各方观点

主体	观点 1（虚开发票是否构成行政处罚）	观点 2（罚款幅度问题）
甲生物科技有限公司（上诉人）	税务局的行政处罚不符合法律规定。《中华人民共和国发票管理办法》（以下简称《发票管理办法》）规定对虚开发票要处以没收违法所得的行政处罚，可以并处罚款。我方虽虚开发票，但实际已全额缴纳了税款，并无违法所得可以没收，也就谈不上并处罚款。参考案例如下： 最高人民法院于 2018 年 12 月 4 日发布的《人民法院充分发挥审判职能作用保护产权和企业家合法权益典型案例（第二批）》中，提到过一个虚开增值税专用发票案：张某强因虚开增值税专用发票罪，一审法院在法定刑之下判决其承担刑事责任并报最高人民法院核准后，最高人民法院认为其并不具有偷逃税收的目的，其行为未对国家税收造成损失，不具有社会危害性。虽然张某强并未上诉，但是最高人民法院基于刑法的谦抑性要求认为，该案不应定罪处罚，故未核准一审判决，并撤销一审判决，将该案发回重审。最终，一审法院宣告张某强无罪	税务局罚款 30 万元，处罚幅度过重，没有任何法律依据。税务局称系依据 2019 年修订后的《发票管理办法》第三十七条第一款，罚款 30 万元，但该条款仅规定虚开发票金额超过 1 万元的，可并处 5 万元以上 50 万元以下的罚款，并未具体规定处罚金额量定标准

（续）

主体	观点 1（虚开发票是否构成行政处罚）	观点 2（罚款幅度问题）
国家税务总局长海县税务局（被上诉人）	行政机关应当依据行政法律规范行政，而不能依据刑事法律规范执法。甲公司引用的案例是刑事案件，适用刑事法律规范；而甲公司虚开发票是违反行政法规的违法行为，对其追责适用行政法律规范，而非刑法规范。甲公司混淆了行政和刑事的界限，以刑事法律规范的标准来审视行政行为的合法性，不符合"依法行政"的法律精神。根据《发票管理办法》的规定，做出虚开发票行为即构成行政违法，不以行为人具有偷、逃税款的目的和实际造成税款损失的结果为构成要件。罚款和没收违法所得是并列的两个处罚种类，没收违法所得并不是罚款的前提条件。甲公司主张无违法所得就不能处以罚款，是曲解了法律条文的意思	对甲公司罚款 30 万元符合法律规定的处罚幅度，不属于处罚过重。《发票管理办法》对虚开发票的罚款幅度为 5 万~50 万元，我方决定对甲公司罚款 30 万元没有超过法定幅度。甲公司累计虚开发票票面金额远大于 30 万元，我方决定罚款 30 万元已经是按裁量基准的下限进行处罚，不存在明显过重的问题
辽宁省大连市中级人民法院（受理方）	税务局依法具有做出被诉行政处罚决定的职权	基于 2019 年修订后的《发票管理办法》第二十二条规定和第三十七条第一款规定，税务局根据甲公司开具的案涉 9 组发票，结合相关人员的询问笔录、销售合同、相关公司的预付账款明细、记账凭证明细、应收账款明细及相关账户交易记录等证据，认定甲公司存在开具 9 组与实际经营业务情况不符的发票行为，并据此在前述法律规定的处罚幅度范围内做出被诉行政处罚决定，事实清楚，适用法律正确，并无不妥

4. 案件焦点

1）甲生物科技有限公司虚开发票是否构成行政处罚？

2）罚款 30 万元，幅度是否过重，是否有法律依据？

5. 判案理由

见"3. 各方观点"中被上诉人和受理方的观点。

6. 案件结果

驳回上诉，维持一审判决。

7. 案例启示

只要发票上记载的事项与客观事实，即实际经营业务情况不符，均属于虚开发票。虚开发票是严重的违法行为，也是最常见的发票风险。

案例　虚开发票被调增应纳税所得额案

（广州铁路运输中级法院〔2020〕粤 71 行终 1279 号行政判决书）

1. 基本信息

案件类型：接收他人开具与实际经营不符的发票

涉案金额：税费总计 247525.42 元

法律风险：补缴增值税及附加税费、企业所得税，加付滞纳金

2. 案情回顾

马鞍山佳荣物流有限公司、马鞍山福瑞物流有限公司于 2013 年至 2014 年，在无实际货物运输业务行为的情况下，向乙科技有限公司（以下简称乙公司）虚开发票。2018 年 3 月 30 日，稽查局通知乙公司，将对其 2013 年至 2014 年涉税情况进行检查。

稽查局要求中国银行协助查询乙公司的相关支票的支付交易情况。在案证据中的 9 张出票人为乙公司的中国银行支票复印件，记载的收款人分别为"上饶市信江运输有限公司"和"江西伟兴物流有限公司"。乙公司在上述支票复印件上盖章确认与原件核对无误，原件存于其处。

2018 年 7 月 2 日，稽查局出具《税务事项通知书》，通知乙公司补开、换开符合规定的货物运输业增值税专用发票。乙公司提出，由于马鞍山佳荣物流有限公司、马鞍山福瑞物流有限公司已被列入工商经营异常名录，乙公司无法在期限内补开、换开发票和其他外部凭证，现向该局提供证实真实性的相关资料，包括原始发货托运凭证、收款凭证。乙公司还提出，其货物由三鑫运业物流有限公司承运，但三鑫运业物流有限公司没有进行工商登记，没有经营执照，无法补开合法正规的运输发票给乙公司。

三鑫运业物流有限公司称其将货物转至马鞍山佳荣物流有限公司、马鞍山福瑞物流有限公司，并向乙公司出具上述马鞍山两家公司开具的增值税发票。乙公司已经将 11 张增值税发票通过国税前台人工扫描认证进行抵扣，没做进项税转出，款项已结清。并且，上述 11 张增值税专用发票涉及的成本合计 669168.47 元，乙公司已经结转年度利润，并在企业所得税税前扣除，至检查日止未做企业所得税纳税调整，未足额缴纳企业所得税。

乙公司向稽查局提交了承运合同、采购合同、收据、送货单、货物托运单、对账单、银行流水、记账凭证、会计账簿、增值税纳税申报表、企业所得税纳税申报表等材料，并再次说明其货物运输及收款情况，提出其公司没有接收第三方开具的发票，没有主观或客观的偷税、逃税。乙公司陈述其与三鑫运业物流有限公司的交易属实，与三鑫运业物流有限公司签订的合同有合同章，收据有财务人员开具的发票，已由税务前台抵扣认证，事发后 2019 年 1 月 24 日，乙公司去查证三鑫运业物流有限公司，发现其无工商登记，故无法补开发票。

2019 年 7 月 16 日，稽查局向乙公司做出税务处理决定，告知乙公司其违法事实有：

1）乙公司向三鑫运业物流有限公司购进运输服务，从销售方取得第三方开具的 11

份货物运输业增值税专用发票经证实为虚开的增值税专用发票，涉及的进项税额合计 73608.53 元，乙公司于 2013 年和 2014 年向税务机关申报抵扣，至稽查局检查之日止未做进项转出处理，少缴增值税及相关城市维护建设税、教育费附加及地方教育附加。

2）上述 11 份发票涉及金额 669168.47 元，为企业所得税税前扣除金额，至稽查局检查之日止未做纳税调整。乙公司未能在规定的期限内从销售方补开、换开发票，也无法提供涉及金额支出真实性的相关资料，造成少计企业所得税应纳税所得额。

处理决定如下：追缴增值税及附加税费；调增应纳税所得额，追缴企业所得税；加收滞纳金。乙公司应补缴增值税 73608.53 元、城市维护建设税 5152.61 元、教育费附加 2208.26 元、地方教育附加 1472.16 元、企业所得税 165083.86 元，并从税款滞纳之日起至实际缴纳或者解缴税款之日止，按日加收滞纳税款万分之五的滞纳金。

乙公司不服，向税务局申请行政复议。税务局决定维持稽查局出具的《税务处理决定书》。乙公司仍不服，诉至一审法院。一审法院判决驳回乙公司的诉讼请求。

上诉人乙公司不服原审判决，向二审法院提起上诉。

3. 各方观点

主体	观点 1（偷税定性问题）	观点 2（适用法律问题）
乙科技有限公司（上诉人）	我公司相关运费已真实发生，不具有偷税行为和主观故意，原审判决认定事实错误。原审判决认定的仅是增值税及其附加税费的追缴合法适当，但增值税进项税额不能抵扣，不等于相关支出不能在企业所得税税前扣除，少缴增值税和少缴企业所得税是不同的问题。虚开的增值税发票虽不得抵扣进项税额，但相关支出如真实发生，且符合《中华人民共和国企业所得税法》（以下简称《企业所得税法》）等相关规定，可以在企业所得税税前扣除，不属于偷税。我公司提交的材料证明运输业务真实存在，运输费用已经真实支付。《企业所得税法》规定，除发票外，能够证明业务真实的相关资料，同样是有效的税前扣除凭证	原审法院错误采纳稽查局逾期提交的证据，认定本案适用《企业所得税税前扣除凭证管理办法》，适用法律错误。原审判决实质上认可了稽查局在原审庭审结束后两个多月才补充提交的证据。由于反复延长检查时限，检查在《企业所得税税前扣除凭证管理办法》施行后才完成，进而据此做出对我公司不利的处理决定，不符合"从旧兼从轻"的法律适用原则，属于适用法律错误
国家税务总局广州市税务局第一稽查局（被上诉人）	乙公司在明知其与开票单位之间不存在真实业务往来的情况下，仍以开票单位虚开的增值税专用发票向税务机关申报抵扣，造成少缴增值税、城市维护建设税、教育费附加、地方教育附加，符合《税收征收管理法》第六十三条第一款规定的偷税行为和偷税的主观故意，我方依法予以追缴具有事实和法律依据。鉴于乙公司的 11 份增值税专用发票是虚开的发票，不能证实该公司的运输费用真实发生，不能作为企业所得税税前扣除的凭证，原稽查局已依法通知乙公司在指定期限内补开、换开发票，或提供资料证实其支出的真实性，乙公司在指定期限内既不能补开、换开发票，提供的资料也不能证实其支出的真实性，我方依法追缴企业所得税具有事实和法律依据	我方已根据《税务稽查工作规程》的规定，延长案件办理期限，不存在超期办案的情形。本案适用《企业所得税税前扣除凭证管理办法》，更有利于保护行政相对人的合法权益，且根据"实体从旧、程序从新"的法律适用原则，我方的具体行政行为未违反"从旧兼从轻"的法律适用原则

4. 案件焦点

1）乙科技有限公司是否具有偷税行为和主观故意？

2）稽查局认为本案适用《企业所得税税前扣除凭证管理办法》是否正确？

5. 判案理由

1）关于偷税行为和主观故意的问题，见"3. 各方观点"中被上诉人的观点。

2）《企业所得税税前扣除凭证管理办法》自 2018 年 7 月 1 日起实施，稽查局于 2018 年 7 月 2 日出具《税务事项通知书》时，该管理办法已经实施。《企业所得税税前扣除凭证管理办法》系根据《企业所得税法》及其实施条例、《税收征收管理法》及其实施细则、《发票管理办法》及其实施细则等规定而制定的，具有充分的上位法依据。《企业所得税税前扣除凭证管理办法》中第十四条是针对企业未取得外部凭证或取得不合规外部凭证的情况下，规定企业可以采取的补救措施，有利于企业及时改正相应的不合法或不合规的纳税行为。本案中，乙科技有限公司申报企业所得税使用了涉案 11 份增值税发票作为抵扣凭证，稽查局按照《企业所得税税前扣除凭证管理办法》第十四条的规定，要求乙科技有限公司采取相应的补救措施，并无不当。乙科技有限公司并未提供符合规定的证实其支出真实性的相关资料，则稽查局按照该管理办法第十六条的规定予以处理，并无不当。

关于乙科技有限公司认为其货物运输业务真实，因此其实际发生的运输费应当在税前扣除的主张，经查，乙科技有限公司向税务局提交的承运合同中承运方盖章为"三鑫运业物流有限公司业务专用章"，提交的收款收据中的收款单位为"三鑫物流有限公司财务专用章"，承运合同中的业务专用章与收款收据中的财务专用章指向的单位名称明显不一致。经乙科技有限公司盖章确认无误的中国银行支票复印件的收款人为"上饶市信江运输有限公司""江西伟兴物流有限公司"，亦与前述的承运合同中的业务专用章与收款收据中的财务专用章指向的单位名称明显不一致。

现乙科技有限公司不能出具证实其支出真实性的合法、合规的凭证，故其认为涉案运输费应当在税前扣除的主张不能成立。

6. 案件结果

驳回上诉，维持一审判决。

7. 案例启示

1）一旦对方被认定为虚开发票，发票接收方也同样构成虚开发票的违法行为。

2）承运合同、采购合同、收据、送货单、货物托运单、对账单、银行流水、记账凭证、会计账簿、增值税纳税申报表、企业所得税纳税申报表等材料无法证明"资金流""发票流"和"货物流"相一致，无法证明交易的真实性。

1.3.2 发票违法行为法律责任及对策建议

发票违法行为的法律责任及对策建议见下表。

发票违法行为的法律责任及对策建议

法律责任	相关法律规定	对策	建议
行政责任	1.《税收征收管理法》第六十三条：纳税人伪造、变造、隐匿、擅自销毁账簿、记账凭证，或者在账簿上多列支出或者不列、少列收入，或者经税务机关通知申报而拒不申报，或者进行虚假的纳税申报，不缴或者少缴应纳税款的，是偷税。对纳税人偷税的，由税务机关追缴其不缴或者少缴的税款、滞纳金，并处不缴或者少缴的税款百分之五十以上五倍以下的罚款；构成犯罪的，依法追究刑事责任。 2.《发票管理办法》第三十五条：违反本办法的规定虚开发票的，由税务机关没收违法所得；虚开金额在1万元以下的，可以并处5万元以下的罚款；虚开金额超过1万元的，并处5万元以上50万元以下的罚款；构成犯罪的，依法追究刑事责任	1. 在开具和取得发票时，应当仔细核对发票上记载的事项与客观交易情况是否一致，特别是发票上记载的交易双方、交易金额以及交易项目是否与客观实际相一致。如有不一致，应及时作废发票并开具正确的发票。 2. 如果已经虚开了发票则应尽快作废，并依法进行增值税和企业所得税的调整	先签订合同，再开具发票。合同上应明确约定交易双方的名称、纳税人识别号、交易的金额以及收付款账户。交易完成之后，应定期核对合同上约定的事项、发票上记载的事项以及客观实际发生的交易是否一致。保存好合同、发票、收付款凭证、物流凭证等
刑事责任	1.《刑法》第二百零一条：纳税人采取欺骗、隐瞒手段进行虚假纳税申报或者不申报，逃避缴纳税款数额较大并且占应纳税额百分之十以上的，处三年以下有期徒刑或者拘役，并处罚金；数额巨大并且占应纳税额百分之三十以上的，处三年以上七年以下有期徒刑，并处罚金。……有第一款行为，经税务机关依法下达追缴通知后，补缴应纳税款，缴纳滞纳金，已受行政处罚的，不予追究刑事责任；但是，五年内因逃避缴纳税款受过刑事处罚或者被税务机关给予二次以上行政处罚的除外。 2.《刑法》第二百零五条：虚开增值税专用发票或者虚开用于骗取出口退税、抵扣税款的其他发票的，处三年以下有期徒刑或者拘役，并处二万元以上二十万元以下罚金；虚开的税款数额较大或者有其他严重情节的，处三年以上十年以下有期徒刑，并处五万元以上五十万元以下罚金；虚开的税款数额巨大或者有其他特别严重情节的，处十年以上有期徒刑或者无期徒刑，并处五万元以上五十万元以下罚金或者没收财产。单位犯本条规定之罪的，对单位判处罚金，并对其直接负责的主管人员和其他直接责任人员，处三年以下有期徒刑或者拘役；虚开的税款数额较大或者有其他严重情节的，处三年以上十年以下有期徒刑；虚开的税款数额巨大或者有其他特别严重情节的，处十年以上有期徒刑或者无期徒刑	虚开发票往往会构成偷税或者逃税，如果税务机关尚未发现纳税人虚开发票的行为，应当及时作废发票并进行账务和税务调整；如果税务机关已经立案查处，则应积极配合税务机关查清事实，在税务机关依法下达追缴通知后，及时补缴应纳税款，缴纳滞纳金，缴纳罚款，以免被追究刑事责任	纳税人应立即着手核查近五年特别是近三年开具和收取的发票，不要抱有侥幸心理。金税四期上线以后，大额虚开发票的现象几乎都难逃税务机关的监管视线。如果企业之前的发票风险过大，在税务机关尚未发现时也可以将企业注销，避免以后被查出发票风险

1.4　证据链风险

证据链风险是指企业从事购销活动或者其他经营活动时，未妥善保管能够证明购销活动或者其他经营活动真实发生的证据，从而被税务机关认定业务不真实，并进而被认定为虚开发票或者偷税而带来的法律风险。

证据链风险主要包括：

1）因证据链不完整，企业的相关支出不允许在企业所得税税前扣除，企业的进项税额不允许抵扣，在计算土地增值税等其他税款时，相关支出不允许扣除；

2）因证据链不完整，被税务机关认定为虚开发票，被处以罚款，甚至被追究刑事责任；

3）因证据链不完整，被税务机关认定为偷税，被要求补税和加付滞纳金，被处以罚款，甚至被追究刑事责任。

1.4.1　证据链风险案例及解析

案例　证据链不完整不允许在企业所得税税前扣除案

（长春市中级人民法院〔2019〕吉 01 行终 17 号行政判决书）

1. 基本信息

案件类型：利息支出未取得有效凭证

涉案金额：企业所得税 5529937.50 元

法律风险：补缴企业所得税、增调应纳所得税额、加付滞纳金

2. 案情回顾

2016 年，长春市税务局稽查局对宜林公司涉税情况开展稽查，要求宜林公司提供支付太原市梗阳实业集团有限公司（以下简称梗阳公司）借款利息的合法有效凭证。2017年，稽查局出具了《税务处理决定书》，认定以下违法事实：

1）2014 年，宜林公司将应支付梗阳公司借款利息 21010500 元计入财务费用，未取得合法有效凭据，于 2014 年度企业所得税税前扣除申报 21010500 元。

2）2014 年，宜林公司将应支付张某借款利息 1109250 元计入财务费用，未取得合法有效凭据，于 2014 年度企业所得税税前扣除申报 1109250 元。

3）2015 年，宜林公司计提借款利息 895999 元，计入财务费用（其中，计提梗阳公司借款利息 858666 元，计提张某借款利息 37333 元），未取得合法有效凭据，于 2015 年度企业所得税税前申报扣除 845385.62 元。

处理决定：

1）补缴企业所得税 5529937.5 元；同时增调 2015 年应纳税所得额 845385.62 元。

2015年实际亏损134619.07元。

2）从滞纳税款之日起到缴纳税款之日止，按日加收滞纳税款（2014年企业所得税5529937.50元）万分之五滞纳金。

宜林公司收到此处理决定书后，向法院提起行政诉讼，请求撤销该处理决定。一审法院判决驳回宜林公司的诉讼请求。宜林公司不服，提起上诉。

3. 各方观点

主体	观点1（利息支出的发票问题）	观点2（审计报告作为凭证的问题）
宜林公司（上诉人）	认定本案应当以发票作为唯一合法有效凭证是错误的。2019年修订后的《发票管理办法》第二十条、第二十一条是对经营者取得发票事项的规定，是管理性的规定，而非效力性的规定。经营者取得发票要合法、合规，并没有规定取得其他真实合法有效凭据就不能税前扣除，更不能得出发票是本案作为唯一合法有效凭证的结论。在企业所得税的管理中，发票只是证明成本是否发生的证据之一，但不是唯一的证据。发票、入库单、领料单、差旅费报销单、签字的工资条、汇款单、相关合同、法律文书、记录证明等都是原始凭证，可见发票仅仅是原始凭证中的一种。仅凭我公司没有取得发票来调增企业所得税，要求补缴企业所得税、加收滞纳金的处理决定，系认定事实错误、适用法律错误	主张以我公司提供的审计报告为税前扣除的凭证
吉林省长春市中级人民法院（受理方）	本案有争议的利息支出应当适用《中华人民共和国企业所得税法实施条例》（以下简称《企业所得税法实施条例》）第三十八条规定扣除。根据该条规定，对于非金融企业向非金融企业支付的利息按照规定可以在计算企业所得税时部分扣除。《发票管理办法》规定了所有单位和从事生产、经营活动的个人在接受服务或从事其他经营活动支付款项时，应当主动向收款方取得发票。根据《税收征收管理法》第十九条的规定，合法、有效凭证是企业税前扣除成本、费用的依据。因企业账目的核算项目及企业所得税扣除项目所适用的管理规范不同，故在前述法律、规范性文件中均以"合法、有效凭证"作为通用名称规定，但在具体扣除项目上，税务机关有权依职业经验对"合法、有效凭证"进行细化判断。就本案而言，本案争议的利息支出属于增值税应税项目，按照相关条款规定，上诉人在支付利息款项时，有向收款方索取发票的义务。市税务稽查局对于应税项目要求上诉人以发票为扣除凭证入账核算并无不当	上诉人宜林公司提供的审计报告中载明依据上诉人提供的经济资料对借款利息支出情况发表意见，对于材料的真实性由上诉人管理当局负责，可见该审计报告仅是上诉人委托审计机构对借款利息支出情况进行审计核算的内部文件，故上诉人仅以此为税前扣除凭证缺乏法规依据

4. 案件焦点

1）宜林公司支付借款利息未取得发票，能否进行企业所得税税前扣除？

2）审计报告能否作为税前扣除凭证？

5. 判案理由

见"3. 各方观点"中受理方的观点。

6. 案件结果

驳回上诉，维持一审判决。

7. 判案依据

《发票管理办法》（2019年修订）第二十条：所有单位和从事生产、经营活动的个人在购买商品、接受服务以及从事其他经营活动支付款项时，应当向收款方取得发票。取得发票时，不得要求变更品名和金额。

《发票管理办法》（2019年修订）第二十一条：不符合规定的发票，不得作为财务报销凭证，任何单位和个人有权拒收。

《税收征收管理法》第十九条：纳税人、扣缴义务人按照有关法律、行政法规和国务院财政、税务主管部门的规定设置账簿，根据合法、有效凭证记账，进行核算。

案例　证据链不完整被认定虚开发票案

（广州铁路运输法院〔2019〕粤7101行初1357号行政判决书）

1. 基本信息

案件类型：交易证据不足导致虚开发票

涉案金额：增值税3383517.27元、城市维护建设税236846.21元、教育费附加101505.52元、企业所得税4975760.13元

法律风险：罚款合计4298061.81元

2. 案情回顾

珠海诚飞公司于2014年7月接受大连中楚公司开具的增值税专用发票201份，发票金额合计19903040.53元，税额合计3383517.27元，价税合计23286557.80元。珠海诚飞公司已于税款所属期2014年7月向原珠海市高新技术开发区国家税务局申报抵扣税款3383517.27元，案涉煤炭约两万余吨。

2016年6月，原珠海市国家税务局稽查局对珠海诚飞公司涉嫌接收虚开增值税专用发票进行税务稽查立案，对其2014年涉税情况进行检查。珠海税务稽查局外调取得的材料显示：大连中楚公司为非正常用户，该公司的注册地址和生产经营地址无该单位，税务登记证中登记的法定代表人、财务负责人、投资方等相关信息均无在大连市的活动轨迹。稽查局在珠海诚飞公司的下游公司山西地铁公司，取得山西地铁公司提供的将从珠海诚飞公司处购进煤炭再销售的书面说明以及相关证据，包括收货结算证明、山西地铁公司继续向河北省邯郸市三家下游公司销售煤炭的合同、增值税专用发票，以及这三家下游公司收货时填开的过磅单等。珠海诚飞公司和山西地铁公司均未能提供与大连中楚公司的货物交接凭证，山西地铁公司表示其与珠海诚飞公司的煤炭交易是销售给三家下游客户的，货物的存放地为邯郸新昌煤场和磁县聚福煤场。经查，两家煤场均无工商登记和纳税主体登记。

稽查局责成珠海诚飞公司重新提供从大连中楚公司购进货物合法、有效的增值税专用发

票及提供购买上述货物的相关证明材料，珠海诚飞公司仍无法证实上述货物交易的真实性。稽查局外调证实 2014 年度大连中楚公司的进项发票中无煤炭及运输费用发票，亦无下游公司开具的进项发票。大连中楚公司已经走逃，下游公司或失去联系成为非正常户，或已注销。

2018 年 11 月 30 日，珠海税务稽查局出具《税务行政处罚决定书》，认为珠海诚飞公司接收的大连中楚公司开具的 201 份增值税专用发票为无货虚开的发票，大连中楚公司没有真实货物销售给珠海诚飞公司。珠海诚飞公司接收虚开的增值税专用发票并申报抵扣进项税款的行为，造成 2014 年少缴增值税 3383517.27 元、城市维护建设税 236846.21 元、教育费附加 101505.52 元的事实。珠海诚飞公司取得上述被证实是虚开的 201 份增值税专用发票，所涉及的货物金额 19903040.53 元，在 2014 年度已结转主营业务成本申报企业所得税税前扣除。珠海诚飞公司取得的虚开增值税专用发票不得在企业所得税税前扣除，应补缴企业所得税 4975760.13 元。根据相关税法的规定，珠海诚飞公司的行为，应被定性为偷税。追缴珠海诚飞公司 2014 年少缴的增值税和城市维护建设税，同时对珠海诚飞公司少缴税款的行为处以 3620363.48 元 50% 的罚款，即罚款 1810181.74 元。追缴珠海诚飞公司 2014 年度少缴企业所得税 4975760.13 元，同时对珠海诚飞公司处少缴企业所得税 50% 的罚款，即罚款 2487880.07 元。以上罚款合计 4298061.81 元。

珠海诚飞公司不服，诉至法院。

3. 各方观点

主体	观点 1（交易证据问题）	观点 2（资金回流问题）	观点 3（是否偷税问题）
珠海诚飞公司（上诉人）	我公司与大连中楚公司（上游供货商）、山西地铁公司（下游客户）之间存在真实的购销交易。根据我公司分别与大连中楚公司和山西地铁公司签署的《煤炭购销合同》，本次交易采用的是货物流转直接交付的方式，即我公司从上游大连中楚公司采购煤炭并将煤炭直接运输到下游山西地铁公司指定的交货地点，并且在与山西地铁公司确定结算数量和结算金额后再与大连中楚公司进行确认。山西地铁公司向我公司提供了其销售给下游客户的《煤炭购销合同》，下游客户接收货物的过磅单以及收货明细表和收货结算证明。确认后，山西地铁公司在收到我公司开具的发票后向我公司支付货款。我公司在收到山西地铁公司的货款且收到大连中楚公司开具的发票后向大连中楚公司支付货款。上述购销交易链条完备，符合货物贸易交易习惯且均有相关证据资料予以证明，我公司与上下游公司之间的购销交易已实际发生	山西地铁公司下游三家客户支付给山西地铁公司的货款系来自自然人刘某芳的账号，大连中楚公司在收到我方支付的货款后又将该笔货款支付给刘某芳。珠海税务稽查局认为该资金回流形成闭环，符合无货虚开发票的特征，因此认为我方与大连中楚公司之间的交易不真实。但上述资金回流仅能证明大连中楚公司与刘某芳之间存在钱款支付行为，无法证明我方与大连中楚公司之间的交易不真实	即使大连中楚公司开具给我公司的增值税专用发票被证实是虚开的，我公司也系善意取得大连中楚公司所开发票。我公司取得的大连中楚公司开具的专用发票均系大连中楚公司所在地的专用发票，发票所记载的销售方名称、印章、货物数量、金额、税额等全部内容与实际交易情况相符，我公司已尽到合理的注意义务。我公司与上下游公司之间存在真实的交易，且主观上不存在虚开、骗税的故意，稽查局的证据既无法证明交易非真实，也无法证明我公司知道大连中楚公司提供的发票是通过非法手段获得的

（续）

主体	观点 1 （交易证据问题）	观点 2 （资金回流问题）	观点 3 （是否偷税问题）
广州铁路运输法院（受理方）	珠海诚飞公司所提供的山西地铁公司收到煤炭且又销售给邯郸市三家公司的资料，无法证明珠海诚飞公司从大连中楚公司购入煤炭。山西地铁公司为珠海诚飞公司提供的证明资料，包括山西地铁公司出具的货物收据及收货明细表、山西地铁公司销售煤炭给下游客户开具的增值税专用发票及这三家公司收货的过磅单。珠海诚飞公司向稽查局提交的资料与山西地铁公司提供的资料相同。两家公司均未能提供与大连中楚公司有货物交接的相关凭证。因此，这些资料不能证明这些煤炭必然来自大连中楚公司，也不能证明大连中楚公司与珠海诚飞公司之间存在煤炭交易	资金流转形成闭环，属没有货物的资金空转。刘某芳向三家下游公司合计转账 23469080 元，三家公司向山西地铁公司合计转账 23469463 元，山西地铁公司向珠海诚飞公司合计转账 23408494.6 元，珠海诚飞公司向大连中楚公司合计转账 23286557.80 元，大连中楚公司向邯郸贝恩公司（由刘某芳任法定代表人）合计转账 23286500 元，邯郸贝恩公司向刘某芳合计转账 23292000 元。在同一时间段内，资金从刘某芳账户流出又回流入刘某芳账户。珠海税务稽查局核实刘某芳为小规模纳税人，从没有做过发票品种的认证，没有申领或开出发票，其与大连中楚公司不存在任何货物交易关系	原告在账簿上多列支出进行虚假的纳税申报，造成少缴应纳税款的行为，已构成偷税。本案中珠海诚飞公司是购货方，大连中楚公司是销售方，双方不存在真实的煤炭交易，因此，原告不满足善意取得中"购货方与销售方存在真实的交易"和"专用发票注明的销售方名称、印章、货物数量、金额及税额等全部内容与实际相符"的条件，不构成善意取得虚开增值税专用发票。相关条款见"5. 判案依据"

4. 案件焦点

1）稽查局认定珠海诚飞公司与大连中楚公司在无真实货物交易的情况下，接收虚开增值税专用发票进行申报抵扣进项税款、列支成本的违法事实是否清楚？证据是否充分？

2）珠海诚飞公司是否是善意取得增值税专用发票，是否应以偷税论处？

5. 判案依据

1）《国家税务总局关于纳税人善意取得虚开的增值税专用发票处理问题的通知》（国税发〔2000〕187 号）：购货方与销售方存在真实的交易，销售方使用的是其所在省（自治区、直辖市和计划单列市）的专用发票，专用发票注明的销售方名称、印章、货物数量、金额及税额等全部内容与实际相符，且没有证据表明购货方知道销售方提供的专用发票是以非法手段获得的，对购货方不以偷税或者骗取出口退税论处。

2）《国家税务总局关于纳税人善意取得虚开增值税专用发票已抵扣税款加收滞纳金问

题的批复》（国税函〔2007〕1240号）：纳税人善意取得虚开的增值税专用发票指购货方与销售方存在真实交易，且购货方不知取得的增值税专用发票是以非法手段获得的。纳税人善意取得虚开的增值税专用发票，如能重新取得合法、有效的专用发票，准许其抵扣进项税款；如不能重新取得合法、有效的专用发票，不准其抵扣进项税款或追缴其已抵扣的进项税款。纳税人善意取得虚开的增值税专用发票被依法追缴已抵扣税款的，不属于《税收征收管理法》第三十二条"纳税人未按照规定期限缴纳税款"的情形，不适用该条"税务机关除责令限期缴纳外，从滞纳税款之日起，按日加收滞纳税款万分之五的滞纳金"的规定。

6. 案件结果

驳回原告的诉讼请求。

7. 案例解析

1）大连中楚公司作为卖家没有煤炭货源。原大连市国家税务局第三稽查局向珠海税务稽查局发送《已证实虚开通知单》，认定本案所涉发票为"已证实虚开发票"，同时在协查函中认定大连中楚公司没有真实货物交易。在此基础上，珠海税务稽查局对此进行了立案调查，从大连中楚公司的进项发票中查明没有煤炭以及运输费用的发票，由此可见大连中楚公司没有煤炭货源。

2）案涉煤炭交易作为大宗商品买卖，各方没有运输发票。虽然珠海诚飞公司称其分别与大连中楚公司和山西地铁公司签署了《煤炭购销合同》，交易采用的是货物流转直接交付的方式，珠海诚飞公司在山西地铁公司确定结算数量和结算金额后再与大连中楚公司进行确认，山西地铁公司也提供了其与下游客户接收货物的过磅单以及收货明细表和收货结算证明。但煤炭作为大宗商品买卖，案涉煤炭价值达2300余万元，煤炭数量达两万余吨，却没有相关物流证据，不符合大宗商品的交易做法。

3）其他交易疑点无法得到合理解释。首先，珠海诚飞公司与大连中楚公司、珠海诚飞公司与山西地铁公司、山西地铁公司与三家下游公司之间签订的《煤炭购销合同》在不同的省份签署，签订的时间大都在同一天，合同文本的格式几乎一样；其次，珠海诚飞公司提交的三家下游公司的两万余吨煤炭的过磅单，与收货明细和结算证明不一致；再次，《煤炭购销合同》约定煤炭的质量标准以需方化验室化验为准，并对成分比例做了约定，但整个收货环节没有提供任何煤炭质量检验报告；最后，所谓接收两万余吨煤炭规模的货场，没有进行工商登记和纳税主体登记，不符合常理。

1.4.2 证据链风险法律责任及对策建议

证据链风险的法律责任及对策建议见下表。

证据链风险法律责任及对策建议

证据链事项	相关法律规定	对策	建议
证据的种类	《中华人民共和国行政复议法》第四十三条：行政复议证据包括：（一）书证；（二）物证；（三）视听资料；（四）电子数据；（五）证人证言；（六）当事人的陈述；（七）鉴定意见；（八）勘验笔录、现场笔录。以上证据经行政复议机构审查属实，才能作为认定行政复议案件事实的根据	企业购销及各种生产经营活动所产生的最主要的证据包括文书和电子数据。文书以发票、书面合同、汇款凭证、物流凭证、出入库凭证等为主。上述证据也可以电子数据的形式出现，包括电子发票	企业应定期进行会计税务档案的整理，每一笔交易都不应仅有发票，还应当有其他能起到佐证作用的证据，如合同、汇款凭证、物流凭证等。当然，如果应该有发票却没有发票就是更严重的证据缺陷了
证据的审查原则	《税务行政复议规则》第五十四条：行政复议机关应当依法全面审查相关证据。行政复议机关审查行政复议案件，应当以证据证明的案件事实为依据。定案证据应当具有合法性、真实性和关联性	企业所保存的证据也应具备合法性、真实性和关联性，否则，一旦税务稽查中要求企业提供证据，不具备上述"三性"的证据不会被税务机关接受为有效证据	企业应定期对财务会计档案中相关证据的合法性、真实性和关联性进行审查，可以通过内部审计、外部审计等多种方式进行
证据合法性审查	《税务行政复议规则》第五十五条：行政复议机关应当根据案件的具体情况，从以下方面审查证据的合法性：（一）证据是否符合法定形式；（二）证据的取得是否符合法律、法规、规章和司法解释的规定；（三）是否有影响证据效力的其他违法情形	发票的合法性要求最高，企业在取得和开具发票时应当注意审查发票在形式上是否合法，同时也应当审查发票是否与客观经营情况相符合	未取得发票以及未取得合法发票是企业在证据链方面最容易出现的缺陷。如果依法应取得发票但企业未取得，一定要想方设法取得发票，或者相关支出暂时不进入税务申报系统
证据真实性审查	《税务行政复议规则》第五十六条：行政复议机关应当根据案件的具体情况，从以下方面审查证据的真实性：（一）证据形成的原因；（二）发现证据时的环境；（三）证据是否为原件、原物，复制件、复制品与原件、原物是否相符；（四）提供证据的人或者证人与行政复议参加人是否具有利害关系；（五）影响证据真实性的其他因素	企业最容易伪造的证据就是合同，虚开发票也是常见的。但无论伪造多少证据，都不可能证明客观上不存在的行为，因此，企业不要抱侥幸心理，虚开发票，伪造交易假象	企业在金税四期背景下，要从主观上打消虚开发票的念头。同时，也要通过设置岗位之间的监督与复核、定期的内审与外审，防范企业内个别人员的虚开发票行为。企业所有财务会计资料都应当是客观真实的
证据关联性审查	《税务行政复议规则》第五十七条：行政复议机关应当根据案件的具体情况，从以下方面审查证据的关联性：（一）证据与待证事实是否具有证明关系；（二）证据与待证事实的关联程度；（三）影响证据关联性的其他因素	企业在证明业务真实发生时，一定要保留具有直接关联性的证据，间接佐证的证据可有可无，一旦直接关联证据丢失，间接佐证的证据无法起到证明作用	企业应注意审查所保留的证据上的当事人名称、交易事项是否与发生业务的当事人以及实际交易事项一致

（续）

证据链事项	相关法律规定	对策	建议
禁止作为定案证据的情形	《税务行政复议规则》第五十八条：下列证据材料不得作为定案依据：（一）违反法定程序收集的证据材料；（二）以偷拍、偷录和窃听等手段获取侵害他人合法权益的证据材料；（三）以利诱、欺诈、胁迫和暴力等不正当手段获取的证据材料；（四）无正当事由超出举证期限提供的证据材料；（五）无正当理由拒不提供原件、原物，又无其他证据印证，且对方不予认可的证据的复制件、复制品；（六）无法辨明真伪的证据材料；（七）不能正确表达意志的证人提供的证言；（八）不具备合法性、真实性的其他证据材料	企业所取得或者保留的证据如果具有上述情形，应当立即纠正，重新取得相关证据，否则，该证据未来会给企业带来严重风险	企业应通过内部审计、外部审计等多种方式定期检查相关财务会计资料是否具备上述情形，如有，应将该证据剔除，同时争取补充其他合法证据

1.5 两套账风险

两套账是指企业为不同目的编制两套以上的账簿，其中一套内账真实记录企业收支及利润，其他外账则根据其使用目的不同而对内账所记载的收支及利润进行调整。两套账风险是指企业设置内外不同的两套账带来的需要承担行政责任和刑事责任的风险。

设置两套账是典型的会计违法行为，企业应当承担会计法律责任。企业设置两套账也可能产生偷税等税收违法行为，应当承担税收法律责任。

1.5.1 两套账风险案例及解析

案例　企业设置两套账被认定为偷税案

（广东省珠海市中级人民法院〔2020〕粤04行终225号行政判决书）

1. 基本信息

案件类型：设置两套账隐匿收入

涉案金额：营业税 121814.65 元、城市维护建设税 8526.98 元、房产税 252935.16 元、企业所得税 201901.19 元

法律风险：罚款合计 448026.02 元

2. 案情回顾

2017 年 3 月，原珠海市香洲区地方税务局稽查局（以下简称稽查局）决定对卓鑫公

司 2011 年至 2013 年的涉税情况进行检查，要求卓鑫公司将上述期间的账簿、记账凭证等有关资料送到该局。稽查局调取卓鑫公司 2011 年度记账凭证 A 账 12 本、B 账 12 本；2012 年度记账凭证 A 账 4 本、B 账 4 本；2013 年度记账凭证 A 账 3 本、B 账 6 本。稽查局对卓鑫公司的财务会计进行询问，就卓鑫公司提供记账凭证的事实进行了确认。

稽查局要求卓鑫公司提供上述检查期间的总账、明细账、年度财务报表、出租商铺与有关承租方签订的合同以及 2013 年上半年的记账凭证。卓鑫公司向稽查局回复称，要求提供的资料被其上任会计杨某某卷走挪用，其已向公安机关报案。稽查局分别到卓鑫公司所持房产的承租方调查卓鑫公司出租房产的情况。

稽查局要求卓鑫公司的法定代表人蔡某某到该局就涉税事宜接受询问。蔡某某确认稽查局调取卓鑫公司的 2011 年整年、2012 年整年、2013 年下半年的 A 套账主要用于纳税申报，相同时间段的 B 套账真实反映公司的营业收入情况。2013 年上半年的会计资料在原会计杨某某处不见了，无法找回，也报了案；其对公司财务人员与稽查局对卓鑫公司2011 年、2012 年、2013 年 7 月至 9 月 A、B 两套账财务数据的核算结果无异议。

卓鑫公司无法提供 2013 年上半年的账簿和记账凭证资料，无法核实 2013 年上半年的营业成本、费用，稽查局向卓鑫公司送达《税务事项通知书》，通知卓鑫公司 2013 年的营业收入为人民币 1005816.00 元，核定卓鑫公司 2013 年度应税所得率为 10%，应纳税所得额为人民币 100581.60 元，应纳企业所得税额为人民币 25145.40 元。稽查局列举纳税检查发现的问题为：卓鑫公司采取 A、B 两套账簿、记账凭证进行财务记账，并隐匿其中一套账册，在账簿（外账，即 A 账）上少列收入，并进行虚假的纳税申报，在 2011 年至 2013 年，少申报的营业收入分别为人民币 769973.00 元、人民币 803004.00 元、人民币863316.00 元，造成少缴纳 2011—2013 年的营业税人民币 121814.65 元、城市维护建设税人民币 8526.98 元、房产税人民币 252935.16 元，2011 年度企业所得税人民币 107443.06元及 2012 年度企业所得税人民币 69312.73 元，已经构成偷税。

2018 年 6 月，稽查局作出行政处罚决定，指出卓鑫公司采取内外两套账、记账凭证进行财务记账并隐匿其中一套账册的手段，隐瞒租金收入，少申报营业收入；隐瞒经营收入和经营利润，少申报应纳税所得额，违法行为较为严重。考虑到卓鑫公司在检查中积极配合，对违法行为予以确认，决定对少缴的税款处以 80% 罚款，合计罚款人民币 448026.02 元。

卓鑫公司不服，向法院提起行政诉讼，法院驳回卓鑫公司的诉讼请求。

3. 案例解析

风险点	解析
卓鑫公司主张，其并不知晓会计人员杨某某在 2011—2013 年制作虚假报表、混乱报税的行为。卓鑫公司主观上并非故意偷税，系第三人违法行为所致	卓鑫公司的法定代表人在接受询问时称设置 A、B 两套记账凭证资料的目的是少报收入，A 套账主要用于纳税申报，B 套账真实反映公司的营业收入情况。因此，卓鑫公司并非故意偷税的主张不成立

4. 判案依据

《税收征收管理法》第六十三条：纳税人伪造、变造、隐匿、擅自销毁账簿、记账凭证，或者在账簿上多列支出或者不列、少列收入，或者经税务机关通知申报而拒不申报或者进行虚假的纳税申报，不缴或者少缴应纳税款的，是偷税。

案例 企业设置两套账及虚开发票案

（辽宁省本溪市明山区人民法院〔2017〕辽 0504 行初 36 号行政判决书）

1. 基本信息

案件类型：设置两套账隐匿收入及虚开发票

涉案金额：增值税 13327130.43 元、企业所得税 17351542.86 元

法律风险：罚款 30678673.29 元

2. 案情回顾

原本溪市国家税务局稽查局于 2017 年 4 月做出税务行政处罚决定，原本溪市国家税务局稽查局对本溪融基矿业有限公司 2009—2013 年的增值税、企业所得税及发票违法情况进行了检查，存在以下违法事实：

1）本溪融基矿业有限公司在 2009 年 10 月至 2012 年 10 月通过设立两套账簿的方式，隐匿销售收入共计 72383302.37 元（不含税价）。其中，2009 年隐匿销售收入 5663055.96 元；2010 年隐匿销售收入 30468686.64 元；2011 年隐匿销售收入 17739675.94 元；2012 年隐匿销售收入 18511884.17 元。

2）本溪融基矿业有限公司于 2009 年 9 月至 2013 年 9 月，让他人为其虚开运费发票共计 201 组，金额 34471902.47 元。上述共抵扣进项税 1913447.56 元，其中，2009 年 9 月至 2012 年 10 月，虚开运费发票金额 21727388.49 元，抵扣进项税 1333040.00 元；2012 年 11 月至 2013 年 9 月，虚开运费发票金额 12744513.98 元，抵扣进项税 580407.56 元，所涉及的增值税及企业所得税税款流失已分别于 2014 年 5 月、9 月申报补缴。

3）本溪融基矿业有限公司于 2010 年至 2012 年 10 月，取得陕西安康瑞鑫矿山建设有限公司开具的建筑业发票，用于铁矿平巷及地下采矿工程，金额共计 35964220.00 元，实际应结算工程款 23325856.56 元，虚开发票金额 12638363.44 元。

提请原本溪市国家税务局稽查局集体审理、报请原本溪市国家税务局集体研究审理决定：

1）本溪融基矿业有限公司让他人为其虚开运费发票已构成虚开用于抵扣税款的其他发票行为。

2）应补缴增值税税款 13327130.43 元。

3）本溪融基矿业有限公司应补缴企业所得税税款合计 17351542.86 元。

4）本溪融基矿业有限公司上述行为已构成偷税，对其少缴税款处以 1 倍罚款，计 30678673.29 元。

本溪融基矿业有限公司认为，该处罚决定侵犯了其公司的合法权益，遂向原辽宁省国家税务局申请行政复议，原辽宁省国家税务局最终维持了原本溪国家税务局稽查局做出的行政处罚决定。本溪融基矿业有限公司对此不服，提起行政诉讼，请求法院依法撤销该税务行政处罚决定。

一审法院判决驳回本溪融基矿业有限公司的诉讼请求。

3. 案例解析

风险点	解析
本溪融基矿业有限公司称，稽查局做出的行政行为认定事实错误，实为原法人代表虚开发票，是行为手段，目的是侵占原告资金。处罚决定中关于违法行为责任人的认定错误。2014 年，公司发现原法人代表王某在原告实际管理期间采取虚开发票等手段侵占原告资金，并向公安机关报案。公安机关在侦查过程中，委托司法鉴定所对虚开发票受益人进行司法鉴定。司法鉴定意见书认定，虚假支出的金额系时任本溪融基矿业有限公司实际管理者原法人代表涉嫌职务侵占。原法人代表王某为掩盖侵占的资金缺口，指使他人虚开运费发票、建筑业发票用于平账。虚开发票是原法人代表决定的，虚开的收益全部由原法人代表侵占	本案中，本溪融基矿业有限公司存在销售货物取得收入的事实，是负有纳税义务的单位，是缴纳税款的主体，直接同税务机关发生征纳关系。2009—2013 年，本溪融基矿业有限公司以其单位名称进行开具发票、纳税申报、财务核算。2012 年 11 月，本溪融基矿业有限公司变更法定代表人，其纳税义务不受法定代表人变更的影响，纳税义务仍然存在。本溪融基矿业有限公司在检查所属期间内销售货物，通过设置两套账的方式隐匿收入，采取欺骗、隐瞒手段进行虚假纳税申报，逃避缴纳税款。这里的"纳税人"不是原法定代表人王某，而是本溪融基矿业有限公司。让他人为自己虚开的运费发票和建筑业发票，都是以公司的名义进行的。虚开普通发票、运输发票和隐匿销售收入行为，构成纳税人多列支出少计收入的事实，符合偷税的手段方法。原法定代表人王某实施违法行为的目的究竟是个人侵占还是公司行为，不是税务机关的判断。违法目的不影响违法事实造成国家税款流失的既定后果。既得利益的获益人究竟是个人还是公司，不在税务机关的管辖权限中

4. 判案依据

1）《税收征收管理法》第四条：法律、行政法规规定负有纳税义务的单位和个人为纳税人。

2）《税收征收管理法》第十九条：纳税人、扣缴义务人按照有关法律、行政法规和国务院财政、税务主管部门的规定设置账簿，根据合法、有效凭证记账，进行核算。

3）《发票管理办法》（2019 年修订）第二十二条：开具发票应当按照规定的时限、顺序、栏目，全部联次一次性如实开具，并加盖发票专用章。任何单位和个人不得有下列虚开发票行为：（一）为他人、为自己开具与实际经营业务情况不符的发票；（二）让他人为自己开具与实际经营业务情况不符的发票；（三）介绍他人开具与实际经营业务情况不符的发票。

1.5.2　两套账风险法律责任及对策建议

两套账风险的法律责任及对策建议见下表。

两套账风险法律责任及对策建议

两套账风险	相关法律规定	对策	建议
设置内外两套账	1.《中华人民共和国会计法》（以下简称《会计法》）第三条：各单位必须依法设置会计账簿，并保证其真实、完整。 2.《会计法》第十六条：各单位发生的各项经济业务事项应当在依法设置的会计账簿上统一登记、核算，不得违反本法和国家统一的会计制度的规定私设会计账簿登记、核算。 3.《会计法》第四十二条：违反本法规定，有下列行为之一的，由县级以上人民政府财政部门责令限期改正，可以对单位并处三千元以上五万元以下的罚款；对其直接负责的主管人员和其他直接责任人员，可以处二千元以上二万元以下的罚款；属于国家工作人员的，还应当由其所在单位或者有关单位依法给予行政处分：（一）不依法设置会计账簿的；（二）私设会计账簿的……	1. 立即对企业设置的账簿进行检查，如发现设置两套账，迅速进行整改。 2. 将内外两套账合并为一套账应通过若干个会计期间，综合运用多种方法，逐步实现两套账的统一。 3. 两套账统一之后，禁止再次设立两套账	1. 不要抱有侥幸心理，在金税四期系统下，企业设置两套账很容易被税务机关发现。 2. 企业应完善内部控制制度，防止法定代表人或者其他个人私设账簿，给企业带来财务风险和涉税风险
两套账导致企业偷税	1.《税收征收管理法》第六十三条：纳税人伪造、变造、隐匿、擅自销毁账簿、记账凭证，或者在账簿上多列支出或者不列、少列收入，或者经税务机关通知申报而拒不申报或者进行虚假的纳税申报，不缴或者少缴应纳税款的，是偷税。对纳税人偷税的，由税务机关追缴其不缴或者少缴的税款、滞纳金，并处不缴或者少缴的税款百分之五十以上五倍以下的罚款；构成犯罪的，依法追究刑事责任。 2.《发票管理办法》第三十五条：违反本办法的规定虚开发票的，由税务机关没收违法所得；虚开金额在1万元以下的，可以并处5万元以下的罚款；虚开金额超过1万元的，并处5万元以上50万元以下的罚款；构成犯罪的，依法追究刑事责任	1. 如果企业设置了两套账，应立即检查两套账的设置是否导致企业少纳税。 2. 如果两套账使得企业隐瞒了部分收入，在未来的几个纳税期间，逐步将之前隐瞒的收入以无票收入的形式进行申报，避免造成少缴税款的后果。 3. 如果两套账使得企业虚开了发票，尽快将这些发票作废或者冲红，并补缴税款	1. 通过两套账来偷税是饮鸩止渴，应立即停止该违法行为，未来也不要再有设置两套账偷税的念头。 2. 凡是通过代账公司设立账簿的，禁止企业再建立一套自己的账簿

1.6 账务风险

账务风险是指企业资金往来与账务记载不符、企业实际经营活动与账务记载不符所导致的可能承担行政责任或者刑事责任的风险。

如果是财务人员的笔误、计算错误等失误导致账证不符、账账不符或者账实不符的，及时更正账簿记载，必要时补缴税款和滞纳金即可，不会导致严重的后果。

如果是企业故意造成账证不符、账账不符或者账实不符，且希望通过此种做法达到少缴或者不缴税款的目的，就可能构成偷税，从而承担罚款等行政处罚，甚至被追究刑事责任。

1.6.1　账务风险案例及解析

案例　账实不符导致虚开发票案
〔营税稽一罚〔2022〕8 号〕

1. 基本信息

案件类型：账实不符致虚开发票

涉案金额：增值税 18031748.86 元

法律风险：行政处罚 40 万元

2. 案情回顾

国家税务总局营口市税务局第一稽查局对营口尚能实业有限公司（以下简称尚能公司）于 2019 年 12 月 13 日至 2021 年 6 月 21 日的涉税情况进行全面检查，发现尚能公司的实际经营地址为营口金联创电子科技服务公司，通过了解，得知金联创公司为尚能公司提供咨询服务，即所谓的平台，由代账公司记账。尚能公司没有经营场地、仓储设备、运输车辆，无运费支出。

稽查局核实尚能公司的上下游发票、资金流、货物流时，发现如下违法事实：

1）柴油发票流及货物流不一致。尚能公司于 2019 年 12 月与四川中油九州北斗科技能源有限公司（以下简称中油九州）签订了加油卡合作协议，主要业务为购进成品油。尚能公司在中油九州开立账户并办理中石油二级加油主卡（2 张）以及司机卡（8013 张），通过对公转账向中油九州支付购油款，中油九州收到款项后，通过中石油加油卡充值平台将金额充值到客户的二级加油主卡内。

中油九州根据尚能公司需求提交分卡订单，按要求将主卡余额分到相应司机卡中，以供司机卡持有者在全国所属的中国石油加油站加油消费，消费之后按尚能公司选择消费日期提交开票订单，中油九州汇总该期间消费油品的种类、数量、金额，据实开具成品油增值税专用发票。

2019 年 12 月 10 日至 2021 年 7 月 14 日，尚能公司累计支付购油充值款 120484228.32 元，累计消费 121087139.25 元，累计开票 119912236.84 元，购进柴油 24086 吨。取证发现，中油九州根据尚能公司要求制作了 8013 张司机卡，并于 2020 年至 2021 年通过顺丰邮寄到尚能公司 6350 张。尚能公司在中油九州办的 8013 张司机卡消费记录均为零售，加油地点为全国各地中国石油加油站（后附消费记录）。尚能公司 2019 年 12 月至 2021 年 6 月从中油九州购进柴油 24086 吨，销售了 25631 吨（还有从中国石油、中国石化零星购进），其中销售给中海嘉盛石油化工（大连）有限公司 20909 吨。

尚能公司通过在中油九州、中国石化天然气新疆乌鲁木齐分公司、哈密分公司购进柴油，把司机卡销售给其他企业（个人），同时向下游 10 户企业虚开货物品名为"柴油"的增值税专用发票 1553 组。通过调查，下游 10 户企业中，部分企业被认定取得发票与实际取得货物不一致。尚能公司向青岛奥源化学有限公司开具增值税专用发票 60 组，金额 4877975.46 元，税额 634136.84 元，柴油 929.69 吨，青岛奥源化学有限公司购进的柴油提货地点为淄博市临淄区，后由尚能公司配送至其下游企业雷沃工程机械集团有限公司，而非加油站。

尚能公司向广东铁塔能源有限公司开具增值税专用发票 13 组，金额 1093805.31 元，税额 142194.69 元，柴油 240 吨。广东铁塔能源有限公司购进的柴油 240 吨，通过运输公司从许昌运至东莞，而非加油站。

稽查局到下游企业外调，证实中海嘉盛石油化工（大连）有限公司购进的柴油销售给下游 19 户企业，其中 8 户企业合同约定自带罐车到中海嘉盛厂区内提货，但中海嘉盛为大连地方政府招商企业，本地仅有代账公司代理记账，无厂区（即实际经营地点）。这与尚能公司购进的加油卡及消费记录相违背，不符合营业常规。

综上违法事实，稽查局认定尚能公司直接购油没有销往下游受票企业地区，均为储值卡在当地消费。其在没有货物的情况下给下游企业开具增值税专用发票 1553 组，没有运费支出发生，银行资金存在快进快出、交易频繁的现象。稽查局认定尚能公司开具给下游企业的 1553 组增值税专用发票，金额 132022227.60 元，税额 17162890.63 元，价税合计 149185118.23 元，为虚开增值税专用发票。

2）工业白油发票流、货物流不一致。稽查局在检查过程中对尚能公司 2019 年 11 月至 2021 年 6 月取得、开具的增值税专用发票业务均发出调查取证函，回函确认广饶科力达石化科技有限公司给尚能公司开具增值税专用发票 9 组，货物品名"工业白油"，金额 6683524.87 元，税额 868858.23 元，价税合计 7552383.10 元。通过调查取证，广饶科力达石化科技有限公司开具上述发票实际经营业务为销售燃料油 2145.45 吨，尚能公司已补缴消费税 2613158.10 元。

税务局决定对尚能公司 2019 年 11 月至 2021 年 7 月 31 日在无真实货物交易的情况下开具货物品名为"柴油"增值税专用发票 1553 组和让广饶科力达石化科技有限公司为自己虚开与实际经营业务情况不符的增值税专用发票行为进行处罚，罚款 40 万元。

3. 案例解析

风险点	解析
柴油发票流及货物流不一致	纳税人从事销售业务，开具增值税专用发票，应确保发票记载事项与客观经营行为保持一致。如果不一致，这种账实不符的行为会导致纳税人虚开发票。纳税人对所开具的发票均依法申报纳税，所以，并不构成偷税，仅构成虚开发票的违法行为

（续）

风险点	解析
工业白油发票流、货物流不一致。广饶科力达石化科技有限公司给尚能公司开具增值税专用发票，货物品名"工业白油"，而开具上述发票实际经营业务为销售燃料油，尚能公司已补缴消费税	纳税人购进货物，应当从销售方取得发票，发票记载事项应当与实际购进货物保持一致，如果不一致，这种账实不符的行为也会导致纳税人虚开发票。由于只有部分货物需要缴纳消费税，如果纳税人变更货物名称，有可能从需要缴纳消费税变为不需要缴纳消费税，从而造成少缴或者不缴税款的结果，有可能构成偷税。本案中，纳税人已经补缴了消费税，并未构成偷税，仅构成虚开发票的违法行为

4. 判案依据

1）《发票管理办法》（2019 年修订）第二十二条：开具发票应当按照规定的时限、顺序、栏目，全部联次一次性如实开具，并加盖发票专用章。任何单位和个人不得有下列虚开发票行为：（一）为他人、为自己开具与实际经营业务情况不符的发票；（二）让他人为自己开具与实际经营业务情况不符的发票；（三）介绍他人开具与实际经营业务情况不符的发票。

2）《发票管理办法》（2019 年修订）第三十七条：违反本办法第二十二条第二款的规定虚开发票的，由税务机关没收违法所得；虚开金额在 1 万元以下的，可以并处 5 万元以下的罚款；虚开金额超过 1 万元的，并处 5 万元以上 50 万元以下的罚款；构成犯罪的，依法追究刑事责任。

案例　账实不符会计人员被处罚案

（南宁铁路运输法院〔2018〕桂 7102 行初 232 号行政判决书）

1. 基本信息

案件类型：账实不符导致行政处罚

涉案金额：107189.40 元

法律风险：行政处罚 2000 元

2. 案情回顾

自治区财政厅于 2018 年 7 月对赵晨涉及的违法事实做如下处罚决定："根据广西第一工业学校提供的收支票据反映，2002 年至 2009 年，你任该校出纳期间，经手办理学校的军训服装费、军训费、保险费、电信基站管理费、电脑款收入、中介费收入等收入共计 1605019.50 元，支出 1497589.50 元，截至 2009 年年末，累计结余 107430.00 元。上述收支由你以现金方式管理，收入、支出及结余均未纳入学校依法设置的会计账簿上统计登记、核算，形成账外资金，属于私设'小金库'行为。2016 年 11 月，你将保管的'小金库'收支票据交给学校财务室（未办理移交手续），'小金库'资金结余未上交。截至检查日，该'小金库'库存现金 240.60 元，与应有结余相差 107189.40 元，差额部分未能提供合法支出票据，资金去向无法核实……鉴于你对广西第一工业学校上述设立'小金库'行为负有直接责任，并结合你对'小金库'举报的表现，根据《财政违法行为处罚处分条例》（国务院令第 427 号）第十七条以及《中华人民共和国行政处罚法》第二十七条的规定，我厅拟对你本人处以罚款 2000 元的行政处罚。请你自收到本决定书之日起十五日内，到国家金库广西区分库的代理银行将罚款 2000 元以'103050199 其他一般罚没收入'科目缴入自治区国库。"

赵晨不服，向自治区政府申请行政复议，自治区政府维持自治区财政厅作出行政处罚决定书的行政行为。

赵晨向法院提起诉讼。

3. 各方观点

主体	观点
赵晨 （上诉人）	1. 设立"小金库"由学校领导决定，被安排管理"小金库"非本人所愿，故不负直接责任。本人作为下属和财务人员，想要在学校按原岗位继续工作，只能服从领导安排，"小金库"虽然是以现金的方式由本人管理，但本人只是代管，并无实权。本人只是一名出纳，不是设立、使用、管理"小金库"的人，本应按照《会计法》规定真实入账出账，不料被领导安排经手"小金库"，若不是有领导授意指使，本人更无从知晓"小金库"。因此，设立、管理、使用"小金库"相关领导应该负直接责任，本人既没有动机，也没有过错。 2. 对财政厅提出的"小金库相差 107189.40 元差额部分未能提供合法支出票据"的问题，本人已将涉及"小金库"的所有票据上交相关人员，并核对无误，同时向领导提议将"小金库"的所有票据入大账，但领导的答复是"先放着，上面来人检查再入大账"，本人只能听从安排。本人将所有涉及"小金库"的票据交给相关领导，相关领导并未给本人办理任何交接手续。学校将票据交予合生会计师事务所审计，审计也表明票款一致。票据丢失或者藏匿票据，导致账实不符的责任与本人无关，不应受到处分。 3. 设立"小金库"并使用"小金库"款项校内相关领导应负直接责任并受相应处分，本人作为出纳，在被安排管理"小金库"期间，保存好相关票据，现金全部上交，票款相吻合，并提醒领导入账，规范账簿，故不负直接责任。本人举报有功，应予以奖励，而不是处罚
南宁铁路运输法院（受理方）	1. 收支由赵晨以现金的方式进行管理，所有收支财务均由其经手，且相关票据亦由其保管。本案涉及的收支及结余均未纳入广西第一工业学校依法设置的会计账簿上统一登记核算，形成账外资金，属于私设"小金库"行为。 2. 赵晨将其保管的"小金库"的收支票据移交给广西第一工业学校财务负责人，未遵守《会计法》规定，未办理移交手续，也未进行账务核对，"小金库"资金结余未上交。截至自治区财政厅检查之日，"小金库"库存现金与应有结余的差额部分，赵晨未能提供合法支出发票，资金去向无法核实。赵晨作为一名财务人员，应当清楚知道这种私存私放单位资金的行为不符合《会计法》等相关财务法规的要求，但并没有进行纠正，也没有及时向上级或财政部门反映，未履行一名财务人员应负的法定职责。 3. 赵晨的上述行为违反了《会计法》的规定，赵晨作为"小金库"的经办人，对广西第一工业学校私设"小金库"的行为负有直接责任。鉴于赵晨对广西第一工业学校私设"小金库"的举报行为，为维护财经纪律，自治区财政厅决定对赵晨处以 2000 元罚款的行政处罚

4. 案件焦点

赵晨是否应为设立"小金库"的行为负有直接责任并承担行政处罚？

5. 判案依据

《会计法》第十六条、第十七条、第三十二条、第三十五条。

《财政违法行为处罚处分条例》（国务院令第 427 号）第十七条。

6. 案件结果

驳回上诉。

1.6.2　账务风险法律责任及对策建议

账务风险的法律责任及对策建议见下表。

账务风险法律责任及对策建议

账务风险	相关法律规定	对策	建议
账实不符	1.《会计法》第九条："各单位必须根据实际发生的经济业务事项进行会计核算，填制会计凭证，登记会计账簿，编制财务会计报告。任何单位不得以虚假的经济业务事项或者资料进行会计核算。" 2.《会计法》第十六条："各单位发生的各项经济业务事项应当在依法设置的会计账簿上统一登记、核算，不得违反本法和国家统一的会计制度的规定私设会计账簿登记、核算。" 3.《会计法》第十七条："各单位应当定期将会计账簿记录与实物、款项及有关资料相互核对，保证会计账簿记录与实物及款项的实有数额相符、会计账簿记录与会计凭证的有关内容相符、会计账簿之间相对应的记录相符、会计账簿记录与会计报表的有关内容相符。"	1. 纳税人应根据实际发生的经济业务进行会计核算，禁止对尚未发生的经济业务进行会计核算。 2. 纳税人应根据真实发生的经济业务进行会计核算，禁止对虚假的经济业务仅根据相关合同进行会计核算。 3. 定期进行账实核对，发现不一致时应及时找出原因并进行相应的会计处理和税务处理	1. 如果是过失等导致账实不符，通过定期检查和核对即可解决，通常不会带来严重的后果与风险。 2. 如果企业故意造成账实不符并由此追求其他违法目的，如偷税等，建议企业立即打消这一念头，改为通过合法方式去追求合法目的。账实不符不仅是严重的会计违法行为，也是严重的税务违法行为，很容易在金税四期系统被发现
账实不符导致虚开发票或偷税	1.《中华人民共和国税收征收管理法实施细则》第二十九条：账簿、记账凭证、报表、完税凭证、发票、出口凭证以及其他有关涉税资料应当合法、真实、完整。账簿、记账凭证、报表、完税凭证、发票、出口凭证以及其他有关涉税资料应当保存 10 年；但是，法律、行政法规另有规定的除外。 2.《发票管理办法》第十九条：所有单位和从事生产、经营活动的个人在购买商品、接受服务以及从事其他经营活动支付款项，应当向收款方取得发票。取得发票时，不得要求变更品名和金额	账实不符往往是从发票与客观事实不符开始的。企业在进行会计核算时应注意核对发票、合同、付款凭证、物流凭证及其他凭证之间的一致性。发现不一致时，应先查明原因，在确保发票与客观事实一致后才能进行会计核算	如果企业的过失导致发票与经济业务不一致，应及时通过作废发票或者开具红字发票等方式予以纠正，通常不会导致严重后果和风险。如果企业故意虚开发票并企图偷税，建议企业立即打消该念头，在金税四期强大的监控系统下，虚开发票会给企业带来巨大的涉税风险

1.7 报表风险

报表风险是指企业编制、对外提供虚假财务报表所带来的被处以罚款等行政处罚，甚至被追究刑事责任的风险。财务报表是税务机关征税的基本依据，企业向税务机关提供虚假财务报表，除少数企业虚增利润以外，大部分企业均是减少利润并希望以此少缴税款，这种行为往往构成偷税，属于严重税收违法行为。

企业因计算错误等失误而编制和提供错误的财务报表，属于轻微违法行为，但也可能带来补缴税款和滞纳金的涉税风险。

1.7.1 报表风险案例及解析

案例 报表真实从而避免被认定偷税案

（浙江省高级人民法院〔2020〕浙行再 44 号行政判决书）

1. 案情回顾

国家税务总局杭州市税务局稽查局于 2013 年 11 月对广鸿公司 2011 年 1 月 1 日至 2013 年 10 月 31 日的涉税事宜进行立案稽查，查明广鸿公司的违法事实有：

1）2013 年 1—10 月收到售房预收账款 411745679 元，已申报缴纳营业税及附加预收账款 163436018 元，已办理 9 月延期缴纳税款预收账款 52980097 元，预收账款差额 195329564 元，未按规定足额申报缴纳营业税金及附加。

2）2011 年 5 月取得拱墅区祥符镇总管塘村地块的土地使用权，使用面积 37402 平方米，未按规定申报缴纳 2011 年 6 月至 2012 年 12 月的城镇土地使用税。

处理决定如下：

1）追缴营业税 9766478.20 元。

2）追缴城市维护建设税 683653.47 元。

3）追缴教育费附加 292994.35 元。

4）追缴地方教育附加 195329.56 元。

5）追缴城镇土地使用税 296099.17 元。

6）对未按期缴纳的营业税、城市维护建设税、城镇土地使用税，从滞纳税款之日起，按日加收滞纳税款万分之五的滞纳金 632139.11 元。

上述应缴款项共计 11866693.86 元。

广鸿公司向杭州市人民政府申请行政复议。杭州市人民政府受理，出具《行政复议决定书》，予以维持。广鸿公司提起诉讼。

法院查明，2013 年 12 月 1 日至 2014 年 2 月 21 日，广鸿公司就 2013 年 1—10 月未缴纳营业税及附加部分的售房预收款进行开票。2014 年 2 月 21 日—3 月 14 日，广鸿公司向税务局缴纳了如下税款及滞纳金：

1）2014 年 2 月 21 日中国建设银行客户专用回单显示税款属期为 2014 年 1 月，税款项目为城市维护建设税、土地增值税、印花税—产权转移书据，共计款 5923875.56 元。

2）2014 年 2 月 25 日税收缴款书显示，名称"一般营业税"，品目"销售不动产"，税款所属期 2014 年 1 月，实缴金额 1996012.84 元；名称"营业税税款滞纳金、罚款"，品目"销售不动产（滞）"，税款所属时期 2014 年 1 月，实缴金额 3992.03 元。

2014 年 5 月，广鸿公司向稽查局说明，公司于 2014 年 2 月 14 日已申报预收账款 246828148 元，其中含 2013 年 1—10 月预收账款 195329564 元。以上已于 2014 年 3 月前缴纳入库营业税 12341407.40 元，其中包含 2013 年 1—10 月营业税 9766478.20 元。

2014 年 3 月，广鸿公司向税务局缴纳城镇土地使用税 296100 元及滞纳金 106370.13 元，税款属期为 2011 年 6 月至 2012 年 12 月。

一审法院判决驳回广鸿公司的诉讼请求。广鸿公司不服一审判决，提起上诉。二审法院判决驳回上诉，维持原判。广鸿公司申请再审，再审法院判决如下：撤销一审、二审法院的行政判决，撤销稽查局的税务处理决定和政府的行政复议决定，要求稽查局重新做出处理决定。

2. 案例解析

风险点	解析
因财务人员对相关税收法规政策理解认识偏差，广鸿公司未及时进入税控开票系统对银行发放的购房按揭款进行开票，导致对该部分收入未及时进行纳税申报。但广鸿公司的会计账簿和财务报表（资产负债表）对全部收入均如实予以记载并定期向税务部门申报，并无任何隐瞒或弄虚作假，其行为不具备偷税行为的客观行为要件	存在偷税的主观故意系认定偷税的构成要件之一，而对行为人主观故意的认定，通常应从行为人的具体行为进行综合分析。行政诉讼中，行政机关对其做出的行政行为的合法性负有举证责任。 本案中，稽查局提供的证据仅能证明广鸿公司存在未按规定按期足额申报缴纳相关税款的行为，未能证明该行为的目的是不缴或少缴税款。相反，在案证据反映，当售房预收账款由银行打入广鸿公司账户后，广鸿公司均将其列为预收款入账，并向税务机关报送相关财务会计报表，未发现有伪造、变造、隐匿、擅自销毁账簿、记账凭证，在账簿上多列支出或者不列、少列收入的情形。而且，在房产销售过程中，购房者通常都会在房屋交付后，为办理不动产权证而要求房地产开发公司开具销售发票。因此，广鸿公司也很难通过不开具销售发票的手段隐瞒实际销售款项，以达到不缴或少缴相关税款的目的。 综上，在稽查局未能提供足够证据证明广鸿公司具有偷逃案涉税款故意的情况下，本案认定广鸿公司未按规定按期足额申报缴纳相关税款的行为为偷税并作处理，依据不足，依法应予以撤销
作为房地产开发企业，交付商品房时必须开具购房款全款发票，购房者须持购房发票办理相关房产登记手续。因此开发商对购房款收入开具发票势在必行，相应的纳税申请亦无可逃避。本案中，广鸿公司的行为仅会导致税款迟延缴纳的损害结果，并不会导致不缴或少缴税款的结果发生。本案不具备偷税的损害结果要件	
案涉购房按揭款均按规定入账，会计账簿、记账凭证以及各项财务报表亦如实记载、填报，部分未申报纳税是由于财务人员失误，未及时开票。广鸿公司作为专业房地产开发企业，明确知晓须向购房者提供购房款全款发票，主观上不可能产生偷税故意，发现问题后主动自查自纠，立即补缴了税款，亦反映出是过失所致，不存在故意、恶意	

3. 判案依据

《国家税务总局关于税务检查期间补正申报补缴税款是否影响偷税行为定性有关问题的批复》（税总函〔2013〕196 号）规定：纳税人在稽查局进行税务检查前主动补正申报、补缴税款，并且税务机关没有证据证明纳税人具有偷税主观故意的，不按偷税处理。

案例　操作失误导致未按期申报企业所得税案

（北京市第一中级人民法院〔2018〕京 01 行终 918 号行政判决书）

1. 案情回顾

2017 年 10 月 7 日，世界梦想公司通过网上纳税申报系统提交了 2017 年第三季度的企业所得税纳税申报表（以下简称纳税申报表）和财务报表。当日，世界梦想公司又自行撤销了财务报表，导致已经提交成功的纳税申报表被一并撤销。此后世界梦想公司又于当日重新提交了财务报表，但截至 2017 年 10 月 25 日，世界梦想公司并未重新提交纳税申报表。

2017 年 12 月，世界梦想公司赴税务所提交了纸质的纳税申报表，办理了 2017 年第三季度企业所得税的纳税申报。税务所向世界梦想公司做出税务行政处罚，列出违法事实及处罚依据：2017 年 7 月 1 日至 2017 年 9 月 30 日企业所得税（应纳税所得额）未按期申报；申报期限：2017 年 10 月 25 日；缴纳方式：限 15 日内到银行缴纳；罚款金额：（大写）贰佰元整。

北京方欣恒利公司是网上纳税申报系统的开发及运营维护单位。该公司于 2018 年 1 月出具的《情况说明》载明："自 2017 年 1 月起，纳税人通过北京市国家税务局网上申报纳税窗口报送企业所得税申报表和财务报表后，需要单独撤销（删除）财务报表的，系统将弹出窗口提示'如果您的企业所得税已经申报成功，撤销财务报表的同时会将企业所得税一并撤销，是否确认撤销？'，操作人点击'是'以后，财务报表和企业所得税申报表一并删除。特此说明。"

在本案诉讼过程中，各方均认可世界梦想公司已经于 2017 年 12 月 1 日缴纳了上述200 元的罚款。世界梦想公司不服被诉处罚决定，提起诉讼。一审法院驳回诉讼请求。世界梦想公司不服判决，提起上诉。二审法院驳回上诉，维持一审判决。

2. 案例解析

世界梦想公司应当在 2017 年 10 月 25 日之前办理 2017 年第三季度企业所得税的纳税申报，并提交纳税申报表等纳税申报材料。该公司虽然已经于 2017 年 10 月 7 日通过网上纳税申报系统提交了纳税申报表，但其此后撤销财务报表的行为导致已经提交的纳税申报表被一同撤销，在此过程中，该公司未尽注意义务，迟至 2017 年 12 月 1 日才向原第一税务所处提交纳税申报表。该公司认为上述问题产生的原因是该网上纳税申报系统自身存在漏洞，但并未提交充分证据证明上述诉讼意见。

3. 判案依据

1)《税收征收管理法》第二十五条：纳税人必须依照法律、行政法规规定或者税务机关依照法律、行政法规的规定确定的申报期限、申报内容如实办理纳税申报，报送纳税申报表、财务会计报表以及税务机关根据实际需要要求纳税人报送的其他纳税资料。

2)《税收征收管理法》第六十二条：纳税人未按照规定的期限办理纳税申报和报送纳税资料的……由税务机关责令限期改正，可以处二千元以下的罚款；情节严重的，可以处二千元以上一万元以下的罚款。

1.7.2　报表风险法律责任及对策建议

报表风险的法律责任及对策建议见下表。

报表风险法律责任及对策建议

报表风险	相关法律规定	对策	建议
编制虚假财务报表	1.《会计法》第二十条：财务会计报告应当根据经过审核的会计账簿记录和有关资料编制，并符合本法和国家统一的会计制度关于财务会计报告的编制要求、提供对象和提供期限的规定；其他法律、行政法规另有规定的，从其规定。财务会计报告由会计报表、会计报表附注和财务情况说明书组成。向不同的会计资料使用者提供的财务会计报告，其编制依据应当一致。有关法律、行政法规规定会计报表、会计报表附注和财务情况说明书须经注册会计师审计的，注册会计师及其所在的会计师事务所出具的审计报告应当随财务会计报告一并提供。 2.《会计法》第二十一条：财务会计报告应当由单位负责人和主管会计工作的负责人、会计机构负责人（会计主管人员）签名并盖章；设置总会计师的单位，还须由总会计师签名并盖章。单位负责人应当保证财务会计报告真实、完整	1. 如果企业设置了两套账簿，必然会有两套财务报表，而两套财务报表中必然有一套是假的。因此，企业应避免设置两套账簿，避免出现两套财务报表。 2. 企业负责人和财务负责人应当确保本企业编制的财务报表真实、完整，如果是通过代账公司编制财务报表，应与代账公司约定双方权利义务，代账公司应确保财务报表的真实和完整	1. 企业应打消通过设置两套账来编制和提供虚假财务报表的念头。 编制和提供虚假财务报表是严重会计违法行为，还可能带来严重的涉税风险。 2. 虚假的财务报表经不起审计，因此，为防止企业出具虚假财务报表，企业应建立完善的内部审计制度和外部审计制度
虚假的财务报表导致涉税风险	1.《税收征收管理法》第六十三条：纳税人伪造、变造、隐匿、擅自销毁账簿、记账凭证，或者在账簿上多列支出或者不列、少列收入，或者经税务机关通知申报而拒不申报或者进行虚假的纳税申报，不缴或者少缴应纳税款的，是偷税。 2.《税收征收管理法》第六十四条：纳税人、扣缴义务人编造虚假计税依据的，由税务机关责令限期改正，并处五万元以下的罚款	由于财务报表是纳税申报表的基础，虚假的财务报表往往导致纳税申报表存在虚假，为避免涉税风险，企业应确保财务报表真实和完整	企业在根据财务报表填写纳税申报表时，应首先检查财务报表是否真实、完整。在内部审计和外部审计中，一旦发现财务报表有误，应及时更正纳税申报表

1.8 本章政策依据

1.8.1 抽逃出资政策依据

抽逃出资相关法律规定见下表。

关于抽逃出资的相关法律规定

法律领域	具体规定
公司法	抽逃出资的表现形式： 1.《公司法》第五十三条：公司成立后，股东不得抽逃出资。 2.《最高人民法院关于适用〈中华人民共和国公司法〉若干问题的规定（三）》第十二条规定，公司成立后，公司、股东或者公司债权人以相关股东的行为符合下列情形之一且损害公司权益为由，请求认定该股东抽逃出资的，人民法院应予支持： （1）制作虚假财务会计报表虚增利润进行分配； （2）通过虚构债权债务关系将其出资转出； （3）利用关联交易将出资转出； （4）其他未经法定程序将出资抽回的行为 抽逃出资的法律后果： 1.《公司法》第二十一条：公司股东应当遵守法律、行政法规和公司章程，依法行使股东权利，不得滥用股东权利损害公司或者其他股东的利益。公司股东滥用股东权利给公司或者其他股东造成损失的，应当承担赔偿责任。 2.《公司法》第二十二条：公司的控股股东、实际控制人、董事、监事、高级管理人员不得利用关联关系损害公司利益。违反前款规定，给公司造成损失的，应当承担赔偿责任。 3.《公司法》第二十三条：公司股东滥用公司法人独立地位和股东有限责任，逃避债务，严重损害公司债权人利益的，应当对公司债务承担连带责任。股东利用其控制的两个以上公司实施前款规定行为的，各公司应当对任一公司的债务承担连带责任。只有一个股东的公司，股东不能证明公司财产独立于股东自己的财产的，应当对公司债务承担连带责任
税法	《财政部 国家税务总局关于规范个人投资者个人所得税征收管理的通知》（财税〔2003〕158号）规定，纳税年度内个人投资者从其投资企业（个人独资企业、合伙企业除外）借款，在该纳税年度终了后既不归还，又未用于企业生产经营的，其未归还的借款可视为企业对个人投资者的红利分配，依照"利息、股息、红利所得"项目计征个人所得税
刑法	《刑法》第一百五十九条：公司发起人、股东违反公司法的规定未交付货币、实物或者未转移财产权，虚假出资，或者在公司成立后又抽逃其出资，数额巨大、后果严重或者有其他严重情节的，处五年以下有期徒刑或者拘役，并处或者单处虚假出资金额或者抽逃出资金额百分之二以上百分之十以下罚金。单位犯前款罪的，对单位判处罚金，并对其直接负责的主管人员和其他直接责任人员，处五年以下有期徒刑或者拘役

1.8.2　私卡转账政策依据

私卡转账相关法律规定见下表。

关于私卡转账的相关法律规定

法律领域	内容划分或法律文件	具体规定
金融法	允许转入个人账户的款项	1.《人民币银行结算账户管理办法》第三十九条：个人银行结算账户用于办理个人转账收付和现金存取。下列款项可以转入个人银行结算账户：（一）工资、奖金收入。（二）稿费、演出费等劳务收入。（三）债券、期货、信托等投资的本金和收益。（四）个人债权或产权转让收益。（五）个人贷款转存。（六）证券交易结算资金和期货交易保证金。（七）继承、赠与款项。（八）保险理赔、保费退还等款项。（九）纳税退还。（十）农、副、矿产品销售收入。（十一）其他合法款项。 2. 单位与个人发生以上交易，需要向个人支付上述相关款项时，可以将资金从单位的账户转入个人的账户
	公转私超过五万元时应提供付款依据	1.《人民币银行结算账户管理办法》第四十条：单位从其银行结算账户支付给个人银行结算账户的款项，每笔超过 5 万元的，应向其开户银行提供下列付款依据：（一）代发工资协议和收款人清单。（二）奖励证明。（三）新闻出版、演出主办等单位与收款人签订的劳务合同或支付给个人款项的证明。（四）证券公司、期货公司、信托投资公司、奖券发行或承销部门支付或退还给自然人款项的证明。（五）债权或产权转让协议。（六）借款合同。（七）保险公司的证明。（八）税收征管部门的证明。（九）农、副、矿产品购销合同。（十）其他合法款项的证明。 2. 从单位银行结算账户支付给个人银行结算账户的款项应纳税的，税收代扣单位付款时应向其开户银行提供完税证明
	个人提供付款依据	《人民币银行结算账户管理办法》第四十一条：有下列情形之一的，个人应出具《人民币银行结算账户管理办法》第四十条规定的有关收款依据：（一）个人持出票人为单位的支票向开户银行委托收款，将款项转入其个人银行结算账户的；（二）个人持申请人为单位的银行汇票和银行本票向开户银行提示付款，将款项转入其个人银行结算账户的
	银行对付款依据的审查	《人民币银行结算账户管理办法》第四十二条：单位银行结算账户支付给个人银行结算账户款项的，银行应按《人民币银行结算账户管理办法》第四十条、第四十一条规定认真审查付款依据或收款依据的原件，并留存复印件，按会计档案保管。未提供相关依据或相关依据不符合规定的，银行应拒绝办理
	违规公转私的法律责任	《人民币银行结算账户管理办法》第六十五条：存款人使用银行结算账户，不得有下列行为：（一）违反《人民币银行结算账户管理办法》规定将单位款项转入个人银行结算账户。（二）违反《人民币银行结算账户管理办法》规定支取现金。（三）利用开立银行结算账户逃废银行债务。（四）出租、出借银行结算账户。（五）从基本存款账户之外的银行结算账户转账存入、将销货收入存入或现金存入单位信用卡账户。（六）法定代表人或主要负责人、存款人地址以及其他开户资料的变更事项未在规定期限内通知银行。非经营性的存款人有上述所列一至五项行为的，给予警告并处以 1000 元罚款；经营性的存款人有上述所列一至五项行为的，给予警告并处以 5000 元以上 3 万元以下的罚款；存款人有上述所列第六项行为的，给予警告并处以 1000 元的罚款

（续）

法律领域	内容划分或法律文件	具体规定
税法	《中华人民共和国个人所得税法》（以下简称《个人所得税法》）	1. 第九条：个人所得税以所得人为纳税人，以支付所得的单位或者个人为扣缴义务人。纳税人有中国公民身份号码的，以中国公民身份号码为纳税人识别号；纳税人没有中国公民身份号码的，由税务机关赋予其纳税人识别号。扣缴义务人扣缴税款时，纳税人应当向扣缴义务人提供纳税人识别号。 2. 根据上述规定，单位公转私时，是个人所得税的扣缴义务人，应当依法代扣代缴个人所得税
	《中华人民共和国税收征收管理法》	1. 第三十二条：纳税人未按照规定期限缴纳税款的，扣缴义务人未按照规定期限解缴税款的，税务机关除责令限期缴纳外，从滞纳税款之日起，按日加收滞纳税款万分之五的滞纳金。 2. 第六十三条：纳税人伪造、变造、隐匿、擅自销毁账簿、记账凭证，或者在账簿上多列支出或者不列、少列收入，或者经税务机关通知申报而拒不申报或者进行虚假的纳税申报，不缴或者少缴应纳税款的，是偷税。对纳税人偷税的，由税务机关追缴其不缴或者少缴的税款、滞纳金，并处不缴或者少缴的税款百分之五十以上五倍以下的罚款；构成犯罪的，依法追究刑事责任。 3. 第六十九条：扣缴义务人应扣未扣、应收而不收税款的，由税务机关向纳税人追缴税款，对扣缴义务人处应扣未扣、应收未收税款百分之五十以上三倍以下的罚款
	《国家税务总局关于税务检查期间补正申报补缴税款是否影响偷税行为定性有关问题的批复》（税总函〔2013〕196号）	1. 税务机关认定纳税人不缴或者少缴税款的行为是否属于偷税，应当严格遵循《中华人民共和国税收征收管理法》第六十三条的有关规定。纳税人未在法定的期限内缴纳税款，且其行为符合《中华人民共和国税收征收管理法》第六十三条规定的构成要件的，即构成偷税，逾期后补缴税款不影响行为的定性。 2. 纳税人在稽查局进行税务检查前主动补正申报补缴税款，并且税务机关没有证据证明纳税人具有偷税主观故意的，不按偷税处理

1.8.3 发票风险政策依据

发票风险相关法律规定见下表。

关于发票风险的相关法律规定

法律领域	法律文件	具体规定
税法	《中华人民共和国税收征收管理法》	1. 第三十二条：纳税人未按照规定期限缴纳税款的，扣缴义务人未按照规定期限解缴税款的，税务机关除责令限期缴纳外，从滞纳税款之日起，按日加收滞纳税款万分之五的滞纳金。 2. 第六十三条：纳税人伪造、变造、隐匿、擅自销毁账簿、记账凭证，或者在账簿上多列支出或者不列、少列收入，或者经税务机关通知申报而拒不申报或者进行虚假的纳税申报，不缴或者少缴应纳税款的，是偷税。对纳税人偷税的，由税务机关追缴其不缴或者少缴的税款、滞纳金，并处不缴或者少缴的税款百分之五十以上五倍以下的罚款；构成犯罪的，依法追究刑事责任

（续）

法律领域	法律文件	具体规定
税法	《中华人民共和国发票管理办法》	1. 第二十一条：开具发票应当按照规定的时限、顺序、栏目，全部联次一次性如实开具，开具纸质发票应当加盖发票专用章。 任何单位和个人不得有下列虚开发票行为：（一）为他人、为自己开具与实际经营业务情况不符的发票；（二）让他人为自己开具与实际经营业务情况不符的发票；（三）介绍他人开具与实际经营业务情况不符的发票。 2. 第三十五条：违反本办法的规定虚开发票的，由税务机关没收违法所得；虚开金额在 1 万元以下的，可以并处 5 万元以下的罚款；虚开金额超过 1 万元的，并处 5 万元以上 50 万元以下的罚款；构成犯罪的，依法追究刑事责任
	《国家税务总局关于纳税人虚开增值税专用发票征补税款问题的公告》（国家税务总局公告 2012 年第 33 号）	纳税人取得虚开的增值税专用发票，不得作为增值税合法有效的扣税凭证抵扣其进项税额
	《企业所得税税前扣除凭证管理办法》（国家税务总局公告 2018 年第 28 号）	1. 第十四条：企业在补开、换开发票、其他外部凭证过程中，因对方注销、撤销、依法被吊销营业执照、被税务机关认定为非正常户等特殊原因无法补开、换开发票、其他外部凭证的，可凭以下资料证实支出真实性后，其支出允许税前扣除：（一）无法补开、换开发票、其他外部凭证原因的证明资料（包括工商注销、机构撤销、列入非正常经营户、破产公告等证明资料）；（二）相关业务活动的合同或者协议；（三）采用非现金方式支付的付款凭证；（四）货物运输的证明资料；（五）货物入库、出库内部凭证；（六）企业会计核算记录以及其他资料。前款第一项至第三项为必备资料。 2. 第十六条：企业在规定的期限未能补开、换开符合规定的发票、其他外部凭证，并且未能按照本办法第十四条的规定提供相关资料证实其支出真实性的，相应支出不得在发生年度税前扣除
刑法	《刑法》	1. 第二百零一条：纳税人采取欺骗、隐瞒手段进行虚假纳税申报或者不申报，逃避缴纳税款数额较大并且占应纳税额百分之十以上的，处三年以下有期徒刑或者拘役，并处罚金；数额巨大并且占应纳税额百分之三十以上的，处三年以上七年以下有期徒刑，并处罚金。……有第一款行为，经税务机关依法下达追缴通知后，补缴应纳税款，缴纳滞纳金，已受行政处罚的，不予追究刑事责任；但是，五年内因逃避缴纳税款受过刑事处罚或者被税务机关给予二次以上行政处罚的除外。 2. 第二百零五条：虚开增值税专用发票或者虚开用于骗取出口退税、抵扣税款的其他发票的，处三年以下有期徒刑或者拘役，并处二万元以上二十万元以下罚金；虚开的税款数额较大或者有其他严重情节的，处三年以上十年以下有期徒刑，并处五万元以上五十万元以下罚金；虚开的税款数额巨大或者有其他特别严重情节的，处十年以上有期徒刑或者无期徒刑，并处五万元以上五十万元以下罚金或者没收财产。单位犯本条规定之罪的，对单位判处罚金，并对其直接负责的主管人员和其他直接责任人员，处三年以下有期徒

（续）

法律领域	法律文件	具体规定
刑法	《刑法》	刑或者拘役；虚开的税款数额较大或者有其他严重情节的，处三年以上十年以下有期徒刑；虚开的税款数额巨大或者有其他特别严重情节的，处十年以上有期徒刑或者无期徒刑。 3.第二百零五条之一：虚开本法第二百零五条规定以外的其他发票，情节严重的，处二年以下有期徒刑、拘役或者管制，并处罚金；情节特别严重的，处二年以上七年以下有期徒刑，并处罚金。单位犯前款罪的，对单位判处罚金，并对其直接负责的主管人员和其他直接责任人员，依照前款的规定处罚。 4.第二百一十条之一：明知是伪造的发票而持有，数量较大的，处二年以下有期徒刑、拘役或者管制，并处罚金；数量巨大的，处二年以上七年以下有期徒刑，并处罚金。单位犯前款罪的，对单位判处罚金，并对其直接负责的主管人员和其他直接责任人员，依照前款的规定处罚

1.8.4 证据链风险政策依据

证据链风险相关法律规定见下表。

关于证据链风险的相关法律规定

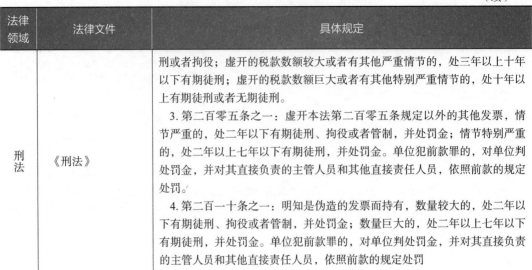

法律领域	法律文件	具体规定
税收实体法	《中华人民共和国增值税暂行条例》	第九条：纳税人购进货物、劳务、服务、无形资产、不动产，取得的增值税扣税凭证不符合法律、行政法规或者国务院税务主管部门有关规定的，其进项税额不得从销项税额中抵扣
	《企业所得税税前扣除凭证管理办法》	1.第二条：本办法所称税前扣除凭证，是指企业在计算企业所得税应纳税所得额时，证明与取得收入有关的、合理的支出实际发生，并据以税前扣除的各类凭证。 2.第四条：税前扣除凭证在管理中遵循真实性、合法性、关联性原则。真实性是指税前扣除凭证反映的经济业务真实，且支出已经实际发生；合法性是指税前扣除凭证的形式、来源符合国家法律、法规等相关规定；关联性是指税前扣除凭证与其反映的支出相关联且有证明力。 3.第五条：企业发生支出，应取得税前扣除凭证，作为计算企业所得税应纳税所得额时扣除相关支出的依据
	《个体工商户税收定期定额征收管理办法》	第二十二条：定期定额户对税务机关核定的定额有争议的，可以在接到《核定定额通知书》之日起30日内向主管税务机关提出重新核定定额申请，并提供足以说明其生产、经营真实情况的证据，主管税务机关应当自接到申请之日起30日内书面答复

（续）

法律领域	法律文件	具体规定
税收程序法	《中华人民共和国税收征收管理法》	1. 第十九条：纳税人、扣缴义务人按照有关法律、行政法规和国务院财政、税务主管部门的规定设置账簿，根据合法、有效凭证记账，进行核算。 2. 第二十四条：从事生产、经营的纳税人、扣缴义务人必须按照国务院财政、税务主管部门规定的保管期限保管账簿、记账凭证、完税凭证及其他有关资料
	《中华人民共和国税收征收管理法实施细则》	第二十九条：账簿、记账凭证、报表、完税凭证、发票、出口凭证以及其他有关涉税资料应当合法、真实、完整。账簿、记账凭证、报表、完税凭证、发票、出口凭证以及其他有关涉税资料应当保存 10 年；但是，法律、行政法规另有规定的除外
	《税务行政复议规则》	第五十二条：行政复议证据包括以下类别：（一）书证；（二）物证；（三）视听资料；（四）电子数据；（五）证人证言；（六）当事人的陈述；（七）鉴定意见；（八）勘验笔录、现场笔录

1.8.5 两套账风险政策依据

两套账风险相关法律规定见下表。

关于两套账风险的相关法律规定

法律领域	法律文件	具体规定
会计法	《中华人民共和国会计法》	1. 第三条：各单位必须依法设置会计账簿，并保证其真实、完整。 2. 第四条：单位负责人对本单位的会计工作和会计资料的真实性、完整性负责。 3. 第九条：各单位必须根据实际发生的经济业务事项进行会计核算，填制会计凭证，登记会计账簿，编制财务会计报告。任何单位不得以虚假的经济业务事项或者资料进行会计核算。 4. 第十六条：各单位发生的各项经济业务事项应当在依法设置的会计账簿上统一登记、核算，不得违反本法和国家统一的会计制度的规定私设会计账簿登记、核算
税法	《中华人民共和国税收征收管理法》	1. 第二十四条：从事生产、经营的纳税人、扣缴义务人必须按照国务院财政、税务主管部门规定的保管期限保管账簿、记账凭证、完税凭证及其他有关资料。账簿、记账凭证、完税凭证及其他有关资料不得伪造、变造或者擅自损毁。 2. 第六十条：纳税人有下列行为之一的，由税务机关责令限期改正，可以处二千元以下的罚款；情节严重的，处二千元以上一万元以下的罚款……（二）未按照规定设置、保管账簿或者保管记账凭证和有关资料的……

（续）

法律领域	法律文件	具体规定
税法	《中华人民共和国发票管理办法》	1. 第二十一条：开具发票应当按照规定的时限、顺序、栏目，全部联次一次性如实开具，开具纸质发票应当加盖发票专用章。任何单位和个人不得有下列虚开发票行为：（一）为他人、为自己开具与实际经营业务情况不符的发票；（二）让他人为自己开具与实际经营业务情况不符的发票；（三）介绍他人开具与实际经营业务情况不符的发票。 2. 第三十五条：违反本办法的规定虚开发票的，由税务机关没收违法所得；虚开金额在1万元以下的，可以并处5万元以下的罚款；虚开金额超过1万元的，并处5万元以上50万元以下的罚款；构成犯罪的，依法追究刑事责任
刑法	《刑法》	1. 第一百七十五条之一：以欺骗手段取得银行或者其他金融机构贷款、票据承兑、信用证、保函等，给银行或者其他金融机构造成重大损失的，处三年以下有期徒刑或者拘役，并处或者单处罚金；给银行或者其他金融机构造成特别重大损失或者有其他特别严重情节的，处三年以上七年以下有期徒刑，并处罚金。单位犯前款罪的，对单位判处罚金，并对其直接负责的主管人员和其他直接责任人员，依照前款的规定处罚。 2. 第二百零一条：纳税人采取欺骗、隐瞒手段进行虚假纳税申报或者不申报，逃避缴纳税款数额较大并且占应纳税额百分之十以上的，处三年以下有期徒刑或者拘役，并处罚金；数额巨大并且占应纳税额百分之三十以上的，处三年以上七年以下有期徒刑，并处罚金

1.8.6　账务风险政策依据

账务风险相关法律规定见下表。

关于账务风险的相关法律规定

法律领域	法律文件	具体规定
会计法	《中华人民共和国会计法》	1. 第十七条：各单位应当定期将会计账簿记录与实物、款项及有关资料相互核对，保证会计账簿记录与实物及款项的实有数额相符、会计账簿记录与会计凭证的有关内容相符、会计账簿之间相对应的记录相符、会计账簿记录与会计报表的有关内容相符。 2. 第二十七条：会计机构、会计人员发现会计账簿记录与实物、款项及有关资料不相符的，按照国家统一的会计制度的规定有权自行处理的，应当及时处理；无权处理的，应当立即向单位负责人报告，请求查明原因，作出处理。 3. 第四十条：违反本法规定，有下列行为之一的，由县级以上人民政府财政部门责令限期改正，可以对单位并处三千元以上五万元以下的罚款；对其直接负责的主管人员和其他直接责任人员，可以处二千元以上二万元以下的罚款；属于国家工作人员的，还应当由其所在单位或者有关单位依法给予行政处分：（一）不依法设置会计账簿的；（二）私设会计账簿的……

（续）

法律领域	法律文件	具体规定
会计法	《会计基础工作规范》	1.第六十二条：各单位应当定期对会计账簿记录的有关数字与库存实物、货币资金、有价证券、往来单位或者个人等进行相互核对，保证账证相符、账账相符、账实相符。对账工作每年至少进行一次。（一）账证核对。核对会计账簿记录与原始凭证、记账凭证的时间、凭证字号、内容、金额是否一致，记账方向是否相符。（二）账账核对。核对不同会计账簿之间的账簿记录是否相符，包括：总账有关账户的余额核对，总账与明细账核对，总账与日记账核对，会计部门的财产物资明细账与财产物资保管和使用部门的有关明细账核对等。（三）账实核对。核对会计账簿记录与财产等实有数额是否相符。包括：现金日记账账面余额与现金实际库存数相核对；银行存款日记账账面余额定期与银行对账单相核对；各种财物明细账账面余额与财物实存数额相核对；各种应收、应付款明细账账面余额与有关债务、债权单位或者个人核对等。 2.第八十九条：各单位应当建立稽核制度。主要内容包括：稽核工作的组织形式和具体分工；稽核工作的职责、权限；审核会计凭证和复核会计账簿、会计报表的方法
会计法	《财政违法行为处罚处分条例》	第十七条：单位和个人违反财务管理的规定，私存私放财政资金或者其他公款的，责令改正，调整有关会计账目，追回私存私放的资金，没收违法所得。对单位处 3000 元以上 5 万元以下的罚款；对直接负责的主管人员和其他直接责任人员处 2000 元以上 2 万元以下的罚款。属于国家公务员的，还应当给予记大过处分；情节严重的，给予降级或者撤职处分
会计法	《中华人民共和国行政处罚法》	第三十二条：当事人有下列情形之一，应当从轻或者减轻行政处罚：（一）主动消除或者减轻违法行为危害后果的；（二）受他人胁迫或者诱骗实施违法行为的；（三）主动供述行政机关尚未掌握的违法行为的；（四）配合行政机关查处违法行为有立功表现的；（五）法律、法规、规章规定其他应当从轻或者减轻行政处罚的
税法	《中华人民共和国税收征收管理法》	第十九条：纳税人、扣缴义务人按照有关法律、行政法规和国务院财政、税务主管部门的规定设置账簿，根据合法、有效凭证记账，进行核算
税法	《中华人民共和国税收征收管理法实施细则》	第二十九条：账簿、记账凭证、报表、完税凭证、发票、出口凭证以及其他有关涉税资料应当合法、真实、完整
税法	《中华人民共和国发票管理办法》	第三十五条：违反本办法的规定虚开发票的，由税务机关没收违法所得；虚开金额在 1 万元以下的，可以并处 5 万元以下的罚款；虚开金额超过 1 万元的，并处 5 万元以上 50 万元以下的罚款；构成犯罪的，依法追究刑事责任

1.8.7　报表风险政策依据

报表风险的相关法律规定见下表。

关于报表风险的相关法律规定

法律领域	法律文件	具体规定
会计法	《中华人民共和国会计法》	1.第十六条：各单位发生的各项经济业务事项应当在依法设置的会计账簿上统一登记、核算，不得违反本法和国家统一的会计制度的规定私设会计账簿登记、核算。 2.第二十九条：有关法律、行政法规规定，须经注册会计师进行审计的单位，应当向受委托的会计师事务所如实提供会计凭证、会计账簿、财务会计报告和其他会计资料以及有关情况。任何单位或者个人不得以任何方式要求或者示意注册会计师及其所在的会计师事务所出具不实或者不当的审计报告。 3.第三十条：财政部门对各单位的下列情况实施监督：（一）是否依法设置会计账簿；（二）会计凭证、会计账簿、财务会计报告和其他会计资料是否真实、完整；（三）会计核算是否符合本法和国家统一的会计制度的规定；（四）从事会计工作的人员是否具备专业能力、遵守职业道德。在对前款第（二）项所列事项实施监督，发现重大违法嫌疑时，国务院财政部门及其派出机构可以向与被监督单位有经济业务往来的单位和被监督单位开立账户的金融机构查询有关情况，有关单位和金融机构应当给予支持 4.第四十条：违反本法规定，有下列行为之一的，由县级以上人民政府财政部门责令限期改正，可以对单位并处三千元以上五万元以下的罚款；对其直接负责的主管人员和其他直接责任人员，可以处二千元以上二万元以下的罚款；属于国家工作人员的，还应当由其所在单位或者有关单位依法给予行政处分……（六）向不同的会计资料使用者提供的财务会计报告编制依据不一致的……
	《会计基础工作规范》	1.第六十六条：会计报表应当根据登记完整、核对无误的会计账簿记录和其他有关资料编制，做到数字真实、计算准确、内容完整、说明清楚。任何人不得篡改或者授意、指使、强令他人篡改会计报表的有关数字。 2.第六十七条：会计报表之间、会计报表各项目之间，凡有对应关系的数字，应当相互一致。本期会计报表与上期会计报表之间有关的数字应当相互衔接。如果不同会计年度会计报表中各项目的内容和核算方法有变更的，应当在年度会计报表中加以说明。 3.第七十条：根据法律和国家有关规定应当对财务报告进行审计的，财务报告编制单位应当先行委托注册会计师进行审计，并将注册会计师出具的审计报告随同财务报告按照规定的期限报送有关部门。 4.第七十一条：如果发现对外报送的财务报告有错误，应当及时办理更正手续。除更正本单位留存的财务报告外，并应同时通知接受财务报告的单位更正。错误较多的，应当重新编报
	《财政部关于财政部门追究扰乱财经秩序违法违纪人员责任若干具体问题的通知》	各级财政部门在监督检查中发现被检查单位存在下列行为，除在法定职权范围内依法进行处理、处罚外，应当向有关机关、机构提出追究责任人员责任的建议……（九）应当建账而不建账、编报虚假财务报表和其他违反会计法规行为的……

（续）

法律领域	法律文件	具体规定
税法	《中华人民共和国税收征收管理法》	1.第六十条：纳税人有下列行为之一的，由税务机关责令限期改正，可以处二千元以下的罚款；情节严重的，处二千元以上一万元以下的罚款……（二）未按照规定设置、保管账簿或者保管记账凭证和有关资料的…… 2.第六十二条：纳税人未按照规定的期限办理纳税申报和报送纳税资料的，或者扣缴义务人未按照规定的期限向税务机关报送代扣代缴、代收代缴税款报告表和有关资料的，由税务机关责令限期改正，可以处二千元以下的罚款；情节严重的，可以处二千元以上一万元以下的罚款
	《中华人民共和国税收征收管理法实施细则》	第二十九条：账簿、记账凭证、报表、完税凭证、发票、出口凭证以及其他有关涉税资料应当合法、真实、完整。账簿、记账凭证、报表、完税凭证、发票、出口凭证以及其他有关涉税资料应当保存 10 年；但是，法律、行政法规另有规定的除外

Chapter Two

第2章
风险应对

风险应对是指通过一定的事先防范措施，提早发现风险，尽早解决风险，或者避免风险的发生。税务机关的纳税评估可以帮助纳税人提早发现涉税风险、尽早解决涉税风险。纳税人全面掌握《中华人民共和国税收征收管理法》的相关规定可以避免某些涉税风险的发生，可以降低涉税风险发生的概率。

2.1　纳税评估

纳税评估是指税务机关运用数据信息对比分析的方法，对纳税人和扣缴义务人纳税申报（包括减免缓抵退税申请）情况的真实性和准确性做出定性和定量的判断，并采取进一步征管措施的管理行为。税务机关通过纳税评估可以发现纳税人的税收违法行为，纳税人应当认真对待纳税评估中发现的涉税风险，纳税人也可以对自己进行模拟纳税评估，以尽早发现涉税风险。对纳税评估中发现的涉税风险，纳税人应当尽早补缴税款和滞纳金，以免演化成更加严重的涉税风险。

2.1.1　纳税评估工作主体与工作内容

1. 纳税评估工作主体

纳税评估工作主要由基层税务机关的税源管理部门及其税收管理员负责，重点税源和重大事项的纳税评估也可由上级税务机关负责。基层税务机关是指直接面向纳税人负责税收征收管理的税务机关；税源管理部门是指基层税务机关所属的税务分局、税务所或内设的税源管理科（股）。

对汇总合并缴纳企业所得税的企业的纳税评估，由其汇总合并纳税企业申报所在地的税务机关实施，对汇总合并纳税成员企业的纳税评估，由其监管的当地税务机关实施；对汇总缴纳企业所得税的居民企业在中国境内设立的不具有法人资格的营业机构的纳税评估，由总机构所在地的主管税务机关实施。

2. 纳税评估的工作内容

纳税评估的工作内容主要包括但不限于：

1）根据宏观税收分析、行业税负监控结果以及相关数据设立评估指标及其预警值；

2）综合运用各类对比分析方法筛选评估对象；

3）对所筛选出的异常情况进行深入分析并做出定性和定量的判断；

4）对评估分析中发现的问题分别采取税务约谈、调查核实、处理处罚、提出管理建议、移交稽查部门查处等方法进行处理；

5）维护更新税源管理数据，为税收宏观分析和行业税负监控提供基础信息。

开展纳税评估工作，原则上在纳税申报到期之后进行，评估的期限以纳税申报的税款所属当期为主，特殊情况可以延伸到往期或以往年度。纳税评估工作遵循"强化管理、优化服务、分类实施、因地制宜、人机结合、简便易行"的原则。

2.1.2　纳税评估指标

1. 纳税评估指标与纳税评估分析

纳税评估指标是税务机关筛选评估对象、进行重点分析时所选用的主要指标，分为通用分析指标和特定分析指标两大类，使用时可结合评估工作实际不断细化和完善。

纳税评估分析时，要综合运用各类指标，并参照评估指标预警值进行配比分析。评估指标预警值是税务机关根据宏观税收分析、行业税负监控、纳税人生产经营和财务会计核算情况以及内外部相关信息，运用数学方法测算出的算术、加权平均值及其合理变动范围。测算预警值，应综合考虑地区、规模、类型、生产经营季节、税种等因素，考虑同行业、同规模、同类型纳税人各类相关指标的若干年度的平均水平，以使预警值更加真实、准确和具有可比性。纳税评估指标预警值由各地税务机关根据实际情况自行确定。

2. 纳税评估通用分析指标及功能

纳税评估通用分析指标及功能见下表。

纳税评估通用分析指标及功能

类别	指标名称	计算公式 / 内容	指标功能
收入类	主营业务收入变动率	（本期主营业务收入 – 基期主营业务收入）/ 基期主营业务收入 ×100%	如主营业务收入变动率超出预警值范围，表示可能存在少计收入和多列成本等问题，需运用其他指标做进一步分析
成本类	单位产成品原材料耗用率	本期投入原材料 / 本期产成品成本 ×100%	分析单位产品当期耗用原材料与当期产出的产成品成本比率，可以判断纳税人是否存在账外销售问题、是否错误使用存货计价方法、是否人为调整产成品成本或应纳税所得额等问题

（续）

类别	指标名称	计算公式/内容	指标功能
成本类	主营业务成本变动率	（本期主营业务成本 – 基期主营业务成本）/基期主营业务成本 ×100% 【主营业务成本率 = 主营业务成本/主营业务收入 ×100%】	如主营业务成本变动率超出预警值范围，表示可能存在销售未计收入、多列成本费用、扩大税前扣除范围等问题
费用类	主营业务费用变动率	（本期主营业务费用 – 基期主营业务费用）/基期主营业务费用 ×100% 【主营业务费用率 = 主营业务费用/主营业务收入 ×100%】	将其与预警值相比，如相差较大，可能存在多列费用问题
	营业（管理、财务）费用变动率	［本期营业（管理、财务）费用 – 基期营业（管理、财务）费用］/基期营业（管理、财务）费用 ×100%	如果营业（管理、财务）费用变动率与前期相差较大，表明可能存在税前多列支营业（管理、财务）费用问题
	成本费用率	（本期营业费用 + 本期管理费用 + 本期财务费用）/本期主营业务成本 ×100%	分析纳税人期间费用与销售成本之间的关系，并与预警值相比较。如相差较大，则企业可能存在多列期间费用问题
	成本费用利润率	利润总额/成本费用总额 ×100% 【成本费用总额 = 主营业务成本总额 + 费用总额】	将其与预警值比较，如果企业本期成本费用利润率异常，表明可能存在多列成本、费用等问题
	税前列支费用	工资扣除限额、"三费"（职工福利费、工会经费、职工教育经费）扣除限额、交际应酬费列支额（业务招待费扣除限额）、公益救济性捐赠扣除限额、开办费摊销额、技术开发费加计扣除额、广告费扣除限额、业务宣传费扣除限额、财产损失扣除限额、呆（坏）账损失扣除限额、总机构管理费扣除限额、社会保险费扣除限额、无形资产摊销额、递延资产摊销额等	如果申报扣除（摊销）额超过允许扣除（摊销）标准，表明可能存在未按规定进行纳税调整，擅自扩大扣除（摊销）基数等问题
利润类	主营业务利润变动率	（本期主营业务利润 – 基期主营业务利润）/基期主营业务利润 ×100%	若与预警值相比相差较大，可能存在多结转成本或不计、少计收入问题
	其他业务利润变动率	（本期其他业务利润 – 基期其他业务利润）/基期其他业务利润 ×100%	
	税前弥补亏损扣除限额		按税法规定审核分析允许弥补的亏损数额。如申报弥补亏损额大于税前弥补亏损扣除限额，表示可能存在未按规定申报税前弥补等问题

（续）

类别	指标名称	计算公式 / 内容	指标功能
利润类	营业外收入和支出增减额		如营业外收入增减额与基期相比收入减少较多，则可能存在隐瞒营业外收入的问题；如营业外支出增减额与基期相比支出增加较多，则可能存在将不符合规定支出列入营业外支出的问题
资产类	净资产收益率	净利润 / 平均净资产 ×100%	分析纳税人资产综合利用情况。如指标与预警值相差较大，表明可能存在隐瞒收入或闲置未用资产计提折旧等问题
	总资产周转率	营业收入 / 平均总资产 ×100%	分析总资产与存货周转情况，推测销售能力。如总资产周转率或存货周转率加快，而应纳税税额减少，则可能存在隐瞒收入、虚增成本的问题
	存货周转率	主营业务成本 /［（期初存货成本 + 期末存货成本）/2］	
	应收（付）账款变动率	［期末应收（付）账款 – 期初应收（付）账款］/ 期初应收（付）账款 ×100%	分析纳税人应收（付）账款增减变动情况，判断其销售实现和可能发生坏账情况的可能性及可能性大小。如应收（付）账款增长率增高，而销售收入减少，则可能存在隐瞒收入、虚增成本的问题
	固定资产综合折旧率	基期固定资产折旧总额 / 基期固定资产原值总额 ×100%	固定资产综合折旧率高于基期标准值，可能存在税前多列支固定资产折旧额问题。此时应要求企业提供各类固定资产的折旧计算情况，分析固定资产综合折旧率变化的原因
	资产负债率	负债总额 / 资产总额 ×100%【负债总额 = 流动负债 + 长期负债，资产总额是扣除累计折旧后的净额】	分析纳税人的经营活力，判断其偿债能力。如果资产负债率与预警值相差较大，则企业偿债能力有问题，要考虑这对税收收入产生的影响

3. 纳税评估通用指标的配比分析

纳税评估通用指标的配比分析见下表。

纳税评估通用指标的配比分析

指标	比值范围	可能存在的问题	分析方法
主营业务收入变动率与主营业务利润变动率配比	比值<1，且相差较大，二者都为负；比值>1，且相差较大，二者都为正；比值<0，则前者为正，后者为负	多列成本费用、扩大税前扣除范围等	1.结合主营业务利润率指标进行分析，了解企业历年主营业务利润率的变动情况。对主营业务利润率指标异常的企业，应通过年度申报表及附表分析企业收入的构成情况，判断是否存在企业少计收入的情况。 2.结合资产负债表中"应付账款""预收账款"和"其他应付账款"等科目的期初、期末数额进行分析，如出现"应付账款"和"其他应付账款"红字和"预收账款"期末大幅度增长等情况，应判断企业是否存在少计收入问题
主营业务收入变动率与主营业务成本变动率配比	比值<1，且相差较大，二者都为负；比值>1，且相差较大，二者都为正；比值<0，则前者为正，后者为负	多列成本费用、扩大税前扣除范围等	1.结合主营业务收入变动率指标，通过分析企业年度申报表及附表"营业收入表"，了解企业收入的构成情况，判断企业是否存在少计收入的情况。 2.结合资产负债表中"应付账款""预收账款"和"其他应付账款"等科目的期初、期末数额进行分析，如出现"应付账款"和"其他应付账款"红字和"预收账款"期末大幅度增长等情况，应判断企业是否存在少计收入问题。 3.结合主营业务成本率，对年度申报表及附表进行分析，了解企业成本的结转情况，判断企业是否存在改变成本结转方法、少计存货（含产成品、在产品和材料）等问题
主营业务收入变动率与主营业务费用变动率配比	比值<1，且相差较大，二者都为负；比值>1，且相差较大，二者都为正；比值<0，则前者为正，后者为负	多列成本费用、扩大税前扣除范围等	1.结合资产负债表中"应付账款""预收账款"和"其他应付账款"等科目的期初、期末数额进行分析，如出现"应付账款"和"其他应付账款"红字和"预收账款"期末大幅度增长等情况，应判断企业是否存在少计收入问题。 2.结合主营业务成本，对年度申报表及附表进行分析，了解企业成本的结转情况，判断企业是否存在改变成本结转方法、少计存货（含产成品、在产品和材料）等问题。 3.结合主营业务费用率、主营业务费用变动率两项指标进行分析，与同行业的水平进行比较。 4.根据损益表中营业费用、财务费用、管理费用的若干年度数据，分析三项费用中增长较多的费用项目。对财务费用增长较多的，结合资产负债表中短期借款、长期借款的期初、期末数进行分析，以判断企业财务费用增长是否合理、是否存在基建贷款利息列入当期财务费用等问题

（续）

指标	比值范围	可能存在的问题	分析方法
主营业务成本变动率与主营业务利润变动率配比	比值 >1，都为正。前者为正，后者为负	多列成本、扩大税前扣除范围等	
资产利润率、总资产周转率、销售利润率配比	本期总资产周转率 − 上年同期总资产周转率 > 0，本期销售利润率 − 上年同期销售利润率 ≤ 0，本期资产利润率 − 上年同期资产利润率 ≤ 0	收益不足以抵补销售利润率下降造成的损失，可能存在隐匿销售收入、多列成本费用等	
	本期总资产周转率 − 上年同期总资产周转率 ≤ 0，本期销售利润率 − 上年同期销售利润率 >0，本期资产利润率 − 上年同期资产利润率 ≤ 0	资产使用效率降低，导致资产利润率降低，可能存在隐匿销售收入	
存货变动率、资产利润率、总资产周转率配比	存货变动率 ≤ 0，本期总资产周转率 − 上年同期总资产周转率 ≤ 0	可能存在隐匿销售收入等	

4. 增值税评估分析指标及使用方法

增值税评估分析指标及使用方法见下表。

增值税评估分析指标及使用方法

类别	指标名称	计算公式	使用方法
增值税税收负担	税负率	本期应纳税额／本期应税主营业务收入 ×100%	1. 计算分析纳税人税负率，与销售额变动率等指标配合使用，将销售额变动率和税负率与相应的正常峰值进行比较——销售额变动率高于正常峰值，税负率低于正常峰值的；销售额变动率低于正常峰值，税负率低于正常峰值的；销售额变动率及税负率均高于正常峰值的——均可列入疑点范围。可运用全国丢失、被盗增值税专用发票查询系统对纳税评估对象的抵扣联进行检查验证。 2. 根据评估对象报送的增值税纳税申报表、资产负债表、损益表和其他有关纳税资料，进行毛利率测算分析，存货、负债、进项税额综合分析，销售额分析，对其形成异常申报的原因做出进一步判断。 3. 与预警值对比。销售额变动率高于正常峰值而税负率低于预警值，或销售额变动率正常而税负率低于预警值的，以进项税额为评估重点，查证有无扩大进项抵扣范围、骗抵进项税额、不按规定申报抵扣等问题，对应核实销项税额计算的正确性。 4. 对销项税额的评估，应侧重查证有无账外经营、瞒报、迟报计税销售额、混淆增值税与营业税征税范围、错用税率等问题
工（商）业增加值	应纳税额与工（商）业增加值弹性系数	应纳税额增长率／工（商）业增加值增长率 【应纳税额增长率＝（本期应纳税额－基期应纳税额）/基期应纳税额 ×100%； 工（商）业增加值增长率＝［本期工（商）业增加值－基期工（商）业增加值］/基期工（商）业增加值 ×100%】	应纳税额是指纳税人缴纳的增值税应纳税额；工（商）业增加值是指工资、利润、折旧、税金的合计。弹性系数小于预警值，则企业可能有少缴税金的问题，应通过其他相关纳税评估指标与评估方法，结合纳税人生产经营的实际情况进一步分析，对其申报真实性进行评估
	工（商）业增加值税负差异率	［本企业工（商）业增加值税负/同行业工（商）业增加值税负］×100% 【本企业工（商）业增加值税负＝本企业应纳税额/本企业工（商）业增加值； 同行业工（商）业增加值税负＝同行业应纳税额总额/同行业工（商）业增加值】	应用该指标分析本企业工（商）业增加值税负与同行业工（商）业增加值税负的差异，如低于同行业工（商）业增加值平均税负，则企业可能存在隐瞒收入、少缴税款等问题，应结合其他相关评估指标和方法进一步分析，对其申报真实性进行评估

（续）

类别	指标名称	计算公式	使用方法
进项税金控制额	本期进项税金控制额	（期末存货较期初增加额＋本期销售成本＋期末应付账款较期初减少额）×主要外购货物的增值税税率＋本期运费支出数×9%	1.将增值税纳税申报表计算的本期进项税额，与纳税人财务会计报表计算的本期进项税额进行比较，与该纳税人历史同期的进项税额控制额进行纵向比较，与同行业、同等规模的纳税人本期进项税额控制额进行横向比较，与税收管理员掌握的本期进项税额实际情况进行比较，查找问题，对评估对象的申报真实性进行评估。 2.具体分析时，先计算本期进项税金控制额，以进项税金控制额与增值税申报表中的本期进项税额核对，若前者明显小于后者，则可能存在虚抵进项税额和未付款的购进货物提前申报抵扣进项税额的问题
投入产出评估	投入产出评估分析指标	当期原材料（燃料、动力等）投入量/单位产品原材料（燃料、动力等）使用量【单位产品原材料（燃料、动力等）使用量是指同地区、同行业单位产品原材料（燃料、动力等）使用量的平均值】	对投入产出指标进行分析，测算出企业实际产量。将测算的实际产量与实际库存进行对比，确定实际销量，从而进一步推算出企业销售收入。如测算的销售收入大于其申报的销售收入，则企业可能有隐瞒销售收入的问题。此时应通过其他相关纳税评估指标与评估方法，根据税收管理员掌握的税负变化实际情况，对评估对象的申报真实性进行评估

5. 内资企业所得税评估分析指标及使用方法

1）内资企业所得税评估分析指标及使用方法见下表。

内资企业所得税评估分析指标及使用方法

指标名称	计算公式	使用方法
所得税税收负担率（税负率）	应纳所得税额/利润总额×100%	将此指标与当地同行业同期和本企业基期税负率相比，数值低于标准值，企业可能存在不计或少计销售（营业）收入、多列成本费用、扩大税前扣除范围等问题，可运用其他相关指标进行深入评估分析
主营业务利润税收负担率（利润税负率）	本期应纳税额/本期主营业务利润×100%	设定预警值并与预警值进行对照，将此指标与当地同行业同期和本企业基期税负率相比，如果数值低于预警值，企业可能存在销售未计收入、多列成本费用、扩大税前扣除范围等问题，应做进一步分析
应纳税所得额变动率	（评估期累计应纳税所得额－基期累计应纳税所得额）/基期累计应纳税所得额×100%	关注企业处于税收优惠期前后。该指标如果发生较大变化，可能存在少计收入、多列成本、人为调节利润等问题，也可能存在费用配比不合理等问题

（续）

指标名称	计算公式	使用方法
所得税贡献率	应纳所得税额 / 主营业务收入 ×100%	将此指标与当地同行业同期和本企业基期所得税贡献率相比，数值低于标准值视为异常，企业可能存在不计或少计销售（营业）收入、多列成本费用、扩大税前扣除范围等问题，应运用所得税变动率等相关指标做进一步评估分析
所得税贡献变动率	（评估期所得税贡献率 – 基期所得税贡献率）/ 基期所得税贡献率 ×100%	1. 将此指标与企业基期指标和当地同行业同期指标相比，数值低于标准值，企业可能存在不计或少计销售（营业）收入、多列成本费用、扩大税前扣除范围等问题。 2. 运用其他相关指标深入详细评估，并结合上述指标评估结果，进一步分析企业销售（营业）收入、成本、费用的变化和异常情况及其原因
所得税负担变动率	（评估期所得税负担率 – 基期所得税负担率）/ 基期所得税负担率 ×100%	1. 将此指标与企业基期和当地同行业同期指标相比，数值低于标准值，企业可能存在不计或少计销售（营业）收入、多列成本费用、扩大税前扣除范围等问题。 2. 运用其他相关指标深入详细评估，并结合上述指标评估结果，进一步分析企业销售（营业）收入、成本、费用的变化和异常情况及其原因

2）企业所得税纳税评估指标的分类及综合运用见下表。

对企业所得税进行评估时，为便于操作，可对通用指标中涉及所得税评估的指标进行分类。各类指标出现异常，应对可能影响异常的收入、成本、费用、利润及各类资产的相关指标进行审核分析。

企业所得税纳税评估指标的分类及综合运用

指标分类	指标内容	综合运用
一类指标	主营业务收入变动率、所得税税收负担率、所得税贡献率、主营业务利润税收负担率	一类指标出现异常，要运用二类指标中相关指标进行审核分析，并结合原材料、燃料、动力等情况进一步分析异常情况及其原因
二类指标	主营业务成本变动率、主营业务费用变动率、营业（管理、财务）费用变动率、主营业务利润变动率、成本费用率、成本费用利润率、所得税负担变动率、所得税贡献变动率、应纳税所得额变动率及通用指标中的收入、成本、费用、利润配比指标	二类指标出现异常，要运用三类指标中影响的相关项目和指标进行深入审核分析，并结合原材料、燃料、动力等情况进一步分析异常情况及其原因
三类指标	存货周转率、固定资产综合折旧率、营业外收支增减额、税前弥补亏损扣除限额及税前列支费用评估指标	

在运用上述三类指标的同时，对影响企业所得税的其他指标，也应进行审核分析。

6.外资企业所得税评估分析指标及使用方法

1）进行外资企业所得税纳税评估时，应综合对比审核分析，除按内资企业所得税纳税评估的内容审核外，还应包括以下内容：

①会计师查账报告中涉及的税收问题，是否在纳税申报中做出了正确的反映或说明。

② 预提所得税代扣、代缴是否完整、及时；所涉及的使用费转让是否有合同；收取比例是否合理。

③ 纳税人存在关联交易的，是否就其关联交易进行申报；与关联企业的业务往来是否有明显异常。

④主管税务机关认为应审核分析的其他内容。

在纳税评估审核分析时，应特别关注下列类型的企业：长期亏损企业；由免税期或减税期进入获利年度后，利润陡降或由盈利变亏损的企业；有盈利但利润率水平明显低于同行业平均水平或持续低于同行业利润水平的企业等。

2）分析指标及使用方法见下表。（如与内资企业所得税指标相同，则公式及使用方法略，简称"同略"）

外资企业所得税评估分析指标及使用方法

指标名称	计算公式	使用方法
所得税税收负担率	主营业务收入税收负担率 =（本期应纳税额 / 本期应税主营业务收入额）× 100%	
	主营业务利润税收负担率（同略）	
应纳税所得额变动率（同略）	（同略）	
资本金到位额	不得税前列支的利息支出 = 按规定而未到位资本 × 借款利率	如果注册资本金未按照税法规定实际到位，则相应的利息支出不得在税前列支
境外应补所得税发生额		如果存在境外应补所得税额不实或有误等问题，应进一步审核、分析
生产性企业兼营生产性和非生产性经营收入划分额	非生产性经营收入 / 全部收入 ≥ 50%；生产性经营收入 / 全部收入 ≥ 50%	如果生产性经营收入未超过全部业务收入的 50% 或非生产性经营收入 ≥ 50% 时，按照税法规定不能享受当年度生产性企业相关的减免税待遇
借款利息		分析时应考虑是否存在关联企业间借贷利息支出问题，以及借款金额是否过大。如果关联企业间借款金额过大，则考虑借款和权益的比率，分析是否存在资本弱化现象

（续）

指标名称	计算公式	使用方法
出口销售毛利率	（出口收入 – 出口成本）/ 出口收入 × 100%	按照公平交易原则，如果该指标明显低于可比对象，可能存在关联企业间交易价格偏低，有转移利润的嫌疑，需提示做进一步反避税调查
资产（财产）转让利润率	［资产（财产）转让实际收取的价款 – 资产（财产）原账面价值 – 转让费用］/ 资产（财产）原账面价值	如果该指标小于 0，可能存在企业向较低税率的关联企业转让资产（财产）避税的问题
关联出口销售比例	关联出口收入 / 主营业务收入 × 100%	如果本指标较大并且可能存在关联交易的，应重点关注
关联采购比率	关联采购额 / 全部采购额 × 100%	本指标重点分析购销价格，如果关联采购额占全部采购额的比值较大，应对相关纳税人重点关注
无形资产关联交易额		要特别关注特许权使用费，如果数额较大且超过预警值，应对相关纳税人重点关注
融通资金关联交易额		应特别关注筹资企业的负债与权益比例，如果融通资金数额较大，或者可能存在资本弱化问题，应对相关纳税人重点关注
关联劳务交易额		如果劳务费数额过高，或劳务费收取标准高于市场水平，应对相关纳税人重点关注
关联销售比率	关联销售额 / 全部销售额 × 100%	该指标如果较大，应作为反避税重点做进一步分析
关联采购变动率	（本期关联采购额 – 上期关联采购额）/ 上期关联采购额 × 100%	本指标通过分析关联企业间采购的变动情况，了解企业是否存在通过转让定价的方式转移利润的问题。如果对比值较大并且可能存在关联交易的，应重点关注
关联销售变动率	（本期关联销售额 – 上期关联销售额）/ 上期关联销售额 × 100%	如果指标较大并且可能存在关联交易的，应重点关注

3）关联交易类配比分析见下表。

关联交易类配比分析

关联交易配比分析类型	重点分析企业	配比分析结果
关联销售变动率与销售收入变动率	关联销售商品金额占总销售商品金额比例较大的企业	关联销售变动率 < 销售收入变动率，可能存在关联交易定价低于非关联交易定价的问题，存在转让定价避税的嫌疑

（续）

关联交易配比分析类型	重点分析企业	配比分析结果
关联销售变动率与销售利润变动率	关联销售商品金额占总销售商品金额比例较大的企业	关联销售变动率 > 销售利润变动率，可能存在关联交易定价低于非关联交易定价的问题，存在转让定价避税的嫌疑
关联采购变动率与销售成本变动率	关联购进原材料金额占总购进原材料金额比例较大的企业	关联采购变动率 > 销售成本变动率，可能存在关联交易定价高于非关联交易定价的问题，存在转让定价避税的嫌疑
关联采购变动率与销售利润变动率	关联购进原材料金额占总购进原材料金额比例较大的企业	关联采购变动率 > 销售利润变动率，可能存在关联交易定价高于非关联交易定价的问题，存在转让定价避税的嫌疑
无形资产关联购买变动率与销售利润变动率	存在无形资产关联交易的企业	无形资产关联购买变动率 > 销售利润变动率，可能支付了过高的无形资产购买价款或通过购买无形资产的形式转移利润，存在转让定价避税的嫌疑

7. 印花税评估分析指标及使用方法

1）印花税评估分析指标及使用方法见下表。

印花税评估分析指标及使用方法

指标名称	计算公式	使用方法
印花税税负变动系数	本期印花税负担率 / 上年同期印花税负担率 【印花税负担率 =（应纳税额 / 计税收入）×100%】	本指标用于分析可比口径下，印花税额占计税收入的比例及其变化情况。将本期印花税负担率与上年同期对比，正常情况下二者的比值应接近 1。比值 <1，可能存在未足额申报印花税的问题
印花税同步增长系数	应纳税额增长率 / 主营业务收入增长率 【应纳税额增长率 =［（本期累计应纳税额 – 上年同期累计应纳税额）/ 上年同期累计应纳税额］×100%；主营业务收入增长率 =［（本期累计主营业务收入额 – 上年同期累计主营业务收入额）/ 上年同期累计主营业务收入额］×100%】	本指标用于对比分析印花税应纳税额增长率与主营业务收入增长率，评估纳税人申报（贴花）纳税情况真实性，适用于工商、建筑安装等行业的应纳税额增长率与主营业务收入增长率对比分析。正常情况下二者应基本同步增长，比值应接近 1。比值 <1，可能存在未足额申报印花税的问题。当分析中发现高于或低于预警值的，要借助其他指标深入分析并按照总局纳税评估管理办法规定进行处理

2）进行印花税评估时，应综合审核分析：

① 审核纳税申报表中本期各税目应纳税额与上期应纳税额、上年同期应纳税额相比有无重大差异，能否合理解释。

②是否连续零申报，能否合理解释。

③适用税目税率等是否正确；是否有错用税目以适用低税率；有无将按比例税率和按定额税率计征的凭证相互混淆；有无将载有多项不同性质经济业务的经济合同误用税目税率；应税合同计税依据是否正确。

④对申报单位所属行业所对应的应税凭证是否申报纳税（如对工商企业的买卖合同是否申报）。

⑤参考同行业的合同签订情况以及对其他影响印花税纳税的情况进行调查，评估纳税人印花税的纳税状况。

⑥对签订时无法确定金额的应税凭证，检查在最终结算实际金额时是否按规定补贴了印花税。

⑦审核营业税纳税申报表中的申报项目是否有租赁、建筑安装、货物运输、销售不动产、转让无形资产等应税收入，是否对其申报缴纳了印花税。

⑧实行印花税汇总缴纳的纳税人，其利润表中的"主营业务收入"科目与申报的购销合同计税金额或加工承揽合同的计税金额是否合理，有无异常现象，能否合理解释。

⑨根据利润表中"财务费用"科目以及资产负债表中的"短期借款"和"长期借款"科目的变动情况，确定申报借款合同的计税金额是否合理。

⑩资产负债表中"实收资本"科目和"资本公积"科目本期数与上期数相比是否增加，对增加数是否申报缴纳印花税。

⑪对"管理费用"等科目中体现的保险支出与已申报情况进行对比，是否有出入。

⑫审核资产负债表中"固定资产"科目中"不动产"项目增加或减少情况，据此检查对纳税人书立领受的"产权转移书据"是否缴纳了印花税。

⑬审核资产负债表中的"在建工程"科目是否有建筑、设备安装等项目，"委托加工物资"科目是否发生委托加工业务，对其是否申报缴纳了印花税。

⑭审核其他业务收入和营业外收入项目，是否有应税收入。

⑮审核有无查补收入。

⑯其他需要审核、分析的内容。

8. 资源税评估分析指标及使用方法

1）资源税评估分析指标及使用方法见下表。

资源税评估分析指标及使用方法

指标名称	作用	计算公式	可能存在的问题
资源税税负变动系数	分析纳税人申报缴纳的资源税占应税产品销售收入的比例及其变化情况，评估纳税人申报的真实性	本期资源税税收负担率／上年同期资源税税收负担率 【资源税税收负担率＝〔应纳税额／主营业务收入（产品销售收入）〕×100%】	比值<1，可能存在未足额申报资源税问题，进入下一工作环节处理；比值>1，无问题

（续）

指标名称	作用	计算公式	可能存在的问题
资源税同步增长系数	分析资源税应纳税额增长率与主营业务收入（产品销售收入）增长率，评估纳税人申报情况的真实性	应纳税额增长率 / 主营业务收入（产品销售收入）增长率 【应纳税额增长率 =［（本期累计应纳税额 – 上年同期累计应纳税额）/ 上年同期累计应纳税额］× 100%；主营业务收入（产品销售收入）增长率 =［本期累计主营业务收入（产品销售收入） – 上年同期累计主营业务收入（产品销售收入）］/ 上年同期累计主营业务收入（产品销售收入）× 100%】	比值 <1，可能存在未足额申报资源税的问题；分析中发现高于或低于预警率指标的，要借助其他指标深入分析，并按照总局纳税评估管理办法规定进行处理

2）进行资源税评估时，应综合审核分析：

① 审核资源税纳税申报表中项目、数字填写是否完整，适用税目、单位税额、应纳税额及各项数字计算是否准确。

② 审核资源税纳税申报表、代扣代缴代收代缴税款报告表中申报项目，是否有收购未税矿产品。

③是否连续零申报，能否合理解释。

④是否以矿产品的原矿作为课税数量，折算比率是否合理。

⑤纳税人自产自用的产品是否纳税。

⑥ 纳税人开采或者生产不同税目的产品，是否分别核算纳税；未分别核算的，是否有从低选择税率的问题。

⑦ 纳税人本期各税目、税额与上期应纳税额、上年同期应纳税额相比有无较大差异，能否合理解释。

⑧减税、免税项目的课税数量是否单独核算；未单独核算或者不能准确提供课税数量的，是否按规定申报缴纳资源税。

⑨ 与上期申报表进行比对，审核增减变化情况，并与同期矿产资源补偿费增减变化进行比对。

⑩ 审核扣缴义务人取得的资源税管理证明。

⑪审核利润表中的应税矿产品"销售（营业）收入"科目与企业产品产销存明细表中应税矿产品产量比率增减变化情况，同时与申报表中资源税申报额进行比对，审核增减变化情况。

⑫ 审核纳税人申报的课税数量与其利润表中的"主营业务收入"科目或者"其他业务收入"科目的比率是否合理，用以发现纳税人有无少申报课税数量的情况。

⑬是否有将销售收入直接计入"营业外收入""盈余公积"等账户。

⑭是否有将已实现的销售收入挂"应付账款"账户，不结转销售收入。

⑮ 审核应税产品"期初库存量 + 当期产量 − 当期销量 − 当期自用量"的值是否与期末库存量一致。

⑯ 其他需要审核、分析的内容。

2.1.3 部分行业增值税纳税评估指标参数

1. 卷烟行业

（1）行业征管难点

1）集团公司统一在总部核算地申报缴纳增值税，下属卷烟生产企业和卷烟经销企业的主管税务机关无法掌握充分资料，难以有效开展增值税纳税评估工作，而集团公司所在地的主管税务机关则缺乏实物监控的手段。

2）卷烟生产企业联合重组后，受财政体制制约，存在增值税核算与申报缴纳相分离的实际情况，增大了增值税纳税评估的难度。

3）主管税务机关对跨省、市重组的卷烟工业企业总厂、分厂之间原辅材料与卷烟的内部调拨价格难以管控。

逃避国家专卖管理、非法生产经营或者隐瞒销售、人为调控关联交易价格等是该行业存在的主要问题。

（2）评估指标参数

1）滤嘴棒标准消耗量的参考指标见下表。

滤嘴棒标准消耗量的参考指标

消耗定额种类	参考标准	参考浮动比例
滤嘴棒以重量为单位定额	1 千克 / 万支	± 5%~6%
滤嘴棒以支数为单位定额	1650 支 / 万支	± 5%~3%

2）主要原料标准消耗量的参考指标见下表。

主要原料标准消耗量的参考指标

评估指标	标准消耗（参数）	浮动区间
烟叶	8 千克 / 万支	± 5%~6%
卷烟纸	750 米 / 万支	自定
盒皮	520 张 / 万支	自定

3）增值税弹性。

参考数最低值：0.849；

参考数最高值：0.998。

4）本行业平均增值税税负率。

2006 年：10.54%；

2007 年 1—11 月：11.51%。

（3）评估方法

根据卷烟行业生产经营和增值税管理的特点，以按照规定独立核算并缴纳增值税的集团性公司或企业为评估单位，采用下表中的评估方法进行卷烟行业增值税评估分析。

卷烟行业增值税评估方法

评估方法	方法介绍	计算公式／内容	补充说明
投入产出法	滤嘴棒购进数据比对	全国滤嘴棒（滤棒醋纤丝束或烟用丙纤）生产企业包括南通醋酸纤维有限公司、珠海醋酸纤维有限公司、昆明醋酸纤维有限公司和西安惠安化工厂等 4 家，卷烟生产企业主管税务机关可通过上述企业的主管税务机关采集本地卷烟生产企业购进滤嘴棒的数量、金额，进行购进对比以及产量测算	除此之外，还可用购入烟叶、卷烟纸及盒皮等来印证和修正测算的销售收入。原材料的购入数可以直接要求企业填报，并与国家计划数印证
	产量测算	评估期产品产量（分产品类型）= 评估期原料及辅料的总投入量（分产品类型）/ 单位产品的标准消耗量； 评估期原料及辅料的总投入量（分产品类型）= 原料及辅料期初库存数量 + 本期入库数量 – 期末库存数量	
	销售收入测算	评估期应税销售收入（分产品类型）= 评估期产品销量 × 单箱平均售价； 销售收入差异额 = 评估期应税销售收入 – 企业同期实际申报应税销售收入	
计划分析法	按照现行体制，卷烟生产企业隶属于各级烟草公司，年度卷烟总产量计划由国务院计划部门下达，卷烟的销售价格由国家烟草专卖局核定，各卷烟生产企业只能以国家烟草专卖局核定的价格与各卷烟商业公司在卷烟销售交易网上进行网上交易。对生产企业可采用本办法评估	评估期应税销售收入（分产品类型）= 评估期计划产品销量 × 单箱平均计划售价； 销售收入差异额 = 评估期应税销售收入 – 企业同期实际申报应税销售收入	

（续）

评估方法	方法介绍	计算公式/内容	补充说明
弹性分析法	增值税弹性是增值税进销项增长速度的比值，反映进销项变动的同步性和相关性，样本量越大，精度越高	企业销项税额增长速度=（当年一定时期销项税额－上年同期销项税额）/上年同期销项税额； 企业进项税额增长速度=（当年一定时期进项税额－上年同期进项税额）/上年同期进项税额； 增值税弹性=企业销项税额增长速度/企业进项税额增长速度； 存货期末余额增量=存货评估期期末余额－存货评估期期初余额	增值税弹性接近1，说明企业产销正常；当弹性小于最低值时，需要评估存货期末余额增量；如果增量小于或等于0，则可能存在偷税问题
相关性分析法	利用增值税与企业增值率相关性进行分析	增值税相关率=（评估期增值税/评估期销售收入）/（评估期增加值/评估期销售收入）×100%； 评估期增加值=利润总额＋累计折旧贷方余额＋利息支出＋主营业务税金及附加	烟叶采购季节性比较强，在采用购进扣税法的情况下，该办法适于对企业按年评估的情况，企业增值率越高，税收产出率也应该越高

2. 汽车行业

（1）行业征管难点

从管理情况看，大型的汽车生产企业由于财务会计制度健全，核算正规，涉税违规问题相对较少；小型的汽车改装企业和经销企业经营灵活，情况复杂，税收管理的难度较大。行业征管难点主要表现在以下几个方面：

1）企业与企业之间差别大。在汽车生产行业中，企业的生产规模、产品品种、生产工艺等存在较大差异，不同的规模、不同的产品，其工艺流程与原材料耗用等相差悬殊，税务机关难以准确掌握其经营规律和共性指标，税源控管难度大。

2）关联企业之间调节税收难以控制。汽车生产企业大多存在多个关联企业，这些关联企业内资、外资并存，适用不同的税收政策，企业间容易采用转让定价的方式调节税收。

3）企业的生产经营方式灵活多样。大部分经销企业在销售整车的同时，又销售零配件，并提供维修服务，不同经销企业各项业务所占比重不同，毛利率和税负率也不同，增加了利用参数比较的难度。正常的商品车与试验车划分缺乏统一标准，销售返利复杂多样，这都给税务机关的日常管理带来了一定的难度。

（2）评估指标参数

底盘定额耗用量=1台/辆；

发动机定额耗用量 =1 台 / 辆；

方向盘定额耗用量 =1 台 / 辆。

（3）汽车生产企业评估方法

对汽车生产企业进行纳税评估，应主要以核实产销量、税负差异分析、零配件耗用与产出配比分析为主，通过采用下表的评估方法和指标，并结合其他辅助方法，进行综合评估分析。

汽车生产企业的评估方法

评估方法	介绍	步骤	计算公式/内容	补充说明
申报数量对比分析法	将生产企业申报的销售数量与车辆税收"一条龙"有关信息进行比对，以判断企业申报数量是否准确、真实	税务机关通过车辆税收"一条龙"清分比对系统下载的《车辆购置税机动车识别代码清单》信息，按厂牌型号清分出每一厂牌的车辆识别代码，排序后找出该型号的最大序列号，视此号之前的车辆为已销售的车辆，以此推算出该型号车辆的最低销售数量	销售数量误差率 = [（本期车辆税收"一条龙"系统中的最大 VIN 码号 – 上期车辆税收"一条龙"系统中的最大 VIN 码号）– 企业申报的本期销售数量] / 企业申报的本期销售数量 ×100%	1. 如果销售误差率大于预警值，说明申报异常。此指标主要说明企业是否及时申报当期销售收入。各地可根据本地区的实际情况，确定销售误差率预警值。 2. 数据来源：企业申报时报送的当期销售所有机动车的《车辆购置税机动车识别代码清单》。 3. 如果组装厂不便采集车辆识别代码，可以用合格证的数据进行分析计算
投入产出评估法	根据主要配件购进投入数量，测算出企业整车的实际产量，结合库存产品数量，推算出实际销售数量，与企业申报信息进行对比，从而判断企业是否存在隐瞒销售数量、销售收入等问题。运用此方法的前提是假设企业进项抵扣凭证全部入账		测算的本期产量 =（主要配件期初库存数量 + 主要配件本期购进数量 – 主要配件期末库存数量 – 主要配件当期报废数量）/ 主要配件单台车定额耗用量； 测算的销售收入 =（期初库存产品数量 + 测算的本期产量 – 期末库存产品数量）× 本期同类产品平均销售价格； 投入产出差异率 =（测算的销售收入 – 企业实际申报的销售收入）/ 企业实际申报的销售收入 ×100%	1. 如果投入产出差异率大于预警值，说明申报异常。该指标主要用于说明企业是否及时申报当期销售收入。各地可根据本地区的实际情况，确定投入产出差异率预警值。 2. 数据来源：评估期配件数量来源于评估期企业原材料明细账中的相关数据。 3. 汽车主要配件包括发动机、方向盘、油箱、轮胎、变速箱、车桥、车身等

（续）

评估方法	介绍	步骤	计算公式 / 内容	补充说明
税收负担率、税负差异率分析法		税收负担率＝本期累计应纳税额 / 本期累计应税销售额 × 100%； 税负差异率＝［税收负担率 – 行业平均税负率（或上年同期税负率）］/ 行业平均税负率（或上年同期税负率）×100%		1. 如果税负差异率小于预警值，说明申报异常。该指标主要用于评估企业是否及时申报当期应纳税额。各地可根据本地区的实际情况，确定税负差异率预警值。 2. 数据来源：增值税纳税申报表相关栏目的数据
应税销售额变动率与应纳税额变动率的配比关系分析法		应税销售额变动率＝（本期累计应税销售额 – 上年同期累计应税销售额）/ 上年同期累计应税销售额 ×100%； 应纳税额变动率＝（本期累计应纳税额 – 上年同期累计应纳税额）/ 上年同期累计应纳税额 ×100%； 应税销售额变动率与应纳税额变动率的差异额＝应税销售额变动率 – 应纳税额变动率		1. 如果企业应税销售额变动率与应纳税额变动率的差异幅度超过各地设定的正常峰值，说明申报异常。通过审核二者之间的配比关系，进一步核实企业有无少计收入、少提销项、多列进项等问题。 2. 数据来源：增值税纳税申报表相关栏目的数据
销售毛利率测算分析法		本期销售毛利率＝（本期累计主营业务收入 – 本期累计主营业务成本）/ 本期累计主营业务收入 ×100%； 销售毛利率差异率＝［本期销售毛利率 – 上年同期销售毛利率（或行业平均销售毛利率）］/ 上年同期销售毛利率（或行业平均销售毛利率）×100%		1. 如果销售毛利率差异率低于各地设定的正常峰值，说明申报异常。进一步审核销售价格是否合理，是否明显偏低又无正当理由，是否存在关联企业关系，是否存在不计或少计收入的问题。 2. 数据来源：企业损益表"主营业务收入"（1 栏）数据、"主营业务成本"（4 栏）数据

（4）汽车经销企业评估方法

汽车经销企业评估方法见下表。

汽车经销企业的评估方法

评估方法	介绍	计算公式 / 内容	补充说明
税收负担率、税负差异率分析法		税收负担率＝本期累计应纳税额 / 本期累计应税销售额 ×100%； 税负差异率＝［税收负担率 – 行业平均税负率（或上年同期税负率）］/ 行业平均税负率（或上年同期税负率）×100%；	1. 数据来源：本期增值税纳税申报表中的应纳税额本年累计数、应税销售额本年累计数、上年增值税纳税申报表中的上年应纳税额累计数、上年应税销售额累计数。

（续）

评估方法	介绍	计算公式/内容	补充说明
税收负担率、税负差异率分析法		税收负担率＝本期累计应纳税额/本期累计应税销售额×100%； 税负差异率＝[税收负担率－行业平均税负率（或上年同期税负率）]/行业平均税负率（或上年同期税负率）×100%	2.将企业实际税负率与同期或同行业税负率进行比较，税负差异率超过一定幅度（含正负），可以初步判断企业申报异常。 3.税负率属综合类分析指标，影响该指标的因素较多，如季节性因素、价格因素、经销汽车品种结构因素、企业业务构成因素等。因此，当该指标异常时，应结合其他指标进行多角度分析
销售毛利率、销售毛利率差异率分析法		本期销售毛利率＝（本期累计主营业务收入－本期累计主营业务成本）/本期累计主营业务收入×100%； 销售毛利率差异率＝[本期销售毛利率－上年同期销售毛利率（或行业平均销售毛利率）]/上年同期销售毛利率（或行业平均销售毛利率）×100%	1.数据来源：本期损益表中"主营业务收入"本年累计数、"主营业务成本"本年累计数、上年同期损益表中"主营业务收入"本年累计数、"主营业务成本"本年累计数。 2.本期销售毛利率与上年同期销售毛利率、行业平均销售毛利率比较，差异应保持在合理的范围内，超出则为异常。 3.对异常指标应结合进项税额、现金、银行存款、收入、费用、利润等指标进行综合分析。重点审查分析企业现金、银行存款、进项税额、主营业务成本及往来款的有关科目，判断企业是否存在隐瞒销售收入或者销售返利不入账等问题。 4.指标参数由各地每年测算确定，销售毛利率差异幅度由各地根据具体情况确定
正常经营费用测算法	对于销售多品牌、规模较小的企业，可以按照"销售额×行业毛利率－正常费用开支≥0"的思路确定企业的最低利润水平和销售收入，核定纳税人的经营规模与从业人数，核定管理费用、财务费用等正常的费用开支，通过费用和毛利之间的变动关系，评估出一个经营期内的应纳税额。以企业经营费用为条件，测算核定企业的最低税额	企业最低销售毛利＝Σ正常经营费用； 企业最低应纳税额＝企业最低销售毛利×适用税率； 应纳税差异＝企业最低应纳税额－申报的应纳税额	应纳税差异大于0为异常
库存商品余额与留抵税额配比法		库存商品含税额＝期末库存商品余额×13%； 销售毛利率＝（主营业务收入－主营业务成本）/主营业务收入×100%	销售毛利率>0，库存商品含税额应大于留抵税额，否则表示申报异常

运用上述各模型时，应注意以下几点：

1）查看购销协议，了解返利政策等具体内容。

2）与生产企业所在地主管税务机关配合，获取生产企业已经返利和销售（包括零配件）的具体情况，核实经销企业的返利收入和销售收入是否全额入账，账务处理是否正确。

3）结合企业的财务资料，重点分析企业的往来账及资金流向。对往来款项大、挂账时间长的，应重点核查。结合盘点库存数量（库存量太大、品种太多时，可采用抽取部分品种盘点核查的方式），分析是否存在销售已发生但未申报或隐匿返利等情况。

4）注意利用维修明细单、车间派工单、仓库入库单、出库单等原始凭证进行查验。

5）对整车销售、零配件销售、维修服务等各项业务分别分析其收入、成本，测算分析各项业务的毛利率和税负率，并从中发现问题。

3. 摩托车行业

（1）行业征管难点

摩托车生产销售企业主要采取隐匿销售收入、整车化整为零、受托加工生产摩托车加工收入按租赁收入入账、原材料报废未做进项转出、自产自用摩托车未视同销售、以产品或物资抵款未申报纳税等手段偷逃增值税。

（2）评估指标参数

摩托车行业评估指标参数见下表。

摩托车行业评估指标参数

摩托车部件	评估指标参数
发动机	1
车架	1
轮圈	2
轮胎	2
油箱	1
电瓶	1

（3）评估方法

如下表所示，对摩托车生产企业进行纳税评估，应以核实产销量为主，并结合实际，采用其他辅助方法和指标，对纳税人进行综合评估分析。

摩托车生产企业纳税评估方法

评估方法	介绍	步骤	计算公式/内容	补充说明
VIN码数量对比分析法	对生产企业申报的销售数量与车辆购置税有关信息进行比对，查找出每种厂牌型号的具体销售数量，判断申报是否准确、真实	各摩托车生产企业必须向主管税务机关报送本企业摩托车VIN码编码规则备查		经销企业主管税务机关对经销企业购进和销售摩托车的账务处理、出入库情况、资金流向和是否开具发票等与企业申报情况进行核对，重点核实企业是否存在账外经营、返利不入账、隐瞒销售数量等问题。同时主管税务机关可对同行业同类摩托车销售价格进行比较，若价格异常，且差异较大，则表明企业可能采取按照车辆购置税最低计税价格开具机动车销售统一发票并将超出部分以运费等价外费用开具白条收据的手段，少计销售收入，偷逃增值税
		各摩托车生产企业按月向主管税务机关报送纳税申报附列资料中的产品销售明细表，由主管税务机关留存备案		
		主管税务机关通过税务总局车辆购置税"一条龙"软件汇总下发的《车辆购置税机动车识别代码清单》信息，按厂牌型号清分出每一厂牌的车辆识别代码，排序后找出该型号的最大序列号，以此为该型号车辆的最大销售数量		
		将查找出的最大销售数量与生产企业申报的销售数量进行比对，如测算出的销售数量大于申报的销售数量，即可能存在企业隐瞒销售数量的问题		
		生产地主管税务机关采取上述评估方法并经核实，确认车辆生产企业存在隐瞒销售数量的问题后，将被隐瞒的机动车辆信息按销售对象（即经销企业）列出清单，转经销企业所在地税务机关，作为对经销企业纳税评估的依据之一		
投入产出评估法	根据生产摩托车所需主要配件的唯一配套性，按照确定的投入产出比（定额）测算出企业评估期的产品产量，将测算出的产品产量与实际库存进行对比，计算出实际销售数量，分析企业是否存在隐瞒销售数量和销售收入等问题		评估期内整车产成品数量＝[某配件评估期内外购（自产）数量＋期初库存数量－期末库存数量－报废数量－在产品数量]/投入数量系数	将测算出的产品生产数量与企业账面记载产品产量相比对，同时结合产品库存数量及销售单价等信息进行关联测算，并与企业实际申报的应税销售收入对比，查找企业可能存在的问题

（续）

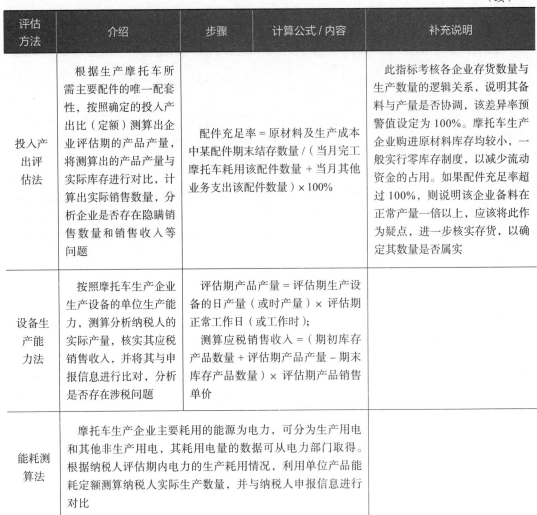

评估方法	介绍	步骤	计算公式 / 内容	补充说明
投入产出评估法	根据生产摩托车所需主要配件的唯一配套性，按照确定的投入产出比（定额）测算出企业评估期的产品产量，将测算出的产品产量与实际库存进行对比，计算出实际销售数量，分析企业是否存在隐瞒销售数量和销售收入等问题		配件充足率 = 原材料及生产成本中某配件期末结存数量 /（当月完工摩托车耗用该配件数量 + 当月其他业务支出该配件数量）× 100%	此指标考核各企业存货数量与生产数量的逻辑关系，说明其备料与产量是否协调，该差异率预警值设定为100%。摩托车生产企业购进原材料库存均较小，一般实行零库存制度，以减少流动资金的占用。如果配件充足率超过100%，则说明该企业备料在正常产量一倍以上，应该将此作为疑点，进一步核实存货，以确定其数量是否属实
设备生产能力法	按照摩托车生产企业生产设备的单位生产能力，测算分析纳税人的实际产量，核实其应税销售收入，并将其与申报信息进行比对，分析是否存在涉税问题		评估期产品产量 = 评估期生产设备的日产量（或时产量）× 评估期正常工作日（或工作时）；测算应税销售收入 =（期初库存产品数量 + 评估期产品产量 – 期末库存产品数量）× 评估期产品销售单价	
能耗测算法	摩托车生产企业主要耗用的能源为电力，可分为生产用电和其他非生产用电，其耗用电量的数据可从电力部门取得。根据纳税人评估期内电力的生产耗用情况，利用单位产品能耗定额测算纳税人实际生产数量，并与纳税人申报信息进行对比			

4. 成品油行业

（1）行业征管难点

成品油行业包括石油炼化企业、成品油批发企业、成品油零售企业和成品油批零兼营企业4类。目前税收管理的主要难点是：

1）加油站以现金交易为主，不易控管。加油站的客户群以消费者为主，除少量消费者使用加油卡外，大多数消费者使用现金加油，且不索取发票。增值税"以票控税"的管理思路在成品油销售末端这一环节无法发挥关键性作用，加油站极易出现隐瞒收入、账外经营等问题。

2）中国石油天然气集团（以下简称中石油）和中国石化集团（以下简称中石化）两大集团在各省、市主要采取其控股和租赁的加油站与其省级批发企业统一核算缴纳增值税的方式。在该方式下，批发企业将成品油调拨到加油站时，不属于销售行为，不开具专用发票。这带来两个问题：一是通过现有的成品油增值税纳税评估系统无法取得加油站购进成品油时的批发企业信息，也就无法对加油站进行准确的评估；二是评估对象由单一的加油站转变为"批零一体"的省级公司，由于批发和零售的毛利率差别较大，评估的难度增大。

3）税务机关未采集成品油销售过程中的数量和规格信息。成品油的评估信息取自专用发票，但目前专用发票的七要素不包括货物数量和品名信息。

4）中石油和中石化两大集团均推行预付款加油 IC 卡，由于收款时属于预收款项，待加油后方才确认收入，这使得收款与确认收入存在时间差异。同时，收款和加油还可能发生在不同地域，同一集团内不同公司间还涉及收入和款项的调整，这给评估工作带来较大难度。

（2）评估指标参数

1）成品油平均密度参数：92 号汽油（密度 0.722），95 号汽油（密度 0.725），98 号汽油（密度 0.727），0 号柴油（密度 0.835）。

2）国家标准《散装液态石油产品损耗》（GB/T 11085—1989）规定了正常损耗，如柴油储存损耗 0.01%、输转损耗 0.01%、装车损耗 0.01%、卸车损耗 0.05% 等。

（3）评估方法

1）石油炼化企业的评估方法见下表。

石油炼化企业的评估方法

评估方法	介绍	评价公式	补充说明
最大库容量法	利用最大库容量评估某一时点库存数量的合理性	最大库容量（立方米）× 成品油密度（吨/立方米）≥企业账面显示的时点库存数量（吨）【最大库容量＝成品油成品库容＋成品油半成品库容】	1. 最大库容量可同时参考企业提供的信息和技术监督部门出具的有关计量证明。 2. 若评价公式成立，则基本正常；若评价公式不成立，则为异常，应查明原因
计划衡量法	通过计划产量评价企业申报产量的真实性	计划产量 ×（1- 浮动比例）≤实际产量≤计划产量 ×（1+ 浮动比例）	1. "计划产量"可通过企业内制订生产计划的部门取得，同时可参考企业上级部门下发的计划；"浮动比例"可参考企业以前年度的资料计算取得，同时参考企业提供的一些本年资料。 2. 若评价公式成立，则为基本正常；若评价公式不成立，则为异常，应查明原因

（续）

评估方法	介绍	评价公式	补充说明
产量推算销量法	利用最大库容量法和计划平衡法取得的结果计算企业评估期销售数量，以此评价企业申报的销售数量的真实性	评估期销售数量 = 期初库存数量 + 评估期产量 - 期末库存数量	1. 评估期销售数量与企业申报的销售数量如差异较大，则为异常，应查明原因。查明原因后，如属于石油炼化企业隐瞒销售数量的情况，应将有关情况传递给批发企业主管税务机关，用于对批发企业的评估。 2. 由于一些地炼厂的购销行为有可能均不入账，只有货物和资金的流动，评估难度较大。最简便易行的方式是采用"成本费用与利润倒挤法"，利用企业日常产生的成本费用和经营利润直接推算企业合理的应税销售收入，以评价企业申报的应税销售收入是否合理
案源逆查法	在评估或检查过程中，如发现批发企业存在偷税问题，应将批发企业的有关信息传递给石油炼化企业主管税务机关，查明石油炼化企业是否存在问题		
简易轻油收率法	对地炼厂，可通过防伪税控系统提取购货方纳税人识别号作为该地炼厂的原油销售专用发票信息，按一般情况下 75% 的轻油收率计算该企业的当期产量，按照产销基本平衡的原理，将其当期产量视同为当期销售数量，与该企业账面的销售数量对比，以判断该企业申报数据的真实性		

2）成品油批发企业的评估方法见下表。

成品油批发企业的评估方法

评估方法	介绍	评价公式	补充说明
滞留票核查法	通过防伪税控系统筛选出石油炼化企业开具给成品油批发企业的专用发票存根联滞留信息。采用此评估方法的目的是查找成品油批发企业是否存在账外经营的问题		
以进控销法	成品油批发企业销售数量 = 成品油批发企业期初库存数量 + 炼油企业开具给成品油批发企业的成品油数量 - 成品油批发企业期末库存数量		以计算出的销售数量评价企业申报的增值税应税销售额的合理性
案源逆查法	在评估或检查过程中，如发现批零、零售企业存在偷税问题，应将批零、零售企业的有关信息传递给批发企业主管税务机关，查明批发企业是否存在问题		
增值税税收负担率分析法	通过企业毛利率计算企业增值税负担理论值，以此评价通过企业申报数据计算的增值税负担率的合理性	企业增值税负担率理论值 = 企业综合毛利率 × 13% × 100% 【企业综合毛利率 = Σ［（某规格油品单位进销差价 / 该规格油品单价）× 该规格油品的应税销售收入］/总应税销售收入】	企业增值税负担率理论值与通过企业申报数据计算的增值税负担率基本一致为合理，差异较大为不合理，不合理时需进行核实

成品油批发企业主要包括两大石油集团的大区公司。中石化油品销售事业部下辖华北、华东、中南和华南 4 个大区公司；中石油中国石油炼油与销售分公司下辖西北、东北、西南、华东、华北、华南、华中 7 个大区公司。大区公司在成品油销售过程中，仅承担票据和资金结算的功能，在成品油的货物流中，货物并不向大区公司流动，而是直接由石油炼化企业流向大区公司下属的企业（一般为省级销售分公司）。

3）成品油批零兼营企业的评估方法见下表。

成品油批零兼营企业主要以两大集团公司下属的省级分公司为主，其中，中石油有 14 家省级石油分公司，中石化有 19 个省级石油分公司，还包括实际从事成品油批零业务的其他企业。这类企业在从事成品油批发业务的同时，又与隶属于该企业的部分加油站统一核算增值税，除同时具有成品油批发企业和零售企业的特征外，还具有以下特点：一是受资金承受能力和地区经济发展需求等综合因素影响，企业成品油库存具有一定的常态性，波动不大；二是企业综合毛利率的计算较批发企业和零售企业复杂，需要通过批发和零售的业务量加权计算取得。

成品油批零兼营企业的评估方法

评估方法	介绍	评价公式	补充说明
滞留票核查法	通过防伪税控系统筛选出成品油批发企业开具给成品油批零兼营企业的专用发票存根联滞留信息。采用此评估方法的目的是查找成品油批零兼营企业是否存在账外经营的问题		
以进控销法	成品油批零兼营企业销售数量 = 成品油批零兼营企业期初库存数量 + 成品油批发企业开具给成品油批零兼营企业的成品油数量 – 成品油批零兼营企业期末库存数量		以计算出的销售数量评价企业申报的增值税应税销售额的合理性
案源逆查法	在评估或检查过程中，如发现零售企业存在偷税问题，需将零售企业的有关信息传递给批零企业主管税务机关，查找批发企业是否存在问题		
最大库容量法	最大库容量 = 加油站的最大库容量 + 批发业务的常态库存		批发业务的常态库存可按企业以前年度的有关资料确定
增值税税收负担率分析法	企业增值税负担率理论值 = 企业综合毛利率 × 13% × 100% 【企业综合毛利率 = 零售环节综合毛利率 ×（零售应税销售收入 / 总应税销售收入）+ 批发环节综合毛利率 ×（批发应税销售收入 / 总应税销售收入）】		

4）成品油零售企业的评估方法见下表。

成品油零售企业主要是指加油站。数据显示，2022 年中国境内加油站总量约为 10.58 万座，中国石化、中国石油、中国海油三大国有石油公司加油站总量为 5.5 万余座，较 2021 年增加 200 余座。这些企业的主要特点是：

第一，单位销售毛利相对稳定。由于国家有关部门对成品油的零售价格具有较严格的限定，两大集团公司对其下属的具有成品油批发资质企业的批发价格同样做了较严格的限定，成品油零售企业在一定时间内的单位销售毛利较稳定，变化较小。

第二，购进成品油具有最大库容性，且库容器具基本上均可计量。成品油作为一种特定货物，其存放需要特定容器。从调查的实际情况看，使用国家标准器具的企业占绝大多数，使用非标准器具的企业较少。但不论使用何种器具，按照国家有关规定，成品油库容器具均应由有关部门出具计量结果证明。

成品油零售企业的评估方法

评估方法	介绍	评价公式	补充说明
滞留票核查法	通过防伪税控系统筛选出成品油批零兼营企业和批发企业开具给成品油零售企业的专用发票存根联滞留信息。采用此评估方法的目的是查找成品油零售企业是否存在账外经营的问题		
以进控销法	成品油零售企业销售数量 = 成品油零售企业期初库存数量 + 成品油批零兼营企业和批发企业开具给成品油零售企业的成品油数量 – 成品油零售企业期末库存数量		以计算出的销售数量评价企业申报的增值税应税销售额的合理性
最大库容量法	基本同石油炼化企业，但企业的最大库容量应更多地参考技术监督部门的信息		
增值税税收负担率分析法	同成品油批发企业		
销售数量倒挤法	"最大库容量法"和"增值税税收负担率分析法"属于案头分析阶段设置的初步筛选指标。当某一项指标异常时，还需进入进一步的核实阶段。在核实阶段，可采用本方法	评估期销售数量 = 期初库存数量 + 评估期购进数量 – 期末库存数量 – 合理损耗数量 – 自用油数量 【"期初库存数量"可参考使用成品油零售企业在评估期之前某段时期的各时点账面库存数量的平均值；"评估期购进数量"可根据纳税人增值税申报附列资料所列的评估期认证相符增值税专用发票抵扣购进数量；"期末库存数量"可按期末进行的实地测量储油罐储油高度或质量技术监督部门提供给加油站的有关容量表测算，测算出成品油实际库存量；"合理损耗数量"可根据国家 GB/T 11085—1989 标准计提正常损耗；"自用油数量"可根据企业实际情况或每月购进的成品油数量在不超过一定的比例内掌握】	

5. 白酒行业

（1）行业征管难点

1）白酒生产企业属于农产品加工行业，带有该行业增值税管理的共性问题，即原材料购进和耗用数量难以核实。同时，白酒生产企业在回收包装物时还涉及废旧物资销售发票，同样难以监管。

2）白酒生产工艺复杂，即使生产同一种产品，受设备状况、工艺流程、原材料种类和耗用量等因素的影响，出酒率也存在较大差异。

3）白酒行业关联交易、现金交易等现象比较普遍，且白酒产品种类繁多，销售网点分散，销售形式灵活，客观上便于不法分子通过账外经营、迟计销售、不开发票等手段偷逃税款。

（2）评估指标参数

除《65 度原酒酒度折算系数表》为白酒行业标准以外，其余数据来源于部分地区典型调查的统计资料。从统计数据来看，部分指标参数的地区差异较大，这可能是受到白酒行业工艺技术差异的影响，也可能是受到生产经营的影响，但也不排除是个别企业财务核算失真，数据采集和统计口径差异等原因造成。为此，各地在评估时应充分考虑本地实际，对以下参数自行选择使用。

1）白酒生产企业增值税税负参数参考以下三张表。

白酒生产企业增值税税负参数（分香型测算）

香型	20×4 年平均值	20×5 年平均值	20×6 年平均值	三年平均值
浓香型	6.31%	7.74%	7.99%	7.37%
酱香型	11.81%	13.13%	12.10%	12.29%
兼香型	4.78%	8.80%	5.90%	6.63%
米香型	9.89%	10.42%	10.55%	10.29%
清香型	11.60%	11.58%	12.28%	11.88%
老白干	9.31%	10.74%	8.74%	9.56%
合计	8.00%	9.26%	9.35%	8.90%

白酒生产企业增值税税负参数（分企业规模测算）

企业类型	20×4 年平均值	20×5 年平均值	20×6 年平均值	三年平均值
名优酒厂	8.66%	10.48%	10.70%	10.01%
规模以上酒厂	5.86%	6.57%	6.52%	6.27%
小酒厂	6.01%	5.41%	4.33%	4.89%

白酒生产企业增值税税负参数（按部分地区所有调查企业测算）

省（区）	20×4 年平均值	20×5 年平均值	20×6 年平均值	三年平均值
四川	6.29%	8.39%	8.58%	7.83%
安徽	3.19%	5.31%	5.27%	4.75%
广西	9.86%	10.37%	10.93%	10.49%
贵州	11.71%	13.18%	12.08%	12.26%

（续）

省（区）	20×4年平均值	20×5年平均值	20×6年平均值	三年平均值
河北	8.88%	9.33%	8.40%	8.84%
宁夏	5.25%	6.70%	8.49%	6.69%
山西	11.64%	11.73%	12.60%	12.06%
内蒙古	7.32%	7.11%	7.88%	7.44%
全国平均	8.00%	9.26%	9.35%	8.90%

2）白酒关联销售公司增值税税负参数参考下两张表。

白酒关联销售公司增值税税负参数（分香型测算）

香型	20×4年平均值	20×5年平均值	20×6年平均值	三年平均值
浓香型	7.37%	6.61%	6.81%	6.93%
酱香型	8.45%	8.81%	9.54%	9.03%
兼香型	6.04%	4.03%	6.47%	5.57%
米香型	9.47%	9.51%	9.66%	9.55%
清香型	4.57%	4.67%	4.76%	4.69%
合计	7.38%	6.84%	7.21%	7.15%

白酒关联销售公司增值税税负参数（分企业规模测算）

企业类型	20×4年平均值	20×5年平均值	20×6年平均值	三年平均值
名优酒厂的关联销售公司	7.54%	7.35%	7.63%	7.51%
其他酒厂的关联销售公司	6.74%	4.96%	5.44%	5.70%

3）设有销售公司的酒厂生产与关联销售环节整体税负参数参考下表。

酒厂生产与关联销售环节整体税负参数

所属环节	20×4年平均值	20×5年平均值	20×6年平均值	三年平均值
生产与关联销售整体	10.41%	10.77%	10.73%	10.66%

4）白酒行业投入产出及能耗指标和参数参考以下两张表。

投入产出相关指标参数

产品香型	出酒率（原酒度数为 65 度）		曲药耗用定额	
	参考值	变动幅度	参考值	变动幅度
浓香型	37%	± 2%	0.55~0.65	± 0.05
酱香型	40%	± 2%	自定	自定
清香型	42%	± 2%	0.43	± 0.02
米香型	46%	± 2%	0.01	± 0.01
老白干	50%	± 2%	0.45	± 0.01

能耗指标参数

指标	煤耗定额		电耗定额		气耗定额	
	参考值	变动幅度	参考值	变动幅度	参考值	变动幅度
参数	1.5~2.5 吨煤/吨酒	自定	150~250 度电/吨酒	自定	7.5~9 立方米/吨酒	自定

5）《65 度原酒酒度折算系数表》参考以下两张表。

酒度折算系数表一（重量）（原酒度数为 65 度）

目标度数	折算系数	目标度数	折算系数	目标度数	折算系数
28 度	2.4947	41 度	1.6716	54 度	1.2365
29 度	2.4057	42 度	1.6289	55 度	1.2113
30 度	2.3226	43 度	1.5882	56 度	1.1869
31 度	2.2448	44 度	1.5492	57 度	1.1634
32 度	2.1717	45 度	1.5119	58 度	1.1406
33 度	2.103	46 度	1.4762	59 度	1.1186
34 度	2.0383	47 度	1.442	60 度	1.0972
35 度	1.9771	48 度	1.4091	61 度	1.0766
36 度	1.9193	49 度	1.3775	62 度	1.0566
37 度	1.8645	50 度	1.3471	63 度	1.0371
38 度	1.8126	51 度	1.3179	64 度	1.0183
39 度	1.7632	52 度	1.2898		
40 度	1.7163	53 度	1.2627		

酒度折算系数表二（重量）（目标酒度数为 65 度）

原酒（酒精）度数	折算系数	原酒（酒精）度数	折算系数	原酒（酒精）度数	折算系数
100 度	1.7497	88 度	1.4541	76 度	1.2016
99 度	1.7212	87 度	1.4342	75 度	1.1867
98 度	1.6939	86 度	1.4106	74 度	1.1674
97 度	1.6675	85 度	1.3892	73 度	1.1482
96 度	1.6418	84 度	1.3681	72 度	1.1292
95 度	1.6168	83 度	1.3472	71 度	1.1104
94 度	1.5923	82 度	1.3265	70 度	1.0917
93 度	1.5683	81 度	1.306	69 度	1.073
92 度	1.5447	80 度	1.2857	68 度	1.0546
91 度	1.5216	79 度	1.2655	67 度	1.0362
90 度	1.4988	78 度	1.2456	66 度	1.0181
89 度	1.4763	77 度	1.2257		

（3）评估方法

白酒行业的评估方法见下表。

白酒行业的评估方法

评估方法	细分方法	计算公式	指标功能	补充说明
税负对比分析法	企业与行业税负率评估模型与方法	本企业税收负担率 = 本企业应纳税额 / 本企业应税销售额； 同行业税收负担率 = 同行业应纳税额 / 同行业应税销售额； 问题值 = 本企业税收负担率 – 同行业税收负担率 <0	该指标分析企业税负与同行业税负差异，若企业税负低于同行业平均税负，则企业可能存在隐瞒收入、少缴税款等问题	利用税负对比分析法，建立企业税负与行业税负、当期与历史同期企业税负之间的配比关系，只能初步筛选出异常企业。在实际评估过程中，税负偏低往往存在许多客观原因，比如销售不景气，原料购进量过大，产品结构以中低档酒为主等。此外，有的企业税负看似正常，但依然存在涉税问题，对这种情形就不能简单地以税负为衡量标准
投入产出法	当期与历史同期企业税负率评估模型与方法	问题值 = 当期企业税负率 – 历史同期企业税负率 <0	该指标分析当期企业税负与历史同期企业税负的差异，若低于历史同期企业税负，则企业可能存在隐瞒收入、少缴税款等问题	

（续）

评估方法	细分方法	计算公式	指标功能	补充说明
投入产出法	出酒率评估	评估期企业出酒率 = 评估期原酒生产量 / 评估期酿酒用粮领用量； 评估期酿酒用粮领用量 = 期初库存原料粮 + 本期购进原料粮 − 期末库存原料粮 − 本期制曲用粮		如果评估期企业出酒率低于行业出酒率参考值，应着重分析审核粮食购进、酿酒用粮及库存变动情况，检查是否存在利用收购发票虚抵进项税额的情形；如果粮食购进抵扣情况正常，应当着重分析审核原酒产量，检查是否存在少计产量从而少申报销售量的情形
	制曲率评估	评估期企业制曲率 = 评估期曲药生产量 / 评估期制曲用粮领用量； 评估期制曲用粮领用量 = 期初库存原料粮 + 本期购进原料粮 − 期末库存原料粮 − 本期酿酒用粮领用量		此方法与出酒率模型结合使用，应着重分析制曲用粮、酿酒用粮、粮食购进量以及粮食库存量之间的逻辑关系，检查是否存在虚抵进项税额等情况。此外，还应分析是否存在酿酒用粮与制曲用粮混淆、隐匿原酒生产销售数量等情况
	曲药耗用评估	评估期原酒产量 = 评估期曲药耗用量 / 单位原酒耗用曲药定额； 问题值 = 评估期原酒产量 − 账列原酒产量		此方法与出酒率模型结合应用，分析评估期曲药投入产出与原材料投入产出是否吻合，测算原酒产量与账列原酒产量的差异，从而查明企业是否存在隐匿原酒产量和虚抵进项税额等问题
	原酒（或酒精）勾兑成品酒的评估	评估期某成品酒产量 = 评估期原酒（或酒精）领用量 × 折算系数； 评估期原酒（或酒精）领用量 = ［期初原酒（或酒精）库存量 + 本期原酒（或酒精）产量（或购进量）− 期末原酒（或酒精）库存量］× ［1− 原酒（或酒精）合理损耗率］； 问题值 = 评估期某成品酒产量 − 账列某成品酒产量		根据评估期原酒（或酒精）产量和领用量，按度数进行归集测算出成品酒产量，测算出账列数与评估数的差异，分析企业是否存在账外经营、隐匿成品酒产销量或少申报收入等问题。此模型在实际使用中，也可以根据成品酒数量反推原酒数量，从而判断其纳税申报是否真实
	包装物与成品酒的配比评估	评估期酒瓶（或瓶盖、其他包装物）耗用量 = 期初库存量 + 本期购进量 − 期末库存量； 评估期成品酒产量（瓶数）= 评估期包装物耗用量 ×（1− 合理损耗率）； 问题值 = 评估期某成品酒产量（瓶数）− 账列某成品酒产量（瓶数）		此方法适用于评估成品酒的产销数量，如果企业有销售散装酒的情形，则比对时应剔除该因素的影响

（续）

评估方法	细分方法	计算公式	指标功能	补充说明
投入产出法	酒糟产出评估模型与方法	评估期酒糟产量 = 当期原材料耗用量 × 酒糟产出比率； 当期原材料耗用量 = 期初库存数量 + 当期购进数量 − 期末库存数量； 问题值 = 评估期酒糟产量 − 账面酒糟产生数量	按照既定的酒糟产出比率，计算当期应产出的酒糟数量，并与当期纳税人账面数量进行核对，以此确定是否存在人为提高产品成本、多抵进项税额的问题。同时，可以据此确定销售酒糟（免税产品）的进项税额转出比率，查明纳税人是否存在少转进项税额的情况
其他方法	能耗测算法	评估期白酒产量 = 评估期生产能耗量 / 单位白酒能耗定额； 评估期白酒销量 = 评估期白酒产量 × 产销率； 评估期应税销售收入 = 评估期白酒销量 × 评估期白酒销售加权平均单价； 问题值 = 评估期应税销售收入 − 企业同期申报的应税销售收入	此方法适用于规模较小、产品类型和生产工艺单一的企业，主要根据纳税人评估期电、煤、气等能源、动力的生产耗用情况，利用单位白酒能耗定额测算纳税人实际生产、销售数量，与纳税人申报信息比对分析。其中，耗电、耗气等数据可以向电力部门、天然气公司等单位进行核实，相对较为客观。此外，由于煤炭的发热量不同，评估时需要把煤换算成标准煤后再进行计算
	计件工资分析法	评估期白酒产量 = 评估期计件工资总额 / 计件工资标准； 问题值 = 评估期白酒产量 − 账列白酒产量	此方法适用于实行计件工资制的白酒生产企业，根据计件工资与白酒产量之间的勾稽关系，大致推算出评估期白酒产量，并与投入产出等方法估算的产量进行比对分析
	酒池计算法	评估期原酒产量 = 酒池个数 × 单位酒池装粮吨数 × 生产周转次数 × 出酒率； 问题值 = 评估期原酒产量 − 账列原酒产量	根据酒池数量、每一酒池投粮数量和出酒周期，大致估算企业原酒生产能力，从而评估企业是否存在少申报产销量的情况
	灌装耗电定额测算法	单位电耗灌装定额 = 灌装设备设计生产能力 / 灌装设备设计耗电量； 评估期灌装成瓶数量 = 评估期灌装生产线耗电量 × 单位电耗灌装定额； 评估期销售量 = 期初成瓶酒库存量 + 评估期灌装成瓶数量 − 期末成瓶酒库存量	运用灌装耗电定额指标，评估成瓶酒生产量和销售额，并与纳税人申报的应税销售收入相对比，从而判定纳税人是否存在隐瞒收入的问题
	销售数量交叉核实法	企业申报销售数量 ≠ 异地核查销售数量汇总数	此方法主要适用于对地产地销的小酒厂的评估。白酒销售地税务机关实地查验核实销售数量和进价，并将查验信息及时反馈到生产地，以加强对小酒厂的纳税评估

（续）

评估方法	细分方法	计算公式	指标功能	补充说明
其他方法	关联销售公司的评估模型和方法之一：以进控销法	评估期销售公司某类型白酒购进量＝白酒生产企业期初库存量＋本期生产量－期末库存量－其他耗用量；评估期销售公司某类型白酒销售量＝销售公司期初库存量＋评估期购进量－期末库存量；问题值＝评估期销售公司某类型白酒销售量－账列销售量	这种方法的基本思路是依托白酒生产企业产销数量，从源头上控制关联销售公司的白酒销售数量，从而判断关联销售公司是否存在隐匿销售收入的情况。在实际应用过程中，应结合以票控税等方法。此外，这种方法还可以延伸至一级代理商的纳税评估
	关联销售公司的评估模型和方法之二：以销控进法	关联销售公司购进白酒数量＝期初库存＋随附单中所列销售数量－期末库存	模型中的随附单是指《酒类流通随附单》。根据商务部有关规定，酒类经营者在批发酒类商品时应填制《酒类流通随附单》，它详细记录着酒类商品的流通信息

2.1.4　纳税评估对象

1. 什么是纳税评估的对象

纳税评估的对象为主管税务机关负责管理的所有纳税人及其应纳所有税种。

2. 筛选纳税评估对象

可采用计算机自动筛选、人工分析筛选和重点抽样筛选等方法筛选纳税评估对象。

筛选纳税评估对象，要依据税收宏观分析、行业税负监控结果等数据，结合各项评估指标及其预警值和税收管理员掌握的纳税人实际情况，参照纳税人所属行业、经济类型、经营规模、信用等级等因素进行全面、综合的审核对比分析。

3. 重点评估分析对象

综合审核对比分析中，发现有问题或疑点的纳税人，要将其作为重点评估分析对象；重点税源户、特殊行业的重点企业、税负异常变化、长时间零税负和负税负申报、纳税信用等级低下、日常管理和税务检查中发现较多问题的纳税人要被列为纳税评估的重点评估分析对象。

2.1.5 纳税评估方法

1. 属地管理原则

纳税评估工作根据国家税收法律、行政法规、部门规章和其他相关经济法规的规定，按照属地管理原则和管户责任开展。对同一纳税人申报缴纳的各个税种的纳税评估要相互结合、统一进行，避免多头重复评估。

2. 纳税评估的主要依据及数据来源

纳税评估的主要依据及数据来源包括：

1）"一户式"存储的纳税人各类纳税信息资料，主要包括：纳税人税务登记的基本情况，各项核定、认定、减免缓抵退税审批事项的结果、纳税人申报纳税资料，财务会计报表以及税务机关要求纳税人提供的其他相关资料，增值税交叉稽核系统各类票证比对结果等。

2）税收管理员通过日常管理所掌握的纳税人生产经营实际情况，主要包括生产经营规模、产销量、工艺流程、成本、费用、能耗、物耗情况等各类与税收相关的数据信息。

3）上级税务机关发布的宏观税收分析数据、行业税负的监控数据、各类评估指标的预警值。

4）本地区的主要经济指标、产业和行业的相关指标数据、外部交换信息、与纳税人申报纳税相关的其他信息。

3. 纳税评估的分析方法

纳税评估可根据所辖税源和纳税人的不同情况采取灵活多样的评估分析方法，主要有：

1）对纳税人申报纳税资料进行案头的初步审核比对，以确定进一步评估分析的方向和重点。

2）通过各项指标与相关数据的测算，设置相应的预警值，将纳税人的申报数据与预警值相比较。

3）将纳税人申报数据与财务会计报表数据进行比较，与同行业相关数据或类似行业同期相关数据进行横向比较。

4）将纳税人申报数据与历史同期相关数据进行纵向比较。

5）根据不同税种之间的关联性和勾稽关系，参照相关预警值进行税种之间的关联性分析，分析纳税人应纳相关税种的异常变化。

6）应用税收管理员日常管理中所掌握的情况和积累的经验，将纳税人申报情况与其生产经营实际情况相对照，分析其合理性，以确定纳税人申报纳税中存在的问题及其原因。

7）通过对纳税人生产经营结构、主要产品能耗、物耗等生产经营要素的当期数据、历史平均数据、同行业平均数据以及其他相关经济指标进行比较，推测纳税人的实际纳税能力。

4. 对纳税资料进行审核分析

对纳税人申报纳税资料进行审核分析时，要包括以下重点内容：

1）纳税人是否按照税法规定的程序、手续和时限履行申报纳税义务，各项纳税申报附送的各类抵扣、列支凭证是否合法、真实、完整。

2）纳税申报主表、附表及项目、数字之间的逻辑关系是否正确，适用的税目、税率及各项数字计算是否准确，申报数据与税务机关所掌握的相关数据是否相符。

3）收入、费用、利润及其他有关项目的调整是否符合税法规定，申请减免缓抵退税、亏损结转、获利年度的确定是否符合税法规定并正确履行相关手续。

4）与上期和同期申报纳税情况有无较大差异。

5）税务机关和税收管理员认为应进行审核分析的其他内容。

5. 对其他纳税人的纳税评估

对实行定期定额（定率）征收税款的纳税人以及未达到起征点的个体工商户，可参照其生产经营情况，利用相关评估指标定期进行分析，以判断定额（定率）的合理性，判断是否已经达到起征点并恢复征税。

2.1.6　评估结果处理

1. 一般性问题的处理

对纳税评估中发现的计算和填写错误、政策和程序理解偏差等一般性问题或存在的疑点问题，经约谈、举证、调查核实等程序认定事实清楚，不具有偷税等违法嫌疑，无须立案查处的，可提请纳税人自行改正。

需要纳税人自行补充的纳税资料，以及需要纳税人自行补正申报、补缴税款、调整账目的，税务机关应督促纳税人按照税法规定逐项落实。

2. 税务约谈

对纳税评估中发现的需要提请纳税人进行陈述说明、补充提供举证资料等问题，应由主管税务机关约谈纳税人。

税务约谈要经所在税源管理部门批准并事先发出《税务约谈通知书》，以提前通知纳税人。

税务约谈的对象主要是企业财务会计人员。因评估工作需要，必须约谈企业其他相关人员的，应经税源管理部门批准并通过企业财务部门进行安排。

纳税人因特殊困难不能按时接受税务约谈的，可向税务机关说明情况，经批准后延期进行。

纳税人可以委托具有执业资格的税务代理人进行税务约谈。税务代理人代表纳税人进行税务约谈时，应向税务机关提交纳税人委托代理的合法证明。

3. 实地调查核实

对评估分析和税务约谈中发现的必须到生产经营现场了解情况、审核账目凭证的问题，应经所在税源管理部门批准，由税收管理员进行实地调查核实。对调查核实的情况，要做认真记录。需要处理处罚的，要严格按照规定的权限和程序执行。

4. 移交税务稽查部门

发现纳税人有偷税、逃避追缴欠税、骗取出口退税、抗税或其他需要立案查处的税收违法行为嫌疑的，要移交税务稽查部门处理。

对税源管理部门移交稽查部门处理的案件，税务稽查部门要将处理结果定期向税源管理部门反馈。

发现外商投资和外国企业与其关联企业之间的业务往来不按照独立企业业务往来收取或支付价款、费用，需要调查、核实的，应移交上级税务机关国际税收管理部门（或有关部门）处理。

5. 纳税评估分析报告

对纳税评估工作中发现的问题要做出评估分析报告，提出进一步加强征管工作的建议，并将评估工作内容、过程、证据、依据和结论等记入纳税评估工作底稿。

纳税评估分析报告和纳税评估工作底稿是税务机关的内部资料，不发纳税人，不作为行政复议和诉讼依据。

2.1.7 评估工作管理

1. 制定评估工作计划

基层税务机关及其税源管理部门要根据所辖税源的规模、管户的数量等实际工作情况，结合自身纳税评估的工作能力，制定评估工作计划，合理确定纳税评估工作量，对重点税源户，要保证每年至少重点评估分析一次。

2. 提高评估工作水平

基层税务机关及其税源管理部门要充分利用现代化信息手段，广泛收集和积累纳税人各类涉税信息，不断提高评估工作水平；要经常对评估结果进行分析研究，提出加强征管工作的建议；要做好评估资料整理工作，本着"简便、实用"的原则，建立纳税评估档案，妥善保管纳税人报送的各类资料，并注重保护纳税人的商业秘密和个人隐私；要建立健全纳税评估工作岗位责任制、岗位轮换制、评估复查制和责任追究制等各项制度，加强对纳税评估工作的日常检查与考核；要加强对从事纳税评估工作人员的培训，不断提高纳税评估工作人员的综合素质和评估能力。

3. 评估工作的组织协调

各级税务机关的征管部门负责纳税评估工作的组织协调工作，制定纳税评估工作业务规程，建立健全纳税评估规章制度和反馈机制，指导基层税务机关开展纳税评估工作，明确纳税评估工作职责分工并定期对评估工作的开展情况进行总结和交流；各级税务机关的计划统计部门负责对税收完成情况、税收与经济的对应规律、总体税源和税负的增减变化等情况进行定期的宏观分析，为基层税务机关开展纳税评估提供依据和指导；各级税务机关的专业管理部门（包括各税种、国际税收、出口退税管理部门以及县级税务机关的综合业务部门）负责进行行业税负监控、建立各税种的纳税评估指标体系、测算指标预警值、制定分税种的具体评估方法，为基层税务机关开展纳税评估工作提供依据和指导。

4. 纳税评估工作人员的法律责任

从事纳税评估的工作人员，若在纳税评估工作中徇私舞弊或者滥用职权，或为有涉嫌税收违法行为的纳税人通风报信致使其逃避查处的，或瞒报评估真实结果、应移交案件不移交的，或致使纳税评估结果失真、给纳税人造成损失的，不构成犯罪的，由税务机关按照有关规定给予行政处分；构成犯罪的，要依法追究刑事责任。

5. 各级税务局的职责

各级税务局要加强纳税评估工作的协作，提高相关数据信息的共享程度，简化评估工作程序，提高评估工作实效，最大限度地给予纳税人方便。

2.1.8 建材批发企业纳税评估典型案例

1. 企业基本情况

甲省乙市某贸易公司系2014年2月成立的私营有限责任公司，属于增值税一般纳税人，注册资本5000万元，现有职工90人，是一家主要从事生铁、钢材、水泥批发的企业，在乙市批发行业中具有一定规模和较强的代表性。2016年，该公司增值税税负率偏低，因此，乙市国税局将该公司确定为纳税评估的重点对象。

2. 疑点采集

评估人员调阅了该公司2015年度和2016年度企业所得税纳税申报表及资产负债表、利润表，分析比较了该两年的税收和财务指标，查阅该公司发票开具情况和税款抵扣情况。通过初步分析，发现以下疑点：

1）该公司2016年销售收入313034862.50元，2015年应税销售收入167349819.15元，

2016年与2015年相比，销售收入增加145685043.35元，销售收入变动率为87%，大大超过 ±30% 的预警值范围。该公司有可能存在虚开增值税专用发票的违法行为。

2）该公司2016年增值税应纳税额1763393.45元，税负率为0.56%，比2016年全市同行业平均税负率的1.2%低0.64个百分点，税负率差异幅度（与同行业比）为 –53%，与企业2015年增值税税负率1.05%相比，2016年增值税税负率下降了0.49个百分点，税负率差异幅度（与上一年比）为 –46%。上述数值明显超出预警值 ±30% 的范围。该公司有可能存在少计销售收入、多列进项抵扣的违法行为。

3）该公司2015年运费抵扣税额272230.98元，占其总进项税额27727821.59元的比例为0.98%；而2016年运费抵扣税额782975.18元，占其总进项税额50921797.78元的比例却达到1.54%，该比例比上年增长57%。该公司可能存在多列运费抵扣的违法行为。

4）该公司2015年应税销售收入为167349819.15元，应纳所得税额为346781.08元，2015年企业所得税贡献率为0.207%；2016年应税销售收入为313034862.50元，应纳所得税额为375641.84元，2016年企业所得税贡献率为0.12%。2016年与2015年相比，企业所得税贡献率下降0.087个百分点，企业所得税贡献变动率为42%。该公司可能存在多列成本费用、扩大税前扣除范围的违法行为。

5）该公司2015年营业费用3959776元，占销售收入167349819.20元的比例为2.37%；2016年营业费用12951268.63元，占销售收入313034862.50元的比例为4.14%，该比例变动率高达74.68%。该公司可能存在多列费用、少缴企业所得税的违法行为。

6）该公司2016年年初存货金额2104370.60元，2016年年末存货金额8984071.07元，年末比年初存货金额增加6879700.47元。该公司是批发企业，但没有大型仓库，年末存货金额变动异常。该公司可能存在存货不实，发出商品不计或少计收入的违法行为。

3. 税务约谈与实地调查

针对以上疑点问题，评估人员对该公司展开了约谈。在约谈过程中，被约谈人仅就疑点 1）做出了合理解释并提供了相应证据，于是疑点 1）被排除。而由于该公司方面无法对其他疑点给出合理解释，评估人员依照程序对该公司进行了实地调查核实。根据该公司主动提供的账簿资料，评估人员对该公司的增值税税率，按货物品种分类进行了测算。经测算，该公司2016年实现销售收入313034862.50元，应纳税额1763393.45元，增值税税负率为0.56%。其中，销售生铁收入256143123.95元，应纳税额2312659.86元，该项目增值税税负率为0.9%；销售钢材收入48806518.55元，应纳税额 –634969.74元，该项目增值税税负率为 –1.3%；销售其他货物收入8085220元，应纳税额85703.33元，该项目增值税税负率为1.06%。

评估人员通过上述指标测算分析，得出如下判断：与该公司2015年增值税税负率1.05% 相比，其2016年增值税税负存在异常，特别是钢材项目销售的税负率为 –1.3%，很可能存在少计钢材销售收入或发出商品未及时计收入的现象。评估人员决定对其存货进行实地盘点。

评估人员通过对该公司钢材仓库的入库单、发货单进行统计，并对钢材仓库进行盘点，发现钢材账实不符，账面比实际库存多 2048 吨，钢材账实不符的原因是该公司发出钢材 2048 吨给某房地产公司，因未及时与对方结算，故暂未做账务处理。评估人员对实地调查发现的问题做了详细的记录，确定了钢材存货不实，发出商品未及时计销售收入的问题，并取得相关的材料。通过对该公司进行税法宣传，告知该公司发出商品并取得销货款的凭据后，应及时做销售收入处理。该公司了解相关政策后，认可了上述问题，愿意主动自查申报补税。

经查阅账簿资料和运费抵扣凭证，评估人员发现该公司部分运费的单价过高，每吨货物一公里的运费单价高达 2 元，而据调查，正常的单价是 0.7 元左右。针对这一疑点，评估人员要求该公司自查申报，但该公司认为其运费已实际发生，取得的运输发票也是真实的，并且通过了税务机关认证，因而没有进行自查申报。评估人员经查阅费用账簿资料后发现，该公司经营费用变动率异常，形成原因是该公司 2016 年"经营费用——代理费"科目列支 750000 元，并于当期所得税前列支。经核实该公司 2015 年发生的代理费，因无法取得发票，公司采购人员在某地税局取得代理费发票报销。该笔代理费不符合所得税税前列支的条件，应调增应纳税所得额 750000 元。但该公司认为费用已实际发生，不愿意自查申报补税。

4. 评估结果

经评估分析、约谈和实地调查，该公司对发出商品未及时做收入处理的问题主动进行自查申报。根据《纳税评估管理办法（试行）》的有关规定，税务机关同意该公司进行自查申报。

自查后，该公司向税务机关报送了《纳税评估自查报告》，主动申报 2048 吨钢材的销售收入 5848949.35 元，补缴增值税 994321.39 元。鉴于该公司仅对发出商品未及时计收入而少缴的增值税进行了自查申报，对发出商品未及时做收入少缴的企业所得税、运输费用多抵增值税进项税金、代理费用所得税税前列支不符合政策等问题未进行自查申报，评估人员认为不能消除该公司的疑点。根据《纳税评估管理办法（试行）》的有关规定，评估人员将该公司移送至稽查部门进行查处。稽查局对该公司进行了稽查，稽查查处结果如下：

1）对该公司部分运费中包含的不属于抵扣范围的装卸费、押运费等费用，造成多抵扣的进项税额，予以追缴，补征增值税 264621.84 元。

2）对该公司存在的发出商品未及时做收入处理少缴的企业所得税、代理费用所得税税前列支不符合政策等问题进行查处，补征企业所得税 275620.49 元。

3）对上述查补税款从滞纳之日起按日加收万分之五的滞纳金。

4）对上述查补税款按税法有关规定，处以50%罚款，计270121.17元。

2.1.9 软件企业纳税评估典型案例

1. 企业基本情况

甲省乙市经济技术开发区A软件开发有限责任公司（以下简称A公司）为增值税一般纳税人，成立于2005年3月，注册资金为1000万元，主要从事软件开发及销售业务，存货计价方法采用全月一次加权平均法。A公司的企业所得税实行查账征收，税率为25%。

2. 疑点采集

2017年6月15日，乙市经济技术开发区税务局利用乙市税务局税务管理信息系统，采用人机结合的方法，对辖区内纳税人的企业所得税纳税情况进行了综合查询分析，在对A公司的2016年度财务报表、企业所得税汇算清缴申报表及其他税务资料进行审核分析后，发现如下异常情况：

1）主营业务收入变动率异常：本年为-5.5%，上年为6.8%，近3年平均为5.7%，辖区内本年同行业平均为5.8%。

2）主营业务成本率异常：本年为83.6%，上年为72.5%，近3年平均为71.9%，辖区内本年同行业平均为72.8%。

3）主营业务费用率异常：本年为13.6%，上年为12.5%，近3年平均为11.9%，辖区内本年同行业平均为11.8%。

4）主营业务利润变动率异常：本年为-8.5%，上年为6.6%，近3年平均为5.7%，辖区内本年同行业平均为6.2%。

5）主营业务收入变动率与主营业务利润变动率配比异常：两者之比为0.65（-5.5%：-8.5%）。正常情况下，二者应基本同步，而A公司的该比值小于1，且二者均为负数。

6）企业所得税弹性异常：本年企业所得税变动率为-7.7%，营业收入变动率-5.3%，企业所得税弹性系数为1.45（-7.7%：-5.3%）。正常情况下，二者应基本同步，而A公司的该比值大于1，且二者都为负数，表明税收缺乏弹性。

7）企业所得税贡献率异常：本年为6.6%，上年为10.5%，近3年平均为9.9%，辖区内本年同行业平均为10.8%。

针对上述异常情况，乙市经济技术开发区税务局税政法规科怀疑A公司存在少计收入、多列成本费用、扩大税前扣除范围的问题，决定将其列为重点评估对象，提交税源管理科实施纳税评估。

3. 税务约谈与实地调查

基于以上分析，评估人员做好约谈准备，报请税源管理部门负责人核准后，向 A 公司发出《纳税评估约谈通知书》，并告知企业应提供的相关资料。评估人员到达公司后，首先与有关人员进行座谈，了解到 A 公司生产经营等活动在 2016 年没有明显变化。在对其 2016 年纳税申报资料、财务报表结合会计账、凭证进行系统审核后评估人员发现，其在税收上存在如下问题：

1）收入有关资料显示：①产品销售收入明细账上存在红字冲销 362800 元，调出记账凭证，看其所附发票，系公司为促销而开展商业折扣，另开红字发票冲销收入；②其他业务收入明细账上记载有 12 笔对外服务收入，合计 105763.50 元，调出记账凭证，看其所附原始凭证均为收据，经查，A 公司对该收入只进行了所得税申报而未进行增值税申报，其税务登记的经营范围中也没有其他服务项目。

2）成本有关资料显示：①内设职工食堂采购支出均计入生产成本，全年累计金额 265742 元，所附原始凭证均为白条；②用先进先出法结转产品销售成本，全年累计结转 8659473 元，而其向税务局备案的存货计价方法是全月一次加权平均法，经计算应结转 7968364 元；③其他业务支出明细账上记载有 8 笔培训支出，合计 34580 元，而其他业务收入明细账上没有对应的培训收入，经查，均挂在其他应付款明细账上，合计 57287.57 元。

3）期间费用有关资料显示：①管理费用中，业务招待费列支 83560 元，经计算按规定标准应列支 64200 元；计提坏账准备金 18000 元，经计算按规定标准应计提 12000 元；②销售费用中，广告费列支 326500 元，经计算按规定标准应列支 256800 元；业务宣传费列支 74600 元，经计算按规定标准应列支 64200 元；③财务费用中，向职工集资 2000000 元，一年期，用于流动资金周转，年利息支出 160000 元，而银行同期同类贷款利率为 5.58%。

4）营业外支出有关资料显示：①卫生费 20000 元，经查凭证所附收据，系所在街道办事处摊派的卫生费；②赠送支出 90000 元，经查，凭证系对购买量大的客户赠送的产品，此为成本价，按同期同类平均不含税价计算为 120000 元。

针对以上问题，A 公司财务负责人在约谈时解释为：上述问题的出现，有些是因为不知道相关的税法规定，有些是因为对有关税法规定理解有误等。通过有针对性的业务辅导，A 公司认可了评估人员的如下意见：

1）另开红字发票冲销收入问题。《财政部　国家税务总局关于全面推开营业税改征增值税试点的通知》（财税〔2016〕36 号）规定，"纳税人发生应税行为，将价款和折扣额在同一张发票上分别注明的，按折扣后的价款为销售额；未在同一张发票上分别注明的，以价款为销售额，不得扣减折扣额。"故应补提增值税 61676 元，补提城市维护建设税和教育费附加 6167.60 元，应调增应纳税所得额 356632.40 元（362800−6167.60）。

2）对外服务收入问题。要补提增值税、城市维护建设税和教育费附加6980.33元（105762.50×6.6%），同时应调减应纳税所得额6980.33元，还要变更营业执照，在经营范围内增加其他服务项目。

3）食堂采购支出问题。食堂采购支出不应计入生产成本，考虑到A公司在产品、产成品年末余额较小，故全额调增应纳税所得额265742元，同时建议其采购凭证到当地税务局代开发票。

4）销售成本结转问题。按规定，存货计价方法一经确定，不得随意改变，如确需改变的，应在下一纳税年度开始前报主管税务机关备案。否则，对应纳税所得额造成影响的，税务机关有权调整。A公司改变成本计价方法，多结转产品销售成本，应调增应纳税所得额691109元（8659473-7968364）。

5）培训收入问题。少计培训收入57287.57元，要补提增值税、城市维护建设税和教育费附加3780.98元（57287.57×6.6%），同时应调增应纳税所得额53506.59元（57287.57-3780.98）。

6）期间费用问题。业务招待费超支19360元，坏账准备多提6000元，广告费超支69700元，业务宣传费超支10400元，财务费用超支48400元。合计应调增应纳税所得额153860元（19360+6000+69700+10400+48400）。

7）营业外支出问题。卫生费属于非广告赞助支出，不得列支，应调增应纳税所得额20000元；赠送产品应视同销售，补缴增值税20400元（120000×17%），补缴城市维护建设税和教育费附加2040元，应调增应纳税所得额27960元（120000-90000-2040）。

经过实地核查，A公司审核分析出现问题的原因终于水落石出。经过评估人员耐心细致的解释，A企业表示理解和配合，并对其问题全部予以签字认可。同时评估人员在该环节一次性取得的相关证据和准确数据，也为下一步评估调整做好了准备。

4. 评估结果

根据上述情况，A公司共补缴企业所得税519184.74元，增值税、城市维护建设税和教育费附加18968.91元，缴纳滞纳金1120.22元，并按评估人员建议进行账务调整。

5. 评估建议

（1）反映问题

由于所得税具体税收政策繁多复杂，税务处理与会计处理差异较大，企业往往易出现纳税错漏。

（2）建议措施

1）评估人员要充分利用现有的税务管理软件，通过案头审核税务资料确定评估对象，而不是盲目地选择评估对象。

2）在评估过程中要针对案头审核的疑点有的放矢地开展评估工作，而不是对评估对象的纳税情况进行泛泛的评估。

3）评估工作不仅局限于纳税评估，还要对纳税人进行纳税辅导，如辅导纳税人变更税务登记、领购发票、调整账务等，以避免纳税人再犯同类错误。

2.1.10 汽车企业纳税评估典型案例

1. 企业基本情况

某汽车零部件有限公司成立于 2010 年，经济性质为其他有限责任公司，注册资本2300 万元，经营范围为汽车座椅、门内饰板及汽车零部件的设计、制造、销售业务。该公司属于增值税一般纳税人，税务局对该纳税人进行 2018 年纳税评估时，发现该公司在正常经营的情况下，业务量较 2017 年有较大增长，但其 2018 年缴纳的个人所得税的增长幅度却与其主营业务收入的增长幅度不匹配，遂将其列为评估对象。经举证约谈和实地核查，共计补缴个人所得税 34392.12 元。

2. 疑点采集

评估人员对该公司 2018 年个人所得税账户进行纳税评估时，发现该公司 2017 年、2018 年两年主营业务收入的增长（2017 年主营业务收入 2518 万元，2018 年主营业务收入3745 万元，同比增长 48.73%），与其个人所得税入库金额的增长（2017 年入库 113134.00元，2018 年入库 124539.00 元，同比增长 10.08%）不匹配，存在隐瞒收入以及随意列支扣除项目的嫌疑。

3. 税务约谈与实地调查

针对上述疑点，评估人员向该企业送达了《税务约谈通知书》，要求该公司对个人所得税申报异常情况进行解释，并按规定要求提供工资表和财务报表等相关资料。该公司财务负责人对该疑点进行了解释：公司奖金分为三个部分，包括劳动竞赛奖、原材料节约奖、销售提成，由公司分到各部门，再由各部门二次分配到个人。由于各部门二次分配表格上报不及时，各项奖金没有全部纳入工资表，部分奖金没有代扣个人所得税。

针对约谈举证情况，该公司财务负责人所做的解释，只反映了一部分情况，经主管税务机关负责人批准，评估人员向纳税人下达了《纳税评估实地核查通知书》，对其纳税评估转入实地核查环节。重点审核其账目，主要包括：

1）审查纳税申报表中的工资、薪金总额与工资结算单的实际工资总额是否一致，发现有按扣除"现金伙食补贴"和"通讯补贴"以后实发工资申报纳税的情况。

2）审查"生产成本"账户，发现列支了原材料节约奖，未并入人员收入计算个人所得税。

3）审查"营业费用"账户，发现列支发放了劳动竞赛奖，未并入人员收入计算个人所得税。

4）审查"销售费用"账户，发现列支了销售提成奖金，已并入人员收入计算个人所得税。

5）审查"管理费用"账户，发现记载了组织职工外出旅游等福利，未并入人员收入计算个人所得税。

6）向该公司管理人员了解了包括经理、高管在内的所有职工人数，并和工资结算单中实领工资的人数比较，未发现异常。

7）核查了"应付工资"账目中年终发放的一次性奖金，发现有将年终一次性奖金按所属月份分摊的情况，减少了税基，降低了适用税率，应按照国税发〔2005〕9号文件规定计算纳税。

4. 评估结果

经评估人员分析选案和举证约谈，纳税人针对实地核查中评估人员提出的问题进行了自查："补贴类薪金"补缴个人所得税2156.39元，"绩效奖金"补缴个人所得税10825.46元，"外出旅游"补缴个人所得税3160.27元，"年终一次性奖金"补缴个人所得税18250元，合计补缴个人所得税34392.12元。

根据《个人所得税法》的相关规定，评估人员出具《纳税评估认定结论书》，做出差异纠正性结论，填制《纳税评估评定处理书》，责令该公司补扣、补缴税款。

5. 评估建议

此案件在个人所得税的征收管理中具有一定的代表性：

1）很多企业因为会计账务处理和税法规定的差异，将一些本应计入个人所得税应纳税所得额的科目，放入了生产经营过程中的账目环节，导致漏税。

2）一些不太容易引人注意的伙食补贴和通信补贴，如果采取实报实销的方法，可以不计入个人所得税应纳税所得。但若直接发放则应计入，企业对该类情况的处理并不熟悉。

3）一些将企业的产品以实物形式发放给企业职工，或者组织职工集体旅游等非现金形式的物质奖励，企业很难将其计入个人所得税应纳税所得，应加强税法宣传。

4）年终一次性发放奖金的计算其实并不复杂，但实务中很多企业的财务人员都不会计算，导致漏税。

2.2 税收征收管理法

《税收征收管理法》是规范税务机关、纳税人和其他主体在税收征收和管理过程中各自权利义务的法律规范。纳税人要想防范、减少涉税风险，就必须严格按照《税收征收管理法》的规定，履行义务、享有权利。

本节主要介绍《税收征收管理法》中的纳税人权利与税务机关职责、账簿凭证管理制度、税务检查与稽查制度。税务登记制度、纳税申报制度、税款征收制度、税务行政复议制度的相关内容，不再详述。

2.2.1 纳税人权利义务与税务机关职责

1. 纳税人权利

纳税人是税法规定的负有纳税义务的单位和个人。在一些税收制度中，除纳税人外，还设置了扣缴义务人。扣缴义务人包括代扣代缴义务人和代收代缴义务人，是指税法规定的负有代扣代缴税款或者代收代缴税款义务的单位和个人。

纳税人在履行纳税义务的过程中，依法享有下列权利：

（1）知情权

纳税人有权向税务机关了解国家税收法律、行政法规的规定以及与纳税程序有关的情况，包括：现行税收法律、行政法规和税收政策规定；办理税收事项的时间、方式、步骤以及需要提交的资料；应纳税额核定及其他税务行政处理决定的法律依据、事实依据和计算方法；与税务机关在纳税、处罚和采取强制执行措施时发生争议或纠纷时，纳税人可以采取的法律救济途径及需要满足的条件。

（2）保密权

纳税人有权要求税务机关为纳税人的情况保密。税务机关将依法为纳税人的商业秘密和个人隐私保密，主要包括纳税人的技术信息、经营信息和纳税人、主要投资人以及经营者不愿公开的个人事项。上述事项，如无法律、行政法规明确规定或者纳税人的许可，税务机关将不会对外部门、社会公众和其他个人提供。但根据法律规定，税收违法行为信息不属于保密范围。

（3）税收监督权

纳税人对税务机关违反税收法律、行政法规的行为，如税务人员索贿受贿、徇私舞弊、玩忽职守，不征或者少征应征税款，滥用职权多征税款或者故意刁难等，可以进行检举和控告。同时，纳税人对其他纳税人的税收违法行为也有权进行检举。

（4）纳税申报方式选择权

纳税人可以直接到办税服务厅办理纳税申报或者报送代扣代缴、代收代缴税款报告表，也可以按照规定采取邮寄、数据电文或者其他方式办理上述申报、报送事项。但采取邮寄或数据电文方式办理上述申报、报送事项的，须经纳税人的主管税务机关批准。

纳税人如采取邮寄方式办理纳税申报，应当使用统一的纳税申报专用信封，并以邮政部门收据作为申报凭据。邮寄申报以寄出的邮戳日期为实际申报日期。

数据电文方式是指税务机关确定的电话语音、电子数据交换和网络传输等电子方式。纳税人如采用电子方式办理纳税申报，应当按照税务机关规定的期限和要求保存有关资料，并定期书面报送给税务机关。

（5）申请延期申报权

纳税人如不能按期办理纳税申报或者报送代扣代缴、代收代缴税款报告表，应当在规定的期限内向税务机关提出书面延期申请，经核准，可在核准的期限内办理。经核准延期办理申报、报送事项的，应当在税法规定的纳税期内按照上期实际缴纳的税额或者税务机关核定的税额预缴税款，并在核准的延期内办理税款结算。

（6）申请延期缴纳税款权

如纳税人因有特殊困难，不能按期缴纳税款的，经省、自治区、直辖市税务局批准，可以延期缴纳税款，但是最长不得超过3个月。计划单列市税务局可以参照省级税务机关的批准权限，审批纳税人的延期缴纳税款申请。

纳税人满足以下任何一个条件，均可以申请延期缴纳税款：一是因不可抗力，纳税人发生较大损失，正常生产经营活动受到较大影响的；二是当期货币资金在扣除应付职工工资、社会保险费后，不足以缴纳税款的。

（7）申请退还多缴税款权

对纳税人超过应纳税额缴纳的税款，税务机关发现后，将自发现之日起10日内办理退还手续；如纳税人自结算缴纳税款之日起3年内发现的，可以向税务机关要求退还多缴的税款并加计银行同期存款利息。税务机关将自接到纳税人退还申请之日起30日内查实并办理退还手续，涉及从国库中退库的，依照法律、行政法规有关国库管理的规定退还。

（8）依法享受税收优惠权

纳税人可以依照法律、行政法规的规定书面申请减税、免税。减税、免税的申请须经法律、行政法规规定的减税、免税审查批准机关审批。减税、免税期满，应当自期满次日起恢复纳税。减税、免税条件发生变化的，应当自发生变化之日起15日内向税务机关报告；不再符合减税、免税条件的，应当依法履行纳税义务。如纳税人享受的税收优惠需要备案的，应当按照税收法律、行政法规和有关政策规定，及时办理事前或事后备案。

（9）委托税务代理权

纳税人有权就以下事项委托税务代理人代为办理：办理、变更或者注销税务登记、除增值税专用发票外的发票领购手续、纳税申报或扣缴税款报告、税款缴纳和申请退税、制作涉税文书、审查纳税情况、建账建制、办理财务、税务咨询、申请税务行政复议、提起税务行政诉讼以及国家税务总局规定的其他业务。

（10）陈述与申辩权

纳税人对税务机关做出的决定，享有陈述权、申辩权。如果纳税人有充分的证据证明自己的行为合法，税务机关就不得对纳税人实施行政处罚；即使纳税人的陈述或申辩不充分合理，税务机关也会向纳税人解释实施行政处罚的原因。税务机关不会因纳税人的申辩而加重处罚。

（11）对未出示税务检查证和税务检查通知书的拒绝检查权

税务机关派出的人员进行税务检查时，应当向纳税人出示税务检查证和税务检查通知书；对未出示税务检查证和税务检查通知书的，纳税人有权拒绝检查。

（12）税收法律救济权

纳税人对税务机关做出的决定，依法享有申请行政复议、提起行政诉讼、请求国家赔偿等权利。

纳税人、纳税担保人同税务机关在纳税上发生争议时，必须先依照税务机关的纳税决定缴纳或者解缴税款及滞纳金或者提供相应的担保，然后可以依法申请行政复议；对行政复议决定不服的，可以依法向人民法院起诉。如纳税人对税务机关的处罚决定、强制执行措施或者税收保全措施不服的，可以依法申请行政复议，也可以依法向人民法院起诉。

当税务机关的职务违法行为给纳税人和其他税务当事人的合法权益造成侵害时，纳税人和其他税务当事人可以要求税务行政赔偿，主要包括：一是纳税人在限期内已缴纳税款，税务机关未立即解除税收保全措施，使纳税人的合法权益遭受损失的；二是税务机关滥用职权违法采取税收保全措施、强制执行措施或者采取税收保全措施、强制执行措施不当，使纳税人或者纳税担保人的合法权益遭受损失的。

（13）依法要求听证的权利

对纳税人做出规定金额以上罚款的行政处罚之前，税务机关会向纳税人送达《税务行政处罚事项告知书》，告知纳税人已经查明的违法事实、证据、行政处罚的法律依据和拟将给予的行政处罚。对此，纳税人有权要求举行听证。税务机关将应纳税人的要求组织听证。如纳税人认为税务机关指定的听证主持人与本案有直接利害关系，纳税人有权申请主持人回避。

对应当进行听证的案件，税务机关不组织听证，行政处罚决定不能成立。但纳税人放弃听证权利或者被正当取消听证权利的除外。

（14）索取有关税收凭证的权利

税务机关征收税款时，必须给纳税人开具完税凭证。扣缴义务人代扣、代收税款时，纳税人要求扣缴义务人开具代扣、代收税款凭证时，扣缴义务人应当开具。

税务机关扣押商品、货物或者其他财产时，必须开付收据；查封商品、货物或者其他财产时，必须开付清单。

2. 纳税人义务

依照宪法、税收法律和行政法规的规定，纳税人在纳税过程中负有以下义务。

（1）依法进行税务登记的义务

纳税人应当自领取营业执照之日起 30 日内，持有关证件，向税务机关申报办理税务登记。税务登记主要包括领取营业执照后的设立登记、税务登记内容发生变化后的变更登记、依法申请停业、复业登记、依法终止纳税义务的注销登记等。

在各类税务登记管理中，纳税人应该根据税务机关的规定分别提交相关资料，及时办理。同时，纳税人应当按照税务机关的规定使用税务登记证件。税务登记证件不得转借、涂改、损毁、买卖或者伪造。

（2）依法设置账簿、保管账簿和有关资料以及依法开具、使用、取得和保管发票的义务

纳税人应当按照有关法律、行政法规和国务院财政、税务主管部门的规定设置账簿，根据合法、有效凭证记账，进行核算；从事生产、经营的，必须按照国务院财政、税务主管部门规定的保管期限保管账簿、记账凭证、完税凭证及其他有关资料；账簿、记账凭证、完税凭证及其他有关资料不得伪造、变造或者擅自损毁。此外，纳税人在购销商品、提供或者接受经营服务以及从事其他经营活动中，应当依法开具、使用、取得和保管发票。

（3）财务会计制度和会计核算软件备案的义务

纳税人的财务、会计制度或者财务、会计处理办法和会计核算软件，应当报送税务机关备案。纳税人的财务、会计制度或者财务、会计处理办法与国务院或者国务院财政、税务主管部门有关税收的规定抵触的，应依照国务院或者国务院财政、税务主管部门有关税收的规定计算应纳税款、代扣代缴和代收代缴税款。

（4）按照规定安装、使用税控装置的义务

国家根据税收征收管理的需要，积极推广使用税控装置。纳税人应当按照规定安装、使用税控装置，不得损毁或者擅自改动税控装置。如纳税人未按规定安装、使用税控装置，或者损毁或者擅自改动税控装置的，税务机关将责令纳税人限期改正，并可根据情节轻重处以规定数额内的罚款。

（5）按时、如实申报的义务

纳税人必须依照法律、行政法规规定或者税务机关依照法律、行政法规的规定确定的申报期限、申报内容如实办理纳税申报，报送纳税申报表、财务会计报表以及税务机关根据实际需要要求纳税人报送的其他纳税资料。

扣缴义务人必须依照法律、行政法规规定或者税务机关依照法律、行政法规的规定确定的申报期限、申报内容，如实报送代扣代缴、代收代缴税款报告表以及税务机关根据实际需要要求纳税人报送的其他有关资料。

纳税人即使在纳税期内没有应纳税款，也应当按照规定办理纳税申报。享受减税、免税待遇的，在减税、免税期间应当按照规定办理纳税申报。

（6）按时缴纳税款的义务

纳税人应当按照法律、行政法规规定或者税务机关依照法律、行政法规的规定确定的期限，缴纳或者解缴税款。

未按照规定期限缴纳税款或者未按照规定期限解缴税款的，税务机关除责令限期缴纳外，从滞纳税款之日起，按日加收滞纳税款万分之五的滞纳金。

（7）代扣、代收税款的义务

如纳税人按照法律、行政法规规定负有代扣代缴、代收代缴税款义务，必须依照法律、行政法规的规定履行代扣、代收税款的义务。纳税人依法履行代扣、代收税款义务时，纳税人不得拒绝。纳税人拒绝的，纳税人应当及时报告税务机关处理。

（8）接受依法检查的义务

纳税人有接受税务机关依法进行税务检查的义务，应主动配合税务机关按法定程序进行的税务检查，如实地向税务机关反映自己的生产经营情况和执行财务制度的情况，并按有关规定提供报表和资料，不得隐瞒和弄虚作假，不能阻挠、刁难税务机关的检查和监督。

（9）及时提供信息的义务

纳税人除通过税务登记和纳税申报向税务机关提供与纳税有关的信息外，还应及时提供其他信息。如纳税人有歇业、经营情况变化、遭受各种灾害等特殊情况的，应及时向税务机关说明，以便税务机关依法妥善处理。

（10）报告其他涉税信息的义务

为了保障国家税收能够及时、足额征收入库，税收法律还规定了纳税人有义务向税务机关报告如下涉税信息：

1）纳税人有义务就纳税人与关联企业之间的业务往来，向当地税务机关提供有关的价格、费用标准等资料。纳税人有欠税情形而以财产设定抵押、质押的，应当向抵押权人、质权人说明纳税人的欠税情况。

2）企业合并、分立的报告义务。纳税人有合并、分立情形的，应当向税务机关报告，并依法缴清税款。合并时未缴清税款的，应当由合并后的纳税人继续履行未履行的纳税义务；分立时未缴清税款的，分立后的纳税人对未履行的纳税义务应当承担连带责任。

3）报告全部账号的义务。如纳税人从事生产、经营，应当按照国家有关规定，持税务登记证件，在银行或者其他金融机构开立基本存款账户和其他存款账户，并自开立基本存款账户或者其他存款账户之日起 15 日内，向纳税人的主管税务机关书面报告全部账号；发生变化的，应当自变化之日起 15 日内，向纳税人的主管税务机关书面报告。

4）处分大额财产报告的义务。如纳税人的欠缴税款数额在 5 万元以上，纳税人在处分不动产或者大额资产之前，应当向税务机关报告。

3.税务机关的职责

税务机关在税收征管过程中应当遵守以下规定，履行以下职责：

1）税收的开征、停征以及减税、免税、退税、补税，依照法律的规定执行；法律授权国务院规定的，依照国务院制定的行政法规的规定执行。任何机关、单位和个人不得违反法律、行政法规的规定，擅自做出税收开征、停征以及减税、免税、退税、补税和其他同税收法律、行政法规相抵触的决定。

2）税务机关应当广泛宣传税收法律、行政法规，普及纳税知识，无偿地为纳税人提供纳税咨询服务。

3）税务机关应当加强队伍建设，提高税务人员的政治业务素质。税务机关、税务人员必须秉公执法，忠于职守，清正廉洁，礼貌待人，文明服务，尊重和保护纳税人、扣缴义务人的权利，依法接受监督。税务人员不得索贿受贿、徇私舞弊、玩忽职守、不征或者少征应征税款；不得滥用职权多征税款或者故意刁难纳税人和扣缴义务人。

4）各级税务机关应当建立健全内部制约和监督管理制度。上级税务机关应当对下级税务机关的执法活动依法进行监督。各级税务机关应当对其工作人员执行法律、行政法规和廉洁自律准则的情况进行监督检查。

5）税务机关负责征收、管理、稽查、行政复议的人员的职责应当明确，并相互分离、相互制约。

6）税务人员征收税款和查处税收违法案件，与纳税人、扣缴义务人或者税收违法案件有利害关系的，应当回避。税务人员在核定应纳税额、调整税收定额、进行税务检查、实施税务行政处罚、办理税务行政复议时，与纳税人、扣缴义务人或者其法定代表人、直接责任人有下列关系之一的，应当回避：夫妻关系；直系血亲关系；三代以内旁系血亲关系；近姻亲关系；可能影响公正执法的其他利害关系。

4. 税收违法行为检举管理制度

（1）税收违法行为检举及其管理体制

检举，是指单位、个人采用书信、电话、传真、网络、来访等形式，向税务机关提供纳税人、扣缴义务人税收违法行为线索的行为。税收违法行为，是指涉嫌偷税（逃避缴纳税款），逃避追缴欠税，骗税，虚开、伪造、变造发票，以及其他与逃避缴纳税款相关的税收违法行为。检举税收违法行为的单位、个人称检举人；被检举的纳税人、扣缴义务人称被检举人。检举人可以实名检举，也可以匿名检举。

检举管理工作坚持依法依规、分级分类、属地管理、严格保密的原则。市（地、州、盟）以上税务局稽查局设立税收违法案件举报中心。国家税务总局稽查局税收违法案件举报中心负责接收税收违法行为检举，督促、指导、协调处理重要检举事项；省、自治区、直辖市、计划单列市和市（地、州、盟）税务局稽查局税收违法案件举报中心负责税收违法行为检举的接收、受理、处理和管理；各级跨区域稽查局和县税务局应当指定行使税收违法案件举报中心职能的部门，负责税收违法行为检举的接收，并按规定职责处理。

税务机关应当向社会公布举报中心的电话（传真）号码、通信地址、邮政编码、网络检举途径，设立检举接待场所和检举箱。税务机关同时通过12366纳税服务热线接收税收违法行为检举。税务机关应当与公安、司法、纪检监察和信访等单位加强联系和合作，做好检举管理工作。

检举税收违法行为是检举人的自愿行为，检举人因检举而产生的支出应当由其自行承担。检举人在检举过程中应当遵守法律、行政法规等规定；应当对其所提供检举材料的真实性负责，不得捏造、歪曲事实，不得诬告、陷害他人；不得损害国家、社会、集体的利益和其他公民的合法权益。

（2）检举事项的接收与受理

检举人检举税收违法行为应当提供被检举人的名称（姓名）、地址（住所）和税收违法行为线索；尽可能提供被检举人统一社会信用代码（身份证件号码），法定代表人、实际控制人信息和其他相关证明资料。鼓励检举人提供书面检举材料。

举报中心接收实名检举，应当准确登记实名检举人信息。检举人以个人名义实名检举应当由其本人提出，以单位名义实名检举应当委托本单位工作人员提出。多人联名进行实名检举的，应当确定第一联系人；未确定的，以检举材料的第一署名人为第一联系人。

12366 纳税服务热线接收电话检举后，应当按照以下分类转交相关部门：符合规定的检举事项，应当及时转交举报中心；对应开具而未开具发票、未申报办理税务登记及其他轻微税收违法行为的检举事项，按照有关规定直接转交被检举人主管税务机关相关业务部门处理；其他检举事项转交有处理权的单位或者部门。税务机关的其他单位或者部门接到符合规定的检举材料后，应当及时转交举报中心。

以来访形式实名检举的，检举人应当提供营业执照、居民身份证等有效身份证件的原件和复印件。以来信、网络、传真形式实名检举的，检举人应当提供营业执照、居民身份证等有效身份证件的复印件。以电话形式要求实名检举的，税务机关应当告知检举人采取上述两种形式进行检举。检举人未采取上述两种形式进行检举的，视同匿名检举。举报中心可以应来访的实名检举人要求出具接收回执；对多人联名进行实名来访检举的，向其确定的第一联系人或者第一署名人出具接收回执。来访检举应当到税务机关设立的检举接待场所；多人来访提出相同检举事项的，应当推选代表，代表人数应当在 3 人以内。

接收来访口头检举，应当准确记录检举事项，交检举人阅读或者向检举人宣读确认。实名检举的，由检举人签名或者盖章；匿名检举的，应当记录在案。接收电话检举，应当细心接听、询问清楚、准确记录。接收电话、来访检举，经告知检举人后可以录音、录像。接收书信、传真等书面形式检举，应当保持检举材料完整，及时登记处理。

税务机关应当合理设置检举接待场所。检举接待场所应当与办公区域适当分开，配备使用必要的录音、录像等监控设施，保证监控设施对接待场所全覆盖并正常运行。

举报中心对接收的检举事项，应当及时审查，有下列情形之一的，不予受理：无法确定被检举对象，或者不能提供税收违法行为线索的；检举事项已经或者依法应当通过诉讼、仲裁、行政复议以及其他法定途径解决的；对已经查结的同一检举事项再次检举，没有提供新的有效线索的。

除上述规定外，举报中心自接收检举事项之日起即为受理。举报中心可以应实名检举人要求，视情况采取口头或者书面方式解释不予受理原因。

未设立稽查局的县税务局受理的检举事项，符合规定的，提交上一级税务局稽查局举报中心统一处理。各级跨区域稽查局受理的检举事项，符合规定的，提交同级税务局稽查局备案后处理。检举事项管辖有争议的，由争议各方本着有利于案件查处的原则协商解决；不能协商一致的，报请共同的上一级税务机关协调或者决定。

（3）检举事项的处理

检举事项受理后，应当分级分类，按照以下方式处理：

1）检举内容详细、税收违法行为线索清楚、证明资料充分的，由稽查局立案检查。

2）检举内容与线索较明确但缺少必要证明资料，有可能存在税收违法行为的，由稽查局调查核实。发现存在税收违法行为的，立案检查；未发现的，作查结处理。

3）检举对象明确，但其他检举事项不完整或者内容不清、线索不明的，可以暂存待查，待检举人将情况补充完整以后，再进行处理。

4）已经受理尚未查结的检举事项，再次检举的，可以合并处理。

5）税务机关无权处理的检举事项，转交有处理权的单位或者部门。

举报中心可以税务机关或者以自己的名义向下级税务机关督办、交办检举事项。

举报中心应当在检举事项受理之日起15个工作日内完成分级分类处理，特殊情况除外。查处部门应当在收到举报中心转来的检举材料之日起3个月内办理完毕；案情复杂无法在期限内办理完毕的，可以延期。

税务局稽查局对督办案件的处理结果应当认真审查。对于事实不清、处理不当的，应当通知承办机关补充调查或者重新调查，依法处理。

（4）检举事项的管理

举报中心应当严格管理检举材料，逐件登记已受理检举事项的主要内容、办理情况和检举人、被检举人的基本情况。已接收的检举材料原则上不予退还。不予受理的检举材料，登记检举事项的基本信息和不予受理原因后，经本级稽查局负责人批准可以销毁。暂存待查的检举材料，若在受理之日起两年内未收到有价值的补充材料，可以销毁。

督办案件的检举材料应当专门管理，并按照规定办理督办案件材料的转送、报告等具体事项。检举材料的保管和整理，应当按照档案管理的有关规定办理。举报中心每年度对检举案件和有关事项的数量、类别及办理情况等进行汇总分析，形成年度分析报告，并按规定报送。

（5）检举人的答复和奖励

实名检举人可以要求答复检举事项的处理情况与查处结果。实名检举人要求答复处理情况时，应当配合核对身份；要求答复查处结果时，应当出示检举时所提供的有效身份证件。举报中心可以视具体情况采取口头或者书面方式答复实名检举人。

实名检举事项的处理情况，由做出处理行为的税务机关的举报中心答复。将检举事项督办、交办、提交或者转交的，应当告知去向；暂存待查的，应当建议检举人补充资料。

实名检举事项的查处结果，由负责查处的税务机关的举报中心答复。实名检举人要求答复检举事项查处结果的，检举事项查结以后，举报中心可以将与检举线索有关的查处结果简要告知检举人，但不得告知其检举线索以外的税收违法行为的查处情况，不得提供执法文书及有关案情资料。

12366纳税服务热线接收检举事项并转交举报中心或者相关业务部门后，可以应检举人要求将举报中心或者相关业务部门反馈的受理情况告知检举人。

检举事项经查证属实，为国家挽回或者减少损失的，按照财政部和国家税务总局的有关规定对实名检举人给予相应奖励。

（6）权利保护

检举人不愿提供个人信息或者不愿公开检举行为的，税务机关应当予以尊重和保密。税务机关应当在职责范围内依法保护检举人、被检举人的合法权益。税务机关工作人员与检举事项或者检举人、被检举人有直接利害关系的，应当回避。检举人有正当理由并且有证据证明税务机关工作人员应当回避的，经本级税务机关负责人或者稽查局负责人批准以后，予以回避。

税务机关工作人员必须严格遵守以下保密规定：

1）检举事项的受理、登记、处理及查处，应当依照国家有关法律、行政法规等规定严格保密，并建立健全工作责任制，不得私自摘抄、复制、扣押、销毁检举材料。

2）严禁泄露检举人的姓名、身份、单位、地址、联系方式等情况，严禁将检举情况透露给被检举人及与案件查处无关的人员。

3）调查核实情况和立案检查时不得出示检举信原件或者复印件，不得暴露检举人的有关信息，对匿名的检举书信及材料，除特殊情况以外，不得鉴定笔迹。

4）宣传报道和奖励检举有功人员，未经检举人书面同意，不得公开检举人的姓名、身份、单位、地址、联系方式等情况。

5.检举纳税人税收违法行为奖励制度

（1）税收违法行为及不予奖励的情形

税收违法行为，是指纳税人、扣缴义务人的税收违法行为以及本办法列举的其他税收违法行为。检举税收违法行为是单位和个人的自愿行为。

对单位和个人实名向税务机关检举税收违法行为并经查实的，税务机关根据其贡献大小依照本办法给予奖励。但有下列情形之一的，不予奖励：

1）匿名检举税收违法行为，或者检举人无法证实其真实身份的；

2）检举人不能提供税收违法行为线索，或者采取盗窃、欺诈或者法律、行政法规禁止的其他手段获取税收违法行为证据的；

3）检举内容含糊不清、缺乏事实根据的；

4）检举人提供的线索与税务机关查处的税收违法行为无关的；

5）检举的税收违法行为税务机关已经发现或者正在查处的；

6）有税收违法行为的单位和个人在被检举前已经向税务机关报告其税收违法行为的；

7）国家机关工作人员利用工作便利获取信息用以检举税收违法行为的；

8）检举人从国家机关或者国家机关工作人员处获取税收违法行为信息进行检举的；

9）国家税务总局规定不予奖励的其他情形。

（2）奖励经费

国家税务局系统检举奖励资金从财政部向国家税务总局拨付的税务稽查办案专项经费中据实列支，地方税务局系统检举奖励资金从省、自治区、直辖市和计划单列市财政厅（局）向同级地方税务局拨付的税务稽查办案专项经费中据实列支。检举奖励资金的拨付，按照财政国库管理制度的有关规定执行。

检举奖励资金由稽查局、主管税务局财务部门共同负责管理，稽查局使用，主管税务局财务部门负责支付和监督。省、自治区、直辖市和计划单列市国家税务局、地方税务局应当对检举奖励资金使用情况编写年度报告，于次年3月底前报告国家税务总局。地方税务局检举奖励资金使用情况同时通报同级财政厅（局）。

（3）按税款数额计算奖金标准

检举的税收违法行为经税务机关立案查实处理并依法将税款收缴入库后，根据本案检举时效、检举材料中提供的线索和证据翔实程度、检举内容与查实内容相符程度以及收缴入库的税款数额，按照以下标准对本案检举人计发奖金：

1）收缴入库税款数额在1亿元以上的，给予10万元以下的奖金；

2）收缴入库税款数额在5000万元以上不足1亿元的，给予6万元以下的奖金；

3）收缴入库税款数额在1000万元以上不足5000万元的，给予4万元以下的奖金；

4）收缴入库税款数额在500万元以上不足1000万元的，给予2万元以下的奖金；

5）收缴入库税款数额在100万元以上不足500万元的，给予1万元以下的奖金；

6）收缴入库税款数额在100万元以下的，给予5000元以下的奖金。

被检举人以增值税留抵税额或者多缴、应退的其他税款抵缴被查处的应纳税款，视同税款已经收缴入库。检举的税收违法行为经查实处理后没有应纳税款的，按照收缴入库罚款数额依照上述规定的标准计发奖金。被检举人破产或者存有符合法律、行政法规规定终止执行的条件，致使无法将税款或者罚款全额收缴入库的，按已经收缴入库税款或者罚款数额依照上述规定的标准计发奖金。

检举虚开增值税专用发票以及其他可用于骗取出口退税、抵扣税款发票行为的，根据立案查实虚开发票填开的税额按照上述规定的标准计发奖金。

（4）按照发票数量计算奖金标准

检举伪造、变造、倒卖、盗窃、骗取增值税专用发票以及可用于骗取出口退税、抵扣税款的其他发票行为的，按照以下标准对检举人计发奖金：

1）查获伪造、变造、倒卖、盗窃、骗取上述发票 10000 份以上的，给予 10 万元以下的奖金。

2）查获伪造、变造、倒卖、盗窃、骗取上述发票 6000 份以上不足 10000 份的，给予 6 万元以下的奖金。

3）查获伪造、变造、倒卖、盗窃、骗取上述发票 3000 份以上不足 6000 份的，给予 4 万元以下的奖金。

4）查获伪造、变造、倒卖、盗窃、骗取上述发票 1000 份以上不足 3000 份的，给予 2 万元以下的奖金。

5）查获伪造、变造、倒卖、盗窃、骗取上述发票 100 份以上不足 1000 份的，给予 1 万元以下的奖金。

6）查获伪造、变造、倒卖、盗窃、骗取上述发票不足 100 份的，给予 5000 元以下的奖金。

查获伪造、变造、倒卖、盗窃、骗取前款所述以外其他发票的，最高给予不超过 5 万元的奖金；检举奖金具体数额标准及批准权限，由各省、自治区、直辖市和计划单列市税务局根据本办法规定并结合本地实际情况确定。

（5）按照完税凭证数量计算奖金标准

检举非法印制、转借、倒卖、变造或者伪造完税凭证行为的，按照以下标准对检举人计发奖金：

1）查获非法印制、转借、倒卖、变造或者伪造完税凭证 100 份以上或者票面填开税款金额 50 万元以上的，给予 1 万元以下的奖金。

2）查获非法印制、转借、倒卖、变造或者伪造完税凭证 50 份以上不足 100 份或者票面填开税款金额 20 万元以上不足 50 万元的，给予 5000 元以下的奖金。

3）查获非法印制、转借、倒卖、变造或者伪造完税凭证不足 50 份或者票面填开税款金额 20 万元以下的，给予 2000 元以下的奖金。

（6）奖金计算的特殊规定

同一案件具有适用两种或者两种以上奖励标准情形的，分别计算检举奖金数额，但检举奖金合计数额不得超过 10 万元。

同一税收违法行为被两个或者两个以上检举人分别检举的，奖励符合规定的最先检举人。检举次序以负责查处的税务机关受理检举的登记时间为准。最先检举人以外的其他检举人提供的证据对查明税收违法行为有直接作用的，可以酌情给予奖励。对上述检举人计发的奖金合计数额不得超过 10 万元。

（7）奖金的申请与支付

检举税收违法行为的检举人，可以向税务机关申请检举奖金。检举奖金由负责查处税收违法行为的税务机关支付。

税务机关对检举的税收违法行为经立案查实处理并依法将税款或者罚款收缴入库后，由税收违法案件举报中心根据检举人书面申请及其贡献大小，制作《检举纳税人税收违法行为奖励审批表》，提出奖励对象和奖励金额建议，按照规定权限和程序审批后，向检举人发出《检举纳税人税收违法行为领奖通知书》，通知检举人到指定地点办理领奖手续。《检举纳税人税收违法行为奖励审批表》由税收违法案件举报中心作为密件存档。税收违法案件举报中心填写《检举纳税人税收违法行为奖金领款财务凭证》，向财务机构领取检举奖金。财务凭证只注明案件编号、案件名称、被检举人名称、检举奖金数额及审批人、领款人的签名，不填写检举内容和检举人身份、名称。

检举人应当在接到领奖通知书之日起90日内，持本人身份证或者其他有效证件，到指定地点领取奖金。检举人逾期不领取奖金，视同放弃奖金。联名检举同一税收违法行为的，奖金由第一署名人领取，并与其他署名人协商分配。

检举人或者联名检举的第一署名人不能亲自到税务机关指定的地点领取奖金的，可以委托他人代行领取；代领人应当持委托人的授权委托书、身份证或者其他有效证件以及代领人的身份证或者其他有效证件，办理领取奖金手续。检举人是单位的，可以委托本单位工作人员代行领取奖金，代领人应当持委托人的授权委托书和代领人的身份证、工作证到税务机关指定的地点办理领取奖金手续。

检举人或者代领人领取奖金时，应当在《检举纳税人税收违法行为奖金付款专用凭证》上签名，并注明身份证或者其他有效证件的号码及填发单位。《检举纳税人税收违法行为奖金付款专用凭证》和委托人的授权委托书由税收违法案件举报中心作为密件存档。

税收违法案件举报中心发放检举奖金时，可应检举人的要求，简要告知其所检举的税收违法行为的查处情况，但不得告知其检举线索以外的税收违法行为查处情况，不得提供税务处理（处罚）决定书及有关案情材料。检举的税收违法行为查结前，税务机关不得将具体查处情况告知检举人。

对有特别突出贡献的检举人，税务机关除给予物质奖励外，可以给予相应的精神奖励，但公开表彰宣传应当事先征得检举人的书面同意。

2.2.2 检举纳税人税收违法行为奖励案例

蔡某平不服河南省税务局稽查局（以下简称省税务稽查局）举报奖励及河南省税务局（以下简称省税务局）复议决定一案，不服河南省郑州市金水区人民法院行政判决，向郑州市中级人民法院提起上诉。

原审审理查明，2018年10月10日，蔡某平向郑州市金水区税务局举报河南省省直物业管理有限公司涉嫌偷税。2019 年 7 月 16 日，郑州市金水区税务局将举报材料移交省税务稽查局。省税务稽查局向蔡某平告知，河南省省直物业管理有限责任公司 2018 年少缴纳增值税 12416.64 元、房产税 14675.43 元、印花税 1252.00 元、城市维护建设税 869.17 元、教育费附加 372.94 元和地方教育附加 248.34 元。

省税务稽查局通知蔡某平领取检举河南省省直物业管理有限责任公司税收违法行为的奖金 200 元，并载明领奖地址、联系方式、联系人。蔡某平领取了奖金。

蔡某平不服省税务稽查局给予奖励举报的行为，向省税务局申请复议。省税务局作出行政复议决定，驳回蔡某平的行政复议申请。

原审法院认为：

对违法行为的查处是依行政管理职权实施的行政管理行为，目的在于维护公共利益，投诉举报的作用主要是为行政机关发现查处违法行为提供线索或者证据。本案中，省税务稽查局对蔡某平举报内容进行核查后，经调查等程序，依法查处被检举公司违法行为，依规定对举报人进行奖励。省税务稽查局根据《检举纳税人税收违法行为奖励暂行办法》规定及收缴入库的税款数额对蔡某平做出的奖励并无不当。判决驳回蔡某平的诉讼请求。

蔡某平不服，上诉请求撤销一审行政判决。事实与理由：事实不清。查处偷税的时间是 3 年以上，还是仅查处了 2 个月的事实不清。

主要证据不足。上诉人提交的法院判决显示 3 年偷税款超 50 万元，而不是 1 万余元。税务局没有举证查处的是 3 年，应当判决撤销其奖励决定，而不是驳回诉求。

适用法律错误。应当适用《税务违法案件举报奖励办法》奖励 3000 元，而不是 200 元。

省税务稽查局辩称：

省税务稽查局对上诉人蔡某平举报的违法行为依法进行了查处，并将查处结果告知了蔡某平。蔡某平举报的内容是 2018 年河南省省直物业管理有限责任公司少缴营业税、企业所得税、城市维护建设税、教育附加等税费共计 559824.93 元，请依法追缴并予以处罚。省税务稽查局对检举内容进行了查处，并将查处结果简要告知了蔡某平，同时，对蔡某平进行了奖励，奖励已经领取。

省税务稽查局给予蔡某平 200 元的奖励符合法律规定。根据举报的内容，经过省税务稽查局的查处，查处的金额是 29834.07 元。根据《检举纳税人税收违法行为奖励暂行办法》第六条的规定，检举的税收违法行为经税务机关立案查实处理并依法将税款收缴入库后，根据本案检举时效、检举材料中提供的线索和证据翔实程度、检举内容与查实内容相符程度以及收缴入库的税款数额，按照标准对本案的检举人计发奖金。其中第六项规定是收缴入库税款数额在 100 万元以下的给予 5000 元以下奖金。因蔡某平举报的线索查出来的数额是 29834.07 元。省税务稽查局对蔡某平给予 200 元的奖励合法合理。

二审法院认为：

《最高人民法院关于适用〈中华人民共和国行政诉讼法〉的解释》第十二条第五项规

定，为维护自身合法权益向行政机关投诉，具有处理投诉职责的行政机关做出或者未做出处理的，属于《中华人民共和国行政诉讼法》第二十五条第一款规定的"与行政行为有利害关系"。本案中，蔡某平并非为维护自身合法权益向省税务稽查局投诉，省税务稽查局对河南省省直物业管理有限责任公司的税收违法行为做出或者未做出处理与蔡某平无利害关系，其无权对此提起诉讼。

本案中，省税务稽查局对蔡某平检举的税收违法行为立案查实处理并依法将税款收缴入库后，依据《检举纳税人税收违法行为奖励暂行办法》第六条第六项规定及收缴入库的税款数额对蔡某平做出的奖励，并无不当。2021 年 3 月 29 日，二审法院判决驳回上诉，维持原判。

2.2.3 账簿凭证管理制度

1. 账簿凭证一般性管理制度

（1）账簿的设置

纳税人、扣缴义务人按照有关法律、行政法规和国务院财政、税务主管部门的规定设置账簿，根据合法、有效凭证记账，进行核算。

从事生产、经营的纳税人应当自领取营业执照或者发生纳税义务之日起 15 日内，按照国家有关规定设置账簿。账簿，是指总账、明细账、日记账以及其他辅助性账簿。总账、日记账应当采用订本式。

生产、经营规模小又确无建账能力的纳税人，可以聘请经批准从事会计代理记账业务的专业机构或者财会人员代为建账和办理账务。

扣缴义务人应当自税收法律、行政法规规定的扣缴义务发生之日起 10 日内，按照所代扣、代收的税种，分别设置代扣代缴、代收代缴税款账簿。

纳税人、扣缴义务人会计制度健全，能够通过计算机正确、完整地计算其收入和所得或者代扣代缴、代收代缴税款情况的，其计算机输出的完整的书面会计记录，可视同会计账簿。纳税人、扣缴义务人会计制度不健全，不能通过计算机正确、完整计算其收入和所得或者代扣代缴、代收代缴税款情况的，应当建立总账及与纳税或者代扣代缴、代收代缴税款有关的其他账簿。

（2）财务会计制度

从事生产、经营的纳税人的财务、会计制度或者财务、会计处理办法和会计核算软件，应当报送税务机关备案。纳税人、扣缴义务人的财务、会计制度或者财务、会计处理办法与国务院或者国务院财政、税务主管部门有关税收的规定抵触的，依照国务院或者国务院财政、税务主管部门有关税收的规定计算应纳税款、代扣代缴和代收代缴税款。

从事生产、经营的纳税人应当自领取税务登记证件之日起 15 日内，将其财务、会计制度或者财务、会计处理办法报送主管税务机关备案。纳税人使用计算机记账的，应当在使用前将会计电算化系统的会计核算软件、使用说明书及有关资料报送主管税务机关备案。纳税人建立的会计电算化系统应当符合国家有关规定，并能正确、完整核算其收入或者所得。

账簿、会计凭证和报表，应当使用中文。民族自治地方可以同时使用当地通用的一种民族文字。外商投资企业和外国企业可以同时使用一种外国文字。

纳税人应当按照税务机关的要求安装、使用税控装置，并按照税务机关的规定报送有关数据和资料。

（3）账簿凭证的保管

从事生产、经营的纳税人、扣缴义务人必须按照国务院财政、税务主管部门规定的保管期限保管账簿、记账凭证、完税凭证及其他有关资料。账簿、记账凭证、完税凭证及其他有关资料不得伪造、变造或者擅自损毁。

账簿、记账凭证、报表、完税凭证、发票、出口凭证以及其他有关涉税资料应当合法、真实、完整。账簿、记账凭证、报表、完税凭证、发票、出口凭证以及其他有关涉税资料应当保存 10 年；但是，法律、行政法规另有规定的除外。

2. 发票管理制度

（1）发票基本管理制度

发票，是指在购销商品、提供或者接受服务以及从事其他经营活动中，开具、收取的收付款凭证。发票包括纸质发票和电子发票。电子发票与纸质发票具有同等法律效力。国家积极推广使用电子发票。

发票管理工作应当坚持和加强党的领导，为经济社会发展服务。国务院税务主管部门统一负责全国的发票管理工作。省、自治区、直辖市税务机关依据职责做好本行政区域内的发票管理工作。财政、审计、市场监督管理、公安等有关部门在各自的职责范围内，配合税务机关做好发票管理工作。

发票的种类、联次、内容、编码规则、数据标准、使用范围等具体管理办法是由国务院税务主管部门规定。对违反发票管理法规的行为，任何单位和个人可以举报。税务机关应当为检举人保密，并酌情给予奖励。

（2）发票的印制

增值税专用发票由国务院税务主管部门确定的企业印制；其他发票，按照国务院税务主管部门的规定，由省、自治区、直辖市税务机关确定的企业印制。禁止私自印制、伪造、变造发票。

印制发票的企业应当具备下列条件：取得印刷经营许可证和营业执照；设备、技术水平能够满足印制发票的需要；有健全的财务制度和严格的质量监督、安全管理、保密制度。税务机关应当按照政府采购有关规定确定印制发票的企业。

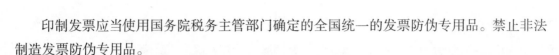

印制发票应当使用国务院税务主管部门确定的全国统一的发票防伪专用品。禁止非法制造发票防伪专用品。

发票应当套印全国统一发票监制章。全国统一发票监制章的式样和发票版面印刷的要求，由国务院税务主管部门规定。发票监制章由省、自治区、直辖市税务机关制作。禁止伪造发票监制章。发票实行不定期换版制度。

印制发票的企业按照税务机关的统一规定，建立发票印制管理制度和保管措施。发票监制章和发票防伪专用品的使用和管理实行专人负责制度。

印制发票的企业必须按照税务机关确定的式样和数量印制发票。发票应当使用中文印制。民族自治地方的发票，可以加印当地一种通用的民族文字。有实际需要的，也可以同时使用中外两种文字印制。

各省、自治区、直辖市内的单位和个人使用的发票，除增值税专用发票外，应当在本省、自治区、直辖市内印制；确有必要到外省、自治区、直辖市印制的，应当由省、自治区、直辖市税务机关商印制地省、自治区、直辖市税务机关同意后确定印制发票的企业。禁止在境外印制发票。

（3）发票的领用

需要领用发票的单位和个人，应当持设立登记证件或者税务登记证件，以及经办人身份证明，向主管税务机关办理发票领用手续。领用纸质发票的，还应当提供按照国务院税务主管部门规定样式制作的发票专用章的印模。主管税务机关根据领用单位和个人的经营范围、规模和风险等级，在 5 个工作日内确认领用发票的种类、数量以及领用方式。单位和个人领用发票时，应当按照税务机关的规定报告发票使用情况，税务机关应当按照规定进行查验。

需要临时使用发票的单位和个人，可以凭购销商品、提供或者接受服务以及从事其他经营活动的书面证明、经办人身份证明，直接向经营地税务机关申请代开发票。依照税收法律、行政法规规定应当缴纳税款的，税务机关应当先征收税款，再开具发票。税务机关根据发票管理的需要，可以按照国务院税务主管部门的规定委托其他单位代开发票。禁止非法代开发票。

临时到省、自治区、直辖市以外从事经营活动的单位或者个人，应当凭所在地税务机关的证明，向经营地税务机关领用经营地的发票。临时在本省、自治区、直辖市以内跨市、县从事经营活动领用发票的办法，由省、自治区、直辖市税务机关规定。

（4）发票的开具和保管

销售商品、提供服务以及从事其他经营活动的单位和个人，对外发生经营业务收取款项，收款方应当向付款方开具发票；特殊情况下，由付款方向收款方开具发票。

所有单位和从事生产、经营活动的个人在购买商品、接受服务以及从事其他经营活动支付款项，应当向收款方取得发票。取得发票时，不得要求变更品名和金额。不符合规定的发票，不得作为财务报销凭证，任何单位和个人有权拒收。

开具发票应当按照规定的时限、顺序、栏目，全部联次一次性如实开具，开具纸质发票应当加盖发票专用章。任何单位和个人不得有下列虚开发票行为：为他人、为自己开具与实际经营业务情况不符的发票；让他人为自己开具与实际经营业务情况不符的发票；介绍他人开具与实际经营业务情况不符的发票。

安装税控装置的单位和个人，应当按照规定使用税控装置开具发票，并按期向主管税务机关报送开具发票的数据。使用非税控电子器具开具发票的，应当将非税控电子器具使用的软件程序说明资料报主管税务机关备案，并按照规定保存、报送开具发票的数据。单位和个人开发电子发票信息系统自用或者为他人提供电子发票服务的，应当遵守国务院税务主管部门的规定。

任何单位和个人应当按照发票管理规定使用发票，不得有下列行为：转借、转让、介绍他人转让发票、发票监制章和发票防伪专用品；知道或者应当知道是私自印制、伪造、变造、非法取得或者废止的发票而受让、开具、存放、携带、邮寄、运输；拆本使用发票；扩大发票使用范围；以其他凭证代替发票使用；窃取、截留、篡改、出售、泄露发票数据。税务机关应当提供查询发票真伪的便捷渠道。

除国务院税务主管部门规定的特殊情形外，纸质发票限于领用单位和个人在本省、自治区、直辖市内开具。省、自治区、直辖市税务机关可以规定跨市、县开具纸质发票的办法。

除国务院税务主管部门规定的特殊情形外，任何单位和个人不得跨规定的使用区域携带、邮寄、运输空白发票。禁止携带、邮寄或者运输空白发票出入境。

开具发票的单位和个人应当建立发票使用登记制度，配合税务机关进行身份验证，并定期向主管税务机关报告发票使用情况。开具发票的单位和个人应当在办理变更或者注销税务登记的同时，办理发票和发票领购簿的变更、缴销手续。

开具发票的单位和个人应当按照国家有关规定存放和保管发票，不得擅自损毁。已经开具的发票存根联，应当保存 5 年。

（5）发票的检查

税务机关在发票管理中有权进行下列检查：检查印制、领用、开具、取得、保管和缴销发票的情况；调出发票查验；查阅、复制与发票有关的凭证、资料；向当事各方询问与发票有关的问题和情况；在查处发票案件时，对与案件有关的情况和资料，可以记录、录音、录像、照相和复制。

印制、使用发票的单位和个人，必须接受税务机关依法检查，如实反映情况，提供有关资料，不得拒绝、隐瞒。税务人员进行检查时，应当出示税务检查证。

税务机关需要将已开具的发票调出查验时，应当向被查验的单位和个人开具发票换票证。发票换票证与所调出查验的发票有同等的效力。被调出查验发票的单位和个人不得拒绝接受。税务机关需要将空白发票调出查验时，应当开具收据；经查无问题的，应当及时返还。

单位和个人从中国境外取得的与纳税有关的发票或者凭证，税务机关在纳税审查时有疑义的，可以要求其提供境外公证机构或者注册会计师的确认证明，经税务机关审核认可后，方可作为记账核算的凭证。

（6）法律责任

违反规定，有下列情形之一的，由税务机关责令改正，可以处1万元以下的罚款；有违法所得的予以没收：应当开具而未开具发票，或者未按照规定的时限、顺序、栏目，全部联次一次性开具发票，或者未加盖发票专用章的；使用税控装置开具发票，未按期向主管税务机关报送开具发票的数据的；使用非税控电子器具开具发票，未将非税控电子器具使用的软件程序说明资料报主管税务机关备案，或者未按照规定保存、报送开具发票的数据的；拆本使用发票的；扩大发票使用范围的；以其他凭证代替发票使用的；跨规定区域开具发票的；未按照规定缴销发票的；未按照规定存放和保管发票的。

跨规定的使用区域携带、邮寄、运输空白发票，以及携带、邮寄或者运输空白发票出入境的，由税务机关责令改正，可以处1万元以下的罚款；情节严重的，处1万元以上3万元以下的罚款；有违法所得的予以没收。丢失发票或者擅自损毁发票的，依照前款规定处罚。

违反规定虚开发票的，由税务机关没收违法所得；虚开金额在1万元以下的，可以并处5万元以下的罚款；虚开金额超过1万元的，并处5万元以上50万元以下的罚款；构成犯罪的，依法追究刑事责任。非法代开发票的，依照上述规定处罚。

私自印制、伪造、变造发票，非法制造发票防伪专用品，伪造发票监制章，窃取、截留、篡改、出售、泄露发票数据的，由税务机关没收违法所得，没收、销毁作案工具和非法物品，并处1万元以上5万元以下的罚款；情节严重的，并处5万元以上50万元以下的罚款；构成犯罪的，依法追究刑事责任。

有下列情形之一的，由税务机关处1万元以上5万元以下的罚款；情节严重的，处5万元以上50万元以下的罚款；有违法所得的予以没收：转借、转让、介绍他人转让发票、发票监制章和发票防伪专用品的；知道或者应当知道是私自印制、伪造、变造、非法取得或者废止的发票而受让、开具、存放、携带、邮寄、运输的。

对违反发票管理规定2次以上或者情节严重的单位和个人，税务机关可以向社会公告。

违反发票管理法规，导致其他单位或者个人未缴、少缴或者骗取税款的，由税务机关没收违法所得，可以并处未缴、少缴或者骗取的税款1倍以下的罚款。

当事人对税务机关的处罚决定不服的，可以依法申请行政复议或者向人民法院提起行政诉讼。

税务人员利用职权之便，故意刁难印制、使用发票的单位和个人，或者有违反发票管理法规行为的，依照国家有关规定给予处分；构成犯罪的，依法追究刑事责任。

3. 增值税专用发票管理制度

（1）增值税专用发票的概念

增值税专用发票，是增值税一般纳税人发生应税销售行为开具的发票，是购买方支付增值税税额并可按照增值税有关规定据以抵扣增值税进项税额的凭证。

一般纳税人应通过增值税防伪税控系统使用增值税专用发票。使用，包括领购、开具、缴销、认证、稽核比对专用发票及其相应的数据电文。

（2）增值税专用发票的联次及用途

增值税专用发票由基本联次或者基本联次附加其他联次构成，基本联次为 3 联，分别为：

1）发票联，作为购买方核算采购成本和增值税进项税额的记账凭证。

2）抵扣联，作为购买方报送主管税务机关认证和留存备查的扣税凭证。

3）记账联，作为销售方核算销售收入和增值税销项税额的记账凭证。

其他联次用途，由一般纳税人自行确定。

（3）增值税专用发票的领购

一般纳税人领购专用设备后，凭《最高开票限额申请表》《发票领购簿》到税务机关办理初始发行。初始发行，是指税务机关将一般纳税人的企业名称、纳税人识别号、开票限额、购票限量、购票人员姓名、密码、开票机数量、国家税务总局规定的其他信息等载入空白金税盘和 IC 卡的行为。一般纳税人凭《发票领购簿》、金税盘（或 IC 卡）和经办人身份证明领购增值税专用发票。

一般纳税人有下列情形之一的，不得领购开具增值税专用发票：

1）会计核算不健全，不能向税务机关准确提供增值税销项税额、进项税额、应纳税额数据及其他有关增值税税务资料的。

2）有《税收征收管理法》规定的税收违法行为，拒不接受税务机关处理的。

3）有下列行为之一，经税务机关责令限期改正而仍未改正的：①虚开增值税专用发票；②私自印制专用发票；③向税务机关以外的单位和个人买取专用发票；④借用他人专用发票；⑤未按规定开具专用发票；⑥未按规定保管专用发票和专用设备；⑦未按规定申请办理防伪税控系统变更发行；⑧未按规定接受税务机关检查。

有上列情形的，如已领购专用发票，税务机关应暂扣其结存的专用发票和 IC 卡。

（4）增值税专用发票的使用管理

1）增值税专用发票开票限额。增值税专用发票实行最高开票限额管理。最高开票限额，是指单份增值税专用发票开具的销售额合计数不得达到的上限额度。

最高开票限额由一般纳税人申请，区县税务机关依法审批。一般纳税人申请最高开票限额时，须填报《增值税专用发票最高开票限额申请单》。主管税务机关受理纳税人申请以后，根据需要进行实地查验，实地查验的范围和方法由各省税务机关确定。自2014年5月1日起，一般纳税人申请增值税专用发票最高开票限额不超过10万元的，主管税务机关不需要事前进行实地查验。

2）增值税专用发票开具范围。一般纳税人发生应税销售行为，应当向索取增值税专用发票的购买方开具专用发票。属于下列情形之一的，不得开具增值税专用发票：①商业企业一般纳税人零售烟、酒、食品、服装、鞋帽（不包括劳保专用部分）、化妆品等消费品的；②应税销售行为的购买方为消费者个人的；③发生应税销售行为适用免税规定的。

3）增值税专用发票开具要求：①项目齐全，与实际交易相符；②字迹清楚，不得压线、错格；③发票联和抵扣联加盖财务专用章或者发票专用章；④按照增值税纳税义务的发生时间开具。

（5）新办纳税人实行增值税电子专用发票

1）自2020年12月21日起，在天津、河北、上海、江苏、浙江、安徽、广东、重庆、四川、宁波和深圳11个地区的新办纳税人中实行专票电子化，受票方范围为全国。其中，宁波、石家庄和杭州3个地区已试点纳税人开具增值税电子专用发票（以下简称电子专票）的受票方范围扩至全国。

2）自2021年1月21日起，在北京、山西、内蒙古、辽宁、吉林、黑龙江、福建、江西、山东、河南、湖北、湖南、广西、海南、贵州、云南、西藏、陕西、甘肃、青海、宁夏、新疆、大连、厦门和青岛25个地区的新办纳税人中实行专票电子化，受票方范围为全国。

3）电子专票由各省税务局监制，采用电子签名代替发票专用章，属于增值税专用发票，其法律效力、基本用途、基本使用规定等与增值税纸质专用发票（以下简称纸质专票）相同。

4）自各地专票电子化实行之日起，本地区需要开具增值税纸质普通发票、增值税电子普通发票、纸质专票、电子专票、纸质机动车销售统一发票和纸质二手车销售统一发票的新办纳税人，统一领取税务UKey开具发票。税务机关向新办纳税人免费发放税务UKey，并依托增值税电子发票公共服务平台，为纳税人提供免费的电子专票开具服务。

5）税务机关按照电子专票和纸质专票的合计数，为纳税人核定增值税专用发票领用数量。电子专票和纸质专票的增值税专用发票（增值税税控系统）最高开票限额应当相同。

6）纳税人开具增值税专用发票时，既可以开具电子专票，也可以开具纸质专票。受票方索取纸质专票的，开票方应当开具纸质专票。

2.2.4　账簿凭证管理典型案例

南京润宸热电有限公司（以下简称润宸公司）诉国家税务总局南京市高淳区税务局（以下简称高淳国税局）税务行政处罚一案，于 2018 年 3 月 12 日向南京铁路运输法院提起行政诉讼。

2017 年 8 月 11 日，高淳国税局做出税务行政处罚决定，认定润宸公司在 2013 年至 2014 年向徐州市申展商贸有限公司（以下简称申展公司）收取销售货款 24432000 元，其中的 8857700 元未向对方开具发票，高淳国税局因此对原告处以 5000 元罚款。

润宸公司诉称：

高淳国税局出具的《责令限期改正通知书》（以下简称限改通知书）以及处罚决定书认定的事实与《税务行政处理决定书》（以下简称处理决定书）认定的事实相矛盾。处理决定书认定润宸公司将 37625.26 吨煤炭分别出售给了申展公司和徐州万和煤炭购销有限公司（以下简称万和公司），但没有足额向两家公司开票。而处罚决定书依据江苏省南京市中级人民法院民事判决查明的事实，认定润宸公司已向申展公司收取销售货款 24432000 元，仅开具了部分增值税发票，仍有 8857700 元未开票。高淳国税局做出了两个矛盾的行政行为，如果高淳国税局要求润宸公司履行处罚决定书确定的义务，就应当先行变更或撤销处理决定书，否则润宸公司不应当受到行政处罚。

润宸公司与申展公司在合同中约定全部收到货款再开票，目前申展公司尚有余款未付，润宸公司向其开票的条件尚未成就。润宸公司已将所售煤炭以无票销售形式全部入账、纳税，其行为没有损害国家利益。

即便按照高淳国税局认定的事实，润宸公司应向申展公司开票的金额也是 8712160.40 元，而非 8857700 元，高淳国税局确定的开票金额错误。

润宸公司与申展公司均不服江苏省南京市中级人民法院的民事判决，已经申请再审，该判决可能被再审撤销，润宸公司暂缓开票并无不当。

高淳国税局未向润宸公司送达《责令限期改正通知书》，致使润宸公司失去了申请复议、提起诉讼的权利，程序违法，故应当认定处罚决定书违法。

请求：认定处罚决定书违法并予以撤销；本案诉讼费由高淳国税局承担。

在法院审理期间，高淳国税局以个别数字计算不准为由，于 2018 年 3 月 28 日作出撤销税务行政处罚决定，撤销了处罚决定书。经法院释明，润宸公司要求继续对处罚决定书的合法性进行审查，并变更诉讼请求为：确认处罚决定书违法。润宸公司同时补充理由认为，润宸公司已向万和公司开具了该 1500120 元的增值税发票，不应当就该部分再向申展公司开票。

中小企业涉税风险防控与纳税筹划

高淳国税局辩称：

高淳国税局具有作出本案行政处罚的法定职责。

行政行为程序合法。2017 年 1 月 6 日，高淳国税局接到举报后，对该案进行调查、核实，调取了与交易相关的证据材料，并获取了江苏省南京市中级人民法院民事判决书。针对润宸公司的违法行为，高淳国税局已责令其限期改正，但其拒不改正。高淳国税局履行了行政处罚前的告知程序，保障了润宸公司的陈述申辩权。其后，高淳国税局作出处罚决定，对其罚款 5000 元，并进行了公告送达，程序合法。

行政行为适用依据正确。相关法律、法规明确规定，纳税人应在增值税纳税义务的发生时间开具增值税专用发票；采取赊销和分期收款方式销售货物，纳税义务发生时间为书面合同约定的收款日期的当天，无书面合同或书面合同没有约定收款日期的，为货物发出的当天。润宸公司的合同内容与税收法律和行政法规相抵触，应属无效。

根据江苏省南京市中级人民法院民事判决认定的事实，万和公司不是润宸公司煤炭销售的真实买方，不应取得润宸公司开具的增值税发票。润宸公司向万和公司误开的发票可以按相关规定处理，但润宸公司仍应向申展公司开具发票。

处罚决定书虽然存在瑕疵，但系计算存在误差，不改变润宸公司未依法开具发票这一事实，不改变本案处罚结果，也不影响本案行政行为的合法性。综上，高淳国税局作出行政处罚认定事实清楚，证据确实充分，程序合法，内容适当。

请求：驳回润宸公司的诉讼请求。

经审理查明，高淳国税局于 2015 年 12 月 29 日至 2016 年 4 月 6 日对润宸公司 2013 年 1 月 1 日至 2014 年 12 月 31 日的纳税情况进行了检查。2016 年 4 月 25 日，高淳国税局出具《税务处理决定书》，认定润宸公司 2013 年 9 月至 2014 年 1 月发出煤炭共计 37625.26 吨给申展公司和万和公司，但对其中的 11577 吨未及时开具发票和申报缴纳增值税。

2016 年 9 月 9 日，江苏省南京市中级人民法院立案受理申展公司诉润宸公司买卖合同纠纷一案，并于 2016 年 12 月 8 日作出民事判决，认定润宸公司向申展公司销售煤炭 37625.26 吨，申展公司应付货款 25159857.70 元。润宸公司开具购货单位为申展公司的 15 份增值税专用发票，价税合计 15719839.62 元。万和公司向润宸公司支付的 1500000 元系万和公司代申展公司支付的货款，润宸公司已向万和公司开具价税合计 1500120 元的增值税发票。

2017 年 1 月，根据举报线索，高淳国税局对润宸公司未向申展公司开具发票问题进行调查。3 月 7 日，高淳国税局发出限改通知，认定润宸公司向申展公司收取销售货款 24432000 元，仅开具了部分增值税专用发票，仍有 8857700 万元专用发票未能开具，限润宸公司在 3 月 15 日前开具尚未开具的专用发票。高淳国税局到润宸公司注册地进行了送达，但未能成功。3 月 8 日通过邮寄方式向高淳国税局法定代表人冯某洁进行了送达，冯某洁进行了签收。3 月 27 日，高淳国税局再次出具《责令限期改正通知书》，限润宸公司在 4 月 5 日前开具尚未开具的专用发票，分别进行直接送达，但仍未成功。5 月 17 日，高淳国税局又出具《责令限期改正通知书》，限润宸公司在 5 月 31 日前开具尚未开具的专用发票，并进行了公告送达。7 月 3 日，高淳国税局出具《税务行政处罚事项告知书》，告知拟对润宸公司作出处罚的事实依据、法律依据和拟作出的处罚决定以及陈述申辩的权利，并进行了公告送达。8 月 11 日，高淳国税局作出处罚决定，认定润宸公司在 2013 年至 2014 年向申展公司收取销售货款 24432000 元，对其中的 8857700 元未向对方开具发票，根据《中华人民共和国发票管理办法》第三十五条第一项之规定，对原告处以 5000 元罚款，并于 8 月 15 日公告送达。

另查明，润宸公司在 2013 年 9 月 10 日与申展公司订立的合同第（五）项"货款、运杂费结算方式及结算期限"中约定"甲方（润宸公司）将煤炭发至夹河寨站，到达之日起乙方（申展公司）一个月内付清货款，甲方在收到全额货款后次月开具税票给乙方"。2013 年 9 月 30 日至 2014 年 2 月 16 日，徐州盛泉洗煤厂先后出具收据五张，证明收到润宸公司发至夹河寨站煤炭共计 37625.26 吨。

法院认为，本案的争议焦点是：

处罚决定书认定润宸公司仅向申展公司销售煤炭依据是否充分；润宸公司开具发票的条件是否已成就；高淳国税局的行政程序是否合法；处罚决定书中数额计算有误是否影响其合法性。

法院分别评判如下：

法院认为，高淳国税局在处理决定书中，认定"润宸公司发出煤炭共计 37625.26 吨给申展公司和万和公司"，而在处罚决定书中认定销售对象仅为申展公司，两者表述确有矛盾，但并不影响处罚决定书认定销售对象的合法性。首先，处理决定书主要针对的是润宸公司未按规定申报缴纳增值税等行为，虽然提及"未及时开具发票"，但对未开票问题作出处理，而处罚决定书针对的是润宸公司未按规定开票的行为，两者属不同法律关系，违法行为的构成要件亦不相同。其次，高淳国税局于 2016 年 4 月 25 日作出处理决定后，申展公司与润宸公司之间的买卖合同纠纷进入了二审程序，江苏省南京市中级人民法院作出民事判决，认定申展公司为煤炭的实际收货方，润宸公司向申展公司销售煤炭 37625.26 吨，申展公司应付货款 25159857.7 元，万和公司向润宸公司支付的 1500000 元系万和公司代申展公司支付的货款。高淳国税局对本案进行调查的时间是 2017 年 1 月，高淳国税局将已生效的民事判决作为证据之一，并依据判决查明的事实认定润宸公司向申展公司销售煤炭，理由充分。虽然润宸公司已向江苏省高级人民法院申请再审，但江苏省高级人民法院尚未出具审查意见，该民事判决仍然有效。因此，润宸公司以该判决可能被再审撤销，应当暂缓开票的理由不能成立。最后，本案审查的对象是处罚决定书，而非处理决定书。如果原告认为处理决定书违法，可以依法另案主张。润宸公司所称履行处罚决定书必须先行变更或撤销处罚决定书的意见，法院不予支持。

法院认为，《中华人民共和国税收征收管理法》第二十一条第二款规定："单位、个人在购销商品、提供或者接受经营服务以及从事其他经营活动中，应当按照规定开具、使用、取得发票。"《中华人民共和国增值税暂行条例》第十九条第二款规定："增值税扣缴义务发生时间为纳税人增值税纳税义务发生当天。"《中华人民共和国增值税暂行条例实施细则》第三十八条第三项规定，采取赊销和分期收款方式销售货物，（纳税义务发生时间）为书面合同约定的收款日期的当天，无书面合同的或书面合同没有约定收款日期的，为货物发出的当天。《增值税专用发票使用规定》第十一条第一款第四项规定，专用发票应当按照增值税纳税义务的发生时间开具。相关证据证实，徐州盛泉洗煤厂在 2014 年 2 月 16 日已收到润宸公司发至夹河寨站煤炭共计 37625.26 吨。根据购销双方约定，申展公司应在此后的一个月内付清货款，该时间即为润宸公司增值税纳税义务的发生时间，专用发票应当按照纳税义务的发生时间开具。根据判决查明的事实，润宸公司向申展公司销售煤炭 37625.26 吨，申展公司应付货款 25159857.7 元，已付货款 24432000 元，润宸公司已开票金额为 15719839.62 元。虽然润宸公司与申展公司在合同中约定"甲方（润宸公司）在收到全额货款后次月开具税票给乙方"，但该约定与相关税收法律和行政法规相抵触。即使扣除双方存在争议的已向万和公司开票 1500120 元的部分，润宸公司未向申展公司及时、足额开票的事实亦客观存在，故润宸公司所称开具发票的条件尚未成就的理由不能成立。根据《中华人民共和国税收征收管理法》的规定，按规定纳税和按规定开票均是销售方的法定义务，即使如润宸公司所称已将所售煤炭以无票销售形式全部入账、纳税，也不能免除润宸公司开具发票的义务。

关于高淳国税局是否向润宸公司送达限改通知书的问题，法院认为，在庭审过程中，润宸公司承认其注册登记地并非实际经营地，润宸公司的有效联系地址一直处于变动之中，润宸公司并未将变动情况告知税务机关，直接影响了高淳国税局的送达。从高淳国税局提交的证据来看，其首先向润宸公司注册地进行直接送达，在直接送达无果的情况下，又向润宸公司的法定代表人冯某洁邮寄送达，并由冯某洁本人签收。事实上，润宸公司也收取了限改通知书。在润宸公司未在规定期限内整改的情况下，高淳国税局先后出具两份限改通知书，重新确定了整改期限，并进行了公告送达。由此可见，高淳国税局在可能的情况下已经穷尽了送达手段，采取的送达方式符合法律规定，润宸公司认为被告程序违法的理由不能成立。

法院认为，合法的行政行为应当认定事实清楚，适用法律准确，程序合法，裁量适当。行政机关作出行政行为应当持严谨审慎的态度，既然高淳国税局做出的处罚决定涉及了润宸公司未开票的数额，高淳国税局事先就应当对数额进行认真审核，准确认定相关事实。虽然处罚决定书针对的是润宸公司未开票的行为，但该处罚决定的目的不仅在于督促润宸公司尽快开票，而且在于起到引导润宸公司足额开票的作用。如果高淳国税局认定数额有误，必然对润宸公司的权利义务造成影响，属于认定事实错误。因此，高淳国税局认为处罚决定书中个别数字计算错误不影响行政行为合法性的理由，法院不予支持。

综上，高淳国税局做出的处罚决定适用法律准确，程序合法，裁量适当，但认定事实部分有误。由于高淳国税局已自行撤销了处罚决定书，依照《中华人民共和国行政诉讼法》第七十四条第二款第二项之规定，法院判决确认高淳国税局出具的《税务行政处罚决定书》违法。案件受理费 50 元，由高淳国税局负担。

2.2.5　税务检查与稽查制度

1. 税务检查基本制度

税务机关有权进行下列税务检查：

1）检查纳税人的账簿、记账凭证、报表和有关资料，检查扣缴义务人代扣代缴、代收代缴税款账簿、记账凭证和有关资料。

2）到纳税人的生产、经营场所和货物存放地检查纳税人应纳税的商品、货物或者其他财产，检查扣缴义务人与代扣代缴、代收代缴税款有关的经营情况。

3）责成纳税人、扣缴义务人提供与纳税或者代扣代缴、代收代缴税款有关的文件、证明材料和有关资料。

4）询问纳税人、扣缴义务人与纳税或者代扣代缴、代收代缴税款有关的问题和情况。

5）到车站、码头、机场、邮政企业及其分支机构检查纳税人托运、邮寄应纳税商品、货物或者其他财产的有关单据、凭证和有关资料。

6）经县以上税务局（分局）局长批准，凭全国统一格式的检查存款账户许可证明，查询从事生产、经营的纳税人、扣缴义务人在银行或者其他金融机构的存款账户。税务机关在调查税收违法案件时，经设区的市、自治州以上税务局（分局）局长批准，可以查询案件涉嫌人员的储蓄存款。税务机关查询所获得的资料，不得用于税收以外的用途。

税务机关对从事生产、经营的纳税人以前纳税期的纳税情况依法进行税务检查时，发现纳税人有逃避纳税义务行为，并有明显的转移、隐匿其应纳税的商品、货物以及其他财产或者应纳税的收入的迹象的，可以按照法定的批准权限采取税收保全措施或者强制执行措施。

纳税人、扣缴义务人必须接受税务机关依法进行的税务检查，如实反映情况，提供有关资料，不得拒绝、隐瞒。

税务机关依法进行税务检查时，有权向有关单位和个人调查纳税人、扣缴义务人和其他当事人与纳税或者代扣代缴、代收代缴税款有关的情况，有关单位和个人有义务向税务机关如实提供有关资料及证明材料。

税务机关调查税务违法案件时，对与案件有关的情况和资料，可以记录、录音、录像、照相和复制。

税务机关派出的人员进行税务检查时，应当出示税务检查证和税务检查通知书，并有责任为被检查人保守秘密；未出示税务检查证和税务检查通知书的，被检查人有权拒绝检查。

2. 税务稽查基本制度

办理税务稽查案件应当以事实为根据，以法律为准绳，坚持公平、公正、公开、效率的原则。

税务稽查由稽查局依法实施。稽查局的主要职责是依法对纳税人、扣缴义务人和其他涉税当事人履行纳税义务、扣缴义务情况及涉税事项进行检查处理，以及围绕检查处理开展的其他相关工作。

稽查局办理税务稽查案件时，实行选案、检查、审理、执行分工制约原则。

稽查局应当在税务局向社会公告的范围内实施税务稽查。上级税务机关可以根据案件办理的需要指定管辖。税务稽查管辖有争议的，由争议各方本着有利于案件办理的原则逐级协商解决；不能协商一致的，报请共同的上级税务机关决定。

税务稽查人员具有《中华人民共和国税收征收管理法实施细则》规定回避情形的，应当回避。被查对象申请税务稽查人员回避或者税务稽查人员自行申请回避的，由稽查局局长依法决定是否回避。稽查局局长发现税务稽查人员具有规定回避情形的，应当要求其回避。稽查局局长的回避，由税务局局长依法审查决定。

税务稽查人员对实施税务稽查过程中知悉的国家秘密、商业秘密或者个人隐私、个人信息，应当依法予以保密。纳税人、扣缴义务人和其他涉税当事人的税收违法行为不属于保密范围。

税务稽查人员应当遵守工作纪律，恪守职业道德，不得有下列行为：

1）违反法定程序、超越权限行使职权；

2）利用职权为自己或者他人牟取利益；

3）玩忽职守，不履行法定义务；

4）泄露国家秘密、工作秘密，向被查对象通风报信、泄露案情；

5）弄虚作假，故意夸大或者隐瞒案情；

6）接受被查对象的请客送礼等影响公正执行公务的行为；

7）其他违法违纪行为。

税务稽查人员在执法办案中滥用职权、玩忽职守、徇私舞弊的，依照有关规定严肃处理；涉嫌犯罪的，依法移送司法机关处理。

税务稽查案件办理应当通过文字、音像等形式，对案件办理的启动、调查取证、审核、决定、送达、执行等进行全过程记录。

3. 税务稽查选案制度

稽查局应当加强稽查案源管理，全面收集整理案源信息，合理、准确地选择待查对象。案源管理依照国家税务总局有关规定执行。

待查对象确定后，经稽查局局长批准实施立案检查。必要时，依照法律法规的规定，稽查局可以在立案前进行检查。

稽查局应当统筹安排检查工作，严格控制对纳税人、扣缴义务人的检查次数。

4. 税务稽查中的检查制度

（1）检查通知

检查前，稽查局应当告知被查对象检查时间、需要准备的资料等，但预先通知有碍检查的除外。检查应当由两名以上具有执法资格的检查人员共同实施，并向被查对象出示税务检查证件、出示或者送达税务检查通知书，告知其权利和义务。

（2）依法检查

检查应当依照法定权限和程序，采取实地检查、调取账簿资料、询问、查询存款账户或者储蓄存款、异地协查等方法。对采用电子信息系统进行管理和核算的被查对象，检查人员可以要求其打开该电子信息系统，或者提供与原始电子数据、电子信息系统技术资料一致的复制件。被查对象拒不打开或者拒不提供的，经稽查局局长批准，可以采用适当的技术手段对该电子信息系统进行直接检查，或者提取、复制电子数据进行检查，但所采用的技术手段不得破坏该电子信息系统原始电子数据，或者影响该电子信息系统正常运行。

检查应当依照法定权限和程序收集证据材料。收集的证据必须经查证属实，并与证明事项相关联。不得以下列方式收集、获取证据材料：严重违反法定程序收集；以违反法律强制性规定的手段获取且侵害他人合法权益；以利诱、欺诈、胁迫、暴力等手段获取。

（3）调取账簿资料

调取账簿、记账凭证、报表和其他有关资料时，应当向被查对象出具调取账簿资料通知书，并填写调取账簿资料清单交其核对后签章确认。调取纳税人、扣缴义务人以前会计年度的账簿、记账凭证、报表和其他有关资料的，应当经县以上税务局局长批准，并在 3 个月内完整退还；调取纳税人、扣缴义务人当年的账簿、记账凭证、报表和其他有关资料的，应当经设区的市、自治州以上税务局局长批准，并在 30 日内退还。退还账簿资料时，应当由被查对象核对调取账簿资料清单，并签章确认。

（4）提取证据材料原件

需要提取证据材料原件的，应当向当事人出具提取证据专用收据，由当事人核对后签章确认。对需要退还的证据材料原件，检查结束后应当及时退还，并履行相关签收手续。需要将已开具的纸质发票调出查验时，应当向被查验的单位或者个人开具发票换票证；需要将空白纸质发票调出查验时，应当向被查验的单位或者个人开具调验空白发票收据。经查无问题的，应当及时退还，并履行相关签收手续。提取证据材料复制件的，应当由当事人或者原件保存单位（个人）在复制件上注明"与原件核对无误"及原件存放地点，并签章。

（5）询问、陈述及证言

询问应当由两名以上检查人员实施。除在被查对象生产、经营、办公场所询问外，应当向被询问人送达询问通知书。询问时应当告知被询问人有关权利义务。询问笔录应当交被询问人核对或者向其宣读；询问笔录有修改的，应当由被询问人在改动处捺指印；核对无误后，由被询问人在尾页结束处写明"以上笔录我看过（或者向我宣读过），与我说的相符"，并逐页签章、捺指印。被询问人拒绝在询问笔录上签章、捺指印的，检查人员应当在笔录上注明。

当事人、证人可以采取书面或者口头方式陈述或者提供证言。当事人、证人口头陈述或者提供证言的，检查人员应当以笔录、录音、录像等形式进行记录。笔录可以手写或者使用计算机记录并打印，由当事人或者证人逐页签章、捺指印。当事人、证人口头提出变更陈述或者证言的，检查人员应当就变更部分重新制作笔录，注明原因，由当事人或者证人逐页签章、捺指印。当事人、证人变更书面陈述或者证言的，变更前的笔录不予退回。

（6）视听资料与电子资料

制作录音、录像等视听资料的，应当注明制作方法、制作时间、制作人和证明对象等内容。调取视听资料时，应当调取有关资料的原始载体；难以调取原始载体的，可以调取复制件，但应当说明复制方法、人员、时间和原件存放处等事项。对声音资料，应当附有该声音内容的文字记录；对图像资料，应当附有必要的文字说明。

以电子数据的内容证明案件事实的，检查人员可以要求当事人将电子数据打印成纸质资料，在纸质资料上注明数据出处、打印场所、打印时间或者提供时间，注明"与电子数据核对无误"，并由当事人签章。需要以有形载体形式固定电子数据的，检查人员应当与提供电子数据的个人、单位的法定代表人或者财务负责人或者经单位授权的其他人员一起将电子数据复制到存储介质上并封存，同时在封存包装物上注明制作方法、制作时间、制作人、文件格式及大小等，注明"与原始载体记载的电子数据核对无误"，并由电子数据提供人签章。收集、提取电子数据，检查人员应当制作现场笔录，注明电子数据的来源、事由、证明目的或者对象，提取时间、地点、方法、过程，原始存储介质的存放地点以及对电子数据存储介质的签封情况等。进行数据压缩的，应当在笔录中注明压缩方法和完整性校验值。

（7）实地调查取证

检查人员实地调查取证时，可以制作现场笔录、勘验笔录，对实地调查取证情况予以记录。制作现场笔录、勘验笔录，应当载明时间、地点和事件等内容，并由检查人员签名和当事人签章。当事人经通知不到场或者拒绝在现场笔录、勘验笔录上签章的，检查人员应当在笔录上注明原因；如有其他人员在场，可以由其签章证明。

检查人员异地调查取证的，当地税务机关应当予以协助；发函委托相关稽查局调查取证的，必要时可以派人参与受托地稽查局的调查取证，受托地稽查局应当根据协查请求，依照法定权限和程序调查。需要取得境外资料的，稽查局可以提请国际税收管理部门依照有关规定程序获取。

（8）查询账户

查询从事生产、经营的纳税人、扣缴义务人存款账户，应当经县以上税务局局长批准，凭检查存款账户许可证明向相关银行或者其他金融机构查询。查询案件涉嫌人员储蓄存款的，应当经设区的市、自治州以上税务局局长批准，凭检查存款账户许可证明向相关银行或者其他金融机构查询。

（9）阻挠税务检查

被查对象有下列情形之一的，依照《税收征收管理法》及其实施细则有关逃避、拒绝或者以其他方式阻挠税务检查的规定处理：

1）提供虚假资料，不如实反映情况，或者拒绝提供有关资料的；

2）拒绝或者阻止税务机关记录、录音、录像、照相和复制与案件有关的情况和资料的；

3）在检查期间转移、隐匿、销毁有关资料的；

4）有不依法接受税务检查的其他情形的。

（10）税收保全与强制执行

税务机关有根据认为从事生产、经营的纳税人有逃避纳税义务行为的，可以在规定的纳税期之前，责令限期缴纳应纳税款；在限期内发现纳税人有明显的转移、隐匿其应纳税的商品、货物以及其他财产或者应纳税收入迹象的，可以责成纳税人提供纳税担保。如果纳税人不能提供纳税担保，经县以上税务局局长批准，可以依法采取税收强制措施。检查从事生产、经营的纳税人以前纳税期的纳税情况时，发现纳税人有逃避纳税义务行为，并有明显的转移、隐匿其应纳税的商品、货物以及其他财产或者应纳税收入迹象的，经县以上税务局局长批准，可以依法采取税收强制措施。

稽查局采取税收强制措施时，应当向纳税人、扣缴义务人、纳税担保人交付税收强制措施决定书，告知其采取税收强制措施的内容、理由、依据以及依法享有的权利、救济途径，并履行法律、法规规定的其他程序。采取冻结纳税人在开户银行或者其他金融机构的存款措施时，应当向纳税人开户银行或者其他金融机构交付冻结存款通知书，冻结其相当于应纳税款的存款；并于做出冻结决定之日起 3 个工作日内，向纳税人交付冻结决定书。采取查封、扣押商品、货物或者其他财产措施时，应当向纳税人、扣缴义务人、纳税担保人当场交付查封、扣押决定书,填写查封商品、货物或者其他财产清单或者出具扣押商品、货物或者其他财产专用收据,由当事人核对后签章。查封清单、扣押收据一式二份,由当事人和稽查局分别保存。采取查封、扣押有产权证件的动产或者不动产措施时,应当依法向有关单位送达税务协助执行通知书,通知其在查封、扣押期间不再办理该动产或者不动产的过户手续。

按照上述规定采取查封、扣押措施的,期限一般不得超过6个月;重大案件有下列情形之一,需要延长期限的,应当报国家税务总局批准:案情复杂,在查封、扣押期限内确实难以查明案件事实的;被查对象转移、隐匿、销毁账簿、记账凭证或者其他证据材料的;被查对象拒不提供相关情况或者以其他方式拒绝、阻挠检查的;解除查封、扣押措施可能使纳税人转移、隐匿、损毁或者违法处置财产,从而导致税款无法追缴的。除上述情形外采取查封、扣押、冻结措施的,期限不得超过30日;情况复杂的,经县以上税务局局长批准,可以延长,但是延长期限不得超过30日。

有下列情形之一的,应当依法及时解除税收强制措施:纳税人已按履行期限缴纳税款、扣缴义务人已按履行期限解缴税款、纳税担保人已按履行期限缴纳所担保税款的;税收强制措施被复议机关决定撤销的;税收强制措施被人民法院判决撤销的;其他法定应当解除税收强制措施的。

解除税收强制措施时,应当向纳税人、扣缴义务人、纳税担保人送达解除税收强制措施决定书,告知其解除税收强制措施的时间、内容和依据,并通知其在规定时间内办理解除税收强制措施的有关事宜:采取冻结存款措施的,应当向冻结存款的纳税人开户银行或者其他金融机构送达解除冻结存款通知书,解除冻结;采取查封商品、货物或者其他财产措施的,应当解除查封并收回查封商品、货物或者其他财产清单;采取扣押商品、货物或者其他财产措施的,应当予以返还并收回扣押商品、货物或者其他财产专用收据。税收强制措施涉及协助执行单位的,应当向协助执行单位送达税务协助执行通知书,通知解除税收强制措施相关事项。

（11）中止检查

有下列情形之一,致使检查暂时无法进行的,经稽查局局长批准后,中止检查:

1）当事人被有关机关依法限制人身自由的;

2）账簿、记账凭证及有关资料被其他国家机关依法调取且尚未归还的;

3）与税收违法行为直接相关的事实需要人民法院或者其他国家机关确认的;

4）法律、行政法规或者国家税务总局规定的其他可以中止检查的。

中止检查的情形消失,经稽查局局长批准后,恢复检查。

（12）终结检查

有下列情形之一,致使检查确实无法进行的,经稽查局局长批准后,终结检查:

1）被查对象死亡或者被依法宣告死亡或者依法注销,且有证据表明无财产可抵缴税款或者无法定税收义务承担主体的；

2）被查对象税收违法行为均已超过法定追究期限的；

3）法律、行政法规或者国家税务总局规定的其他可以终结检查的。

检查结束前，检查人员可以将发现的税收违法事实和依据告知被查对象。被查对象对违法事实和依据有异议的，应当在限期内提供说明及证据材料。被查对象口头说明的，检查人员应当制作笔录，由当事人签章。

5. 税务稽查审理制度

（1）案件筛选与审核内容

检查结束后，稽查局应当对案件进行审理。符合重大税务案件标准的，稽查局审理后提请税务局重大税务案件审理委员会审理。重大税务案件审理依照国家税务总局有关规定执行。

案件审理应当着重审核以下内容：

1）执法主体是否正确；

2）被查对象是否准确；

3）税收违法事实是否清楚，证据是否充分，数据是否准确，资料是否齐全；

4）适用法律、行政法规、规章及其他规范性文件是否适当，定性是否正确；

5）是否符合法定程序；

6）是否超越或者滥用职权；

7）税务处理、处罚建议是否适当；

8）其他应当审核确认的事项或者问题。

（2）补正或者补充调查

有下列情形之一的，应当补正或者补充调查：

1）被查对象认定错误的；

2）税收违法事实不清、证据不足的；

3）不符合法定程序的；

4）税务文书不规范、不完整的；

5）其他需要补正或者补充调查的。

（3）税务行政处罚事项告知

拟对被查对象或者其他涉税当事人作出税务行政处罚的，应当向其送达税务行政处罚事项告知书，告知其依法享有陈述、申辩及要求听证的权利。税务行政处罚事项告知书应当包括以下内容：

1）被查对象或者其他涉税当事人姓名或者名称、有效身份证件号码或者统一社会信用代码、地址。没有统一社会信用代码的，以税务机关赋予的纳税人识别号代替；

2）认定的税收违法事实和性质；

3）适用的法律、行政法规、规章及其他规范性文件；

4）拟做出的税务行政处罚；

5）当事人依法享有的权利；

6）告知书的文号、制作日期、税务机关名称及印章；

7）其他相关事项。

被查对象或者其他涉税当事人可以书面或者口头提出陈述、申辩意见。对当事人口头提出陈述、申辩意见，应当制作陈述申辩笔录，如实记录，由陈述人、申辩人签章。应当充分听取当事人的陈述、申辩意见；经复核，当事人提出的事实、理由或者证据成立的，应当采纳。

被查对象或者其他涉税当事人按照法律、法规、规章要求听证的，应当依法组织听证。听证依照国家税务总局有关规定执行。

（4）审理结果

经审理，区分下列情形分别做出处理：

1）有税收违法行为，应当做出税务处理决定的，制作税务处理决定书；

2）有税收违法行为，应当做出税务行政处罚决定的，制作税务行政处罚决定书；

3）税收违法行为轻微，依法可以不予税务行政处罚的，制作不予税务行政处罚决定书；

4）没有税收违法行为的，制作税务稽查结论。

税务处理决定书、税务行政处罚决定书、不予税务行政处罚决定书、税务稽查结论引用的法律、行政法规、规章及其他规范性文件，应当注明文件全称、文号和有关条款。

（5）税务处理决定书

税务处理决定书应当包括以下主要内容：

1）被查对象姓名或者名称、有效身份证件号码或者统一社会信用代码、地址，没有统一社会信用代码的，以税务机关赋予的纳税人识别号代替；

2）检查范围和内容；

3）税收违法事实及所属期间；

4）处理决定及依据；

5）税款金额、缴纳期限及地点；

6）税款滞纳时间、滞纳金计算方法、缴纳期限及地点；

7）被查对象不按期履行处理决定应当承担的责任；

8）申请行政复议或者提起行政诉讼的途径和期限；

9）处理决定书的文号、制作日期、税务机关名称及印章。

（6）税务行政处罚决定书

税务行政处罚决定书应当包括以下主要内容：

1）被查对象或者其他涉税当事人姓名或者名称、有效身份证件号码或者统一社会信用代码、地址，没有统一社会信用代码的，以税务机关赋予的纳税人识别号代替；

2）检查范围和内容；

3）税收违法事实、证据及所属期间；

4）行政处罚种类和依据；

5）行政处罚履行方式、期限和地点；

6）当事人不按期履行行政处罚决定应当承担的责任；

7）申请行政复议或者提起行政诉讼的途径和期限；

8）行政处罚决定书的文号、制作日期、税务机关名称及印章。

税务行政处罚决定应当依法公开。公开的行政处罚决定被依法变更、撤销、确认违法或者确认无效的，应当在 3 个工作日内撤回原行政处罚决定信息并公开说明理由。

（7）不予税务行政处罚决定书

不予税务行政处罚决定书应当包括以下主要内容：

1）被查对象或者其他涉税当事人姓名或者名称、有效身份证件号码或者统一社会信用代码、地址，没有统一社会信用代码的，以税务机关赋予的纳税人识别号代替；

2）检查范围和内容；

3）税收违法事实及所属期间；

4）不予税务行政处罚的理由及依据；

5）申请行政复议或者提起行政诉讼的途径和期限；

6）不予行政处罚决定书的文号、制作日期、税务机关名称及印章。

（8）税务稽查结论

税务稽查结论应当包括以下主要内容：

1）被查对象姓名或者名称、有效身份证件号码或者统一社会信用代码、地址，没有统一社会信用代码的，以税务机关赋予的纳税人识别号代替；

2）检查范围和内容；

3）检查时间和检查所属期间；

4）检查结论；

5）结论的文号、制作日期、税务机关名称及印章。

（9）稽查期限

稽查局应当自立案之日起 90 日内做出行政处理、处罚决定或者无税收违法行为结论。案情复杂需要延期的，经税务局局长批准，可以延长不超过 90 日；特殊情况或者发生不可抗力需要继续延期的，应当经上一级税务局分管副局长批准，并确定合理的延长期限，但下列时间不计算在内：

1）中止检查的时间；

2）请示上级机关或者征求有权机关意见的时间；

3）提请重大税务案件审理的时间；

4）因其他方式无法送达，公告送达文书的时间；

5）组织听证的时间；

6）纳税人、扣缴义务人超期提供资料的时间；

7）移送司法机关后，税务机关需根据司法文书决定是否处罚的案件，从司法机关接受移送到司法文书生效的时间。

（10）涉嫌犯罪移送

税收违法行为涉嫌犯罪的，填制涉嫌犯罪案件移送书，经税务局局长批准后，依法移送公安机关，并附送以下资料：

1）涉嫌犯罪案件情况的调查报告；

2）涉嫌犯罪的主要证据材料复制件；

3）其他有关涉嫌犯罪的材料。

6. 税务稽查执行制度

（1）文书送达与强制执行

稽查局应当依法及时送达税务处理决定书、税务行政处罚决定书、不予税务行政处罚决定书、税务稽查结论等税务文书。

具有下列情形之一的，经县以上税务局局长批准，稽查局可以依法强制执行，或者依法申请人民法院强制执行：

1）纳税人、扣缴义务人未按照规定的期限缴纳或者解缴税款、滞纳金，责令限期缴纳逾期仍未缴纳的；

2）经稽查局确认的纳税担保人未按照规定的期限缴纳所担保的税款、滞纳金，责令限期缴纳逾期仍未缴纳的；

3）当事人对处罚决定逾期不申请行政复议也不向人民法院起诉、又不履行的；

4）其他可以依法强制执行的。

当事人确有经济困难，需要延期或者分期缴纳罚款的，可向稽查局提出申请，经税务局局长批准后，可以暂缓或者分期缴纳。

（2）强制执行催告

做出强制执行决定前，应当制作并送达催告文书，催告当事人履行义务，听取当事人陈述、申辩意见。经催告，当事人逾期仍不履行行政决定，且无正当理由的，经县以上税务局局长批准，实施强制执行。实施强制执行时，应当向被执行人送达强制执行决定书，告知其实施强制执行的内容、理由及依据，并告知其享有依法申请行政复议或者提起行政诉讼的权利。催告期间，对有证据证明有转移或者隐匿财物迹象的，可以作出立即强制执行决定。

（3）存款扣缴与财产拍卖

稽查局采取从被执行人开户银行或者其他金融机构的存款中扣缴税款、滞纳金、罚款措施时，应当向被执行人开户银行或者其他金融机构送达扣缴税收款项通知书，依法扣缴税款、滞纳金、罚款，并及时将有关凭证送达被执行人。

拍卖、变卖被执行人商品、货物或者其他财产，以拍卖、变卖所得抵缴税款、滞纳金、罚款的，在拍卖、变卖前应当依法进行查封、扣押。稽查局拍卖、变卖被执行人商品、货物或者其他财产前，应当制作拍卖 / 变卖抵税财物决定书，经县以上税务局局长批准后送达被执行人，予以拍卖或者变卖。

拍卖或者变卖实现后，应当在结算并收取价款后 3 个工作日内，办理税款、滞纳金、罚款的入库手续，并制作拍卖 / 变卖结果通知书，附拍卖 / 变卖查封、扣押的商品、货物或者其他财产清单，经稽查局局长审核后，送达被执行人。

以拍卖或者变卖所得抵缴税款、滞纳金、罚款和拍卖、变卖等费用后，尚有剩余的财产或者无法进行拍卖、变卖的财产的，应当制作返还商品、货物或者其他财产通知书，附返还商品、货物或者其他财产清单，送达被执行人，并自办理税款、滞纳金、罚款入库手续之日起 3 个工作日内退还被执行人。

（4）中止执行与终结执行

执行过程中发现有下列情形之一的，经稽查局局长批准后，中止执行：

1）当事人死亡或者被依法宣告死亡，尚未确定可执行财产的；

2）当事人进入破产清算程序尚未终结的；

3）可执行财产被司法机关或者其他国家机关依法查封、扣押、冻结，致使执行暂时无法进行的；

4）可供执行的标的物需要人民法院或者仲裁机构确定权属的；

5）法律、行政法规和国家税务总局规定其他可以中止执行的。

中止执行情形消失后，经稽查局局长批准，恢复执行。

当事人确无财产可供抵缴税款、滞纳金、罚款或者依照破产清算程序确实无法清缴税款、滞纳金、罚款，或者有其他法定终结执行情形的，经税务局局长批准后，终结执行。

（5）重新作出决定

税务处理决定书、税务行政处罚决定书等决定性文书送达后，有下列情形之一的，稽查局可以依法重新出具：

1）决定性文书被人民法院判决撤销的；

2）决定性文书被行政复议机关决定撤销的；

3）税务机关认为需要变更或者撤销原决定性文书的；

4）其他依法需要变更或者撤销原决定性文书的。

2.2.6 税务检查与稽查典型案例

丹东颐龙驾驶培训有限公司（以下简称颐龙驾驶培训公司）诉国家税务总局丹东市元宝区税务局（以下简称元宝区税务局）、国家税务总局丹东市税务局（以下简称丹东市税务局）限期缴纳税款通知及行政复议决定一案，原经辽宁省丹东市元宝区人民法院于2017年12月25日做出一审行政判决，颐龙驾驶培训公司不服，向辽宁省丹东市中级人民法院提起上诉。辽宁省丹东市中级人民法院于2018年3月16日做出二审行政判决，颐龙驾驶培训公司仍不服，向辽宁省高级人民法院申请再审。

原一审法院经审理查明，2014年10月9日，颐龙驾驶培训公司以变更工商登记的形式自然承接丹东金华驾驶员培训有限公司（以下简称金华驾驶培训公司）的相应资产。2017年1月18日，丹东市警察协会与丹东颐龙汽车交易市场有限公司（以下简称颐龙汽车交易公司）签订协议书，购买颐龙汽车交易公司和颐龙驾驶培训公司的全部资产，包括位于元宝区炮守营路原交警支队驾校的相关附属设施。在转让期间，丹东市公安局委托北京正和国际资产评估有限公司（以下简称正和评估公司）对转让资产进行评估，正和评估公司于2017年1月4日出具的资产评估报告书记载，委估的驾驶培训校及维护中心的资产中包括278平方米房屋和2817.27平方米土地，房屋和土地均无权属凭证且处于正常经营状态。协议书签订后，颐龙驾驶培训公司与丹东市警察协会就上述涉案房屋和土地完成了转让。后元宝区税务局发现颐龙驾驶培训公司自2014年10月至2017年1月涉案房屋和土地归其所有和使用期间存在应缴税款而未缴的情形，故于2017年5月5日对颐龙驾驶培训公司做出限期缴纳税款通知，要求颐龙驾驶培训公司在2017年5月12日前缴纳2014年10月至2017年1月应缴税款64970.60元及应缴未缴税款期间加收的滞纳金18034.48元，并于2017年7月16日送达。颐龙驾驶培训公司不服，在缴纳了上述税款及滞纳金后向丹东市税务局申请行政复议。丹东市税务局于2017年11月9日作出行政复议决定，维持元宝区税务局做出的限期缴纳税款通知。颐龙驾驶培训公司不服，向法院提起行政诉讼。

原一审法院认为：

依据《税收征收管理法》第五条的规定，元宝区税务局具有做出限期缴纳税款通知的法定职权；依据《中华人民共和国行政复议法》第十二条第一款的规定，丹东市税务局具有作出行政复议决定的法定职权。本案的争议焦点是：颐龙驾驶培训公司是否为涉案房屋和土地的实际使用人。根据各方提供的证据可以认定，2014年10月至2017年1月颐龙驾驶培训公司取得了涉案房屋及土地的使用权并在此经营，且已向元宝区税务局申报缴纳了部分营业税、房产税和土地使用税，但未完全申报房产税和土地使用税。颐龙驾驶培训公司未如实履行申报纳税义务，存在少缴和未缴的事实，应承担法律后果。丹东市公安局和丹东市公安交通警察支队（以下简称丹东市交警支队）出具的证明没有其他证据加以佐证,不能作为颐龙驾驶培训公司免除纳税义务的依据。元宝区税务局作出限期缴纳税款通知并不适用《税务稽查工作规程》的相关规定。被诉限期缴纳税款通知要求颐龙驾驶培训公司在2017年5月12日前缴纳应缴税款及滞纳金,颐龙驾驶培训公司虽于2017年7月16日签收该通知书,但元宝区税务局并未因其超出通知书规定时间缴纳税款而对其加重负担或予以处罚,故未对其造成额外损失。关于颐龙驾驶培训公司提出元宝区税务局在送达回执上记载的送达人与受送达人时间相差一天的主张,应以颐龙驾驶培训公司收到之日为准,送达程序虽存在瑕疵,但不应认定为违法。因元宝区税务局提供的证据能够证明涉案房屋和土地在纳税期间的纳税义务人为颐龙驾驶培训公司,故其所适用的法律、法规、规章及规范性文件正确。丹东市税务局作出行政复议决定的程序合法,对颐龙驾驶培训公司要求元宝区税务局返还缴纳税款及滞纳金并赔偿损失的请求不予支持。综上,判决驳回颐龙驾驶培训公司的诉讼请求。案件受理费50元,由颐龙驾驶培训公司负担。

原二审法院认定的事实与原一审法院一致。原二审法院认为:

现有证据足以证明2014年10月至2017年1月,颐龙驾驶培训公司对涉案房屋及土地享有使用权并在此经营,且其已向元宝区税务局申报缴纳了部分营业税、房产税和城镇土地使用税。由于颐龙驾驶培训公司未履行如实申报纳税义务,存在少缴、未缴税款情形,元宝区税务局对其做出限期缴纳税款通知符合法律规定。关于本案存在两份征税数额不同但文号相同的限期缴纳税款通知是否违法的问题,因制发限期缴纳税款通知的目的在于催缴税款,颐龙驾驶培训公司持通知书缴纳税款时,元宝区税务局发现原限期缴纳税款通知计算错误,其重新做出限期缴纳税款通知实际上是对原限期缴纳税款通知进行更正。原涉税金额为62962.67元的限期缴纳税款通知已被涉税金额为64970.60元的限期缴纳税款通知所替代,并未实际产生法律后果,此系法律允许的自我纠错行为,不能据此认定重新做出的限期缴纳税款通知违法,但元宝区税务局在自我纠错时程序不严谨,应认定为程序瑕疵。元宝区税务局未及时向法院提供据以作出限期缴纳税款通知所依据的辽宁省相关法规确有不当,鉴于相关法规在作出限期缴纳税款通知时已客观存在,故不能据此认定被诉限期缴纳税款通知无法律依据。判决驳回上诉,维持原判。

颐龙驾驶培训公司申请再审称:

原审法院依据协议书和评估报告书认定颐龙驾驶培训公司在2014年10月至2017年1月对涉案房屋及土地享有使用权并在此经营的事实系主要证据不足。协议书仅载明"位于丹东市元宝区炮××路××支队驾校及相关附属设施",但并未载明具体的数量、名称、内容、价值等,即不能证明颐龙驾驶培训公司对涉案房屋及土地拥有产权或为实际使用人。针对同一评估机构于同一时间出具的评估范围不同、评估结论却一致的两份评估报告书,原审法院既未要求评估人员出庭说明情况,亦未对两份评估报告书的真实性予以审查判断,即依据元宝区税务局提供的评估报告书认定颐龙驾驶培训公司系涉案房屋及土地的实际使用人显属不当。

原审法院依据征管系统申报信息认定颐龙驾驶培训公司申报缴纳了部分营业税、房产税和土地使用税亦属主要证据不足。征管系统申报信息系元宝区税务局单方发出，不具有真实性和关联性，颐龙驾驶培训公司提供的土地批复、书面证明以及评估报告书等证据能够形成完整有效的证据链条，足以证明涉案土地系丹东市人民政府、原丹东市振安区土地管理局批复给丹东市交警支队新建交通检查站、停车场使用，丹东市道路交通安全协会于 2014 年 9 月转让给颐龙汽车交易公司的资产为金华驾驶培训公司的工商执照、资质许可、全部车辆以及相关合法有效证件等，并不包括涉案的房屋和土地。颐龙汽车交易公司于 2017 年 1 月转让给丹东市警察协会的全部资产中也不包括涉案房屋和土地。综上，颐龙驾驶培训公司并非涉案房屋及土地的实际使用人，亦不是法定的纳税义务主体。被诉限期缴纳税款通知及行政复议决定均存在认定事实不清、主要证据不足的问题。原审法院判决驳回颐龙驾驶培训公司的诉讼请求错误，请求撤销原一、二审判决，撤销被诉限期缴纳税款通知及行政复议决定，判令元宝区税务局返还已经缴纳的税款及滞纳金并依法支付利息损失。

元宝区税务局答辩称：

元宝区税务局向原审法院提供的变更工商登记手续、协议书、评估报告书以及征管系统申报信息已经形成完整的证据链条，充分证明涉案房屋及土地虽没有权属证书，但金华驾驶培训公司和再审申请人一直是实际使用人。涉案房屋和土地作为颐龙驾驶培训公司的必备配套设施，一直都是整体打包转入和转出。评估报告书系丹东市交警支队申报纳税时提交，颐龙驾驶培训公司在行政程序中一直未对该证据的真实性提出异议，却在诉讼期间提交一份内容不同的评估报告书，缺乏客观真实性。纳税申报信息形成于 2014 年以来连续自行申报缴纳部分房产税和土地使用税的历史记录，足以证明颐龙驾驶培训公司自认实际使用涉案房屋和土地。根据"产权未确定，房产税由使用人缴纳；土地使用权未确定，由实际使用人纳税"的规定，元宝区税务局认定颐龙驾驶培训公司为涉案房屋及土地的实际使用人即法定纳税义务主体并无不当。被诉限期缴纳税款通知有充分的事实根据和法律依据，程序合法，原一、二审判决认定事实清楚，适用法律正确，请求依法予以维持。

丹东市税务局答辩称：

元宝区税务局做出的限期缴纳税款通知认定事实清楚，证据确凿，适用法律正确，程序合法；丹东市税务局作出行政复议决定的程序亦合法。原一、二审法院判决驳回颐龙驾驶培训公司的诉讼请求正确，请求依法予以维持。

再审法院经审理查明，2014 年 9 月 28 日，丹东市道路交通安全协会与颐龙汽车交易公司签订协议书，约定将协会下属企业金华驾驶培训公司的全部资产所有权及经营权一次性转让给颐龙汽车交易公司，包括办公场所、办公物品、车辆及资质许可（地上物由丹东市交警支队转让），转让价款为 400000 元。2014 年 10 月 9 日，丹东市工商局做出核准变更登记通知，将金华驾驶培训公司的企业名称变更为颐龙驾驶培训公司、法定代表人由徐某变更为王某，同时还对经营范围、董事会成员以及股东作出变更登记，颐龙汽车交易公司系颐龙驾驶培训公司的全资股东。2017 年 1 月 18 日，丹东市警察协会与颐龙汽车交易公司签订协议书，约定颐龙汽车交易公司将原来从交警支队转让接收的资产，按照原值 5315671 元转让给丹东市警察协会，包括炮守营路 39-1 号土地使用权、炮守营路 39-1 号综合办公楼、炮守营路原交警支队驾校和相关附属设施的所有权（转让价格 572320 元）以及其他从交警支队接收的检测线相关设施、设备的所有权。该协议书还约定颐龙汽车交易公司将其于 2015—2016 年自行出资新建、新增的固定资产按照评估价值 6664329 元转让给丹东市警察协会，双方按照正和评估公司出具的评估报告书确定的评估总价值 11980000 元完成交易，并办理相关资产的过户更名手续。元宝区税务局于 2017 年 5 月 5 日针对颐龙驾驶培训公司作出限期缴纳税款通知，主要内容为"根据《税收征收管理法》第三十二条、第六十二条的规定，限你单位在 2017 年 5 月 12 日前缴纳 2014 年 10 月至 2017 年 1 月应缴税款 62962.67 元及应缴未缴税款期间加收的滞纳金。逾期不缴，根据《税收征收管理法》第六十八条的规定，处不缴或少缴税款百分之五十以上五倍以下的罚款"。2017 年 7 月 16 日，颐龙驾驶培训公司持该通知书缴纳税款及滞纳金时，元宝区税务局又以该通知书载明的应缴税款数额有误为由，于当日重新作出被诉限期缴纳税款通知，将应缴税款更正为 64970.60 元，并明确加收的滞纳金为 18034.48 元，其他内容与原限期缴纳税款通知一致。颐龙驾驶培训公司于 7 月 17 日缴纳上述应缴税款及滞纳金后，于 9 月 12 日向丹东市税务局申请行政复议。丹东市税务局于 2017 年 11 月 9 日作出行政复议决定，维持元宝区税务局作出的限期缴纳税款通知。颐龙驾驶培训公司不服，向法院提起行政诉讼。

另查明，丹东市人民政府于 1987 年作出征用土地批复，批准征用蛤蟆塘镇偏坎村旱田一亩五分，用于丹东市交警支队新建交通检查站。原丹东市振安区土地管理局于 1988 年做出批复，同意丹东市交警支队使用蛤蟆塘镇偏坎村四组旱地 2.5 亩用于新建停车场。丹东市交警支队于 2017 年 5 月 15 日出具书面证明，证实金华驾驶培训公司院内的土地用途为元宝区交警偏坎子大队检查站、停车场，房屋为临时建筑，该支队与颐龙汽车交易公司之间没有转让上述房屋及土地的事实，院内房屋及土地一直由偏坎子大队使用，颐龙驾驶培训公司并未经营使用。

再审法院认为：

元宝区税务局作出被诉限期缴纳税款通知系用于追缴颐龙驾驶培训公司在 2014 年 10 月至 2017 年 1 月应缴税款 64970.60 元及应缴未缴税款期间加收的滞纳金 18034.48 元，但该限期缴纳税款通知的内容过于简单，既没有载明应缴税款的种类、计税的具体标的物，也没有载明未缴税款明细及滞纳金明细。元宝区税务局在诉讼程序中答辩称，被诉限期缴纳税款通知追缴的税款系颐龙驾驶培训公司在 2014 年 10 月至 2017 年 1 月因实际使用金华驾驶培训公司院内的 278 平方米房屋及 2817.27 平方米土地所应缴纳的房产税及土地使用税。本案的焦点问题是被诉限期缴纳税款通知认定颐龙驾驶培训公司系涉案房屋和土地的实际使用人，作为房产税和土地使用税的纳税义务主体的主要证据是否充分。《中华人民共和国行政诉讼法》第八十七条规定，人民法院审理上诉案件，应当对原审人民法院的判决、裁定和被诉行政行为进行全面审查。据此，虽然颐龙驾驶培训公司对元宝区税务局作出被诉限期缴纳税款通知的法定职权、适用法律以及执法程序未提出异议，但法院亦应依法对被诉限期缴纳税款通知的合法性进行全面审查，以实现行政诉讼法监督行政机关依法行使职权的立法目的。

关于元宝区税务局做出被诉限期缴纳税款通知的事实及证据问题，《中华人民共和国行政诉讼法》第三十四条第一款、第三十六条第二款、第三十七条规定，被告对做出的行政行为负有举证责任，应当提供作出该行政行为的证据和所依据的规范性文件。原告或者第三人提出了其在行政处理程序中没有提出的理由或者证据的，经人民法院准许，被告可以补充证据。原告可以提供证明行政行为违法的证据。原告提供的证据不成立的，不免除被告的举证责任。《税收征收管理法》第四条第一款规定，法律、行政法规规定负有纳税义务的单位和个人为纳税人。《中华人民共和国房产税暂行条例》第二条第一款规定，房产税由产权所有人缴纳。产权属于全民所有的，由经营管理的单位缴纳。产权出典的，由承典人缴纳。产权所有人、承典人不在房产所在地的，或者产权未确定及租典纠纷未解决的，由房产代管人或者使用人缴纳。《中华人民共和国城镇土地使用税暂行条例》第二条第一款规定，在城市、县城、建制镇、工矿区范围内使用土地的单位和个人，为城镇土地使用税的纳税人，应当依照本条例的规定缴纳土地使用税。国家税务局《关于土地使用税若干具体问题的解释和暂行规定》第四条规定，土地使用税由拥有土地使用权的单位或个人缴纳。拥有土地使用权的纳税人不在土地所在地的，由代管人或实际使用人纳税；土地使用权未确定或权属纠纷未解决的，由实际使用人纳税；土地使用权共有的，由共有各方分别纳税。本案中，元宝区税务局主张其向原审法院提供的变更工商登记手续、征管系统申报信息、转让资产协议书以及评估报告书可以证明，2014 年 10 月颐龙汽车交易公司从金华驾驶培训公司转让接收的资产中以及 2017 年 1 月颐龙汽车交易公司整体转让给丹东市警察协会的资产中，均包括涉案未办理权属登记的 278 平方米房屋及 2817.27 平方米土地；依据前述法律规定，在此期间应由涉案房屋及土地的实际使用人颐龙驾驶培训公司作为纳税义务主体缴纳房产税及土地使用税。经查，元宝区税务局向原审法院提供的上述证据中只有作为 2017 年协议书附件的评估报告书在第 6 页载明委估的驾驶培训公司及维护中心的资产中包括涉案的 278 平方米房屋和 2817.27 平方米土地，其他证据均未显示涉案房屋和土地的内容，而颐龙驾驶培训公司向原审法院提供的评估报告书中却并无此部分内容。元宝区税务局在做出被诉限期缴纳税款通知时并未告知颐龙驾驶培训公司系依据评估报告书认定该公司为涉案土地和房屋的实际使用人，故颐龙驾驶培训公司未在行政程序中及时提供其所持有的评估报告书予以反驳具有正当理由，并不存在怠于履行举证义务的情形，而元宝区税务局在得知两份评估报告书内容不一致后并未在诉讼过程中补充证据证明其所持有的评估报告书合法有效。双方提供的两份内容不一致的评估报告书均为正和评估公司出具，且均有评估机构盖章、评估师签字及盖章，但仅有颐龙驾驶培训公司提供的评估报告书加盖了骑缝章，原审法院在既未要求评估机构作出合理说明也未对两份评估报告书的真实性、合法性作出认定的情况下，径行采信元宝区税务局提供的评估报告书作为认定案件事实的依据显属不当。2014 年和 2017 年签订的两份协议均未具体载明转让的资产中包括涉案的房屋及土地，相反，2017 年签订的协议书显示颐龙汽车交易公司转出的资产中除"炮守营路原交警支队驾校及相关附属设施的所有权"以外，还包括有证土地使用权、有证综合办公楼所有权以及颐龙汽车交易公司自行出资新建、新增的固定资产，全部转出资产的评估价值为 11980000 元，而涉及金华驾驶培训公司资产部分的价值仅为572320 元，故上述两份协议书的资产转让内容并不完全一致。丹东市工商局作出的核准变更登记通知并未载明金华驾驶培训公司原有资产的转移和承继情况，亦不能证明颐龙汽车交易公司从金华驾驶培训公司转让接收的资产中包括涉案房屋及土地。颐龙驾驶培训公司则主张虽然 2014 年签订的协议书中载明地上物由丹东市交警支队转让，房产交易由该支队协助办理，但该部分内容并未实际履行，并提供了涉案土地使用权人和房屋所有权×× 支队出具的书面证明，证实双方对涉案房屋及土地并没有进行转让，涉案房屋及土地一直由偏坎子大队作为检查站、停车场使用。而元宝区税务局向法院提供的征管系统申报信息以及《关于两份限期缴纳税款通知书补税数额不同的说明》则记载，金华驾驶培训公司在存续期间曾对 150 平方米的无产权证房产按月申报并缴纳房产税 56 元，并对 200平方米的无使用权证土地按月申报并缴纳土地使用税 150 元。元宝区税务局在本院庭审中亦自认，金华驾驶培训公司在经营期间从未针对涉案的 278 平方米房屋和 2817.27 平方米土地缴纳过税款，该局亦从未进行过追缴。另外，元宝区税务局提供的征管系统申报信息中并不包括 2016 年营业税改为增值税后，颐龙驾驶培训公司申报缴纳增值税的相关情况，故不能证明颐龙驾驶培训公司在 2014 年 10 月至 2017 年 1 月一直处于正常经营状态的事实。综上，元宝区税务局并未向法院提供能够直接证明涉案房屋及土地为颐龙驾驶培训公司实际使用的有效证据，实际上其是以记载了涉案房屋及土地内容的评估报告书为主、以2014 年和 2017 年的资产转让协议书等为辅，推定颐龙汽车交易公司整体打包转入转出的资产中包括涉案的房屋及土地，并将涉案房屋及土地交由颐龙驾驶培训公司实际使用的事实。基于以上对元宝区税务局提供证据的分析认定，上述证据显然不足以支持元宝区税务局所推定的结论，被诉限期缴纳税款通知认定颐龙驾驶培训公司系涉案房屋和土地的实际使用人，应为纳税义务主体的主要证据不足。

关于元宝区税务局作出被诉限期缴纳税款通知的执法程序问题。根据《税收征收管理法》第五十四条、第五十七条、第五十九条的规定，税务机关有权检查纳税人的账簿、记账凭证、报表和有关资料，有权到纳税人的生产、经营场所和货物存放地检查纳税人应纳税的商品、货物或者其他财产，有权责成纳税人提供与纳税有关的文件、证明材料和有关资料，有权询问纳税人与纳税有关的问题和情况，有权向有关单位和个人调查纳税人与纳税有关的情况。税务机关派出的人员进行税务检查时，应当出示税务检查证和税务检查通知书。本案中，元宝区税务局在一审庭审中陈述，发现有不依法纳税行为时，须履行检查、通知申报、调查收集证据、发出通知并告知权利义务以及送达的法定程序；但其未能向原审法院提供税务检查通知书及对涉案房屋和土地进行实地检查、向颐龙驾驶培训公司进行询问、向丹东市交警支队等有关单位进行调查的相关证据，不能证明其已履行上述法定程序。元宝区税务局于2017年5月5日首次作出限期缴纳税款通知，认定应缴税款为62962.67元，但未明确加收滞纳金的具体数额，亦未附具体欠税明细及滞纳金明细。颐龙驾驶培训公司于7月16日持该通知书缴纳税款时，元宝区税务局以该通知书存在计算错误为由于当日重新作出被诉限期缴纳税款通知，认定应缴税款为64970.60元，加收滞纳金的具体数额为18034.48元，但仍未附具体欠税明细及滞纳金明细，亦未说明增加税款数额的理由及依据。重新作出的限期缴纳税款通知仍以2017年5月5日为落款日期并仍载明要求在5月12日前缴纳税款和滞纳金明显与实际情况不符。综上，元宝区税务局做出被诉限期缴纳税款通知不符合法定程序。

综上所述，被诉限期缴纳税款通知认定事实不清、主要证据不足，适用法律、法规不当，违反法定程序，依法应予以撤销。被诉行政复议决定维持被诉限期缴纳税款通知的结论错误，依法应予以撤销。原一、二审判决认定事实不清、裁判结果不当，依法亦应予以撤销。

2020年11月16日，再审法院判决：

撤销辽宁省丹东市中级人民法院作出的行政判决；撤销辽宁省丹东市元宝区人民法院作出的行政判决；撤销元宝区税务局做出的限期缴纳税款通知；撤销丹东市税务局作出的行政复议决定；判令元宝区税务局于本判决生效之日起30日内返还颐龙驾驶培训公司已缴纳的税款64970.60元及滞纳金18034.48元，并支付上述款项自实际缴纳之日起至实际返还之日止按照中国人民银行同期存款利率计算的利息。一、二审案件受理费共计100元，由宝区税务局和丹东市税务局共同负担。

第 2 篇
纳税筹划系统

Chapter Three

第**3**章
税收优惠政策及案例应用

充分运用国家出台的各项优惠税收政策是进行纳税筹划最基本、最重要的方法。本章讲解优惠税收政策及案例应用，包括增值税优惠政策及案例应用、企业所得税优惠政策及案例应用、个人所得税优惠政策及案例应用以及其他税收优惠政策及案例应用。

3.1 增值税优惠政策及案例应用

增值税是所有企业都要面对的第一大税，充分利用增值税优惠政策进行纳税筹划也是整个企业纳税筹划的基础。

在增值税筹划中，最重要的优惠政策包括小规模纳税人增值税免税政策、一般纳税人选择简易计税政策以及初级农产品增值税免税与抵扣政策。

3.1.1 小规模纳税人增值税免税政策

1. 纳税人基本情况

北京甲管理与咨询有限责任公司（以下简称甲公司）为增值税一般纳税人，预计2024年度每月咨询收入为10万元，个别月份可能会达到15万元，假设全年含税销售额为130万元。被服务方全部为增值税小规模纳税人，仅需要开具增值税普通发票。甲公司提供咨询业务，没有增值税进项。

甲公司成立于2018年，有两位自然人股东，其中，张某持股60%，李某持股40%。甲公司2023年第四季度因年度销售额超过500万元而从小规模纳税人升级为增值税一般纳税人。甲公司从事的咨询业务，增值税税率为6%。

2. 客户需求

对甲公司 2024 年度的咨询收入进行纳税筹划，确保增值税负担最低，其他税收负担不用考虑。

3. 客户现状下的税收负担

按 2024 年全年含税销售额 130 万元计算，甲公司需要缴纳增值税：130/（1+6%）×6%=7.36（万元）。

4. 纳税筹划方案及其税收负担

建议由甲公司出资设立乙公司，或者由张某和李某合资设立乙公司，乙公司为增值税小规模纳税人。2024 年度的主要咨询业务均由乙公司承接，签订合同，收取 120 万元价款并开具增值税普通发票。剩余 10 万元价款的业务由甲公司承接，签订合同，收取价款并开具增值税普通发票。

乙公司每月取得 10 万元咨询收入，每季度取得 30 万元咨询收入，根据增值税优惠政策，免征增值税。甲公司取得 10 万元价款，需要缴纳增值税：10/（1 +6%）×6%=0.57（万元）。

甲公司增值税节税：7.36–0.57=6.79（万元）。

5. 相关政策依据

规范性法律文件	政策内容
《财政部税务总局关于增值税小规模纳税人减免增值税政策的公告》（财政部税务总局公告 2023 年第 19 号）	一、对月销售额 10 万元以下（含本数）的增值税小规模纳税人，免征增值税
	三、本公告执行至 2027 年 12 月 31 日
《国家税务总局关于增值税小规模纳税人减免增值税等政策有关征管事项的公告》（国家税务总局公告 2023 年第 1 号）	增值税小规模纳税人发生增值税应税销售行为，合计月销售额未超过 10 万元的（以 1 个季度为 1 个纳税期的，季度销售额未超过 30 万元，下同），免征增值税。 小规模纳税人发生增值税应税销售行为，合计月销售额超过 10 万元，但扣除本期发生的销售不动产的销售额后未超过 10 万元的，其销售货物、劳务、服务、无形资产取得的销售额免征增值税
《中华人民共和国增值税暂行条例》	第六条：销售额为纳税人发生应税销售行为收取的全部价款和价外费用，但是不包括收取的销项税额
《中华人民共和国增值税暂行条例实施细则》	第十四条：一般纳税人销售货物或者应税劳务，采用销售额和销项税额合并定价方法的，按下列公式计算销售额： 销售额＝含税销售额／（1＋税率）

3.1.2　一般纳税人选择简易计税政策

1. 纳税人基本情况

鹤岗甲影院有限责任公司（以下简称甲公司）为增值税一般纳税人，预计 2024 年度的电影放映含税销售额为 5000 万元，允许抵扣的进项税额为 50 万元。已知电影放映适用增值税税率为 6%，简易计税征收率为 3%。

2. 客户需求

最大限度减轻甲公司 2024 年度的增值税负担。

3. 客户现状下的税收负担

甲公司为增值税一般纳税人，适用一般计税方法计算增值税，即用增值税销项税额减去进项税额，应纳增值税：5000/（1+6%）×6%–50=233.02（万元）。

4. 纳税筹划方案及其税收负担

甲公司可以选择适用简易计税法计算增值税，即用不含税销售额乘以征收率，应纳增值税：5000/（1+3%）×3%=145.63（万元）。

甲公司增值税节税：233.02–145.63=87.39（万元）。

5. 相关政策依据

规范性法律文件	政策内容
《中华人民共和国增值税暂行条例》	第二条：增值税税率： …… （三）纳税人销售服务、无形资产，除本条第一项、第二项、第五项另有规定外，税率为 6% ……
	第四条：除本条例第十一条规定外，纳税人销售货物、劳务、服务、无形资产、不动产（以下统称应税销售行为），应纳税额为当期销项税额抵扣当期进项税额后的余额。应纳税额计算公式： 应纳税额＝当期销项税额 – 当期进项税额
	第五条：纳税人发生应税销售行为，按照销售额和本条例第二条规定的税率计算收取的增值税额，为销项税额。销项税额计算公式： 销项税额＝销售额 × 税率
《财政部国家税务总局关于全面推开营业税改征增值税试点的通知》（财税〔2016〕36号）附件 1《营业税改征增值税试点实施办法》	第十六条：增值税征收率为 3%，财政部和国家税务总局另有规定的除外
	第二十一条：一般计税方法的应纳税额，是指当期销项税额抵扣当期进项税额后的余额。应纳税额计算公式： 应纳税额＝当期销项税额 – 当期进项税额
	第三十四条：简易计税方法的应纳税额，是指按照销售额和增值税征收率计算的增值税额，不得抵扣进项税额。应纳税额计算公式： 应纳税额＝销售额 × 征收率

（续）

规范性法律文件	政策内容
《财政部国家税务总局关于全面推开营业税改征增值税试点的通知》（财税〔2016〕36号）附件 2《营业税改征增值税试点有关事项的规定》	（六）计税方法 一般纳税人发生下列应税行为可以选择适用简易计税方法计税： 1. 公共交通运输服务。 公共交通运输服务，包括轮客渡、公交客运、地铁、城市轻轨、出租车、长途客运、班车。 班车，是指按固定路线、固定时间运营并在固定站点停靠的运送旅客的陆路运输服务。 2. 经认定的动漫企业为开发动漫产品提供的动漫脚本编撰、形象设计、背景设计、动画设计、分镜、动画制作、摄制、描线、上色、画面合成、配音、配乐、音效合成、剪辑、字幕制作、压缩转码（面向网络动漫、手机动漫格式适配）服务，以及在境内转让动漫版权（包括动漫品牌、形象或者内容的授权及再授权）。 动漫企业和自主开发、生产动漫产品的认定标准和认定程序，按照《文化部财政部国家税务总局关于印发〈动漫企业认定管理办法（试行）〉的通知》（文市发〔2008〕51 号）的规定执行。 3. 电影放映服务、仓储服务、装卸搬运服务、收派服务和文化体育服务。 4. 以纳入营改增试点之日前取得的有形动产为标的物提供的经营租赁服务。 5. 在纳入营改增试点之日前签订的尚未执行完毕的有形动产租赁合同

3.1.3　初级农产品增值税免税与抵扣政策

1. 纳税人基本情况

铁岭甲酱菜有限责任公司（以下简称甲公司）为增值税一般纳税人，其承包农民土地，自己种植蔬菜，再将蔬菜加工成酱菜罐头对外销售。2024 年度预计酱菜罐头含税销售额为 5000 万元，适用增值税税率为 13%，允许抵扣的进项税额为 200 万元，其中与种植蔬菜有关的进项税额为 50 万元，与生产酱菜罐头有关的进项税额为 150 万元。甲公司所种植蔬菜的市场价值为 2000 万元。

2. 客户需求

最大限度减轻甲公司 2024 年度的增值税负担。

3. 客户现状下的税收负担

甲公司为增值税一般纳税人，适用一般计税方法计算增值税，应纳增值税：5000/（1+13%）×13%–200=375.22（万元）。

4. 纳税筹划方案及其税收负担

由甲公司或者甲公司的股东设立乙公司，承接甲公司的蔬菜种植业务，即由乙公司承包农民土地，自己种植蔬菜，再将蔬菜以市场价 2000 万元出售给甲公司。甲公司从乙公司购买蔬菜后加工成酱菜罐头对外销售。

乙公司销售自产蔬菜，免征增值税，乙公司种植蔬菜有关的进项税额 50 万元不允许抵扣。甲公司购买蔬菜，可以按购买价格的 10% 计算进项税额，与生产酱菜罐头有关的进项税额为 150 万元，允许抵扣，甲公司应纳增值税：5000/（1+13%）×13%-2000×10%-150=225.22（万元）。

甲公司增值税节税：375.22-225.22=150（万元）。

5. 相关政策依据

规范性法律文件	政策内容
《中华人民共和国增值税暂行条例》	第八条：纳税人购进货物、劳务、服务、无形资产、不动产支付或者负担的增值税额，为进项税额。 下列进项税额准予从销项税额中抵扣： （一）从销售方取得的增值税专用发票上注明的增值税额。 （二）从海关取得的海关进口增值税专用缴款书上注明的增值税额。 （三）购进农产品，除取得增值税专用发票或者海关进口增值税专用缴款书外，按照农产品收购发票或者销售发票上注明的农产品买价和 11% 的扣除率计算的进项税额，国务院另有规定的除外。 进项税额计算公式：进项税额 = 买价 × 扣除率 （四）自境外单位或者个人购进劳务、服务、无形资产或境内的不动产，从税务机关或者扣缴义务人取得的代扣代缴税款的完税凭证上注明的增值税额。 准予抵扣的项目和扣除率的调整，由国务院决定
	第十条：下列项目的进项税额不得从销项税额中抵扣： （一）用于简易计税方法计税项目、免征增值税项目、集体福利或者个人消费的购进货物、劳务、服务、无形资产和不动产； ……
	第十五条：下列项目免征增值税： （一）农业生产者销售的自产农产品； ……
《财政部　税务总局关于调整增值税税率的通知》（财税〔2018〕32 号）	二、纳税人购进农产品，原适用 11% 扣除率的，扣除率调整为 10%
	六、本通知自 2018 年 5 月 1 日起执行 ……

3.2　企业所得税优惠政策及案例应用

企业所得税是企业缴纳的仅次于增值税的第二大税种，其税负可达利润的 25%，是企业纳税筹划中节税方法最多、节税效果最明显的税种。

企业所得税纳税筹划应当充分利用国家出台的各项优惠政策，如小型微利企业税收优惠政策、研发费用加计扣除税收优惠政策、公益性捐赠税前扣除优惠政策以及西部大开发税收优惠政策等。

3.2.1　小型微利企业税收优惠政策

1. 纳税人基本情况

杭州甲建设安装有限责任公司（以下简称甲公司）为增值税一般纳税人，查账征收企业所得税，主要承接小型建筑、安装工程，2024 年度预计建筑工程项目可以实现利润 300 万元，安装工程可以实现利润 100 万元。甲公司 2024 年度资产总额预计为 2000 万元，员工人数预计为 200 人，无纳税调整项目。

2. 客户需求

最大限度减轻甲公司 2024 年度企业所得税负担。

3. 客户现状下的税收负担

甲公司应纳税所得额为 400 万元，适用 25% 的税率缴纳企业所得税。甲公司应纳企业所得税：（300+100）×25%=100（万元）。

4. 纳税筹划方案及其税收负担

由甲公司或者甲公司的股东设立乙公司，承接甲公司的安装工程。2024 年度，甲公司实现利润 300 万元，乙公司实现利润 100 万元。

甲公司应纳企业所得税：300×25%×20%=15（万元）。

乙公司应纳企业所得税：100×25%×20%=5（万元）。

合计应纳企业所得税：15+5=20（万元）。

甲公司企业所得税节税：100−20=80（万元）。

5. 相关政策依据

规范性法律文件	政策内容
《中华人民共和国企业所得税法》	第四条：企业所得税的税率为 25%
	第二十八条：符合条件的小型微利企业，减按 20% 的税率征收企业所得税 ……

（续）

规范性法律文件	政策内容
《财政部　税务总局关于实施小微企业普惠性税收减免政策的通知》（财税〔2019〕13号）	二、对小型微利企业年应纳税所得额不超过100万元的部分，减按25% 计入应纳税所得额，按20% 的税率缴纳企业所得税；对年应纳税所得额超过100万元但不超过300万元的部分，减按50% 计入应纳税所得额，按20% 的税率缴纳企业所得税。 上述小型微利企业是指从事国家非限制和禁止行业，且同时符合年度应纳税所得额不超过300万元、从业人数不超过300人、资产总额不超过5000万元等三个条件的企业。 从业人数，包括与企业建立劳动关系的职工人数和企业接受的劳务派遣用工人数。所称从业人数和资产总额指标，应按企业全年的季度平均值确定。具体计算公式如下： 季度平均值=（季初值＋季末值）/2 全年季度平均值=全年各季度平均值之和/4 年度中间开业或者终止经营活动的，以其实际经营期作为一个纳税年度确定上述相关指标
《财政部　税务总局关于实施小微企业和个体工商户所得税优惠政策的公告》（财政部　税务总局公告2021年第12号）	一、对小型微利企业年应纳税所得额不超过100万元的部分，在《财政部税务总局关于实施小微企业普惠性税收减免政策的通知》（财税〔2019〕13号）第二条规定的优惠政策基础上，再减半征收企业所得税
《关于进一步实施小微企业所得税优惠政策的公告》（财政部　税务总局公告2022年第13号）	一、对小型微利企业年应纳税所得额超过100万元但不超过300万元的部分，减按25% 计入应纳税所得额，按20% 的税率缴纳企业所得税
	二、本公告所称小型微利企业，是指从事国家非限制和禁止行业，且同时符合年度应纳税所得额不超过300万元、从业人数不超过300人、资产总额不超过5000万元等三个条件的企业。 从业人数，包括与企业建立劳动关系的职工人数和企业接受的劳务派遣用工人数。所称从业人数和资产总额指标，应按企业全年的季度平均值确定。具体计算公式如下： 季度平均值=（季初值＋季末值）/2 全年季度平均值=全年各季度平均值之和/4 年度中间开业或者终止经营活动的，以其实际经营期作为一个纳税年度确定上述相关指标
	三、本公告执行期限为2022年1月1日至2024年12月31日
《国家税务总局关于小型微利企业所得税优惠政策征管问题的公告》（国家税务总局公告2022年第5号）	一、符合财政部、税务总局规定的小型微利企业条件的企业（以下简称小型微利企业），按照相关政策规定享受小型微利企业所得税优惠政策。 企业设立不具有法人资格分支机构的，应当汇总计算总机构及其各分支机构的从业人数、资产总额、年度应纳税所得额，依据合计数判断是否符合小型微利企业条件
	二、小型微利企业无论按查账征收方式或核定征收方式缴纳企业所得税，均可享受小型微利企业所得税优惠政策

（续）

规范性法律文件	政策内容
《国家税务总局关于小型微利企业所得税优惠政策征管问题的公告》（国家税务总局公告 2022 年第 5 号）	三、小型微利企业在预缴和汇算清缴企业所得税时，通过填写纳税申报表，即可享受小型微利企业所得税优惠政策
	四、小型微利企业预缴企业所得税时，资产总额、从业人数、年度应纳税所得额指标，暂按当年度截至本期预缴申报所属期末的情况进行判断
	五、原不符合小型微利企业条件的企业，在年度中间预缴企业所得税时，按照相关政策标准判断符合小型微利企业条件的，应按截至本期预缴申报所属期末的累计情况，计算减免税款。当年度此前期间如因不符合小型微利企业条件而多预缴的企业所得税税款，可在以后季度应预缴的企业所得税税款中抵减
	六、企业预缴企业所得税时享受了小型微利企业所得税优惠政策，但在汇算清缴时发现不符合相关政策标准的，应当按照规定补缴企业所得税税款
	七、小型微利企业所得税统一实行按季度预缴 按月度预缴企业所得税的企业，在当年度 4 月、7 月、10 月预缴申报时，若按相关政策标准判断符合小型微利企业条件的，下一个预缴申报期起调整为按季度预缴申报，一经调整，当年度内不再变更
《关于小微企业和个体工商户所得税优惠政策的公告》（财政部　税务总局公告 2023 年第 6 号）	一、对小型微利企业年应纳税所得额不超过 100 万元的部分，减按 25% 计入应纳税所得额，按 20% 的税率缴纳企业所得税
	三、本公告所称小型微利企业，是指从事国家非限制和禁止行业，且同时符合年度应纳税所得额不超过 300 万元、从业人数不超过 300 人、资产总额不超过 5000 万元等三个条件的企业。 从业人数，包括与企业建立劳动关系的职工人数和企业接受的劳务派遣用工人数。所称从业人数和资产总额指标，应按企业全年的季度平均值确定。具体计算公式如下： 季度平均值 =（季初值 + 季末值）/2 全年季度平均值 = 全年各季度平均值之和 /4 年度中间开业或者终止经营活动的，以其实际经营期作为一个纳税年度确定上述相关指标
	四、本公告执行期限为 2023 年 1 月 1 日至 2024 年 12 月 31 日
《国家税务总局关于落实小型微利企业所得税优惠政策征管问题的公告》（国家税务总局公告 2023 年第 6 号）	一、符合财政部、税务总局规定的小型微利企业条件的企业（以下简称小型微利企业），按照相关政策规定享受小型微利企业所得税优惠政策。 企业设立不具有法人资格分支机构的，应当汇总计算总机构及其各分支机构的从业人数、资产总额、年度应纳税所得额，依据合计数判断是否符合小型微利企业条件
	二、小型微利企业无论按查账征收方式或核定征收方式缴纳企业所得税，均可享受小型微利企业所得税优惠政策
	三、小型微利企业在预缴和汇算清缴企业所得税时，通过填写纳税申报表，即可享受小型微利企业所得税优惠政策。 小型微利企业应准确填报基础信息，包括从业人数、资产总额、年度应纳税所得额、国家限制或禁止行业等，信息系统将为小型微利企业智能预填优惠项目、自动计算减免税额

（续）

规范性法律文件	政策内容
《国家税务总局关于落实小型微利企业所得税优惠政策征管问题的公告》（国家税务总局公告2023年第6号）	四、小型微利企业预缴企业所得税时，从业人数、资产总额、年度应纳税所得额指标，暂按当年度截至本期预缴申报所属期末的情况进行判断
	五、原不符合小型微利企业条件的企业，在年度中间预缴企业所得税时，按照相关政策标准判断符合小型微利企业条件的，应按照截至本期预缴申报所属期末的累计情况，计算减免税额。当年度此前期间如因不符合小型微利企业条件而多预缴的企业所得税税款，可在以后季度应预缴的企业所得税税款中抵减
	六、企业预缴企业所得税时享受了小型微利企业所得税优惠政策，但在汇算清缴时发现不符合相关政策标准的，应当按照规定补缴企业所得税税款
	七、小型微利企业所得税统一实行按季度预缴 按月度预缴企业所得税的企业，在当年度4月、7月、10月预缴申报时，若按相关政策标准判断符合小型微利企业条件的，下一个预缴申报期起调整为按季度预缴申报，一经调整，当年度内不再变更
	八、本公告自2023年1月1日起施行。《国家税务总局关于小型微利企业所得税优惠政策征管问题的公告》（2022年第5号）同时废止
《关于进一步支持小微企业和个体工商户发展有关税费政策的公告》（财政部　税务总局公告2023年第12号）	三、对小型微利企业减按25%计算应纳税所得额，按20%的税率缴纳企业所得税政策，延续执行至2027年12月31日

3.2.2　研发费用加计扣除税收优惠政策

1. 纳税人基本情况

武汉甲电器制造科技有限公司（以下简称甲公司）为增值税一般纳税人，查账征收企业所得税，属于制造业企业，尚未被认定为高新技术企业。预计2024年度的利润总额为400万元，研发领域的总投资为200万元，未形成无形资产计入当期损益。

甲公司2024年度的资产总额预计为3000万元，员工人数为100人，无纳税调整事项。

2. 客户需求

最大限度减轻甲公司2024年度企业所得税负担。

3. 客户现状下的税收负担

甲公司2024年度应纳税所得额为400万元，适用25%的企业所得税税率。甲公司应纳企业所得税：400×25%=100（万元）。

4. 纳税筹划方案及其税收负担

甲公司成立相对独立的研发部门，由其承担甲公司的全部研发活动，按照税法的要求对研发活动单独建立账簿，独立核算。假设甲公司2024年度符合条件的研发费用总额为200万元，甲公司可以加计扣除200万元，应当纳税调减200万元，甲公司应纳税所得额降低为200万元，符合小型微利企业税收优惠的条件。

甲公司应纳企业所得税：$200 \times 25\% \times 20\% = 10$（万元）。

甲公司企业所得税节税：$100 - 10 = 90$（万元）。

5. 相关政策依据

规范性法律文件	政策内容
《中华人民共和国企业所得税法》	第三十条：企业的下列支出，可以在计算应纳税所得额时加计扣除： （一）开发新技术、新产品、新工艺发生的研究开发费用 ……
《财政部　国家税务总局　科技部关于完善研究开发费用税前加计扣除政策的通知》（财税〔2015〕119号）	一、研发活动及研发费用归集范围 本通知所称研发活动，是指企业为获得科学与技术新知识，创造性运用科学技术新知识，或实质性改进技术、产品（服务）、工艺而持续进行的具有明确目标的系统性活动。 （一）允许加计扣除的研发费用 企业开展研发活动中实际发生的研发费用，未形成无形资产计入当期损益的，在按规定据实扣除的基础上，按照本年度实际发生额的50%，从本年度应纳税所得额中扣除；形成无形资产的，按照无形资产成本的150%在税前摊销。研发费用的具体范围包括： 1. 人员人工费用。 直接从事研发活动人员的工资薪金、基本养老保险费、基本医疗保险费、失业保险费、工伤保险费、生育保险费和住房公积金，以及外聘研发人员的劳务费用。 2. 直接投入费用。 （1）研发活动直接消耗的材料、燃料和动力费用。 （2）用于中间试验和产品试制的模具、工艺装备开发及制造费，不构成固定资产的样品、样机及一般测试手段购置费，试制产品的检验费。 （3）用于研发活动的仪器、设备的运行维护、调整、检验、维修等费用，以及通过经营租赁方式租入的用于研发活动的仪器、设备租赁费。 3. 折旧费用。 用于研发活动的仪器、设备的折旧费。 4. 无形资产摊销。 用于研发活动的软件、专利权、非专利技术（包括许可证、专有技术、设计和计算方法等）的摊销费用。 5. 新产品设计费、新工艺规程制定费、新药研制的临床试验费、勘探开发技术的现场试验费。

（续）

规范性法律文件	政策内容
	6. 其他相关费用。 　与研发活动直接相关的其他费用，如技术图书资料费、资料翻译费、专家咨询费、高新科技研发保险费，研发成果的检索、分析、评议、论证、鉴定、评审、评估、验收费用，知识产权的申请费、注册费、代理费，差旅费、会议费等。此项费用总额不得超过可加计扣除研发费用总额的 10%。 　7. 财政部和国家税务总局规定的其他费用。 　（二）下列活动不适用税前加计扣除政策 　1. 企业产品（服务）的常规性升级。 　2. 对某项科研成果的直接应用，如直接采用公开的新工艺、材料、装置、产品、服务或知识等。 　3. 企业在商品化后为顾客提供的技术支持活动。 　4. 对现存产品、服务、技术、材料或工艺流程进行的重复或简单改变。 　5. 市场调查研究、效率调查或管理研究。 　6. 作为工业（服务）流程环节或常规的质量控制、测试分析、维修维护。 　7. 社会科学、艺术或人文学方面的研究
《财政部　国家税务总局　科技部关于完善研究开发费用税前加计扣除政策的通知》（财税〔2015〕119号）	二、特别事项的处理 　1. 企业委托外部机构或个人进行研发活动所发生的费用，按照费用实际发生额的 80% 计入委托方研发费用并计算加计扣除，受托方不得再进行加计扣除。委托外部研究开发费用实际发生额应按照独立交易原则确定。 　委托方与受托方存在关联关系的，受托方应向委托方提供研发项目费用支出明细情况。 　…… 　2. 企业共同合作开发的项目，由合作各方就自身实际承担的研发费用分别计算加计扣除。 　3. 企业集团根据生产经营和科技开发的实际情况，对技术要求高、投资数额大，需要集中研发的项目，其实际发生的研发费用，可以按照权利和义务相一致、费用支出和收益分享相配比的原则，合理确定研发费用的分摊方法，在受益成员企业间进行分摊，由相关成员企业分别计算加计扣除。 　4. 企业为获得创新性、创意性、突破性的产品进行创意设计活动而发生的相关费用，可按照本通知规定进行税前加计扣除。 　创意设计活动是指多媒体软件、动漫游戏软件开发，数字动漫、游戏设计制作；房屋建筑工程设计（绿色建筑评价标准为三星）、风景园林工程专项设计；工业设计、多媒体设计、动漫及衍生产品设计、模型设计等
	三、会计核算与管理 　1. 企业应按照国家财务会计制度要求，对研发支出进行会计处理；同时，对享受加计扣除的研发费用按研发项目设置辅助账，准确归集核算当年可加计扣除的各项研发费用实际发生额。企业在一个纳税年度内进行多项研发活动的，应按照不同研发项目分别归集可加计扣除的研发费用。 　2. 企业应对研发费用和生产经营费用分别核算，准确、合理归集各项费用支出，对划分不清的，不得实行加计扣除

（续）

规范性法律文件	政策内容
《财政部　国家税务总局　科技部关于完善研究开发费用税前加计扣除政策的通知》（财税〔2015〕119号）	四、不适用税前加计扣除政策的行业 1. 烟草制造业。 2. 住宿和餐饮业。 3. 批发和零售业。 4. 房地产业。 5. 租赁和商务服务业。 6. 娱乐业。 7. 财政部和国家税务总局规定的其他行业。 上述行业以《国民经济行业分类与代码（GB/4754—2011）》为准，并随之更新
	五、管理事项及征管要求 1. 本通知适用于会计核算健全、实行查账征收并能够准确归集研发费用的居民企业。 2. 企业研发费用各项目的实际发生额归集不准确、汇总额计算不准确的，税务机关有权对其税前扣除额或加计扣除额进行合理调整。 3. 税务机关对企业享受加计扣除优惠的研发项目有异议的，可以转请地市级（含）以上科技行政主管部门出具鉴定意见，科技部门应及时回复意见。企业承担省部级（含）以上科研项目的，以及以前年度已鉴定的跨年度研发项目，不再需要鉴定。 4. 企业符合本通知规定的研发费用加计扣除条件而在2016年1月1日以后未及时享受该项税收优惠的，可以追溯享受并履行备案手续，追溯期限最长为3年。 5. 税务部门应加强研发费用加计扣除优惠政策的后续管理，定期开展核查，年度核查面不得低于20%
《财政部税务总局关于进一步完善研发费用税前加计扣除政策的公告》（财政部税务总局公告2021年第13号）	一、制造业企业开展研发活动中实际发生的研发费用，未形成无形资产计入当期损益的，在按规定据实扣除的基础上，自2021年1月1日起，再按照实际发生额的100%在税前加计扣除；形成无形资产的，自2021年1月1日起，按照无形资产成本的200%在税前摊销。 本条所称制造业企业，是指以制造业业务为主营业务，享受优惠当年主营业务收入占收入总额的比例达到50%以上的企业。制造业的范围按照《国民经济行业分类》（GB/T 4754-2017）确定，如国家有关部门更新《国民经济行业分类》，从其规定。收入总额按照企业所得税法第六条规定执行
《关于进一步提高科技型中小企业研发费用税前加计扣除比例的公告》（财政部　税务总局　科技部公告2022年第16号）	一、科技型中小企业开展研发活动中实际发生的研发费用，未形成无形资产计入当期损益的，在按规定据实扣除的基础上，自2022年1月1日起，再按照实际发生额的100%在税前加计扣除；形成无形资产的，自2022年1月1日起，按照无形资产成本的200%在税前摊销
《关于进一步完善研发费用税前加计扣除政策的公告》（财政部　税务总局公告2023年第7号）	一、企业开展研发活动中实际发生的研发费用，未形成无形资产计入当期损益的，在按规定据实扣除的基础上，自2023年1月1日起，再按照实际发生额的100%在税前加计扣除；形成无形资产的，自2023年1月1日起，按照无形资产成本的200%在税前摊销

（续）

规范性法律文件	政策内容
《关于进一步完善研发费用税前加计扣除政策的公告》（财政部 税务总局公告 2023 年第 7 号）	二、企业享受研发费用加计扣除政策的其他政策口径和管理要求，按照《财政部 国家税务总局 科技部关于完善研究开发费用税前加计扣除政策的通知》（财税〔2015〕119 号）、《财政部 税务总局 科技部关于企业委托境外研究开发费用税前加计扣除有关政策问题的通知》（财税〔2018〕64 号）等文件相关规定执行
	三、本公告自 2023 年 1 月 1 日起执行，《财政部 税务总局关于进一步完善研发费用税前加计扣除政策的公告》（财政部税务总局公告 2021 年第 13 号）、《财政部 税务总局 科技部关于进一步提高科技型中小企业研发费用税前加计扣除比例的公告》（财政部 税务总局 科技部公告 2022 年第 16 号）、《财政部 税务总局 科技部关于加大支持科技创新税前扣除力度的公告》（财政部 税务总局 科技部公告 2022 年第 28 号）同时废止

3.2.3 公益性捐赠税前扣除优惠政策

1. 纳税人基本情况

广州甲家电销售有限责任公司（以下简称甲公司）是当地一家小有名气的家电销售企业，为增值税一般纳税人，查账征收企业所得税。甲公司预计 2024 年度利润总额为 600 万元（尚未考虑捐赠支出），无纳税调整事项。为扩大宣传，甲公司计划在 2024 年度进行一些公益活动，如赞助或者捐赠，初步计划为直接向郊区几家小学和养老院捐赠 100 万元或者价值 100 万元的家电。

2. 客户需求

在确保宣传效果的前提下，最大限度减轻甲公司 2024 年度企业所得税负担。

3. 客户现状下的税收负担

甲公司直接向小学和养老院捐赠，不符合公益性捐赠税前扣除的条件，无法税前扣除，起不到节税作用，甲公司应纳企业所得税：600×25%=150（万元）。

4. 纳税筹划方案及其税收负担

筹划方案一：甲公司通过当地政府机关或者公益性社会组织向指定小学和养老院捐赠，满足公益性捐赠税前扣除的其他条件，可以税前扣除利润总额的 12%。甲公司公益捐赠之后，利润总额将降低为 500 万元，可以税前扣除的公益性捐赠限额为：500×12%=60（万元）。甲公司 2024 年度应纳企业所得税额为：（600−60）×25%=135（万元）。尚未扣除的 40 万元捐赠支出可以在 2025 年至 2027 年在公益性捐赠限额内予以扣除。

甲公司企业所得税节税：150-135=15（万元）。

筹划方案二：甲公司通过当地政府机关或者公益性社会组织向可以全额扣除的领域捐赠，如向目标脱贫地区进行扶贫捐赠，满足公益性捐赠税前扣除的其他条件，可以全额税前扣除。甲公司 2024 年度应纳企业所得税：（600-100）×25%=125（万元）。

甲公司企业所得税节税：150-125=25（万元）。

5. 相关政策依据

规范性法律文件	政策内容
《中华人民共和国企业所得税法》	第九条：企业发生的公益性捐赠支出，在年度利润总额 12% 以内的部分，准予在计算应纳税所得额时扣除
《中华人民共和国企业所得税法实施条例》	第五十一条：企业所得税法第九条所称公益性捐赠，是指企业通过公益性社会组织或者县级以上人民政府及其部门，用于符合法律规定的慈善活动、公益事业的捐赠
	第五十二条：本条例第五十一条所称公益性社会组织，是指同时符合下列条件的慈善组织以及其他社会组织： （一）依法登记，具有法人资格； （二）以发展公益事业为宗旨，且不以营利为目的； （三）全部资产及其增值为该法人所有； （四）收益和营运结余主要用于符合该法人设立目的的事业； （五）终止后的剩余财产不归属任何个人或者营利组织； （六）不经营与其设立目的无关的业务； （七）有健全的财务会计制度； （八）捐赠者不以任何形式参与该法人财产的分配； （九）国务院财政、税务主管部门会同国务院民政部门等登记管理部门规定的其他条件
	第五十三条：企业当年发生以及以前年度结转的公益性捐赠支出，不超过年度利润总额 12% 的部分，准予扣除。 年度利润总额，是指企业依照国家统一会计制度的规定计算的年度会计利润
《财政部　税务总局　民政部关于公益性捐赠税前扣除有关事项的公告》（财政部税务总局　民政部公告 2020 年第 27 号）	一、企业或个人通过公益性社会组织、县级以上人民政府及其部门等国家机关，用于符合法律规定的公益慈善事业捐赠支出，准予按税法规定在计算应纳税所得额时扣除
	二、本公告第一条所称公益慈善事业，应当符合《中华人民共和国公益事业捐赠法》第三条对公益事业范围的规定或者《中华人民共和国慈善法》第三条对慈善活动范围的规定
	三、本公告第一条所称公益性社会组织，包括依法设立或登记并按规定条件和程序取得公益性捐赠税前扣除资格的慈善组织、其他社会组织和群众团体。公益性群众团体的公益性捐赠税前扣除资格确认及管理按照现行规定执行。依法登记的慈善组织和其他社会组织的公益性捐赠税前扣除资格确认及管理按本公告执行

（续）

规范性法律文件	政策内容
《财政部　税务总局　民政部关于公益性捐赠税前扣除有关事项的公告》（财政部税务总局　民政部公告 2020 年第 27 号）	四、在民政部门依法登记的慈善组织和其他社会组织（以下统称社会组织），取得公益性捐赠税前扣除资格应当同时符合以下规定： （一）符合企业所得税法实施条例第五十二条第一项到第八项规定的条件。 （二）每年应当在 3 月 31 日前按要求向登记管理机关报送经审计的上年度专项信息报告。报告应当包括财务收支和资产负债总体情况、开展募捐和接受捐赠情况、公益慈善事业支出及管理费用情况（包括本条第三项、第四项规定的比例情况）等内容。 首次确认公益性捐赠税前扣除资格的，应当报送经审计的前两个年度的专项信息报告。 （三）具有公开募捐资格的社会组织，前两年度每年用于公益慈善事业的支出占上年总收入的比例均不得低于 70%。计算该支出比例时，可以用前三年收入平均数代替上年总收入。 不具有公开募捐资格的社会组织，前两年度每年用于公益慈善事业的支出占上年末净资产的比例均不得低于 8%。计算该比例时，可以用前三年年末净资产平均数代替上年末净资产。 （四）具有公开募捐资格的社会组织，前两年度每年支出的管理费用占当年总支出的比例均不得高于 10%。 不具有公开募捐资格的社会组织，前两年每年支出的管理费用占当年总支出的比例均不得高于 12%。 （五）具有非营利组织免税资格，且免税资格在有效期内。 （六）前两年度未受到登记管理机关行政处罚（警告除外）。 （七）前两年度未被登记管理机关列入严重违法失信名单。 （八）社会组织评估等级为 3A 以上（含 3A）且该评估结果在确认公益性捐赠税前扣除资格时仍在有效期内。 公益慈善事业支出、管理费用和总收入的标准和范围，按照《民政部　财政部　国家税务总局关于印发〈关于慈善组织开展慈善活动年度支出和管理费用的规定〉的通知》（民发〔2016〕189 号）关于慈善活动支出、管理费用和上年总收入的有关规定执行。 按照《中华人民共和国慈善法》新设立或新认定的慈善组织，在其取得非营利组织免税资格的当年，只需要符合本条第一项、第六项、第七项条件即可
	十三、除另有规定外，公益性社会组织、县级以上人民政府及其部门等国家机关在接受企业或个人捐赠时，按以下原则确认捐赠额： （一）接受的货币性资产捐赠，以实际收到的金额确认捐赠额。 （二）接受的非货币性资产捐赠，以其公允价值确认捐赠额。捐赠方在向公益性社会组织、县级以上人民政府及其部门等国家机关捐赠时，应当提供注明捐赠非货币性资产公允价值的证明；不能提供证明的，接受捐赠方不得向其开具捐赠票据
《财政部　税务总局关于通过公益性群众团体的公益性捐赠税前扣除有关事项的公告》（财政部税务总局公告 2021 年第 20 号）	三、本公告第一条所称公益性群众团体，包括依照《社会团体登记管理条例》规定不需进行社团登记的人民团体以及经国务院批准免予登记的社会团体（以下统称群众团体），且按规定条件和程序已经取得公益性捐赠税前扣除资格

（续）

规范性法律文件	政策内容
《财政部　税务总局关于通过公益性群众团体的公益性捐赠税前扣除有关事项的公告》（财政部　税务总局公告 2021 年第 20 号）	四、群众团体取得公益性捐赠税前扣除资格应当同时符合以下条件： （一）符合企业所得税法实施条例第五十二条第一项至第八项规定的条件； （二）县级以上各级机构编制部门直接管理其机构编制； （三）对接受捐赠的收入以及用捐赠收入进行的支出单独进行核算，且申报前连续 3 年接受捐赠的总收入中用于公益慈善事业的支出比例不低于 70%
	十二、公益性群众团体在接受捐赠时，应按照行政管理级次分别使用由财政部或省、自治区、直辖市财政部门监（印）制的公益事业捐赠票据，并加盖本单位的印章；对个人索取捐赠票据的，应予以开具。 企业或个人将符合条件的公益性捐赠支出进行税前扣除，应当留存相关票据备查
《关于企业扶贫捐赠所得税税前扣除政策的公告》（财政部　税务总局　国务院扶贫办公告 2019 年第 49 号）	一、自 2019 年 1 月 1 日至 2022 年 12 月 31 日，企业通过公益性社会组织或者县级（含县级）以上人民政府及其组成部门和直属机构，用于目标脱贫地区的扶贫捐赠支出，准予在计算企业所得税应纳税所得额时据实扣除。在政策执行期限内，目标脱贫地区实现脱贫的，可继续适用上述政策。 "目标脱贫地区"包括 832 个国家扶贫开发工作重点县、集中连片特困地区县（新疆阿克苏地区 6 县 1 市享受片区政策）和建档立卡贫困村
	二、企业同时发生扶贫捐赠支出和其他公益性捐赠支出，在计算公益性捐赠支出年度扣除限额时，符合上述条件的扶贫捐赠支出不计算在内
《关于延长部分扶贫税收优惠政策执行期限的公告》（财政部　税务总局　人力资源社会保障部　国家乡村振兴局公告 2021 年第 18 号）	《财政部　税务总局　人力资源社会保障部　国务院扶贫办关于进一步支持和促进重点群体创业就业有关税收政策的通知》（财税〔2019〕22 号）、《财政部　税务总局　国务院扶贫办关于企业扶贫捐赠所得税税前扣除政策的公告》（财政部　税务总局　国务院扶贫办公告 2019 年第 49 号）、《财政部　税务总局　国务院扶贫办关于扶贫货物捐赠免征增值税政策的公告》（财政部　税务总局　国务院扶贫办公告 2019 年第 55 号）中规定的税收优惠政策，执行期限延长至 2025 年 12 月 31 日

3.2.4　西部大开发税收优惠政策

1. 纳税人基本情况

厦门甲饮料科技有限责任公司（以下简称甲公司）主要从事饮料制造、销售以及相关技术服务和企业管理服务，属于增值税一般纳税人，查账征收企业所得税。2024 年度预计取得饮料制造和销售收入 9000 万元，利润总额 1000 万元，相关技术服务和企业管理服务收入 1000 万元，利润总额 300 万元。甲公司 2024 年度资产总额 4000 万元，员工人数 200 人，适用企业所得税税率为 25%，无纳税调整事项。

2. 客户需求

最大限度减轻甲公司 2024 年度企业所得税负担。

3. 客户现状下的税收负担

甲公司 2024 年度应纳税所得额为 1300 万元，适用企业所得税税率为 25%，应纳企业所得税：1300×25%=325（万元）。

4. 纳税筹划方案及其税收负担

由甲公司或者甲公司的股东在新疆设立乙公司，由其承接甲公司的饮料制造和销售以及部分技术服务和企业管理服务。乙公司制造的饮料全部销售给甲公司，公平市场价格为 8500 万元（不含增值税），甲公司对外销售后仍取得 9000 万元的销售收入。2024 年度，乙公司取得饮料销售收入 8500 万元，取得相关技术服务和企业管理服务收入 900 万元，利润总额 1000 万元。甲公司取得饮料销售收入 9000 万元，取得相关技术服务和企业管理服务收入 100 万元，利润总额 300 万元。乙公司符合西部大开发税收优惠政策的条件，适用 15% 的企业所得税税率；甲公司符合小型微利企业税收优惠政策的条件。

甲公司应纳企业所得税：300×25%×20%=15（万元）。

乙公司应纳企业所得税：1000×15%=150（万元）。

甲公司企业所得税节税：325−15−150=160（万元）。

5. 相关政策依据

规范性法律文件	政策内容
《中华人民共和国企业所得税法》	第二十五条：国家对重点扶持和鼓励发展的产业和项目，给予企业所得税优惠
	第三十六条：根据国民经济和社会发展的需要，或者由于突发事件等原因对企业经营活动产生重大影响的，国务院可以制定企业所得税专项优惠政策，报全国人民代表大会常务委员会备案
《关于延续西部大开发企业所得税政策的公告》（财政部　税务总局　国家发展改革委公告 2020 年第 23 号）	一、自 2021 年 1 月 1 日至 2030 年 12 月 31 日，对设在西部地区的鼓励类产业企业减按 15% 的税率征收企业所得税。本条所称鼓励类产业企业是指以《西部地区鼓励类产业目录》中规定的产业项目为主营业务，且其主营业务收入占企业收入总额 60% 以上的企业
	三、税务机关在后续管理中，不能准确判定企业主营业务是否属于国家鼓励类产业项目时，可提请发展改革等相关部门出具意见。对不符合税收优惠政策规定条件的，由税务机关按税收征收管理法及有关规定进行相应处理。具体办法由省级发展改革、税务部门另行制定
	四、本公告所称西部地区包括内蒙古自治区、广西壮族自治区、重庆市、四川省、贵州省、云南省、西藏自治区、陕西省、甘肃省、青海省、宁夏回族自治区、新疆维吾尔自治区和新疆生产建设兵团。湖南省湘西土家族苗族自治州、湖北省恩施土家族苗族自治州、吉林省延边朝鲜族自治州和江西省赣州市，可以比照西部地区的企业所得税政策执行
《西部地区鼓励类产业目录》（2020 年本）	（十）新疆维吾尔自治区（含新疆生产建设兵团） 1. 葡萄酒和饮料生产（《产业结构调整指导目录》限制类、淘汰类项目除外）

3.3　个人所得税优惠政策及案例应用

中小企业的纳税筹划与个人的纳税筹划关系密切，中小企业的股东或者投资人通常就是个人，他们的纳税筹划往往是通过设立中小企业或在企业内任职等方式来进行的。中小企业为降低用工成本往往需要给聘请的高管和员工进行纳税筹划，因此，其个人的纳税筹划也是中小企业纳税筹划的重要方面。

个人缴纳的主要税种是个人所得税，个人纳税筹划的重点是个人所得税。

目前，个人所得税的优惠政策比较多，其中在纳税筹划上比较重要的包括子女教育专项附加扣除优惠政策、赡养老人专项附加扣除优惠政策、个人养老金递延纳税优惠政策、近亲属赠与不动产免税优惠政策、遗赠不动产免税优惠政策、转让满五唯一房产免税优惠政策、换购住房退税优惠政策以及上市公司股息税收优惠政策等。

3.3.1　子女教育专项附加扣除优惠政策

1. 纳税人基本情况

刘先生和王女士是夫妻，他们有两个孩子，一个上小学六年级，一个上小学二年级。2024 年度，刘先生预计全年综合所得应纳税所得额为 10 万元（尚未考虑子女教育专项附加扣除），王女士预计全年综合所得应纳税所得额为 3 万元（尚未考虑子女教育专项附加扣除）。王女士准备将两个孩子的子女教育专项附加扣除全部由自己享受。综合所得个人所得税税率表见下表。

个人所得税税率表（综合所得适用）

级数	全年应纳税所得额	税率	速算扣除数
1	不超过 36000 元的部分	3%	0
2	超过 36000 元至 144000 元的部分	10%	2520
3	超过 144000 元至 300000 元的部分	20%	16920
4	超过 300000 元至 420000 元的部分	25%	31920
5	超过 420000 元至 660000 元的部分	30%	52920
6	超过 660000 元至 960000 元的部分	35%	85920
7	超过 960000 元的部分	45%	181920

注：本表所称全年应纳税所得额是指依照《中华人民共和国个人所得税法》规定，居民个人取得综合所得以每一纳税年度收入额减除费用 6 万元以及专项扣除、专项附加扣除和依法确定的其他扣除后的余额。

2. 客户需求

发挥子女教育专项附加扣除最大的节税效果。

3. 客户现状下的税收负担

王女士全年综合所得应纳税所得额为 3 万元，应纳个人所得税额为：$30000 \times 3\%=900$（元）。因两个孩子可享受子女教育专项附加扣除 4.8 万元，王女士 2024 年度应纳个人所得税额为 0 元。子女教育专项附加扣除节税 900 元。

刘先生全年综合所得应纳税所得额为 10 万元，2024 年度应纳个人所得税：$100000 \times 10\%-2520=7480$（元）。

子女教育专项附加扣除节税额为 900 元。

4. 纳税筹划方案及其税收负担

筹划方案一：王女士和刘先生各享受一个孩子的子女教育专项附加扣除。

王女士全年综合所得应纳税所得额为 3 万元，应纳个人所得税：$30000 \times 3\%=900$（元）。一个孩子，子女教育专项附加扣除为 2.4 万元。王女士 2024 年度应纳个人所得税：$（30000-24000） \times 3\%=180$（元）。子女教育专项附加扣除节税：$900-180=720$（元）。

刘先生全年综合所得应纳税所得额为 10 万元，应纳个人所得税：$100000 \times 10\%-2520=7480$（元）。一个孩子，子女教育专项附加扣除为 2.4 万元。刘先生 2024 年度应纳个人所得税：$（100000-24000） \times 10\%-2520=5080$（元）。子女教育专项附加扣除节税：$7480-5080=2400$（元）。

此方案中，子女教育专项附加扣除节税：$720+2400=3120$（元）。

筹划方案二：刘先生享受两个孩子的子女教育专项附加扣除。

王女士全年综合所得应纳税所得额为 3 万元，应纳个人所得税：$30000 \times 3\%=900$（元）。

刘先生全年综合所得应纳税所得额为 10 万元，应纳个人所得税：$100000 \times 10\%-2520=7480$（元）。两个孩子，子女教育专项附加扣除为 4.8 万元，刘先生 2024 年度应纳个人所得税：$（100000-48000） \times 10\%-2520=2680$（元）。子女教育专项附加扣除节税：$7480-2680=4800$（元）。

此方案中，子女教育专项附加扣除节税额为 4800 元。

5. 相关政策依据

规范性法律文件	政策内容
《中华人民共和国个人所得税法》	第三条：个人所得税的税率： （一）综合所得，适用百分之三至百分之四十五的超额累进税率（税率表附后）； ……

（续）

规范性法律文件	政策内容
《中华人民共和国个人所得税法》	第六条：应纳税所得额的计算： （一）居民个人的综合所得，以每一纳税年度的收入额减除费用六万元以及专项扣除、专项附加扣除和依法确定的其他扣除后的余额，为应纳税所得额。 …… 本条第一款第一项规定的专项扣除，包括居民个人按照国家规定的范围和标准缴纳的基本养老保险、基本医疗保险、失业保险等社会保险费和住房公积金等；专项附加扣除，包括子女教育、继续教育、大病医疗、住房贷款利息或者住房租金、赡养老人等支出，具体范围、标准和实施步骤由国务院确定，并报全国人民代表大会常务委员会备案
《国务院关于印发个人所得税专项附加扣除暂行办法的通知》（国发〔2018〕41号）	第五条：纳税人的子女接受全日制学历教育的相关支出，按照每个子女每月1000元的标准定额扣除。 学历教育包括义务教育（小学、初中教育）、高中阶段教育（普通高中、中等职业、技工教育）、高等教育（大学专科、大学本科、硕士研究生、博士研究生教育）。 年满3岁至小学入学前处于学前教育阶段的子女，按本条第一款规定执行
	第六条：父母可以选择由其中一方按扣除标准的100%扣除，也可以选择由双方分别按扣除标准的50%扣除，具体扣除方式在一个纳税年度内不能变更
	第七条：纳税人子女在中国境外接受教育的，纳税人应当留存境外学校录取通知书、留学签证等相关教育的证明资料备查
《国务院关于提高个人所得税有关专项附加扣除标准的通知》（国发〔2023〕13号）	一、3岁以下婴幼儿照护专项附加扣除标准，由每个婴幼儿每月1000元提高到2000元
	二、子女教育专项附加扣除标准，由每个子女每月1000元提高到2000元
	四、3岁以下婴幼儿照护、子女教育、赡养老人专项附加扣除涉及的其他事项，按照《个人所得税专项附加扣除暂行办法》有关规定执行
	五、上述调整后的扣除标准自2023年1月1日起实施
《国家税务总局关于修订发布〈个人所得税专项附加扣除操作办法（试行）〉的公告》（国家税务总局公告2022年第7号）	第三条：纳税人享受符合规定的专项附加扣除的计算时间分别为： （一）子女教育。学前教育阶段，为子女年满3周岁当月至小学入学前一月。学历教育，为子女接受全日制学历教育入学的当月至全日制学历教育结束的当月 ……
	第四条：享受子女教育、继续教育、住房贷款利息或者住房租金、赡养老人、3岁以下婴幼儿照护专项附加扣除的纳税人，自符合条件开始，可以向支付工资、薪金所得的扣缴义务人提供上述专项附加扣除有关信息，由扣缴义务人在预扣预缴税款时，按其在本单位本年可享受的累计扣除额办理扣除；也可以在次年3月1日至6月30日内，向汇缴地主管税务机关办理汇算清缴申报时扣除。 纳税人同时从两处以上取得工资、薪金所得，并由扣缴义务人办理上述专项附加扣除的，对同一专项附加扣除项目，一个纳税年度内，纳税人只能选择从其中一处扣除。 ……

（续）

规范性法律文件	政策内容
《国家税务总局关于修订发布〈个人所得税专项附加扣除操作办法（试行）〉的公告》（国家税务总局公告 2022 年第 7 号）	第五条：扣缴义务人办理工资、薪金所得预扣预缴税款时，应当根据纳税人报送的《个人所得税专项附加扣除信息表》（以下简称《扣除信息表》）为纳税人办理专项附加扣除。 纳税人年度中间更换工作单位的，在原单位任职、受雇期间已享受的专项附加扣除金额，不得在新任职、受雇单位扣除。原扣缴义务人应当自纳税人离职不再发放工资薪金所得的当月起，停止为其办理专项附加扣除
	第十二条：纳税人享受子女教育专项附加扣除，应当填报配偶及子女的姓名、身份证件类型及号码、子女当前受教育阶段及起止时间、子女就读学校以及本人与配偶之间扣除分配比例等信息 ……

3.3.2 赡养老人专项附加扣除优惠政策

1. 纳税人基本情况

李先生和李太太均已年满 60 周岁，其有三个孩子，分别为李一、李二和李三。预计李一 2024 年度综合所得应纳税所得额为 10 万元，李二 2024 年度综合所得应纳税所得额为 3 万元，李三 2024 年度综合所得应纳税所得额为 0。为体现三个孩子之间的公平，李先生和李太太原计划赡养老人专项附加扣除的额度在三个孩子之间平均分配。

2. 客户需求

实现 2024 年度赡养老人专项附加扣除的最大节税效果。

3. 客户现状下的税收负担

赡养老人专项附加扣除的额度为 3.6 万元，三个孩子每人享受 1.2 万元扣除额。

李一 2024 年度综合所得应纳税所得额为 10 万元，应纳个人所得税：$100000 \times 10\% - 2520 = 7480$（元）。享受 1.2 万元赡养老人专项附加扣除之后，其应纳个人所得税：$(100000 - 12000) \times 10\% - 2520 = 6280$（元）。赡养老人专项附加扣除节税：$7480 - 6280 = 1200$（元）。

李二 2024 年度综合所得应纳税所得额为 3 万元，应纳个人所得税：$30000 \times 3\% = 900$（元）。享受 1.2 万元赡养老人专项附加扣除之后，其应纳个人所得税：$(30000 - 12000) \times 3\% = 540$（元）。赡养老人专项附加扣除节税：$900 - 540 = 360$（元）。

李三不缴纳个人所得税，赡养老人专项附加扣除无节税效果。

赡养老人专项附加扣除合计节税：$1200 + 360 = 1560$（元）。

4. 纳税筹划方案及其税收负担

赡养老人专项附加扣除的额度为 3.6 万元，李一和李二分别享受 1.8 万元扣除额，李三不享受。

李一 2024 年度综合所得应纳税所得额为 10 万元，应纳个人所得税：100000×10%– 2520=7480（元）。享受 1.8 万元赡养老人专项附加扣除之后，其应纳个人所得税：（100000–18000）×10%–2520=5680（元）。赡养老人专项附加扣除节税：7480–5680=1800（元）。

李二 2024 年度综合所得应纳税所得额为 3 万元，应纳个人所得税：30000×3%=900（元）。享受 1.8 万元的赡养老人专项附加扣除之后，其应纳个人所得税:（30000–18000）× 3%=360（元）。赡养老人专项附加扣除节税：900–360=540（元）。

李三不缴纳个人所得税，赡养老人专项附加扣除无节税效果。

赡养老人专项附加扣除合计节税：1800+540=2340（元）。

5. 相关政策依据

规范性法律文件	政策内容
《国务院关于印发个人所得税专项附加扣除暂行办法的通知》（国发〔2018〕41 号）	第二十二条：纳税人赡养一位及以上被赡养人的赡养支出，统一按照以下标准定额扣除： （一）纳税人为独生子女的，按照每月 2000 元的标准定额扣除； （二）纳税人为非独生子女的，由其与兄弟姐妹分摊每月 2000 元的扣除额度，每人分摊的额度不能超过每月 1000 元。可以由赡养人均摊或者约定分摊，也可以由被赡养人指定分摊。约定或者指定分摊的须签订书面分摊协议，指定分摊优先于约定分摊。具体分摊方式和额度在一个纳税年度内不能变更
	第二十三条：本办法所称被赡养人是指年满 60 岁的父母，以及子女均已去世的年满 60 岁的祖父母、外祖父母
	第二十九条：本办法所称父母，是指生父母、继父母、养父母。本办法所称子女，是指婚生子女、非婚生子女、继子女、养子女。父母之外的其他人担任未成年人的监护人的，比照本办法规定执行
《国务院关于提高个人所得税有关专项附加扣除标准的通知》（国发〔2023〕13 号）	三、赡养老人专项附加扣除标准，由每月 2000 元提高到 3000 元。其中，独生子女按照每月 3000 元的标准定额扣除；非独生子女与兄弟姐妹分摊每月 3000 元的扣除额度，每人分摊的额度不能超过每月 1500 元
	四、3 岁以下婴幼儿照护、子女教育、赡养老人专项附加扣除涉及的其他事项，按照《个人所得税专项附加扣除暂行办法》有关规定执行
	五、上述调整后的扣除标准自 2023 年 1 月 1 日起实施
《国家税务总局关于修订发布〈个人所得税专项附加扣除操作办法（试行）〉的公告》（国家税务总局公告 2022 年第 7 号）	第三条：纳税人享受符合规定的专项附加扣除的计算时间分别为. …… （六）赡养老人。为被赡养人年满 60 周岁的当月至赡养义务终止的年末。 ……

（续）

规范性法律文件	政策内容
《国家税务总局关于修订发布〈个人所得税专项附加扣除操作办法（试行）〉的公告》（国家税务总局公告2022年第7号）	第七条：一个纳税年度内，纳税人在扣缴义务人预扣预缴税款环节未享受或未足额享受专项附加扣除的，可以在当年内向支付工资、薪金的扣缴义务人申请在剩余月份发放工资、薪金时补充扣除，也可以在次年3月1日至6月30日内，向汇缴地主管税务机关办理汇算清缴时申报扣除
	第十六条：纳税人享受赡养老人专项附加扣除，应当填报纳税人是否为独生子女、月扣除金额、被赡养人姓名及身份证件类型和号码、与纳税人关系；有共同赡养人的，需填报分摊方式、共同赡养人姓名及身份证件类型和号码等信息。 纳税人需要留存备查资料包括：约定或指定分摊的书面分摊协议等资料

3.3.3 个人养老金递延纳税优惠政策

1. 纳税人基本情况

赵先生、钱先生、孙先生均为位于北京的甲公司的员工，可以享受个人养老金递延纳税的优惠政策。预计2024年度，赵先生综合所得应纳税所得额为0，钱先生综合所得应纳税所得额为3.6万元，孙先生综合所得应纳税所得额为20万元，以上数额均未考虑个人养老金计划。赵先生、钱先生、孙先生原计划均缴纳1.2万元个人养老金。

2. 客户需求

判断赵先生、钱先生、孙先生缴纳1.2万元个人养老金是否能节税，满足什么条件才适宜参加个人养老金计划。

3. 客户现状下的税收负担

赵先生2024年度综合所得应纳税所得额为0，不需要缴纳个人所得税。如果缴纳1.2万元个人养老金，其2024年度综合所得应纳税所得额仍然为0，起不到节税效果。赵先生退休后领取该1.2万元养老金时（不考虑养老金在持有期间的增值，下同），需要缴纳个人所得税：12000×3%=360（元）。赵先生参加个人养老金计划，2024年度将增加税收负担360元。

钱先生2024年度综合所得应纳税所得额为3.6万元，需要缴纳个人所得税：36000×3%=1080（元）。如果缴纳1.2万元个人养老金，其2024年度综合所得应纳税所得额降低为2.4万元，需要缴纳个人所得税：24000×3%=720（元）。减轻个人所得税负担：1080−720=360（元）。钱先生退休后领取该1.2万元养老金时，需要缴纳个人所得税：12000×3%=360（元）。钱先生参加个人养老金计划，如果不考虑货币的时间价值，没有起到节税效果，也没有增加税收负担。若考虑货币的时间价值，虽然缴纳360元税款的时间推迟了，但取得1.2万元收入的时间也推迟了，整体来看，得不偿失。

孙先生 2024 年度综合所得应纳税所得额为 20 万元，需要缴纳个人所得税：200000×20%–16920=23080（元）。如果缴纳 1.2 万元个人养老金，其 2024 年度综合所得应纳税所得额降低为 18.8 万元，需要缴纳个人所得税：188000×20%–16920=20680（元）。减轻个人所得税负担：23080–20680=2400（元）。孙先生退休后领取该 1.2 万元养老金时，需要缴纳个人所得税：12000×3%=360（元）。孙先生参加个人养老金计划，不考虑货币时间价值，减轻个人所得税负担：2400–360=2040（元）。

4. 纳税筹划方案及其税收负担

赵先生 2024 年度综合所得应纳税所得额为 0，不需要缴纳个人所得税，参加个人养老金计划无法起到节税效果。由于领取养老金时还需要缴纳 3% 的个人所得税，因此，赵先生参加个人养老金计划会增加税收负担。由此可见，年度综合所得应纳税所得额为 0 的纳税人不适宜参加个人养老金计划。

钱先生 2024 年度综合所得应纳税所得额为 3.6 万元，适用个人所得税税率为 3%，其参加个人养老金计划在当期可以减轻税收负担，但由于领取养老金时还需要缴纳 3% 的个人所得税。在不考虑货币时间价值的前提下，其税收负担是相同的。因此，钱先生也不宜参加个人养老金计划。由此可见，年度综合所得应纳税所得额不超过 3.6 万元的纳税人不适宜参加个人养老金计划。

孙先生 2024 年度综合所得应纳税所得额为 20 万元，适用个人所得税的边际税率为 20%，参加个人养老金计划在当期可以减轻 20% 的税收负担，但由于领取养老金时还需要缴纳 3% 的个人所得税，不考虑货币的时间价值，相当于节税 17%。因此，孙先生应当参加个人养老金计划。

根据综合所得适用的税率表，纳税人在某个年度的综合所得应纳税所得额要超过 3.6 万元才有节税的可能，应纳税所得额越高，节税效果越明显。

5. 相关政策依据

规范性法律文件	政策内容
《中华人民共和国个人所得税法实施条例》	第十三条：个人所得税法第六条第一款第一项所称依法确定的其他扣除，包括个人缴付符合国家规定的企业年金、职业年金，个人购买符合国家规定的商业健康保险、税收递延型商业养老保险的支出，以及国务院规定可以扣除的其他项目。 专项扣除、专项附加扣除和依法确定的其他扣除，以居民个人一个纳税年度的应纳税所得额为限额；一个纳税年度扣除不完的，不结转以后年度扣除
《关于个人养老金有关个人所得税政策的公告》（财政部　税务总局公告 2022 年第 34 号）	一、自 2022 年 1 月 1 日起，对个人养老金实施递延纳税优惠政策。在缴费环节，个人向个人养老金资金账户的缴费，按照 12000 元／年的限额标准，在综合所得或经营所得中据实扣除；在投资环节，计入个人养老金资金账户的投资收益暂不征收个人所得税；在领取环节，个人领取的个人养老金，不并入综合所得，单独按照 3% 的税率计算缴纳个人所得税，其缴纳的税款计入"工资、薪金所得"项目

（续）

规范性法律文件	政策内容
《关于个人养老金有关个人所得税政策的公告》（财政部 税务总局公告 2022 年第 34 号）	二、个人缴费享受税前扣除优惠时，以个人养老金信息管理服务平台出具的扣除凭证为扣税凭据。取得工资薪金所得、按累计预扣法预扣预缴个人所得税劳务报酬所得的，其缴费可以选择在当年预扣预缴或次年汇算清缴时在限额标准内据实扣除。选择在当年预扣预缴的，应及时将相关凭证提供给扣缴单位。扣缴单位应按照本公告有关要求，为纳税人办理税前扣除有关事项。取得其他劳务报酬、稿酬、特许权使用费等所得或经营所得的，其缴费在次年汇算清缴时在限额标准内据实扣除。个人按规定领取个人养老金时，由开立个人养老金资金账户所在市的商业银行机构代扣代缴其应缴的个人所得税
	六、本公告规定的税收政策自 2022 年 1 月 1 日起在个人养老金先行城市实施。 个人养老金先行城市名单由人力资源社会保障部会同财政部、税务总局另行发布。上海市、福建省、苏州工业园区等已实施个人税收递延型商业养老保险试点的地区，自 2022 年 1 月 1 日起统一按照本公告规定的税收政策执行
《个人养老金实施办法》（人社部发〔2022〕70 号）	第二条：个人养老金是指政府政策支持、个人自愿参加、市场化运营、实现养老保险补充功能的制度。个人养老金实行个人账户制，缴费完全由参加人个人承担，自主选择购买符合规定的储蓄存款、理财产品、商业养老保险、公募基金等金融产品（以下统称个人养老金产品），实行完全积累，按照国家有关规定享受税收优惠政策
	第八条：参加人每年缴纳个人养老金额度上限为 12000 元，参加人每年缴费不得超过该缴费额度上限。人力资源社会保障部、财政部根据经济社会发展水平、多层次养老保险体系发展情况等因素适时调整缴费额度上限
	第十二条：个人养老金资金账户封闭运行，参加人达到以下任一条件的，可以按月、分次或者一次性领取个人养老金。 （一）达到领取基本养老金年龄； （二）完全丧失劳动能力； （三）出国（境）定居； （四）国家规定的其他情形
《人力资源社会保障部办公厅 财政部办公厅 国家税务总局办公厅关于公布个人养老金先行城市（地区）的通知》（人社厅函〔2022〕169 号）	自本通知印发之日起，在先行城市（地区）所在地参加职工基本养老保险或城乡居民基本养老保险的劳动者，可参加个人养老金。 附件：个人养老金先行城市（地区）名单

附件：个人养老金先行城市（地区）名单

序号	省（自治区、直辖市）	先行城市（地区）
1	北京市	北京市
2	天津市	天津市
3	河北省	石家庄市
		雄安新区
4	山西省	晋城市
5	内蒙古自治区	呼和浩特市

（续）

规范性法律文件	政策内容		
	序号	省（自治区、直辖市）	先行城市（地区）
《人力资源社会保障部办公厅　财政部办公厅　国家税务总局办公厅关于公布个人养老金先行城市（地区）的通知》（人社厅函〔2022〕169号）	6	辽宁省	沈阳市
			大连市
	7	吉林省	长春市
	8	黑龙江省	哈尔滨市
	9	上海市	上海市
	10	江苏省	苏州市
	11	浙江省	杭州市
			宁波市
	12	安徽省	合肥市
	13	福建省	福州市
	14	江西省	南昌市
	15	山东省	青岛市
			东营市
	16	河南省	郑州市
	17	湖北省	武汉市
	18	湖南省	长沙市
	19	广东省	广州市
			深圳市
	20	广西壮族自治区	南宁市
	21	海南省	海口市
	22	重庆市	重庆市
	23	四川省	成都市
	24	贵州省	贵阳市
	25	云南省	玉溪市
	26	西藏自治区	拉萨市
	27	陕西省	西安市
	28	甘肃省	庆阳市
	29	青海省	西宁市
	30	宁夏回族自治区	银川市
	31	新疆维吾尔自治区	乌鲁木齐市

3.3.4 近亲属赠与不动产免税优惠政策

1. 纳税人基本情况

秦先生计划将其名下的一套住房赠与其侄子，以感谢其弟弟和侄子对其工作的支持和帮助。该套住房目前的市场价值为 200 万元。该套住房为秦先生 10 年前以 100 万元的价格购入的。该套住房所在地契税标准税率为 3%。

2. 客户需求

以最低的税负将该套住房过户到秦先生侄子名下。

3. 客户现状下的税收负担

秦先生将该套住房赠与其侄子，其侄子应当缴纳契税：200×3%=6（万元）。其侄子应当缴纳个人所得税：（200-6）×20%=38.8（万元）。合计税收负担：6+38.8=44.8（万元）。

4. 纳税筹划方案及其税收负担

秦先生将该套住房赠与其弟弟，其弟弟再将该套住房赠与秦先生的侄子（即秦先生弟弟的儿子）。秦先生将该套住房赠与其弟弟，其弟弟应当缴纳契税：200×3%=6（万元）。其弟弟将该套住房赠与秦先生的侄子，秦先生的侄子应当缴纳契税：200×3%=6（万元）。合计税收负担：6+6=12（万元）。

减轻税收负担：44.8-12=32.8（万元）。

5. 相关政策依据

规范性法律文件	政策内容
《中华人民共和国个人所得税法》	第二条：下列各项个人所得，应当缴纳个人所得税： …… （八）财产转让所得； …… 居民个人取得前款第一项至第四项所得（以下称综合所得），按纳税年度合并计算个人所得税；非居民个人取得前款第一项至第四项所得，按月或者按次分项计算个人所得税。纳税人取得前款第五项至第九项所得，依照本法规定分别计算个人所得税
	第三条：个人所得税的税率： …… （三）利息、股息、红利所得，财产租赁所得，财产转让所得和偶然所得，适用比例税率，税率为百分之二十
《财政部 国家税务总局关于个人无偿受赠房屋有关个人所得税问题的通知》（财税〔2009〕78 号）	一、以下情形的房屋产权无偿赠与，对当事双方不征收个人所得税： （一）房屋产权所有人将房屋产权无偿赠与配偶、父母、子女、祖父母、外祖父母、孙子女、外孙子女、兄弟姐妹； ……

（续）

规范性法律文件	政策内容
《财政部　国家税务总局关于个人无偿受赠房屋有关个人所得税问题的通知》（财税〔2009〕78 号）	二、赠与双方办理免税手续时，应向税务机关提交以下资料： （一）《国家税务总局关于加强房地产交易个人无偿赠与不动产税收管理有关问题的通知》（国税发〔2006〕144 号）第一条规定的相关证明材料； （二）赠与双方当事人的有效身份证件； （三）属于本通知第一条第（一）项规定情形的，还须提供公证机构出具的赠与人和受赠人亲属关系的公证书（原件）； ……
	四、对受赠人无偿受赠房屋计征个人所得税时，其应纳税所得额为房地产赠与合同上标明的赠与房屋价值减除赠与过程中受赠人支付的相关税费后的余额。赠与合同标明的房屋价值明显低于市场价格或房地产赠与合同未标明赠与房屋价值的，税务机关可依据受赠房屋的市场评估价格或采取其他合理方式确定受赠人的应纳税所得额
《财政部　税务总局关于个人取得有关收入适用个人所得税应税所得项目的公告》（财政部　税务总局公告 2019 年第 74 号）	二、房屋产权所有人将房屋产权无偿赠与他人的，受赠人因无偿受赠房屋取得的受赠收入，按照"偶然所得"项目计算缴纳个人所得税。按照《财政部国家税务总局关于个人无偿受赠房屋有关个人所得税问题的通知》（财税〔2009〕78 号）第一条规定，符合以下情形的，对当事双方不征收个人所得税： （一）房屋产权所有人将房屋产权无偿赠与配偶、父母、子女、祖父母、外祖父母、孙子女、外孙子女、兄弟姐妹； ……
《中华人民共和国契税法》	第一条：在中华人民共和国境内转移土地、房屋权属，承受的单位和个人为契税的纳税人，应当依照本法规定缴纳契税
	第二条：本法所称转移土地、房屋权属，是指下列行为： …… （三）房屋买卖、赠与、互换； ……
	第三条：契税税率为百分之三至百分之五。 契税的具体适用税率，由省、自治区、直辖市人民政府在前款规定的税率幅度内提出，报同级人民代表大会常务委员会决定，并报全国人民代表大会常务委员会和国务院备案。 省、自治区、直辖市可以依照前款规定的程序对不同主体、不同地区、不同类型的住房的权属转移确定差别税率
	第四条：契税的计税依据： …… （三）土地使用权赠与、房屋赠与以及其他没有价格的转移土地、房屋权属行为，为税务机关参照土地使用权出售、房屋买卖的市场价格依法核定的价格。 ……
	第五条：契税的应纳税额按照计税依据乘以具体适用税率计算

3.3.5 遗赠不动产免税优惠政策

1. 纳税人基本情况

赵先生计划将其名下的一套住房赠与其外甥王先生，以完成其姐姐去世时委托其照顾王先生的嘱托。该套住房目前的市场价值为 200 万元。该套住房为赵先生 10 年前以 100 万元的价格购入的。该套住房所在地契税标准税率为 3%。

2. 客户需求

以最轻的税收负担将该套住房从赵先生名下过户到王先生名下。

3. 客户现状下的税收负担

赵先生将该套住房赠与其外甥王先生，王先生应当缴纳契税：200×3%=6（万元）。王先生应当缴纳个人所得税：（200-6）×20%=38.8（万元）。合计税收负担：6+38.8=44.8（万元）。

4. 纳税筹划方案及其税收负担

赵先生将该套住房的永久居住权赠与其外甥王先生，再制作一份公证遗嘱，等赵先生去世以后，该套住房遗赠给王先生。赵先生将该套住房的永久居住权赠与王先生，并未转移住房的所有权，不需要纳税。赵先生去世以后，该套住房遗赠给王先生，王先生应当缴纳契税：200×3%=6（万元）。

减轻税收负担：44.8-6=38.8（万元）。

5. 相关政策依据

规范性法律文件	政策内容
《财政部　国家税务总局关于个人无偿受赠房屋有关个人所得税问题的通知》（财税〔2009〕78 号）	一、以下情形的房屋产权无偿赠与，对当事双方不征收个人所得税： …… （三）房屋产权所有人死亡，依法取得房屋产权的法定继承人、遗嘱继承人或者受遗赠人
《财政部　税务总局关于个人取得有关收入适用个人所得税应税所得项目的公告》（财政部　税务总局公告 2019 年第 74 号）	房屋产权所有人将房屋产权无偿赠与他人的，受赠人因无偿受赠房屋取得的受赠收入，按照"偶然所得"项目计算缴纳个人所得税。按照《财政部　国家税务总局关于个人无偿受赠房屋有关个人所得税问题的通知》（财税〔2009〕78 号）第一条规定，符合以下情形的，对当事双方不征收个人所得税： …… （三）房屋产权所有人死亡，依法取得房屋产权的法定继承人、遗嘱继承人或者受遗赠人。 ……
《中华人民共和国契税法》	第六条：有下列情形之一的，免征契税： ……

（续）

规范性法律文件	政策内容
《中华人民共和国契税法》	（五）法定继承人通过继承承受土地、房屋权属； ……
《中华人民共和国民法典》	第三百六十六条：居住权人有权按照合同约定，对他人的住宅享有占有、使用的用益物权，以满足生活居住的需要
	第三百六十八条：居住权无偿设立，但是当事人另有约定的除外。设立居住权的，应当向登记机构申请居住权登记。居住权自登记时设立
	第三百六十九条：居住权不得转让、继承。设立居住权的住宅不得出租，但是当事人另有约定的除外
	第三百七十条：居住权期限届满或者居住权人死亡的，居住权消灭。居住权消灭的，应当及时办理注销登记

3.3.6　转让满五唯一房产免税优惠政策

1. 纳税人基本情况

孙先生名下有一套住房，该套住房是其和老伴 20 年前以 100 万元购买的，目前市场价值为 500 万元。孙先生的老伴已经去世，该套住房属于孙先生所有，是孙先生名下唯一一套住房。孙先生有一个女儿，孙先生准备在去世前将该套住房赠与女儿。女儿计划五年之后，再将该套住房以 600 万元出售。该套住房所在地契税标准税率为 3%。

2. 客户需求

使孙先生转让住房以及孙先生的女儿出售住房的整体税收负担最轻。

3. 客户现状下的税收负担

孙先生将住房赠与其女儿，不需要缴纳个人所得税和增值税，孙先生的女儿需要缴纳契税：$500 \times 3\% = 15$（万元）。孙先生的女儿出售住房，不需要缴纳增值税，需要缴纳个人所得税：$(600-100-15) \times 20\% = 97$（万元）。合计税收负担：$15+97=112$（万元）。

4. 纳税筹划方案及其税收负担

孙先生以 500 万元的市场价格将该套住房出售给其女儿，由于该套住房属于"满五唯一"住房，不需要缴纳个人所得税和增值税，孙先生的女儿需要缴纳契税：$500 \times 3\% = 15$（万元）。孙先生的女儿出售住房，不需要缴纳增值税，需要缴纳个人所得税：$(600-500-15) \times 20\% = 17$（万元）。

减轻税收负担：$112-15-17=80$（万元）。

5. 相关政策依据

规范性法律文件	政策内容
《财政部　国家税务总局关于个人所得税若干政策问题的通知》（财税〔1994〕020号）	二、下列所得，暂免征收个人所得税： …… （六）个人转让自用达五年以上，并且是唯一的家庭生活用房取得的所得。 ……
《财政部　国家税务总局关于个人无偿受赠房屋有关个人所得税问题的通知》（财税〔2009〕78号）	五、受赠人转让受赠房屋的，以其转让受赠房屋的收入减除原捐赠人取得该房屋的实际购置成本以及赠与和转让过程中受赠人支付的相关税费后的余额，为受赠人的应纳税所得额，依法计征个人所得税。受赠人转让受赠房屋价格明显偏低且无正当理由的，税务机关可以依据该房屋的市场评估价格或其他合理方式确定的价格核定其转让收入

3.3.7　换购住房退税优惠政策

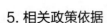

1. 纳税人基本情况

吴先生2010年以100万元的价格购买了一套90平方米的普通住宅，缴纳契税3万元。2024年年初，该住宅的市场价格为400万元，预计2026年年底的市场价格为500万元。吴先生计划2026年年底出售该套住房。目前吴先生的名下共有两套房。该套住房所在地契税标准税率为3%。

2. 客户需求

使出售该套住房产生的税费最低，收益最高。

3. 客户现状下的税收负担

吴先生出售住房，应当按照"财产转让所得"缴纳个人所得税，应纳个人所得税：（500-100-3）×20%=79.4（万元）。出售该套住房的收益：500-100-3-79.4=317.6（万元）。

4. 纳税筹划方案及其税收负担

吴先生2024年年初出售该套住房，应纳个人所得税：（400-100-3）×20%=59.4（万元）。吴先生以400万元再购置一套与出售住房等值的住房，获得59.4万元的退税。新购住房需要缴纳契税：400×3%=12（万元）。吴先生2026年年底出售住房，应纳个人所得税：（500-400-12）×20%=17.6（万元）。上述投资的综合收益为：500-100-3-12-17.6=367.4（万元）。

增加收益：367.4-317.6=49.8（万元）。

5. 相关政策依据

规范性法律文件	政策内容
《中华人民共和国个人所得税法》	第六条：应纳税所得额的计算： …… （五）财产转让所得，以转让财产的收入额减除财产原值和合理费用后的余额，为应纳税所得额。 ……
《中华人民共和国个人所得税法实施条例》	第十六条：个人所得税法第六条第一款第五项规定的财产原值，按照下列方法确定： …… （二）建筑物，为建造费或者购进价格以及其他有关费用； …… 个人所得税法第六条第一款第五项所称合理费用，是指卖出财产时按照规定支付的有关税费
《关于支持居民换购住房有关个人所得税政策的公告》（财政部　税务总局公告 2022 年第 30 号）	一、自 2022 年 10 月 1 日至 2023 年 12 月 31 日，对出售自有住房并在现住房出售后 1 年内在市场重新购买住房的纳税人，对其出售现住房已缴纳的个人所得税予以退税优惠。其中，新购住房金额大于或等于现住房转让金额的，全部退还已缴纳的个人所得税；新购住房金额小于现住房转让金额的，按新购住房金额占现住房转让金额的比例退还出售现住房已缴纳的个人所得税
	二、本公告所称现住房转让金额为该房屋转让的市场成交价格。新购住房为新房的，购房金额为纳税人在住房城乡建设部门网签备案的购房合同中注明的成交价格；新购住房为二手房的，购房金额为房屋的成交价格
	三、享受本公告规定优惠政策的纳税人须同时满足以下条件： 1. 纳税人出售和重新购买的住房应在同一城市范围内。同一城市范围是指同一直辖市、副省级城市、地级市（地区、州、盟）所辖全部行政区划范围。 2. 出售自有住房的纳税人与新购住房之间须直接相关，应为新购住房产权人或产权人之一
	四、符合退税优惠政策条件的纳税人应向主管税务机关提供合法、有效的售房、购房合同和主管税务机关要求提供的其他有关材料，经主管税务机关审核后办理退税
《财政部　税务总局　住房城乡建设部关于延续实施支持居民换购住房有关个人所得税政策的公告》（财政部　税务总局　住房城乡建设部公告 2023 年第 28 号）	一、自 2024 年 1 月 1 日至 2025 年 12 月 31 日，对出售自有住房并在现住房出售后 1 年内在市场重新购买住房的纳税人，对其出售现住房已缴纳的个人所得税予以退税优惠

（续）

规范性法律文件	政策内容
《国家税务总局关于支持居民换购住房个人所得税政策有关征管事项的公告》（国家税务总局公告 2022 年第 21 号）	一、在 2022 年 10 月 1 日至 2023 年 12 月 31 日期间，纳税人出售自有住房并在现住房出售后 1 年内，在同一城市重新购买住房的，可按规定申请退还其出售现住房已缴纳的个人所得税。 纳税人换购住房个人所得税退税额的计算公式为： 新购住房金额大于或等于现住房转让金额的，退税金额 = 现住房转让时缴纳的个人所得税； 新购住房金额小于现住房转让金额的，退税金额 =（新购住房金额 ÷ 现住房转让金额）× 现住房转让时缴纳的个人所得税。 现住房转让金额和新购住房金额与核定计税价格不一致的，以核定计税价格为准。现住房转让金额和新购住房金额均不含增值税
	二、对于出售多人共有住房或新购住房为多人共有的，应按照纳税人所占产权份额确定该纳税人现住房转让金额或新购住房金额
	三、出售现住房的时间，以纳税人出售住房时个人所得税完税时间为准。新购住房为二手房的，购买住房时间以纳税人购房时契税的完税时间或不动产权证载明的登记时间为准；新购住房为新房的，购买住房时间以在住房城乡建设部门办理房屋交易合同备案的时间为准
	四、纳税人申请享受居民换购住房个人所得税退税政策的，应当依法缴纳现住房转让时涉及的个人所得税，并完成不动产权属变更登记；新购住房为二手房的，应当依法缴纳契税并完成不动产权属变更登记；新购住房为新房的，应当按照当地住房城乡建设部门要求完成房屋交易合同备案
	五、纳税人享受居民换购住房个人所得税退税政策的，应当向征收现住房转让所得个人所得税的主管税务机关提出申请，填报《居民换购住房个人所得税退税申请表》（详见附件），并应提供下列资料： （一）纳税人身份证件； （二）现住房的房屋交易合同； （三）新购住房为二手房的，提供房屋交易合同、不动产权证书及其复印件； （四）新购住房为新房的，提供经住房城乡建设部门备案（网签）的房屋交易合同及其复印件。 税务机关依托纳税人出售现住房和新购住房的完税信息，为纳税人提供申请表项目预填服务，并留存不动产权证书复印件和新购新房的房屋交易合同复印件；纳税人核对确认申请表后提交退税申请
	六、税务机关运用住房城乡建设部门共享的房屋交易合同备案等信息开展退税审核。经审核符合退税条件的，按照规定办理退税；经审核不符合退税条件的，依法不予退税
	七、纳税人因新购住房的房屋交易合同解除、撤销或无效等原因导致不再符合退税政策享受条件的，应当在合同解除、撤销或无效等情形发生的次月 15 日内向主管税务机关主动缴回已退税款。 纳税人符合本条第一款规定情形但未按规定缴回已退税款，以及不符合本公告规定条件骗取退税的，税务机关将依照《中华人民共和国税收征收管理法》及其实施细则等有关规定处理

3.3.8　上市公司股息税收优惠政策

1. 纳税人基本情况

陈女士在 2023 年 12 月 20 日购入甲上市公司（以下简称甲公司）股票若干股。2024 年 1 月 10 日，甲公司分红，陈女士获得股息 1 万元。陈女士原计划在获得股息之后第二天即转让该批股票。

2. 客户需求

不考虑股价波动，使陈女士获得股息的税后收益最大。

3. 客户现状下的税收负担

陈女士在 2024 年 1 月 20 日之前转让股票，持有股票时间不足 1 个月，应缴纳个人所得税：10000×20%=2000（元）。税后收益为：10000–2000=8000（元）。

4. 纳税筹划方案及其税收负担

筹划方案一：陈女士在 2024 年 1 月 21 日以后、2024 年 12 月 20 日之前转让该批股票，持有股票时间超过 1 个月但不超过 1 年，应缴纳个人所得税：10000×50%×20%=1000（元）。税后收益为：10000–1000=9000（元）。

增加税后收益：9000–8000=1000（元）。

筹划方案二：陈女士在 2024 年 12 月 21 日以后转让该批股票，持有股票时间超过一年，免于缴纳个人所得税。税后收益为 10000 元。

增加税后收益：10000–8000=2000（元）。

5. 相关政策依据

规范性法律文件	政策内容
《中华人民共和国个人所得税法》	第二条：下列各项个人所得，应当缴纳个人所得税： …… （六）利息、股息、红利所得； ……
	第三条：个人所得税的税率： …… （三）利息、股息、红利所得，财产租赁所得，财产转让所得和偶然所得，适用比例税率，税率为百分之二十
	第六条：应纳税所得额的计算： （六）利息、股息、红利所得和偶然所得，以每次收入额为应纳税所得额。 ……

（续）

规范性法律文件	政策内容
《中华人民共和国个人所得税法实施条例》	第六条：个人所得税法规定的各项个人所得的范围： …… （六）利息、股息、红利所得，是指个人拥有债权、股权等而取得的利息、股息、红利所得。 ……
《财政部　国家税务总局　证监会关于上市公司股息红利差别化个人所得税政策有关问题的通知》（财税〔2015〕101号）	一、个人从公开发行和转让市场取得的上市公司股票，持股期限超过1年的，股息红利所得暂免征收个人所得税。 个人从公开发行和转让市场取得的上市公司股票，持股期限在1个月以内（含1个月）的，其股息红利所得全额计入应纳税所得额；持股期限在1个月以上至1年（含1年）的，暂减按50%计入应纳税所得额；上述所得统一适用20%的税率计征个人所得税
	二、上市公司派发股息红利时，对个人持股1年以内（含1年）的，上市公司暂不扣缴个人所得税；待个人转让股票时，证券登记结算公司根据其持股期限计算应纳税额，由证券公司等股份托管机构从个人资金账户中扣收并划付证券登记结算公司，证券登记结算公司应于次月5个工作日内划付上市公司，上市公司在收到税款当月的法定申报期内向主管税务机关申报缴纳
《关于继续实施全国中小企业股份转让系统挂牌公司股息红利差别化个人所得税政策的公告》（财政部　税务总局证监会公告2019年第78号）	一、个人持有挂牌公司的股票，持股期限超过1年的，对股息红利所得暂免征收个人所得税。 个人持有挂牌公司的股票，持股期限在1个月以内（含1个月）的，其股息红利所得全额计入应纳税所得额；持股期限在1个月以上至1年（含1年）的，其股息红利所得暂减按50%计入应纳税所得额；上述所得统一适用20%的税率计征个人所得税。 本公告所称挂牌公司是指股票在全国中小企业股份转让系统公开转让的非上市公众公司；持股期限是指个人取得挂牌公司股票之日至转让交割该股票之日前一日的持有时间
	二、挂牌公司派发股息红利时，对截至股权登记日个人持股1年以内（含1年）且尚未转让的，挂牌公司暂不扣缴个人所得税；待个人转让股票时，证券登记结算公司根据其持股期限计算应纳税额，由证券公司等股票托管机构从个人资金账户中扣收并划付证券登记结算公司，证券登记结算公司应于次月5个工作日内划付挂牌公司，挂牌公司在收到税款当月的法定申报期内向主管税务机关申报缴纳，并应办理全员全额扣缴申报。 个人应在资金账户留足资金，依法履行纳税义务。证券公司等股票托管机构应依法划扣税款，对个人资金账户暂无资金或资金不足的，证券公司等股票托管机构应当及时通知个人补足资金，并划扣税款
	三、个人转让股票时，按照先进先出的原则计算持股期限，即证券账户中先取得的股票视为先转让。 应纳税所得额以个人投资者证券账户为单位计算，持股数量以每日日终结算后个人投资者证券账户的持有记录为准，证券账户取得或转让的股票数为每日日终结算后的净增（减）股票数

3.4　其他税收优惠政策及案例应用

除增值税及其附加、企业所得税和个人所得税外，中小企业缴纳其他税种的情形较少或者金额不大，在纳税筹划中应用比较广泛的包括如下税收政策：销售普通标准住宅土地增值税优惠政策、换购房地产契税优惠政策、股权转让免征契税优惠政策、转换房产税计税方式、分开记载应纳印花税不同合同的计税依据以及分开记载应纳印花税合同的税款与价款。

3.4.1　销售普通标准住宅土地增值税优惠政策

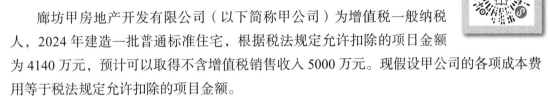

1. 纳税人基本情况

廊坊甲房地产开发有限公司（以下简称甲公司）为增值税一般纳税人，2024 年建造一批普通标准住宅，根据税法规定允许扣除的项目金额为 4140 万元，预计可以取得不含增值税销售收入 5000 万元。现假设甲公司的各项成本费用等于税法规定允许扣除的项目金额。

2. 客户需求

不考虑增值税和企业所得税，使甲公司销售该批普通标准住宅需承担的土地增值税负担最小，收益最大。

3. 客户现状下的税收负担

甲公司销售普通标准住宅的增值额为：5000–4140=860（万元），增值额与扣除项目金额的比率为：860÷4140×100%=20.77%，应当缴纳土地增值税，适用税率为 30%。甲公司应当缴纳土地增值税：860×30%=258（万元）。不考虑企业所得税，甲公司销售该批普通标准住宅的利润总额为：5000–4140–258=602（万元）。

4. 纳税筹划方案及其税收负担

甲公司采取让利促销手段，将不含增值税销售收入降低为 4965 万元，甲公司销售普通标准住宅的增值额为：4965–4140=825（万元），增值额与扣除项目金额的比率为：825÷4140×100%=19.93%，免于缴纳土地增值税。不考虑企业所得税，甲公司销售该批普通标准住宅的利润总额为：4965–4140=825（万元）。

甲公司销售该批普通标准住宅增加的利润总额为：825–602=223（万元）。

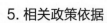

5. 相关政策依据

规范性法律文件	政策内容
《中华人民共和国土地增值税暂行条例》	第二条：转让国有土地使用权、地上的建筑物及其附着物（以下简称转让房地产）并取得收入的单位和个人，为土地增值税的纳税义务人（以下简称纳税人），应当依照本条例缴纳土地增值税
	第三条：土地增值税按照纳税人转让房地产所取得的增值额和本条例第七条规定的税率计算征收
	第四条：纳税人转让房地产所取得的收入减除本条例第六条规定扣除项目金额后的余额，为增值额
	第七条：土地增值税实行四级超率累进税率： 增值额未超过扣除项目金额 50% 的部分，税率为 30%。 ……
	第八条：有下列情形之一的，免征土地增值税： （一）纳税人建造普通标准住宅出售，增值额未超过扣除项目金额 20% 的； ……
《中华人民共和国土地增值税暂行条例实施细则》（财法〔1995〕6 号）	第十条：条例第七条所列四级超率累进税率，每级"增值额未超过扣除项目金额"的比例，均包括本比例数。 计算土地增值税税额，可按增值额乘以适用的税率减去扣除项目金额乘以速算扣除系数的简便方法计算，具体公式如下： （一）增值额未超过扣除项目金额 50% 土地增值税税额＝增值额 ×30% ……
	第十一条：条例第八条（一）项所称的普通标准住宅，是指按所在地一般民用住宅标准建造的居住用住宅。高级公寓、别墅、度假村等不属于普通标准住宅。普通标准住宅与其他住宅的具体划界限由各省、自治区、直辖市人民政府规定。 纳税人建造普通标准住宅出售，增值额未超过本细则第七条（一）（二）（三）（五）（六）项扣除项目金额之和百分之二十的，免征土地增值税；增值额超过扣除项目金额之和百分之二十的，应就其全部增值额按规定计税
《财政部 国家税务总局关于土地增值税普通标准住宅有关政策的通知》（财税〔2006〕141 号）	"普通标准住宅"的认定，可在各省、自治区、直辖市人民政府根据《国务院办公厅转发建设部等部门关于做好稳定住房价格工作意见的通知》（国办发〔2005〕26 号）制定的"普通住房标准"的范围内从严掌握
《国务院办公厅转发建设部等部门关于做好稳定住房价格工作意见的通知》（国办发〔2005〕26 号）	为了合理引导住房建设与消费，大力发展省地型住房，在筹划审批、土地供应以及信贷、税收等方面，对中小套型、中低价位普通住房给予优惠政策支持。享受优惠政策的住房原则上应同时满足以下条件：住宅小区建筑容积率在 1.0 以上、单套建筑面积在 120 平方米以下、实际成交价格低于同级别土地上住房平均交易价格 1.2 倍以下。各省、自治区、直辖市要根据实际情况，制定本地区享受优惠政策普通住房的具体标准。允许单套建筑面积和价格标准适当浮动，但向上浮动的比例不得超过上述标准的 20%。各直辖市和省会城市的具体标准要报建设部、财政部、税务总局备案后，在 2005 年 5 月 31 日前公布

3.4.2　换购房地产契税优惠政策

1. 纳税人基本情况

甲公司的办公场所位于北京西郊，乙公司的办公场所位于北京东郊。甲公司计划将其办公场所以 5000 万元转让，再到东郊购置一处价值相当的办公场所。乙公司计划将其办公场所以 5100 万元转让，再到西郊购置一处价值相当的办公场所。已知北京契税标准税率为 3%。

2. 客户需求

不考虑其他税费，使两家公司因转让与购置房地产而承担的契税负担最轻。

3. 客户现状下的税收负担

甲公司购置一处价值 5000 万元的办公场所，需要缴纳契税：5000×3%=150（万元）。乙公司购置一处价值 5000 万元的办公场所，需要缴纳契税：5000×3%=150（万元）。合计缴纳契税：150+150=300（万元）。

4. 纳税筹划方案及其税收负担

甲公司和乙公司互换办公场所，甲公司向乙公司支付差价 100 万元。甲公司缴纳契税：100×3%=3（万元）。乙公司不需要缴纳契税。

两家公司减轻契税负担：300-3=297（万元）。

5. 相关政策依据

规范性法律文件	政策内容
《中华人民共和国契税法》	第一条：在中华人民共和国境内转移土地、房屋权属，承受的单位和个人为契税的纳税人，应当依照本法规定缴纳契税
	第二条：本法所称转移土地、房屋权属，是指下列行为： …… （三）房屋买卖、赠与、互换。 ……
	第四条：契税的计税依据： …… （二）土地使用权互换、房屋互换，为所互换的土地使用权、房屋价格的差额； ……
《国家税务总局关于契税纳税服务与征收管理若干事项的公告》（国家税务总局公告 2021 年第 25 号）	三、契税计税依据不包括增值税，具体情形为： …… （二）土地使用权互换、房屋互换，契税计税依据为不含增值税价格的差额。 ……

3.4.3 股权转让免征契税优惠政策

1. 纳税人基本情况

甲公司计划以 300 万元（不含增值税，下同）购置一套商铺，若干年后以 350 万元转让给乙公司。乙公司计划持有若干年后以 400 万元转让给丙公司。该商铺所在地契税标准税率为 4%。

2. 客户需求

不考虑其他税费，将甲公司购置商铺以及甲公司和乙公司两次转让商铺的契税负担控制在最轻。

3. 客户现状下的税收负担

甲公司购置商铺，应当缴纳契税：300×4%=12（万元）。乙公司购置商铺，应当缴纳契税：350×4%=14（万元）。丙公司购置商铺，应当缴纳契税：400×4%=16（万元）。合计缴纳契税：12+14+16=42（万元）。

4. 纳税筹划方案及其税收负担

由甲公司设立全资子公司丁公司，由丁公司以 300 万元购置该套商铺，丁公司应当缴纳契税：300×4%=12（万元）。若干年后，甲公司将丁公司的全部股权以 350 万元转让给乙公司，股权转让不缴纳契税。乙公司持有丁公司若干年后以 400 万元将丁公司的全部股权转让给丙公司，股权转让不缴纳契税。合计缴纳契税 12 万元。

减轻契税负担：42-12=30（万元）。

5. 相关政策依据

规范性法律文件	政策内容
《中华人民共和国契税法》	第一条：在中华人民共和国境内转移土地、房屋权属，承受的单位和个人为契税的纳税人，应当依照本法规定缴纳契税
《财政部 税务总局关于继续执行企业事业单位改制重组有关契税政策的公告》（财政部 税务总局公告 2021 年第 17 号）	九、公司股权（股份）转让 在股权（股份）转让中，单位、个人承受公司股权（股份），公司土地、房屋权属不发生转移，不征收契税

3.4.4 转换房产税计税方式

1. 纳税人基本情况

甲公司拥有一处闲置厂房，该厂房原值为 2000 万元。甲公司拟与乙公司签订厂房租赁合同，租金为每年 400 万元（不含增值税，下同），租期五年。已知当地房产税计税余值减除比例为 30%。

2. 客户需求

不考虑其他税费，使甲公司出租该处厂房的房产税负担最轻。

3. 客户现状下的税收负担

甲公司出租厂房，每年应当缴纳房产税：400×12%=48（万元）。五年合计缴纳房产税：48×5=240（万元）。

4. 纳税筹划方案及其税收负担

甲公司与乙公司签订仓储服务合同，将出租改为仓储服务。甲公司按照该处厂房的计税余值缴纳房产税，每年应当缴纳房产税：2000×（1–30%）×1.2%=16.8（万元）。五年合计缴纳房产税：16.8×5=84（万元）。

甲公司减轻房产税负担：240–84=156（万元）。

5. 相关政策依据

规范性法律文件	政策内容
《中华人民共和国房产税暂行条例》	第二条：房产税由产权所有人缴纳。产权属于全民所有的，由经营管理的单位缴纳。产权出典的，由承典人缴纳。产权所有人、承典人不在房产所在地的，或者产权未确定及租典纠纷未解决的，由房产代管人或者使用人缴纳 ……
	第三条：房产税依照房产原值一次减除 10% 至 30% 后的余值计算缴纳。具体减除幅度，由省、自治区、直辖市人民政府规定。 没有房产原值作为依据的，由房产所在地税务机关参考同类房产核定。房产出租的，以房产租金收入为房产税的计税依据
	第四条：房产税的税率，依照房产余值计算缴纳的，税率为 1.2%；依照房产租金收入计算缴纳的，税率为 12%
	第七条：房产税按年征收、分期缴纳。纳税期限由省、自治区、直辖市人民政府规定

3.4.5　分开记载应纳印花税不同合同的计税依据

1. 纳税人基本情况

甲公司与乙公司签订一份买卖暨仓储的合同，合同约定甲公司向乙公司采购一批原材料（市场价为 1000 万元，但合同中未标明其价格）并由乙公司提供仓储服务（市场价为 100 万元，但合同中未标明其价格），合同约定总价款为 1100 万元。已知买卖合同印花税税率为价款的万分之三，仓储合同印花税税率为仓储费的千分之一。

2. 客户需求

不考虑其他税费，将与合同相关的应当缴纳的印花税负担减至最轻。

3. 客户现状下的税收负担

由于合同并未分开标明价款，只能按单一价款从高适用税率，甲公司应当缴纳印花税：$1100 \times 0.1\% = 1.1$（万元）。乙公司应当缴纳印花税：$1100 \times 0.1\% = 1.1$（万元）。合计缴纳印花税：$1.1+1.1=2.2$（万元）。

4. 纳税筹划方案及其税收负担

甲公司和乙公司分别签订买卖合同和仓储合同，或者在一份合同中分别标明买卖合同的价款为 1000 万元，仓储费为 100 万元。甲公司应当缴纳印花税：$1000 \times 0.03\% + 100 \times 0.1\% = 0.4$（万元）。乙公司应当缴纳印花税：$1000 \times 0.03\% + 100 \times 0.1\% = 0.4$（万元）。合计缴纳印花税：$0.4+0.4=0.8$（万元）。

减轻印花税负担：$2.2-0.8=1.4$（万元）。

5. 相关政策依据

规范性法律文件	政策内容
《中华人民共和国印花税法》	第一条：在中华人民共和国境内书立应税凭证、进行证券交易的单位和个人，为印花税的纳税人，应当依照本法规定缴纳印花税。 在中华人民共和国境外书立在境内使用的应税凭证的单位和个人，应当依照本法规定缴纳印花税
	第二条：本法所称应税凭证，是指本法所附《印花税税目税率表》列明的合同、产权转移书据和营业账簿
	第八条：印花税的应纳税额按照计税依据乘以适用税率计算
	第九条：同一应税凭证载有两个以上税目事项并分别列明金额的，按照各自适用的税目税率分别计算应纳税额；未分别列明金额的，从高适用税率
	第十条：同一应税凭证由两方以上当事人书立的，按照各自涉及的金额分别计算应纳税额
《关于印花税若干事项政策执行口径的公告》（财政部 税务总局公告2022年第22号）	一、关于纳税人的具体情形 （一）书立应税凭证的纳税人，为对应税凭证有直接权利义务关系的单位和个人。 ……
	三、关于计税依据、补税和退税的具体情形 （一）同一应税合同、应税产权转移书据中涉及两方以上纳税人，且未列明纳税人各自涉及金额的，以纳税人平均分摊的应税凭证所列金额（不包括列明的增值税税款）确定计税依据。 ……

3.4.6　分开记载应纳印花税合同的税款与价款

1. 纳税人基本情况

甲公司与乙公司签订一份原材料采购合同，合同总价款为 2260 万元。合同约定：甲公司支付价款时，乙公司须开具税率为 13% 的增值税专用发票。已知买卖合同印花税税率为价款的万分之三。

2. 客户需求

不考虑其他税费，将与该份合同相关的应缴纳的印花税负担减至最轻。

3. 客户现状下的税收负担

甲公司与乙公司签订的合同属于买卖合同，由于合同仅标明了总价款，甲公司应当缴纳印花税：2260×0.03%=0.678（万元）。乙公司应当缴纳印花税：2260×0.03%=0.678（万元）。合计缴纳印花税：0.678+0.678=1.356（万元）。

4. 纳税筹划方案及其税收负担

甲公司与乙公司在合同中明确写明含增值税总价款为 2260 万元，不含增值税总价款为 2000 万元，增值税为 260 万元。甲公司应当缴纳印花税：2000×0.03%=0.6（万元）。乙公司应当缴纳印花税：2000×0.03%=0.6（万元）。合计缴纳印花税：0.6+0.6=1.2（万元）。

减轻印花税负担：1.356−1.2=0.156（万元）。

5. 相关政策依据

规范性法律文件	政策内容
《中华人民共和国印花税法》	第四条：印花税的税目、税率，依照本法所附《印花税税目税率表》执行
	第五条：印花税的计税依据如下： （一）应税合同的计税依据，为合同所列的金额，不包括列明的增值税税款； ……
《财政部　税务总局关于印花税若干事项政策执行口径的公告》（财政部　税务总局公告 2022 年第 22 号）	三、关于计税依据、补税和退税的具体情形 …… （三）纳税人因应税凭证列明的增值税税款计算错误导致应税凭证的计税依据减少或者增加的，纳税人应当按规定调整应税凭证列明的增值税税款，重新确定应税凭证计税依据。已缴纳印花税的应税凭证，调整后计税依据增加的，纳税人应当就增加部分的金额补缴印花税；调整后计税依据减少的，纳税人可以就减少部分的金额向税务机关申请退还或者抵缴印花税。 ……

Chapter Four
第**4**章
企业初创期纳税筹划

企业初创期纳税筹划是企业整个生命周期纳税筹划的基础，对后期纳税筹划有重要影响。

企业初创期纳税筹划应当重点关注企业组织形式的选择、分公司与子公司的选择、增值税纳税人类型的选择以及投资行业和地区的选择。

4.1 企业组织形式的选择

企业组织形式主要包括法人型企业和非法人型企业。法人型企业主要形式是公司，包括有限责任公司和股份有限公司；非法人型企业主要包括个人独资企业和合伙企业。由于个体工商户与非法人型企业类似，本书也将个体工商户视为非法人型企业。

由于小型微利企业享受税收优惠，而双层公司架构可以避免股息的个人所得税负担。因此，在税负比较中，不同类型企业的税负高低并不完全相同。在认缴制下，公司注册资本可以适当提高，但实缴资本应尽量减少，以方便股东从公司取回投资。

4.1.1 法人型企业和非法人型企业的选择

1. 纳税人基本情况

岳先生拟开展一项生产经营项目，该项目预计每年可以取得营业收入1000万元（不含增值税），取得利润总额（假设等于所得税的应纳税所得额）400万元。岳先生原计划设立甲有限责任公司（以下简称甲公司），甲公司取得的净利润全部分配给股东岳先生。甲公司适用企业所得税税率为25%，经营所得个人所得税税率见下表。

经营所得个人所得税税率表

级数	全年应纳税所得额	税率	速算扣除数
1	不超过 30000 元的	5%	0
2	超过 30000 元至 90000 元的部分	10%	1500
3	超过 90000 元至 300000 元的部分	20%	10500
4	超过 300000 元至 500000 元的部分	30%	40500
5	超过 500000 元的部分	35%	65500

2. 客户需求

不考虑其他税费，将该项目营收产生的所得税负担减至最轻。

3. 客户现状下的税收负担

甲公司取得 400 万元利润总额即应纳税所得额，应当缴纳企业所得税：$400 \times 25\% = 100$（万元），税后利润（净利润）为：$400 - 100 = 300$（万元）。岳先生取得 300 万元股息，应当缴纳个人所得税：$300 \times 20\% = 60$（万元）。合计所得税负担：$100 + 60 = 160$（万元）。

4. 纳税筹划方案及其税收负担

筹划方案一：岳先生设立乙个人独资企业（以下简称乙企业）从事该项生产经营活动，乙企业取得 400 万元利润总额即应纳税所得额，岳先生应当缴纳个人所得税：$400 \times 35\% - 6.55 = 133.45$（万元）。

减轻所得税负担：$160 - 133.45 = 26.55$（万元）。

筹划方案二：岳先生设立丙个体工商户（以下简称丙个体户）从事该项生产经营活动，丙个体户取得 400 万元利润总额即应纳税所得额，个体工商户取得的不超过 200 万元的应纳税所得额可以享受减半征收所得税的优惠，岳先生应当缴纳个人所得税：$400 \times 35\% - 6.55 - (200 \times 35\% - 6.55) \times 50\% = 101.73$（万元）。

减轻所得税负担：$160 - 101.73 = 58.27$（万元）。

筹划方案三：岳先生设立丁个体工商户（以下简称丁个体户）从事该项生产经营活动，丁个体户向主管税务机关申请核定征税（并非每个地方都能申请成功）。假设应税所得率为 10%，丁个体户取得营业收入 1000 万元（不含增值税），岳先生应当缴纳个人所得税：$(1000 \times 10\% \times 35\% - 6.55) \times 50\% = 14.23$（万元）。

减轻所得税负担：$160 - 14.23 = 145.77$（万元）。

5. 相关政策依据

规范性法律文件	政策内容
《中华人民共和国企业所得税法》	第一条：在中华人民共和国境内，企业和其他取得收入的组织（以下统称企业）为企业所得税的纳税人，依照本法的规定缴纳企业所得税。 个人独资企业、合伙企业不适用本法
	第四条：企业所得税的税率为25% ……
《中华人民共和国个人所得税法》	第二条：下列各项个人所得，应当缴纳个人所得税： …… （五）经营所得； ……
	第三条：个人所得税的税率： …… （二）经营所得，适用百分之五至百分之三十五的超额累进税率（税率表附后）； ……
	第六条：应纳税所得额的计算： …… （三）经营所得，以每一纳税年度的收入总额减除成本、费用以及损失后的余额，为应纳税所得额。 ……
《中华人民共和国个人所得税法实施条例》	第六条：个人所得税法规定的各项个人所得的范围： …… （五）经营所得，是指： 1. 个体工商户从事生产、经营活动取得的所得，个人独资企业投资人、合伙企业的个人合伙人来源于境内注册的个人独资企业、合伙企业生产、经营的所得； 2. 个人依法从事办学、医疗、咨询以及其他有偿服务活动取得的所得； 3. 个人对企业、事业单位承包经营、承租经营以及转包、转租取得的所得； 4. 个人从事其他生产、经营活动取得的所得。 ……
	第十五条：个人所得税法第六条第一款第三项所称成本、费用，是指生产、经营活动中发生的各项直接支出和分配计入成本的间接费用以及销售费用、管理费用、财务费用；所称损失，是指生产、经营活动中发生的固定资产和存货的盘亏、毁损、报废损失，转让财产损失，坏账损失，自然灾害等不可抗力因素造成的损失以及其他损失。 取得经营所得的个人，没有综合所得的，计算其每一纳税年度的应纳税所得额时，应当减除费用6万元、专项扣除、专项附加扣除以及依法确定的其他扣除。专项附加扣除在办理汇算清缴时减除。 从事生产、经营活动，未提供完整、准确的纳税资料，不能正确计算应纳税所得额的，由主管税务机关核定应纳税所得额或者应纳税额

（续）

规范性法律文件	政策内容
《财政部　税务总局关于小微企业和个体工商户所得税优惠政策的公告》（财政部　税务总局公告 2023 年第 6 号）	二、对个体工商户年应纳税所得额不超过 100 万元的部分，在现行优惠政策基础上，减半征收个人所得税
	四、本公告执行期限为 2023 年 1 月 1 日至 2024 年 12 月 31 日
《财政部　税务总局关于进一步支持小微企业和个体工商户发展有关税费政策的公告》（财政部　税务总局公告 2023 年第 12 号）	一、自 2023 年 1 月 1 日至 2027 年 12 月 31 日，对个体工商户年应纳税所得额不超过 200 万元的部分，减半征收个人所得税。个体工商户在享受现行其他个人所得税优惠政策的基础上，可叠加享受本条优惠政策
	三、对小型微利企业减按 25% 计算应纳税所得额，按 20% 的税率缴纳企业所得税政策，延续执行至 2027 年 12 月 31 日

4.1.2　小型微利企业和非法人型企业的选择

1. 纳税人基本情况

赵女士拟开展一项生产经营项目，该项目预计每年可以取得营业收入 300 万元（不含增值税），取得利润总额（假设等于所得税的应纳税所得额）100 万元。赵女士原计划设立甲个人独资企业（以下简称甲企业）。

2. 客户需求

不考虑其他税费，将该项目营收产生的所得税负担减至最轻。

3. 客户现状下的税收负担

甲企业取得利润总额即应纳税所得额 100 万元，赵女士应当缴纳个人所得税：$100 \times 35\% - 6.55 = 28.45$（万元）。

4. 纳税筹划方案及其税收负担

筹划方案一：赵女士设立乙有限责任公司（以下简称乙公司）来从事该项生产经营活动，乙公司取得利润总额即应纳税所得额 100 万元，乙公司应当缴纳企业所得税：$100 \times 25\% \times 20\% = 5$（万元）。乙公司税后利润即净利润为：$100 - 5 = 95$（万元）。赵女士取得 95 万元股息，应当缴纳个人所得税：$95 \times 20\% = 19$（万元）。合计所得税负担为：$5 + 19 = 24$（万元）。

减轻所得税负担：$28.45 - 24 = 4.45$（万元）。

筹划方案二：赵女士设立丙个体工商户（以下简称丙个体户）从事该项生产经营活动，丙个体户取得 100 万元利润总额即应纳税所得额，赵女士应当缴纳个人所得税：$(100 \times 35\% - 6.55) \times 50\% = 14.23$（万元）。

减轻所得税负担：$28.45 - 14.23 = 14.22$（万元）。

筹划方案三：赵女士设立丁个体工商户（以下简称丁个体户）从事该项生产经营活动，丁个体户向主管税务机关申请核定征税（并非每个地方都能申请成功）。假设应税所得率为10%，丁个体户取得营业收入300万元（不含增值税），赵女士应当缴纳个人所得税：（300×10%×20%−1.05）×50%=2.48（万元）。

减轻所得税负担：28.45−2.48=25.97（万元）。

5. 相关政策依据

规范性法律文件	政策内容
《中华人民共和国企业所得税法》	第二十八条：符合条件的小型微利企业，减按20%的税率征收企业所得税。 ……
《中华人民共和国个人所得税法》	第二条：下列各项个人所得，应当缴纳个人所得税： …… （六）利息、股息、红利所得； ……
	第三条：个人所得税的税率： …… （三）利息、股息、红利所得，财产租赁所得，财产转让所得和偶然所得，适用比例税率，税率为百分之二十
《财政部　国家税务总局关于实施小微企业和个体工商户所得税优惠政策的公告》（财政部税务总局公告2021年第12号）	一、对小型微利企业年应纳税所得额不超过100万元的部分，在《财政部税务总局关于实施小微企业普惠性税收减免政策的通知》（财税〔2019〕13号）第二条规定的优惠政策基础上，再减半征收企业所得税
《国家税务总局关于落实支持小型微利企业和个体工商户发展所得税优惠政策有关事项的公告》（国家税务总局公告2021年第8号）	一、关于小型微利企业所得税减半政策有关事项 （一）对小型微利企业年应纳税所得额不超过100万元的部分，减按12.5%计入应纳税所得额，按20%的税率缴纳企业所得税。 （二）小型微利企业享受上述政策时涉及的具体征管问题，按照《国家税务总局关于实施小型微利企业普惠性所得税减免政策有关问题的公告》（2019年第2号）相关规定执行
《财政部　税务总局关于进一步支持小微企业和个体工商户发展有关税费政策的公告》（财政部　税务总局公告2023年第12号）	一、自2023年1月1日至2027年12月31日，对个体工商户年应纳税所得额不超过200万元的部分，减半征收个人所得税。个体工商户在享受现行其他个人所得税优惠政策的基础上，可叠加享受本条优惠政策
	三、对小型微利企业减按25%计算应纳税所得额，按20%的税率缴纳企业所得税政策，延续执行至2027年12月31日

4.1.3　双层公司架构下小型微利企业和非法人型企业的选择

1. 纳税人基本情况

王先生拟开展一项生产经营项目，该项目预计每年可以取得营业收入

500 万元（不含增值税），取得利润总额（假设等于所得税的应纳税所得额）100 万元。王先生原计划设立甲个体工商户（以下简称甲个体户）。王先生取得该笔利润后的主要用途包括向其他公司投资、取得其他公司的股息以及家庭日常消费。

2. 客户需求

不考虑其他税费，将该项目营收产生的所得税负担减至最轻。

3. 客户现状下的税收负担

甲个体户取得 100 万元利润总额即应纳税所得额，王先生应当缴纳个人所得税：（100×35%–6.55）×50%=14.23（万元）。王先生将税后利润向其他公司投资取得股息，需要缴纳 20% 的个人所得税。

4. 纳税筹划方案及其税收负担

王先生设立王氏有限责任公司（以下简称王氏公司），王氏公司下设乙有限责任公司（以下简称乙公司），由乙公司从事该项生产经营项目。乙公司取得 100 万元利润总额（即应纳税所得额），乙公司应当缴纳企业所得税：100×25%×20%=5（万元）。乙公司税后利润即净利润为：100–5=95（万元）。乙公司将 95 万元税后利润分配给王氏公司，不需要缴纳企业所得税。王氏公司将税后利润投资给其他公司，取得股息，不需要缴纳企业所得税。王先生及其家庭成员均担任王氏公司的职务（如总经理、副总经理、总经理助理等），王先生家庭的日常消费均取得发票，由王氏公司负担。王先生无须将王氏公司的利润取出，也就无须缴纳股息的个人所得税。

减轻所得税负担：14.23–5=9.23（万元）。

5. 相关政策依据

规范性法律文件	政策内容
《中华人民共和国企业所得税法》	第二十六条：企业的下列收入为免税收入： …… （二）符合条件的居民企业之间的股息、红利等权益性投资收益； ……
《中华人民共和国企业所得税法实施条例》	第八十三条：企业所得税法第二十六条第（二）项所称符合条件的居民企业之间的股息、红利等权益性投资收益，是指居民企业直接投资于其他居民企业取得的投资收益。企业所得税法第二十六条第（二）项和第（三）项所称股息、红利等权益性投资收益，不包括连续持有居民企业公开发行并上市流通的股票不足 12 个月取得的投资收益

4.1.4　认缴制下公司注册资本与实缴资本的选择

1. 纳税人基本情况

陈某拟出资 1000 万元成立甲公司，甲公司注册资本和实缴出资均为

1000 万元。假设甲公司未来每年取得净利润 300 万元，陈某每年将 100 万元利润取出，合计取出 1000 万元股息。

2. 客户需求

将陈某取出 1000 万元股息的所得税负担减至最轻。

3. 客户现状下的税收负担

陈某合计取出 1000 万元股息，应当缴纳个人所得税：1000×20%=200（万元）。

4. 纳税筹划方案及其税收负担

陈某出资 1000 万元成立甲公司，甲公司注册资本 1000 万元，实缴出资 1 元，出资期限为 50 年。陈某将 1000 万元出借给甲公司，作为甲公司运营资金。甲公司未来每年取得净利润 200 万元，甲公司每年向陈某返还 100 万元借款，合计返还 1000 万元。陈某并未向甲公司收取利息，因此，不需要缴纳个人所得税。

陈某减轻所得税负担：200-0=200（万元）。

5. 相关政策依据

规范性法律文件	政策内容
《中华人民共和国个人所得税法》	第二条：下列各项个人所得，应当缴纳个人所得税： （一）工资、薪金所得； （二）劳务报酬所得； （三）稿酬所得； （四）特许权使用费所得； （五）经营所得； （六）利息、股息、红利所得； （七）财产租赁所得； （八）财产转让所得； （九）偶然所得。 ……
《中华人民共和国公司法》	第四十七条：有限责任公司的注册资本为在公司登记机关登记的全体股东认缴的出资额。全体股东认缴的出资额由股东按照公司章程的规定自公司成立之日起五年内缴足。 法律、行政法规以及国务院决定对有限责任公司注册资本实缴、注册资本最低限额、股东出资期限另有规定的，从其规定
	第四十八条：股东可以用货币出资，也可以用实物、知识产权、土地使用权、股权、债权等可以用货币估价并可以依法转让的非货币财产作价出资；但是，法律、行政法规规定不得作为出资的财产除外。 对作为出资的非货币财产应当评估作价，核实财产，不得高估或者低估作价。法律、行政法规对评估作价有规定的，从其规定
	第四十九条：股东应当按期足额缴纳公司章程规定的各自所认缴的出资额。 股东以货币出资的，应当将货币出资足额存入有限责任公司在银行开设的账户；以非货币财产出资的，应当依法办理其财产权的转移手续。 股东未按期足额缴纳出资的，除应当向公司足额缴纳外，还应当对给公司造成的损失承担赔偿责任
	第五十三条：公司成立后，股东不得抽逃出资

4.2　分公司与子公司的选择

公司在扩张时有两种组织形式可供选择：分公司与子公司。分公司不具有法人资格，其民事责任最终由总公司承担，与总公司汇总缴纳企业所得税；子公司具有法人资格，其独立承担民事责任，母公司仅在认缴出资范围内承担有限责任，子公司与母公司独立缴纳企业所得税，不能合并缴纳企业所得税。

通常情况下的筹划原则是：项目亏损时选择分公司，享受税收优惠时选择子公司。

4.2.1　项目亏损时选择分公司

1. 纳税人基本情况

甲公司拟设立两家子公司（乙公司和丙公司），分别在两地开展两项生产经营项目。其中，乙公司负责的项目预计第一年亏损 100 万元，第二年亏损 50 万元，第三年盈利 50 万元，第四年盈利 200 万元；丙公司负责的项目预计每年亏损 200 万元，四年经营结束后注销。已知甲公司、乙公司和丙公司均适用 25% 的企业所得税税率，甲公司在上述四年里每年实现利润 500 万元。

2. 客户需求

不考虑其他税费，将乙公司和丙公司负责的两个项目的亏损充分用于最大限度的抵税。

3. 客户现状下的税收负担

乙公司第一年和第二年亏损，不需要缴纳企业所得税；乙公司第三年盈利 50 万元，与第一年的亏损抵销后，没有利润，不需要缴纳企业所得税；乙公司第四年盈利 200 万元，与第一年的 50 万元亏损和第二年的 50 万元亏损抵销后，利润总额为 100 万元，应当缴纳企业所得税：100×25%=25（万元）。

丙公司连续四年亏损，不需要缴纳企业所得税，其 800 万元亏损也不能用于抵销甲公司或者乙公司的利润。

4. 纳税筹划方案及其税收负担

甲公司设立两家分公司（乙公司和丙公司），分别在两地开展两项生产经营项目，乙公司第一年亏损 100 万元，可以抵销甲公司的利润，相当于乙公司缴纳企业所得税 –25 万元；乙公司第二年亏损 50 万元，可以抵销甲公司的利润，相当于乙公司缴纳企业所得税 –12.5 万元；乙公司第三年盈利 50 万元，应当汇总至甲公司缴纳企业所得税 12.5 万元；乙公司第四年盈利 200 万元，应当汇总至甲公司缴纳企业所得税 50 万元。乙公司四年合计缴纳企业所得税 25 万元。纳税总额与筹划前相同,但提前两年弥补了亏损,相当于分别获得了金额为 25 万元和 12.5 万元的两笔无息贷款。

丙公司连续四年亏损,不需要缴纳企业所得税,但其 800 万元亏损可以抵销甲公司 800 万元的利润,减轻甲公司所得税负担:800×25%=200(万元)。丙公司的亏损起到了节税 200 万元的效果。

5. 相关政策依据

规范性法律文件	政策内容
《中华人民共和国企业所得税法》	第五十条:除税收法律、行政法规另有规定外,居民企业以企业登记注册地为纳税地点;但登记注册地在境外的,以实际管理机构所在地为纳税地点。 居民企业在中国境内设立不具有法人资格的营业机构的,应当汇总计算并缴纳企业所得税
	第五十二条:除国务院另有规定外,企业之间不得合并缴纳企业所得税
《中华人民共和国企业所得税法实施条例》	第一百二十五条:企业汇总计算并缴纳企业所得税时,应当统一核算应纳税所得额,具体办法由国务院财政、税务主管部门另行制定
《中华人民共和国公司法》	第十三条:公司可以设立子公司。子公司具有法人资格,依法独立承担民事责任。 公司可以设立分公司。分公司不具有法人资格,其民事责任由公司承担

4.2.2 享受税收优惠时选择子公司

1. 纳税人基本情况

甲公司拟在安徽省、陕西省、新疆霍尔果斯和海南自贸港设立乙、丙、丁、戊四家分公司,预计乙公司年度利润为 100 万元,丙公司年度利润为 400 万元,丁公司年度利润为 500 万元,戊公司年度利润为 600 万元。已知甲公司适用企业所得税税率为 25%,丙公司、丁公司和戊公司的经营项目属于当地鼓励发展的产业。

2. 客户需求

不考虑其他税费,将乙、丙、丁、戊四家分公司的所得税负担减至最轻。

3. 客户现状下的税收负担

乙丙丁戊四家分公司应当与甲公司汇总缴纳企业所得税,乙、丙、丁、戊四家分公司的利润应当缴纳企业所得税:(100+400+500+600)×25%=400(万元)。

4. 纳税筹划方案及其税收负担

甲公司拟在安徽省、陕西省、新疆霍尔果斯和海南自贸港设立乙、丙、丁、戊四家子公司，四家公司在其机构所在地分别缴纳企业所得税。乙公司属于小型微利企业，应纳企业所得税：$100 \times 25\% \times 20\% = 5$（万元）。丙公司位于西部地区，享受税收优惠，应纳企业所得税：$400 \times 15\% = 60$（万元）。丁公司位于新疆霍尔果斯，五年内免征企业所得税。戊公司位于海南自贸港，享受税收优惠，应纳企业所得税：$600 \times 15\% = 90$（万元）。合计缴纳企业所得税：$5 + 60 + 90 = 155$（万元）。

减轻所得税负担：$400 - 155 = 245$（万元）。

5. 相关政策依据

规范性法律文件	政策内容
《关于延续西部大开发企业所得税政策的公告》（财政部　税务总局　国家发展改革委公告 2020 年第 23 号）	一、自 2021 年 1 月 1 日至 2030 年 12 月 31 日，对设在西部地区的鼓励类产业企业减按 15% 的税率征收企业所得税。本条所称鼓励类产业企业是指以《西部地区鼓励类产业目录》中规定的产业项目为主营业务，且其主营业务收入占企业收入总额 60% 以上的企业
	四、本公告所称西部地区包括内蒙古自治区、广西壮族自治区、重庆市、四川省、贵州省、云南省、西藏自治区、陕西省、甘肃省、青海省、宁夏回族自治区、新疆维吾尔自治区和新疆生产建设兵团。湖南省湘西土家族苗族自治州、湖北省恩施土家族苗族自治州、吉林省延边朝鲜族自治州和江西省赣州市，可以比照西部地区的企业所得税政策执行
《财政部　税务总局关于新疆困难地区及喀什、霍尔果斯两个特殊经济开发区新办企业所得税优惠政策的通知》（财税〔2021〕27 号）	2021 年 1 月 1 日至 2030 年 12 月 31 日：对在新疆困难地区新办的属于《新疆困难地区重点鼓励发展产业企业所得税优惠目录》范围内的企业，自取得第一笔生产经营收入所属纳税年度起，第一年至第二年免征企业所得税，第三年至第五年减半征收企业所得税；对在新疆喀什、霍尔果斯两个特殊经济开发区内新办的属于上述目录范围内的企业，自取得第一笔生产经营收入所属纳税年度起，五年内免征企业所得税
《关于海南自由贸易港企业所得税优惠政策的通知》（财税〔2020〕31 号）	一、对注册在海南自由贸易港并实质性运营的鼓励类产业企业，减按 15% 的税率征收企业所得税。 本条所称鼓励类产业企业，是指以海南自由贸易港鼓励类产业目录中规定的产业项目为主营业务，且其主营业务收入占企业收入总额 60% 以上的企业。所称实质性运营，是指企业的实际管理机构设在海南自由贸易港，并对企业生产经营、人员、账务、财产等实施实质性全面管理和控制。对不符合实质性运营的企业，不得享受优惠。 海南自由贸易港鼓励类产业目录包括《产业结构调整指导目录（2019 年本）》《鼓励外商投资产业目录（2019 年版）》和海南自由贸易港新增鼓励类产业目录。上述目录在本通知执行期限内修订的，自修订版实施之日起按新版本执行。 对总机构设在海南自由贸易港的符合条件的企业，仅就其设在海南自由贸易港的总机构和分支机构的所得，适用 15% 税率；对总机构设在海南自由贸易港以外的企业，仅就其设在海南自由贸易港内的符合条件的分支机构的所得，适用 15% 税率。具体征管办法按照税务总局有关规定执行

4.3 增值税纳税人类型的选择

增值税纳税人分为一般纳税人和小规模纳税人。前者按照标准的税额抵扣法计算增值税，税率较高，但可以抵扣进项税额；后者按照简易计税法计算增值税，征收率较低，但不能抵扣进项税额。

关于增值税纳税人类型的选择，基本原则就是税负能转嫁时选择一般纳税人，税负无法转嫁时选择小规模纳税人。

4.3.1 税负能转嫁时选择一般纳税人

1. 纳税人基本情况

甲公司提供建材销售及建筑安装等业务，年度销售额（不含增值税）为 500 万元，选择增值税小规模纳税人身份。甲公司对外开具征收率为 1% 的增值税普通发票，其在报价时可以将增值税专用发票上的增值税税额加到价格之中。已知销售建材适用增值税税率为 13%，提供建筑安装服务适用增值税税率为 9%，小规模纳税人增值税征收率为 1%。

2. 客户需求

不考虑其他税费，将甲公司增值税负担减至最轻。

3. 客户现状下的税收负担

甲公司为增值税小规模纳税人，不含税销售额为 500 万元，应当缴纳增值税：500×1%=5（万元）。

4. 纳税筹划方案及其税收负担

由于甲公司在报价时可以将增值税专用发票上的增值税税额加到价格之中，建议甲公司升级为增值税一般纳税人，对外开具税率为 13% 或者 9% 的增值税专用发票，报价为不含税价格乘以 1.13 或者 1.09。假设甲公司取得的 500 万元不含税销售额中，适用 13% 税率的有 200 万元，适用 9% 税率的有 300 万元，甲公司应当缴纳增值税销项税：200×13%＋300×9%=53（万元）。假设甲公司取得进项税 20 万元，甲公司实际应当缴纳增值税：53-20=33（万元）。由于 53 万元的增值税销项税额已经转嫁到下一家，甲公司并未负担，因此，甲公司的增值税负担率为零。选择增值税一般纳税人之后，甲公司的年度销售额就可以突破 500 万元，没有任何限制。

甲公司减轻增值税负担：5-0=5（万元）。

5. 相关政策依据

规范性法律文件	政策内容
《中华人民共和国增值税暂行条例》	第四条：除本条例第十一条规定外，纳税人销售货物、劳务、服务、无形资产、不动产（以下统称应税销售行为），应纳税额为当期销项税额抵扣当期进项税额后的余额。应纳税额计算公式： 应纳税额 = 当期销项税额 − 当期进项税额 ……
	第五条：纳税人发生应税销售行为，按照销售额和本条例第二条规定的税率计算收取的增值税额，为销项税额。销项税额计算公式： 销项税额 = 销售额 × 税率
	第十一条：小规模纳税人发生应税销售行为，实行按照销售额和征收率计算应纳税额的简易办法，并不得抵扣进项税额。应纳税额计算公式： 应纳税额 = 销售额 × 征收率 ……
《财政部　税务总局关于统一增值税小规模纳税人标准的通知》（财税〔2018〕33 号）	一、增值税小规模纳税人标准为年应征增值税销售额 500 万元及以下
	三、本通知自 2018 年 5 月 1 日起执行
《增值税一般纳税人登记管理办法》（国家税务总局令第 43 号）	第二条：增值税纳税人（以下简称"纳税人"），年应税销售额超过财政部、国家税务总局规定的小规模纳税人标准（以下简称"规定标准"）的，除本办法第四条规定外，应当向主管税务机关办理一般纳税人登记。 本办法所称年应税销售额，是指纳税人在连续不超过 12 个月或四个季度的经营期内累计应征增值税销售额，包括纳税申报销售额、稽查查补销售额、纳税评估调整销售额。 销售服务、无形资产或者不动产（以下简称"应税行为"）有扣除项目的纳税人，其应税行为年应税销售额按未扣除之前的销售额计算。纳税人偶然发生的销售无形资产、转让不动产的销售额，不计入应税行为年应税销售额

4.3.2　税负无法转嫁时选择小规模纳税人

1. 纳税人基本情况

甲公司为增值税一般纳税人，从事管理咨询、客户介绍、市场调研等服务，年度含税销售额为 1000 万元，适用增值税税率为 6%，其增值税负担无法转嫁给下一家。全年增值税进项税额为 5 万元。

2. 客户需求

不考虑其他税费，将甲公司的增值税税负减至最轻。

3. 客户现状下的税收负担

甲公司为增值税一般纳税人，采用一般计税法计算的增值税额为：1000/（1+6%）×6%−5=51.60（万元）。

4. 纳税筹划方案及其税收负担

筹划方案一：由甲公司或者甲公司的股东新设乙公司和丙公司，选择小规模纳税人身份，按照一定的分类标准承接甲公司的全部业务。甲公司仍然保留一般纳税人资格，用于承接增值税税负能够转嫁的业务。乙公司和丙公司分别取得年度含税销售额 500 万元，按照简易计税法计算增值税，应当缴纳增值税：$[500/(1+1\%)\times1\%]\times2=9.90$（万元）。

甲公司减轻增值税负担：$51.60-9.90=41.70$（万元）。

筹划方案二：由甲公司或者甲公司的股东新设 9 家子公司，选择小规模纳税人身份，按照一定的分类标准承接甲公司的全部业务。甲公司仍然保留一般纳税人资格，用于承接增值税税负能够转嫁的业务。9 家公司每季度销售额控制在 30 万元以内，9 家公司的年度销售额控制在 1000 万元以内，则 9 家公司不需要缴纳增值税。

甲公司减轻增值税负担：$51.60-0=51.60$（万元）。

5. 相关政策依据

规范性法律文件	政策内容
《增值税一般纳税人登记管理办法》（国家税务总局令第 43 号）	第十条：纳税人登记为一般纳税人后，不得转为小规模纳税人，国家税务总局另有规定的除外
《财政部 税务总局关于增值税小规模纳税人减免增值税政策的公告》（财政部 税务总局公告 2023 年第 19 号）	一、对月销售额 10 万元以下（含本数）的增值税小规模纳税人，免征增值税
	二、增值税小规模纳税人适用 3% 征收率的应税销售收入，减按 1% 征收率征收增值税；适用 3% 预征率的预缴增值税项目，减按 1% 预征率预缴增值税
	三、本公告执行至 2027 年 12 月 31 日
《国家税务总局关于增值税小规模纳税人减免增值税等政策有关征管事项的公告》（国家税务总局公告 2023 年第 1 号）	一、增值税小规模纳税人（以下简称小规模纳税人）发生增值税应税销售行为，合计月销售额未超过 10 万元（以 1 个季度为 1 个纳税期的，季度销售额未超过 30 万元，下同）的，免征增值税。 小规模纳税人发生增值税应税销售行为，合计月销售额超过 10 万元，但扣除本期发生的销售不动产的销售额后未超过 10 万元的，其销售货物、劳务、服务、无形资产取得的销售额免征增值税
	二、适用增值税差额征税政策的小规模纳税人，以差额后的销售额确定是否可以享受 1 号公告第一条规定的免征增值税政策。《增值税及附加税费申报表（小规模纳税人适用）》中的"免税销售额"相关栏次，填写差额后的销售额
	三、《中华人民共和国增值税暂行条例实施细则》第九条所称的其他个人，采取一次性收取租金形式出租不动产取得的租金收入，可在对应的租赁期内平均分摊，分摊后的月租金收入未超过 10 万元的，免征增值税
	四、小规模纳税人取得应税销售收入，适用 1 号公告第一条规定的免征增值税政策的，纳税人可就该笔销售收入选择放弃免税并开具增值税专用发票
	五、小规模纳税人取得应税销售收入，适用 1 号公告第二条规定的减按 1% 征收率征收增值税政策的，应按照 1% 征收率开具增值税发票。纳税人可就该笔销售收入选择放弃减税并开具增值税专用发票

4.4　投资行业和地区的选择

个人与企业在投资之初应详细了解各个行业和地区的税收优惠政策，在测算收益时应充分考虑税费负担。

在投资行业的选择上，应主要考虑免征企业所得税或者减半征收企业所得税的行业以及免征消费税的行业。

在投资地区的选择上，应主要考虑在一定期限内免征企业所得税或者按照低税率征收企业所得税的地区。

4.4.1　投资免征企业所得税的行业

1. 纳税人基本情况

李先生大学毕业后拟回农村创业，计划邀请赞助方一起成立甲农业科技有限公司（以下简称甲公司），初步拟定养猪、养鸡和养鱼三个方案。三个方案的收益基本相当，即投资 1000 万元，每年可以获得利润总额 100 万元。李先生拟选择养鱼。已知养猪和养鸡可以享受免征企业所得税的优惠，养鱼可以享受减半征收企业所得税的优惠。企业所得税税率为 25%。

2. 客户需求

从上述三个方案中，选择一个税后收益最大的项目。

3. 客户现状下的税收负担

甲公司如选择养鱼项目，假设每年利润总额为 100 万元，需要缴纳企业所得税：$100 \times 25\% \times 50\% = 12.5$（万元）。税后利润（即净利润）为：$100-12.5=87.5$（万元）。

4. 纳税筹划方案及其税收负担

建议甲公司选择养猪或者养鸡项目，假设每年利润总额为 100 万元，不需要缴纳企业所得税，税后利润（即净利润）为 100 万元。

增加税后利润：$100-87.5=12.5$（万元）。

5. 相关政策依据

规范性法律文件	政策内容
《中华人民共和国企业所得税法》	第二十七条：企业的下列所得，可以免征、减征企业所得税： （一）从事农、林、牧、渔业项目的所得； （二）从事国家重点扶持的公共基础设施项目投资经营的所得； （三）从事符合条件的环境保护、节能节水项目的所得； （四）符合条件的技术转让所得； （五）本法第三条第三款规定的所得

（续）

规范性法律文件	政策内容
《中华人民共和国企业所得税法实施条例》	第八十六条：企业所得税法第二十七条第（一）项规定的企业从事农、林、牧、渔业项目的所得，可以免征、减征企业所得税，是指： （一）企业从事下列项目的所得，免征企业所得税： 1. 蔬菜、谷物、薯类、油料、豆类、棉花、麻类、糖料、水果、坚果的种植； 2. 农作物新品种的选育； 3. 中药材的种植； 4. 林木的培育和种植； 5. 牲畜、家禽的饲养； 6. 林产品的采集； 7. 灌溉、农产品初加工、兽医、农技推广、农机作业和维修等农、林、牧、渔服务业项目； 8. 远洋捕捞。 （二）企业从事下列项目的所得，减半征收企业所得税： 1. 花卉、茶以及其他饮料作物和香料作物的种植； 2. 海水养殖、内陆养殖。 企业从事国家限制和禁止发展的项目，不得享受本条规定的企业所得税优惠

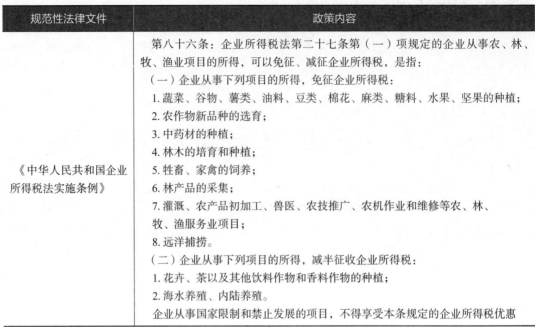

4.4.2　投资免征消费税的行业

1. 纳税人基本情况

甲汽车生产有限责任公司（以下简称甲公司）拟订了两个投资方案：生产 A 燃油汽车和生产 B 电动汽车。假设两个方案的投资额基本相当，预计 A 燃油汽车的年度不含增值税销售额为 6000 万元，不考虑消费税，利润总额为 500 万元；B 电动汽车的年度不含增值税销售额为 5000 万元，不考虑消费税，利润总额为 300 万元。甲公司原计划选择投资生产 A 燃油汽车。已知生产销售 A 燃油汽车适用的消费税税率为 5%，生产销售 B 电动汽车不需要缴纳消费税。我国现行消费税税目和税率见下表。

消费税税目、税率

税目	税率
一、烟	
1. 卷烟	
（1）甲类卷烟	56% 加 0.003 元/支（生产环节）
（2）乙类卷烟	36% 加 0.003 元/支（生产环节）
（3）批发环节	11% 加 0.005 元/支

（续）

税目	税率
2. 雪茄烟	36%
3. 烟丝	30%
4. 电子烟	
（1）生产（进口）环节	36%
（2）批发环节	11%
二、酒	
1. 白酒	20% 加 0.5 元 /500 克（或者 500 毫升）
2. 黄酒	240 元 / 吨
3. 啤酒	
（1）甲类啤酒	250 元 / 吨
（2）乙类啤酒	220 元 / 吨
4. 其他酒	10%
三、高档化妆品	15%
四、贵重首饰及珠宝玉石	
1. 金银首饰、铂金首饰和钻石及钻石饰品	5%
2. 其他贵重首饰和珠宝玉石	10%
五、鞭炮、焰火	15%
六、成品油	
1. 汽油	1.52 元 / 升
2. 柴油	1.20 元 / 升
3. 航空煤油	1.20 元 / 升
4. 石脑油	1.52 元 / 升
5. 溶剂油	1.52 元 / 升
6. 润滑油	1.52 元 / 升
7. 燃料油	1.20 元 / 升
七、摩托车	
1. 气缸容量（排气量，下同）250 毫升的	3%
2. 气缸容量在 250 毫升（不含）以上的	10%
八、小汽车	

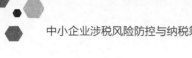

（续）

税目	税率
1. 乘用车	
（1）气缸容量（排气量，下同）在 1.0 升（含 1.0 升）以下的	1%
（2）气缸容量在 1.0 升至 1.5 升（含 1.5 升）的	3%
（3）气缸容量在 1.5 升至 2.0 升（含 2.0 升）的	5%
（4）气缸容量在 2.0 升至 2.5 升（含 2.5 升）的	9%
（5）气缸容量在 2.5 升至 3.0 升（含 3.0 升）的	12%
（6）气缸容量在 3.0 升至 4.0 升（含 4.0 升）的	25%
（7）气缸容量在 4.0 升以上的	40%
2. 中轻型商用客车	5%
3. 超豪华小汽车	10%（零售环节）
九、高尔夫球及球具	10%
十、高档手表	20%
十一、游艇	10%
十二、木制一次性筷子	5%
十三、实木地板	5%
十四、电池	4%
十五、涂料	4%

2. 客户需求

从上述两个方案中，选择一个利润总额最大的项目。

3. 客户现状下的税收负担

甲公司选择投资生产 A 燃油汽车，年度不含增值税销售额为 6000 万元，应当缴纳消费税：6000×5%=300（万元）。缴纳消费税后，甲公司投资生产 A 燃油汽车的年度利润总额为：500-300=200（万元）。

4. 纳税筹划方案及其税收负担

建议甲公司投资生产 B 电动汽车，年度不含增值税销售额为 5000 万元，不需要缴纳消费税，甲公司投资生产 B 电动汽车的年度利润总额为 300 万元。

增加利润总额：300-200=100（万元）。

5. 相关政策依据

规范性法律文件	政策内容
《中华人民共和国消费税暂行条例》	第一条：在中华人民共和国境内生产、委托加工和进口本条例规定的消费品的单位和个人，以及国务院确定的销售本条例规定的消费品的其他单位和个人，为消费税的纳税人，应当依照本条例缴纳消费税
	第二条：消费税的税目、税率，依照本条例所附的《消费税税目税率表》执行。消费税税目、税率的调整，由国务院决定
《财政部 国家税务总局关于调整和完善消费税政策的通知》（财税〔2006〕33 号）	消费税新增和调整税目征收范围注释 …… 七、小汽车 汽车是指由动力驱动，具有四个或四个以上车轮的非轨道承载的车辆。 …… 电动汽车不属于本税目征收范围

4.4.3 投资免征企业所得税的地区

1. 纳税人基本情况

甲公司拟投资 A、B 两个项目，A 项目属于《新疆困难地区重点鼓励发展产业企业所得税优惠目录》范围，B 项目不属于《新疆困难地区重点鼓励发展产业企业所得税优惠目录》范围。预计 A 项目年度营业收入为 1000 万元、利润总额为 300 万元，B 项目年度营业收入为 700 万元、利润总额为 200 万元。甲公司原计划在甘肃设立乙公司和丙公司承接上述两个项目。乙公司和丙公司适用企业所得税税率为 25%。

2. 客户需求

将上述两个项目营收产生的所得税负担减至最轻。

3. 客户现状下的税收负担

乙公司取得利润总额 300 万元，应当缴纳企业所得税：300×25%=75（万元）。丙公司取得利润总额 200 万元，应当缴纳企业所得税：200×25%=50（万元）。两个项目合计缴纳企业所得税：75+50=125（万元）。

4. 纳税筹划方案及其税收负担

筹划方案一：甲公司在新疆困难地区或者喀什、霍尔果斯两个特殊经济开发区设立乙公司，在甘肃设立丙公司。乙公司取得利润总额 300 万元，不需要缴纳企业所得税；丙公司取得利润总额 200 万元，应当缴纳企业所得税：200×25%=50（万元）。

减轻所得税负担：125-50=75（万元）。

筹划方案二：甲公司在新疆困难地区或者喀什、霍尔果斯两个特殊经济开发区设立乙公司，由乙公司同时承接A、B两个项目。将B项目的年度营业收入调整为666万元。乙公司取得年度营业收入为1666万元，其中属于《新疆困难地区重点鼓励发展产业企业所得税优惠目录》范围的A项目年度营业收入为1000万元，占比为60.02%。乙公司取得的全部利润均可以享受免征企业所得税的优惠。

减轻所得税负担：125-0=125（万元）。

5. 相关政策依据

规范性法律文件	政策内容
《财政部　税务总局关于新疆困难地区及喀什、霍尔果斯两个特殊经济开发区新办企业所得税优惠政策的通知》（财税〔2021〕27号）	2021年1月1日至2030年12月31日：对在新疆困难地区新办的属于《新疆困难地区重点鼓励发展产业企业所得税优惠目录》范围内的企业，自取得第一笔生产经营收入所属纳税年度起，第一年至第二年免征企业所得税，第三年至第五年减半征收企业所得税；对在新疆喀什、霍尔果斯两个特殊经济开发区内新办的属于上述目录范围内的企业，自取得第一笔生产经营收入所属纳税年度起，五年内免征企业所得税
	属于《目录》范围内的企业是指以《目录》中规定的产业项目为主营业务，其主营业务收入占企业收入总额60%以上的企业
《财政部　税务总局发展改革委　工业和信息化部关于印发新疆困难地区重点鼓励发展产业企业所得税优惠目录的通知》（财税〔2021〕42号）	一、属于《新疆困难地区重点鼓励发展产业企业所得税优惠目录》范围内的企业，可按《财政部税务总局关于新疆困难地区及喀什、霍尔果斯两个特殊经济开发区新办企业所得税优惠政策的通知》（财税〔2021〕27号）规定享受相关企业所得税优惠政策
	二、享受新疆困难地区及喀什、霍尔果斯两个特殊经济开发区企业所得税优惠政策的企业，须注册在新疆困难地区和喀什、霍尔果斯两个特殊经济开发区并实质性运营。 所谓实质性运营，是指企业的实际管理机构设在当地，并对企业生产经营、人员、账务、财产等实施实质性全面管理和控制

4.4.4　投资低税率征收企业所得税的地区

1. 纳税人基本情况

甲公司拟投资A、B两个项目，A项目属于西部地区鼓励类产业目录范围，B项目不属于西部地区鼓励类产业目录范围。预计A项目年度营业收入为2000万元，利润总额为600万元；B项目年度营业收入为1300万元，利润总额为400万元。甲公司原计划在湖南张家界设立乙公司和丙公司承接上述两个项目。乙公司和丙公司适用企业所得税税率为25%。

2. 客户需求

将上述两个项目营收产生的所得税负担减至最轻。

3. 客户现状下的税收负担

乙公司取得利润总额 600 万元，应当缴纳企业所得税：$600 \times 25\% = 150$（万元）。丙公司取得利润总额 400 万元，应当缴纳企业所得税：$400 \times 25\% = 100$（万元）。两个项目合计缴纳企业所得税：$150+100=250$（万元）。

4. 纳税筹划方案及其税收负担

甲公司在张家界隔壁的湖南省湘西土家族苗族自治州设立乙公司，由乙公司同时承接 A、B 两个项目。乙公司取得年度营业收入为 3300 万元，其中属于西部地区鼓励类产业目录范围的 A 项目年度营业收入为 2000 万元，占比 60.61%，乙公司取得的全部利润均可以享受减按 15% 的税率征收企业所得税的优惠。乙公司合计取得 1000 万元利润总额，应当缴纳企业所得税：$1000 \times 15\% = 150$（万元）。

减轻所得税负担：$250-150=100$（万元）。

5. 相关政策依据

规范性法律文件	政策内容
《财政部　税务总局　国家发展改革委关于延续西部大开发企业所得税政策的公告》（财政部　税务总局　国家发展改革委公告 2020 年第 23 号）	一、自 2021 年 1 月 1 日至 2030 年 12 月 31 日，对设在西部地区的鼓励类产业企业减按 15% 的税率征收企业所得税。本条所称鼓励类产业企业是指以《西部地区鼓励类产业目录》中规定的产业项目为主营业务，且其主营业务收入占企业收入总额 60% 以上的企业
	二、《西部地区鼓励类产业目录》由发展改革委牵头制定。该目录在本公告执行期限内修订的，自修订版实施之日起按新版本执行
	三、税务机关在后续管理中，不能准确判定企业主营业务是否属于国家鼓励类产业项目时，可提请发展改革等相关部门出具意见。对不符合税收优惠政策规定条件的，由税务机关按税收征收管理法及有关规定进行相应处理。具体办法由省级发展改革、税务部门另行制定
	四、本公告所称西部地区包括内蒙古自治区、广西壮族自治区、重庆市、四川省、贵州省、云南省、西藏自治区、陕西省、甘肃省、青海省、宁夏回族自治区、新疆维吾尔自治区和新疆生产建设兵团。湖南省湘西土家族苗族自治州、湖北省恩施土家族苗族自治州、吉林省延边朝鲜族自治州和江西省赣州市，可以比照西部地区的企业所得税政策执行
《西部地区鼓励类产业目录（2020 年本）》（中华人民共和国国家发展和改革委员会令第 40 号）	为推进西部大开发形成新格局，促进西部地区产业结构调整和特色优势产业发展，制定本目录。 本目录共包括两部分，一是国家现有产业目录中的鼓励类产业，二是西部地区新增鼓励类产业。 在符合市场准入政策的前提下，本目录原则上适用于在西部地区生产经营的各类企业，其中外商投资企业按照《鼓励外商投资产业目录》执行

Chapter Five

第**5**章
企业运营期纳税筹划

企业运营期的纳税筹划应重点考虑如何减轻企业运营过程中产生的增值税、消费税和企业所得税等主要税收负担。企业薪酬应纳的个人所得税虽然是员工的税收负担，但企业若能帮助员工减轻个人所得税负担，也就相当于给员工涨了工资。

在实务中，常用的企业运营期的纳税筹划包括企业超标及无关支出的纳税筹划、佣金手续费的纳税筹划、固定资产加速折旧的纳税筹划、企业折扣销售与兼营的纳税筹划、增值税纳税义务发生时间的纳税筹划、企业资金融通的纳税筹划以及企业薪酬发放的纳税筹划。

5.1 企业超标及无关支出的纳税筹划

企业实际发生的与取得收入有关的、合理的支出，包括成本、费用、税金、损失和其他支出，准予在计算应纳税所得额时扣除。在实务中，企业发生的部分支出，由于与取得收入无关或者超过税务部门规定的标准，无法税前扣除或者无法全部税前扣除。对此，应当通过纳税筹划予以解决，比较常见的筹划包括业务招待费支出的纳税筹划、职工教育经费支出的纳税筹划、企业无关支出的纳税筹划以及企业无发票支出的纳税筹划。

5.1.1 业务招待费支出的纳税筹划

1. 纳税人基本情况

位于北京的甲公司为增值税一般纳税人，预计 2024 年度的营业收入总额为 2000 万元，业务招待费支出为 50 万元。甲公司的客户主要位于天津和上海。甲公司的股东拟计划在天津和上海设立公司，以便拓展相应业务。

2. 客户需求

将甲公司 2024 年度计划支出的 50 万元业务招待费最大限度予以税前扣除。

3. 客户现状下的税收负担

甲公司业务招待费支出为 50 万元，业务招待费扣除限额一为：50×60%=30（万元）；甲公司 2024 年度的营业收入总额为 2000 万元，业务招待费扣除限额二为：2000×0.5%=10（万元）。甲公司 2023 年度允许税前扣除的业务招待费为 10 万元。

4. 纳税筹划方案及其税收负担

筹划方案一：甲公司改变业务招待的模式，尽量选择在客户所在地，即天津和上海招待客户。甲公司派遣员工出差到天津和上海招待客户，相应餐饮等费用计入差旅费，差旅费支出没有扣除限额。假设甲公司 2024 年度将 50 万元业务招待费中的 20 万元转化为差旅费，剩余 30 万元仍做业务招待费，则业务招待费扣除限额一为：30×60%=18（万元），业务招待费扣除限额二为：2000×0.5%=10（万元）。甲公司 2024 年度允许税前扣除的业务招待费和转化为差旅费的业务招待费合计为 30 万元。

甲公司增加业务招待费扣除额：30-10=20（万元）。

筹划方案二：由甲公司或者甲公司的股东在天津和上海设立乙公司和丙公司，三家公司的业务招待模式为：凡是在北京发生的餐费支出均计入乙公司和丙公司的费用，作为两家公司的差旅费支出；凡是在天津发生的餐费支出均计入甲公司和丙公司的费用，作为两家公司的差旅费支出；凡是在上海发生的餐费支出均计入甲公司和乙公司的费用，作为两家公司的差旅费支出。三家公司的经营业务模式也相应调整，使得相关差旅费支出与其经营业务直接相关。由此，50 万元业务招待费支出可以全部转化为差旅费支出。

甲公司增加业务招待费扣除额：50-10=40（万元）。

5. 相关政策依据

规范性法律文件	政策内容
《中华人民共和国企业所得税法》	第八条：企业实际发生的与取得收入有关的、合理的支出，包括成本、费用、税金、损失和其他支出，准予在计算应纳税所得额时扣除
《中华人民共和国企业所得税法实施条例》	第四十三条：企业发生的与生产经营活动有关的业务招待费支出，按照发生额的 60% 扣除，但最高不得超过当年销售（营业）收入的 5‰
《国家税务总局关于企业所得税执行中若干税务处理问题的通知》（国税函〔2009〕202 号）	一、关于销售（营业）收入基数的确定问题 企业在计算业务招待费、广告费和业务宣传费等费用扣除限额时，其销售（营业）收入额应包括《实施条例》第二十五条规定的视同销售（营业）收入额
《国家税务总局关于贯彻落实企业所得税法若干税收问题的通知》（国税函〔2010〕79 号）	八、从事股权投资业务的企业业务招待费计算问题 对从事股权投资业务的企业（包括集团公司总部、创业投资企业等），其从被投资企业所分配的股息、红利以及股权转让收入，可以按规定的比例计算业务招待费扣除限额

（续）

规范性法律文件	政策内容
《国家税务总局关于企业所得税应纳税所得额若干税务处理问题的公告》（国家税务总局公告 2012 年第 15 号）	五、关于筹办期业务招待费等费用税前扣除问题 企业在筹建期间，发生的与筹办活动有关的业务招待费支出，可按实际发生额的 60% 计入企业筹办费，并按有关规定在税前扣除；发生的广告费和业务宣传费，可按实际发生额计入企业筹办费，并按有关规定在税前扣除
《个体工商户个人所得税计税办法》	第二十八条：个体工商户发生的与生产经营活动有关的业务招待费，按照实际发生额的 60% 扣除，但最高不得超过当年销售（营业）收入的 5‰。业主自申请营业执照之日起至开始生产经营之日止所发生的业务招待费，按照实际发生额的 60% 计入个体工商户的开办费

5.1.2 职工教育经费支出的纳税筹划

1. 纳税人基本情况

甲公司为软件生产企业，2024 年度预计发生工资薪金总额 1000 万元，发生职工教育经费 160 万元，其中有一半是职工培训费用，但甲公司并未就职工培训费用进行单独核算，无法准确划分。已知甲公司发生的工资薪金是合理的。

2. 客户需求

使甲公司 2024 年度预计发生的职工教育经费在税前扣除的金额最大。

3. 客户现状下的税收负担

甲公司 2024 年度预计发生工资薪金总额 1000 万元，职工教育经费扣除限额为：1000×8%=80（万元）。甲公司实际发生职工教育经费 160 万元，因此，甲公司 2023 年度允许税前扣除的职工教育经费为 80 万元。

4. 纳税筹划方案及其税收负担

建议甲公司就职工培训费用进行单独核算，准确划分出 80 万元职工培训费用，剩余职工教育经费 80 万元。甲公司 2024 年度职工教育经费扣除限额为：1000×8%=80（万元）。甲公司 2024 年度允许税前扣除的职工教育经费及职工培训费用合计为 160 万元。

甲公司增加职工教育经费扣除额：160-80=80（万元）。

5. 相关政策依据

规范性法律文件	政策内容
《中华人民共和国企业所得税法实施条例》	第四十二条：除国务院财政、税务主管部门另有规定外，企业发生的职工教育经费支出，不超过工资薪金总额 2.5% 的部分，准予扣除；超过部分，准予在以后纳税年度结转扣除

（续）

规范性法律文件	政策内容
《国家税务总局关于企业所得税执行中若干税务处理问题的通知》（国税函〔2009〕202号）	四、软件生产企业职工教育经费的税前扣除问题 软件生产企业发生的职工教育经费中的职工培训费用，根据《财政部国家税务总局关于企业所得税若干优惠政策的通知》（财税〔2008〕1号）规定，可以全额在企业所得税前扣除。软件生产企业应准确划分职工教育经费中的职工培训费支出，对于不能准确划分的，以及准确划分后职工教育经费中扣除职工培训费用的余额，一律按照《实施条例》第四十二条规定的比例扣除
《财政部　国家税务总局关于扶持动漫产业发展有关税收政策问题的通知》（财税〔2009〕65号）	二、关于企业所得税 经认定的动漫企业自主开发、生产动漫产品，可申请享受国家现行鼓励软件产业发展的所得税优惠政策
《财政部　国家税务总局关于进一步鼓励软件产业和集成电路产业发展企业所得税政策的通知》（财税〔2012〕27号）	六、集成电路设计企业和符合条件软件企业的职工培训费用，应单独进行核算并按实际发生额在计算应纳税所得额时扣除
《国家税务总局关于企业所得税应纳税所得额若干问题的公告》（国家税务总局公告2014年第29号）	四、核电厂操纵员培养费的企业所得税处理 核力发电企业为培养核电厂操纵员发生的培养费用，可作为企业的发电成本在税前扣除。企业应将核电厂操纵员培养费与员工的职工教育经费严格区分，单独核算，员工实际发生的职工教育经费支出不得计入核电厂操纵员培养费直接扣除
《财政部税务总局关于企业职工教育经费税前扣除政策的通知》（财税〔2018〕51号）	一、企业发生的职工教育经费支出，不超过工资薪金总额8%的部分，准予在计算企业所得税应纳税所得额时扣除；超过部分，准予在以后纳税年度结转扣除
	二、本通知自2018年1月1日起执行

5.1.3　企业无关支出的纳税筹划

1. 纳税人基本情况

孙女士是甲公司的唯一股东并担任总经理，孙女士的父母和公婆均已退休，帮孙女士打理甲公司业务但并未在甲公司任职。孙女士的丈夫在国有企业工作，其单位不允许其在其他企业兼职，但其也协助孙女士经营甲公司，且亦未在甲公司任职。2024年度，孙女士的父母和公婆预计发生与甲公司业务相关的市内交通费0.2万元、火车和飞机交通费2万元、外地住宿和餐饮费3万元；2024年度，孙女士的丈夫预计发生与甲公司业务相关的市内交通费0.1万元、火车和飞机交通费1万元、外地住宿和餐饮费2万元。

2. 客户需求

将孙女士父母、公婆和丈夫的上述费用合法、合理计入甲公司的生产经营费用予以税前扣除。

3. 客户现状下的税收负担

由于市内交通费目前并未实行实名制，孙女士可以将其父母、公婆和丈夫发生的市内交通费作为其个人发生的市内交通费列入甲公司的生产经营费用予以税前扣除，合计金额为：0.2+0.1=0.3（万元）。其余费用由于已经实名制，无法直接转化为甲公司的生产经营费用，无法由甲公司税前扣除。

4. 纳税筹划方案及其税收负担

甲公司根据岗位匹配度，任命孙女士的父母和公婆为副总经理、经理或者总经理助理，甲公司同时完善差旅费审批和报销制度。孙女士父母和公婆发生的市内交通费 0.2 万元、火车和飞机交通费 2 万元、外地住宿和餐饮费 3 万元，均可以计入甲公司的生产经营费用予以税前扣除。同时，甲公司还可以为孙女士的父母和公婆每人每月发放 0.5 万元工资，全年合计 24 万元。甲公司可以列支该 24 万元工资，孙女士的父母和公婆每月领取的 0.5 万元工资实际上不需要缴纳个人所得税。甲公司与孙女士的丈夫签订委托市场调研合同，委托孙女士的丈夫进行市场调研，为其报销差旅费。这样，孙女士的丈夫发生的市内交通费 0.1 万元、火车和飞机交通费 1 万元、外地住宿和餐饮费 2 万元，均可以计入甲公司的生产经营费用予以税前扣除。上述费用合计：0.2+2+3+24+0.1+1+2=32.3（万元）。

增加税前扣除额：32.3–0.3=32（万元）。

5. 相关政策依据

规范性法律文件	政策内容
《中华人民共和国企业所得税法》	第八条：企业实际发生的与取得收入有关的、合理的支出，包括成本、费用、税金、损失和其他支出，准予在计算应纳税所得额时扣除
《中华人民共和国企业所得税法实施条例》	第二十七条：企业所得税法第八条所称有关的支出，是指与取得收入直接相关的支出。 企业所得税法第八条所称合理的支出，是指符合生产经营活动常规，应当计入当期损益或者有关资产成本的必要和正常的支出

5.1.4 企业无发票支出的纳税筹划

1. 纳税人基本情况

甲公司是增值税小规模纳税人，2023 年度在生产经营过程中遇到了很多发票问题，主要包括三类：①对方开具发票的前提是甲公司支付高额的税款，此类发票金额约 100 万元，如果开具发票，需要支付的税款约 13 万元；②对方企业被注销或者被列为非正常户，无法补开发票，此类发票金额约 20 万元；③在一些小商店购买的零星办公用品和五金工具，因对方无发票而无法获得发票，此类发票金额约 2 万元。甲公司 2023 年度的利润总额为 200 万元，除上述发票问题外，无纳税调整项目。

2. 客户需求

以最低的成本解决上述三类发票问题，最大限度减轻甲公司 2023 年度的所得税负担。

3. 客户现状下的税收负担

由于无法取得发票，甲公司需要调增应纳税所得额：100+20+2=122（万元）。纳税调整以后，甲公司 2023 年度的应纳税所得额为：200+122=322（万元）。甲公司需要缴纳企业所得税：322×25%=80.5（万元）。

4. 纳税筹划方案及其税收负担

对于第一类情形，建议甲公司支付 13 万元税款并要求对方补开发票，未来在发生类似交易时，在合同中明确规定对方开具发票的义务。由于甲公司为增值税小规模纳税人，该 13 万元税款可以计入相关成本费用之中，其 2023 年度利润总额应调减 13 万元，即 187 万元。

对于第二类情形，甲公司应准备以下资料，之后可以在企业所得税税前扣除：①无法补开、换开发票、其他外部凭证原因的证明资料（包括工商注销、机构撤销、列入非正常经营户、破产公告等证明资料）；②相关业务活动的合同或者协议；③采用非现金方式支付的付款凭证；④货物运输的证明资料；⑤货物入库、出库内部凭证；⑥企业会计核算记录以及其他资料。

对于第三类情形，甲公司应提供证据证明对方为依法无须办理税务登记的单位或者从事小额零星经营业务的个人，其 2 万元的支出以对方的收款凭证及甲公司的内部凭证为税前扣除凭证，收款凭证应载明收款单位名称、个人姓名及身份证号、支出项目、收款金额等相关信息。如果之前未取得收款凭证，可以事后补充取得。

经过上述处理之后，甲公司 2023 年度应纳税所得额为 187 万元，应纳企业所得税：100×12.5%×20%+87×25%×20%=6.85（万元）。

考虑到其多支付的 13 万元税款，则甲公司减轻企业所得税负担：80.5-13-6.85=60.65（万元）。

5. 相关政策依据

规范性法律文件	政策内容
《中华人民共和国企业所得税法》	第二十条：本章规定的收入、扣除的具体范围、标准和资产的税务处理的具体办法，由国务院财政、税务主管部门规定
《国家税务总局关于发布〈企业所得税税前扣除凭证管理办法〉的公告》（国家税务总局公告 2018 年第 28 号）	第四条：税前扣除凭证在管理中遵循真实性、合法性、关联性原则。真实性是指税前扣除凭证反映的经济业务真实，且支出已经实际发生；合法性是指税前扣除凭证的形式、来源符合国家法律、法规等相关规定；关联性是指税前扣除凭证与其反映的支出相关联且有证明力

（续）

规范性法律文件	政策内容
《国家税务总局关于发布〈企业所得税税前扣除凭证管理办法〉的公告》（国家税务总局公告2018年第28号）	第五条：企业发生支出，应取得税前扣除凭证，作为计算企业所得税应纳税所得额时扣除相关支出的依据
	第六条：企业应在当年度企业所得税法规定的汇算清缴期结束前取得税前扣除凭证
	第八条：税前扣除凭证按照来源分为内部凭证和外部凭证。 内部凭证是指企业自制用于成本、费用、损失和其他支出核算的会计原始凭证。内部凭证的填制和使用应当符合国家会计法律、法规等相关规定。 外部凭证是指企业发生经营活动和其他事项时，从其他单位、个人取得的用于证明其支出发生的凭证，包括但不限于发票（包括纸质发票和电子发票）、财政票据、完税凭证、收款凭证、分割单等
	第九条：企业在境内发生的支出项目属于增值税应税项目（以下简称应税项目）的，对方为已办理税务登记的增值税纳税人，其支出以发票（包括按照规定由税务机关代开的发票）作为税前扣除凭证；对方为依法无须办理税务登记的单位或者从事小额零星经营业务的个人，其支出以税务机关代开的发票或者收款凭证及内部凭证作为税前扣除凭证，收款凭证应载明收款单位名称、个人姓名及身份证号、支出项目、收款金额等相关信息。 小额零星经营业务的判断标准是个人从事应税项目经营业务的销售额不超过增值税相关政策规定的起征点。 税务总局对应税项目开具发票另有规定的，以规定的发票或者票据作为税前扣除凭证
	第十条：企业在境内发生的支出项目不属于应税项目的，对方为单位的，以对方开具的发票以外的其他外部凭证作为税前扣除凭证；对方为个人的，以内部凭证作为税前扣除凭证。 企业在境内发生的支出项目虽不属于应税项目，但按税务总局规定可以开具发票的，可以发票作为税前扣除凭证
	第十三条：企业应当取得而未取得发票、其他外部凭证或者取得不合规发票、不合规其他外部凭证的，若支出真实且已实际发生，应当在当年度汇算清缴期结束前，要求对方补开、换开发票、其他外部凭证。补开、换开后的发票、其他外部凭证符合规定的，可以作为税前扣除凭证
	第十四条：企业在补开、换开发票、其他外部凭证过程中，因对方注销、撤销、依法被吊销营业执照、被税务机关认定为非正常户等特殊原因无法补开、换开发票、其他外部凭证的，可凭以下资料证实支出真实性后，其支出允许税前扣除： （一）无法补开、换开发票、其他外部凭证原因的证明资料（包括工商注销、机构撤销、列入非正常经营户、破产公告等证明资料）； （二）相关业务活动的合同或者协议； （三）采用非现金方式支付的付款凭证； （四）货物运输的证明资料； （五）货物入库、出库内部凭证； （六）企业会计核算记录以及其他资料。 前款第一项至第三项为必备资料

5.2　佣金手续费的纳税筹划

个人取得较大金额的佣金手续费，如果按照综合所得纳税，税负比较高。对此，常用的筹划方法包括利用多人取得佣金手续费的纳税筹划、利用个人代开发票取得佣金手续费的纳税筹划、利用个体工商户取得佣金手续费的纳税筹划以及利用小型微利公司取得佣金手续费的纳税筹划。

佣金手续费的纳税筹划应注意实质合理性，避免虚开发票等税收违法行为。

5.2.1　利用多人取得佣金手续费的纳税筹划

1. 纳税人基本情况

周某为甲公司提供介绍服务，甲公司应向周某支付 100 万元佣金。甲公司原计划按照劳务报酬向周某支付 100 万元，甲公司为周某预扣预缴个人所得税。已知不考虑该笔佣金，周某该年度综合所得应纳税所得额为 20 万元，周某的配偶及其父母该年度综合所得应纳税所得额均为 –6 万元。

2. 客户需求

甲公司应周某的要求，使周某取得该笔 100 万元佣金的个人所得税负担最轻。

3. 客户现状下的税收负担

甲公司向周某支付佣金时应预扣预缴个人所得税：$100 × （ 1–20\% ） × 40\% –0.7=31.3$（万元）。周某个人所得税汇算清缴时，还应补缴个人所得税：$（ 100 + 20 ） × 45\% –18.19– [20 × 20\% –1.69] –31.3=2.2$（万元）。合计缴纳个人所得税：$31.3+2.2=33.5$（万元）。

4. 纳税筹划方案及其税收负担

鉴于该项介绍服务，周某的配偶和父母均有功劳，总额 100 万元的佣金应当由四人平分。周某就该 25 万元佣金负担个人所得税：$（ 25+20 ） × 30\% –5.29– （ 20 × 20\% –1.69 ）=5.9$（万元）。周某的配偶和父母负担个人所得税：$[（ 25–6 ） × 20\% –1.69] × 3=6.33$（万元）。合计所得税负担：$5.9+6.33=12.23$（万元）。

周某减轻所得税负担：$33.5–12.23=21.27$（万元）。

5. 相关政策依据

规范性法律文件	政策内容
《中华人民共和国个人所得税法》	第九条：个人所得税以所得人为纳税人，以支付所得的单位或者个人为扣缴义务人

（续）

规范性法律文件	政策内容
《中华人民共和国个人所得税法》	纳税人有中国公民身份号码的，以中国公民身份号码为纳税人识别号；纳税人没有中国公民身份号码的，由税务机关赋予其纳税人识别号。扣缴义务人扣缴税款时，纳税人应当向扣缴义务人提供纳税人识别号
《中华人民共和国个人所得税法实施条例》	第十八条：两个以上的个人共同取得同一项目收入的，应当对每个人取得的收入分别按照个人所得税法的规定计算纳税

5.2.2 利用个人代开发票取得佣金手续费的纳税筹划

1. 纳税人基本情况

吴某为甲公司提供介绍服务，甲公司应向吴某支付 100 万元佣金。甲公司原计划按照劳务报酬向吴某支付 100 万元，并为吴某预扣预缴个人所得税。现已知不考虑该笔佣金，吴某该年度综合所得应纳税所得额为 20 万元。

2. 客户需求

甲公司应吴某的要求，使吴某取得该笔 100 万元佣金的个人所得税负担最轻。

3. 客户现状下的税收负担

甲公司向吴某支付佣金时应预扣预缴个人所得税：$100 \times （1-20\%）\times 40\%- 0.7=31.3$（万元）。吴某个人所得税汇算清缴时，还应补缴个人所得税：$（100+20）\times 45\%-18.19-（20 \times 20\%-1.69）-31.3=2.2$（万元）。合计缴纳个人所得税：$31.3+2.2=33.5$（万元）。

4. 纳税筹划方案及其税收负担

甲公司与吴某签订的合同明确约定，吴某为甲公司提供咨询服务，甲公司向吴某支付"咨询费"100 万元，由吴某到税务局代开发票。吴某携带身份证件、合同等资料到其经常居住地税务局代开"咨询费"发票。假设税务局按照 3% 的比率核定征收增值税及其附加和个人所得税，则吴某需缴纳税款：$100 \div （1+1\%）\times 3\%=2.97$（万元）。

吴某减轻所得税负担：$33.5-2.97=30.53$（万元）。

5. 相关政策依据

规范性法律文件	政策内容
《中华人民共和国个人所得税法》	第二条：下列各项个人所得，应当缴纳个人所得税： …… （五）经营所得

（续）

规范性法律文件	政策内容
《中华人民共和国个人所得税法实施条例》	第六条：个人所得税法规定的各项个人所得的范围： …… （五）经营所得，是指： 1. 个体工商户从事生产、经营活动取得的所得，个人独资企业投资人、合伙企业的个人合伙人来源于境内注册的个人独资企业、合伙企业生产、经营的所得； 2. 个人依法从事办学、医疗、咨询以及其他有偿服务活动取得的所得； 3. 个人对企业、事业单位承包经营、承租经营以及转包、转租取得的所得； 4. 个人从事其他生产、经营活动取得的所得
	第十五条：个人所得税法第六条第一款第三项所称成本、费用，是指生产、经营活动中发生的各项直接支出和分配计入成本的间接费用以及销售费用、管理费用、财务费用；所称损失，是指生产、经营活动中发生的固定资产和存货的盘亏、毁损、报废损失，转让财产损失，坏账损失，自然灾害等不可抗力因素造成的损失以及其他损失。 　取得经营所得的个人，没有综合所得的，计算其每一纳税年度的应纳税所得额时，应当减除费用 6 万元、专项扣除、专项附加扣除以及依法确定的其他扣除。专项附加扣除在办理汇算清缴时减除。 　从事生产、经营活动，未提供完整、准确的纳税资料，不能正确计算应纳税所得额的，由主管税务机关核定应纳税所得额或者应纳税额

5.2.3　利用个体工商户取得佣金手续费的纳税筹划

1. 纳税人基本情况

郑某为甲公司提供介绍等服务，甲公司应向郑某支付 500 万元服务费。甲公司原计划按照劳务报酬向郑某支付 500 万元，并为郑某预扣预缴个人所得税。现已知不考虑该笔服务费，郑某该年度综合所得应纳税所得额为 96 万元。

2. 客户需求

甲公司应郑某的要求，使郑某取得的该笔 500 万元服务费产生的税收负担最轻。

3. 客户现状下的税收负担

甲公司向郑某支付服务费时应预扣预缴个人所得税额为：500×（1–20%）×40%–0.7=159.3（万元）。郑某个人所得税汇算清缴时，还应补缴个人所得税额：500×45%–159.3=65.7（万元）。合计缴纳个人所得税：159.3+65.7=225（万元）。

4. 纳税筹划方案及其税收负担

郑某设立一家个体工商户，选择增值税小规模纳税人身份，使用该个体工商户与甲公司签订服务合同。由该个体工商户为甲公司提供服务，向甲公司开具发票，甲公司向该个体户支付服务费500万元。经主管税务机关核定，该个体工商户按照收入额的10%计算利润总额。该个体工商户应当缴纳增值税：$500 \div (1+1\%) \times 1\%=4.95$（万元）。根据当地政策，该个体工商户按照增值税的6%缴纳城市维护建设税、教育费附加和地方教育附加，该个体工商户应当缴纳附加税费：$4.95 \times 6\%=0.3$（万元）。郑某应当缴纳经营所得个人所得税：$500 \div (1+1\%) \times 10\% \times 30\%-4.05=10.8$（万元）。合计税收负担：$4.95+0.3+10.8=16.05$（万元）。

郑某减轻税收负担：$225-16.05=208.95$（万元）。

5. 相关政策依据

规范性法律文件	政策内容
《中华人民共和国个人所得税法》	第二条：下列各项个人所得，应当缴纳个人所得税： …… （五）经营所得
《中华人民共和国个人所得税法实施条例》	第六条：个人所得税法规定的各项个人所得的范围： …… （五）经营所得，是指： 1. 个体工商户从事生产、经营活动取得的所得，个人独资企业投资人、合伙企业的个人合伙人来源于境内注册的个人独资企业、合伙企业生产、经营的所得； 2. 个人依法从事办学、医疗、咨询以及其他有偿服务活动取得的所得； 3. 个人对企业、事业单位承包经营、承租经营以及转包、转租取得的所得； 4. 个人从事其他生产、经营活动取得的所得
	第十五条：个人所得税法第六条第一款第三项所称成本、费用，是指生产、经营活动中发生的各项直接支出和分配计入成本的间接费用以及销售费用、管理费用、财务费用；所称损失，是指生产、经营活动中发生的固定资产和存货的盘亏、毁损、报废损失，转让财产损失，坏账损失，自然灾害等不可抗力因素造成的损失以及其他损失。 取得经营所得的个人，没有综合所得的，计算其每一纳税年度的应纳税所得额时，应当减除费用6万元、专项扣除、专项附加扣除以及依法确定的其他扣除。专项附加扣除在办理汇算清缴时减除。 从事生产、经营活动，未提供完整、准确的纳税资料，不能正确计算应纳税所得额的，由主管税务机关核定应纳税所得额或者应纳税额

5.2.4 利用小型微利公司取得佣金手续费的纳税筹划

1. 纳税人基本情况

王某为甲公司提供介绍服务，甲公司应向王某支付100万元佣金。甲公司原计划按照劳务报酬向王某支付100万元，并为王某预扣预缴个人所得税。现已知不考虑该笔佣金，王某该年度综合所得应纳税所得额为 20 万元。

2. 客户需求

甲公司应王某的要求，使王某取得该笔 100 万元佣金产生的个人所得税负担最轻。

3. 客户现状下的税收负担

甲公司向王某支付佣金时应预扣预缴个人所得税：$100 \times（1-20\%）\times 40\%-0.7=31.3$（万元）。王某个人所得税汇算清缴时，还应补缴个人所得税额：$（100+20）\times 45\%-18.19-（20 \times 20\%-1.69）-31.3=2.2$（万元）。合计缴纳个人所得税：$31.3+2.2=33.5$（万元）。

4. 纳税筹划方案及其税收负担

王某设立乙有限责任公司（以下简称乙公司），乙公司选择增值税小规模纳税人身份。乙公司与甲公司签订服务合同。由乙公司为甲公司提供服务，向甲公司开具发票，甲公司向乙公司支付服务费 100 万元。王某及其家人担任乙公司的高管，乙公司符合小型微利企业的条件，查账征收企业所得税。乙公司开具 100 万元发票，应当缴纳增值税：$100/（1+1\%）\times 1\%=0.99$（万元）。根据当地政策，乙公司按照增值税的 6% 缴纳城市维护建设税、教育费附加和地方教育附加，乙公司应当缴纳附加税费：$0.99 \times 6\%=0.06$（万元）。假设乙公司利润总额为 60 万元，乙公司应当缴纳企业所得税：$60 \times 25\% \times 20\%=3$（万元）。合计税收负担：$0.99 + 0.06 + 3=4.05$（万元）。

王某减轻税收负担：$33.5-4.05=29.45$（万元）。

5. 相关政策依据

规范性法律文件	政策内容
《财政部　税务总局关于增值税小规模纳税人减免增值税政策的公告》（财政部　税务总局公告 2023 年第 19 号）	一、对月销售额 10 万元以下（含本数）的增值税小规模纳税人，免征增值税
	二、增值税小规模纳税人适用 3% 征收率的应税销售收入，减按 1% 征收率征收增值税；适用 3% 预征率的预缴增值税项目，减按 1% 预征率预缴增值税
	三、本公告执行至 2027 年 12 月 31 日
《财政部　税务总局关于实施小微企业普惠性税收减免政策的通知》（财税〔2019〕13 号）	二、对小型微利企业年应纳税所得额不超过 100 万元的部分，减按 25% 计入应纳税所得额，按 20% 的税率缴纳企业所得税；对年应纳税所得额超过 100 万元但不超过 300 万元的部分，减按 50% 计入应纳税所得额，按 20% 的税率缴纳企业所得税
《财政部　税务总局关于实施小微企业和个体工商户所得税优惠政策的公告》（财政部　税务总局公告 2021 年第 12 号）	一、对小型微利企业年应纳税所得额不超过 100 万元的部分，在《财政部税务总局关于实施小微企业普惠性税收减免政策的通知》（财税〔2019〕13 号）第二条规定的优惠政策基础上，再减半征收企业所得税

（续）

规范性法律文件	政策内容
《财政部　税务总局关于进一步实施小微企业所得税优惠政策的公告》（财政部　税务总局公告2022年第13号）	一、对小型微利企业年应纳税所得额超过100万元但不超过300万元的部分，减按25%计入应纳税所得额，按20%的税率缴纳企业所得税
《财政部　税务总局关于小微企业和个体工商户所得税优惠政策的公告》（财政部　税务总局公告2023年第6号）	一、对小型微利企业年应纳税所得额不超过100万元的部分，减按25%计入应纳税所得额，按20%的税率缴纳企业所得税
	四、本公告执行期限为2023年1月1日至2024年12月31日
《关于进一步支持小微企业和个体工商户发展有关税费政策的公告》（财政部　税务总局公告2023年第12号）	三、对小型微利企业减按25%计算应纳税所得额，按20%的税率缴纳企业所得税政策，延续执行至2027年12月31日

5.3　固定资产加速折旧的纳税筹划

固定资产加速折旧可以帮助企业提前收回成本，减轻企业前期纳税资金压力。

但如果无其他因素加入，固定资产加速折旧本身并不影响企业在一定时期内缴纳所得税的总额。例如，固定资产加速折旧的纳税筹划要考虑企业享受税收优惠的不同时期，选错了时期，会导致增加税负。此外，还可以通过固定资产加速折旧调节企业的应纳税所得额在不同年度的分布，从而最大限度发挥固定资产加速折旧的作用。

5.3.1　固定资产加速折旧时期的选择

1. 纳税人基本情况

甲公司享受"自取得第一笔生产经营收入所属纳税年度起，第一年至第二年免征企业所得税，第三年至第五年减半征收企业所得税"的优惠政策。甲公司在第一年购置了计税基础为1200万元的固定资产，正常折旧年限为10年，甲公司拟选择加速折旧，折旧年限缩短为6年。已知甲公司每年的利润总额均超过500万元，适用企业所得税税率为25%，不考虑固定资产净残值。

2. 客户需求

使1200万元固定资产的抵税效果最大。

3. 客户现状下的税收负担

甲公司选择加速折旧之后，每年提取折旧额：1200÷6=200（万元）。甲公司第一年至第二年免征企业所得税，提取折旧额无法起到抵税作用。第三年至第五年减半征收企业所得税，可以抵税：$200 \times 12.5\% \times 3 = 75$（万元）。第六年适用企业所得税税率为 25%，可以抵税：$200 \times 25\% = 50$（万元）。1200 万元固定资产合计抵税：$75 + 50 = 125$（万元）。

4. 纳税筹划方案及其税收负担

筹划方案一：甲公司选择不加速折旧，按照 10 年期限提取折旧，每年提取折旧额：$1200 \div 10 = 120$（万元）。甲公司第一年至第二年免征企业所得税，提取折旧额无法起到抵税作用。第三年至第五年减半征收企业所得税，可以抵税：$120 \times 12.5\% \times 3 = 45$（万元）。第六年至第十年适用企业所得税税率为 25%，可以抵税：$120 \times 25\% \times 5 = 150$（万元）。1200 万元固定资产合计抵税：$45 + 150 = 195$（万元）。

甲公司增加抵税额：$195 - 125 = 70$（万元）。

筹划方案二：甲公司第一年至第二年不提取折旧，第三年至第五年每年提取 60 万元折旧，第六年至第十年每年提取 164 万元折旧。甲公司第三年至第五年减半征收企业所得税，可以抵税：$60 \times 12.5\% \times 3 = 22.5$（万元）。第六年至第十年适用企业所得税税率为 25%，可以抵税：$164 \times 25\% \times 5 = 205$（万元）。1200 万元固定资产合计抵税：$22.5 + 205 = 227.5$（万元）。

甲公司增加抵税额：$227.5 - 125 = 102.5$（万元）。

5. 相关政策依据

规范性法律文件	政策内容
《中华人民共和国企业所得税法》	第十一条：在计算应纳税所得额时，企业按照规定计算的固定资产折旧，准予扣除。 下列固定资产不得计算折旧扣除： （一）房屋、建筑物以外未投入使用的固定资产； （二）以经营租赁方式租入的固定资产； （三）以融资租赁方式租出的固定资产； （四）已足额提取折旧仍继续使用的固定资产； （五）与经营活动无关的固定资产； （六）单独估价作为固定资产入账的土地； （七）其他不得计算折旧扣除的固定资产
	第三十二条：企业的固定资产由于技术进步等原因，确需加速折旧的，可以缩短折旧年限或者采取加速折旧的方法
《中华人民共和国企业所得税法实施条例》	第五十七条：企业所得税法第十一条所称固定资产，是指企业为生产产品、提供劳务、出租或者经营管理而持有的、使用时间超过 12 个月的非货币性资产，包括房屋、建筑物、机器、机械、运输工具以及其他与生产经营活动有关的设备、器具、工具等

（续）

规范性法律文件	政策内容
《中华人民共和国企业所得税法实施条例》	第六十条：除国务院财政、税务主管部门另有规定外，固定资产计算折旧的最低年限如下： （一）房屋、建筑物，为20年； （二）飞机、火车、轮船、机器、机械和其他生产设备，为10年； （三）与生产经营活动有关的器具、工具、家具等，为5年； （四）飞机、火车、轮船以外的运输工具，为4年； （五）电子设备，为3年
《国家税务总局关于企业固定资产加速折旧所得税处理有关问题的通知》（国税发〔2009〕81号）	一、根据《企业所得税法》第三十二条及《实施条例》第九十八条的相关规定，企业拥有并用于生产经营的主要或关键的固定资产，由于以下原因确需加速折旧的，可以缩短折旧年限或者采取加速折旧的方法： （一）由于技术进步，产品更新换代较快的； （二）常年处于强震动、高腐蚀状态的 三、企业采取缩短折旧年限方法的，对其购置的新固定资产，最低折旧年限不得低于《实施条例》第六十条规定的折旧年限的60%；若为购置已使用过的固定资产，其最低折旧年限不得低于《实施条例》规定的最低折旧年限减去已使用年限后剩余年限的60%。最低折旧年限一经确定，一般不得变更 四、企业拥有并使用符合本通知第一条规定条件的固定资产采取加速折旧方法的，可以采用双倍余额递减法或者年数总和法。加速折旧方法一经确定，一般不得变更。 （一）双倍余额递减法，是指在不考虑固定资产预计残值的情况下，根据每期期初固定资产原值减去累计折旧后的金额和双倍的直线法折旧率计算固定资产折旧的一种方法。应用这种方法计算折旧额时，由于每年年初固定资产净值没有减去预计净残值，所以在计算固定资产折旧额时，应在其折旧年限到期前的两年期间，将固定资产净值减去预计净残值后的余额平均摊销。计算公式如下： 年折旧率=2÷预计使用寿命（年）×100% 月折旧率=年折旧率÷12 月折旧额=月初固定资产账面净值×月折旧率 （二）年数总和法，又称年限合计法，是指将固定资产的原值减去预计净残值后的余额，乘以一个以固定资产尚可使用寿命为分子、以预计使用寿命逐年数字之和为分母的逐年递减的分数计算每年的折旧额。计算公式如下： 年折旧率=尚可使用年限/预计使用寿命的年数总和×100% 月折旧率=年折旧率÷12 月折旧额=（固定资产原值-预计净残值）×月折旧率
《财政部 国家税务总局关于完善固定资产加速折旧企业所得税政策的通知》（财税〔2014〕75号）	一、对生物药品制造业，专用设备制造业，铁路、船舶、航空航天和其他运输设备制造业，计算机、通信和其他电子设备制造业，仪器仪表制造业，信息传输、软件和信息技术服务业等6个行业的企业2014年1月1日后新购进的固定资产，可缩短折旧年限或采取加速折旧的方法。 对上述6个行业的小型微利企业2014年1月1日后新购进的研发和生产经营共用的仪器、设备，单位价值不超过100万元的，允许一次性计入当期成本费用在计算应纳税所得额时扣除，不再分年度计算折旧；单位价值超过100万元的，可缩短折旧年限或采取加速折旧的方法

（续）

规范性法律文件	政策内容
《财政部　国家税务总局关于完善固定资产加速折旧企业所得税政策的通知》（财税〔2014〕75 号）	二、对所有行业企业 2014 年 1 月 1 日后新购进的专门用于研发的仪器、设备，单位价值不超过 100 万元的，允许一次性计入当期成本费用在计算应纳税所得额时扣除，不再分年度计算折旧；单位价值超过 100 万元的，可缩短折旧年限或采取加速折旧的方法
	三、对所有行业企业持有的单位价值不超过 5000 元的固定资产，允许一次性计入当期成本费用在计算应纳税所得额时扣除，不再分年度计算折旧
	四、企业按本通知第一条、第二条规定缩短折旧年限的，最低折旧年限不得低于企业所得税法实施条例第六十条规定折旧年限的 60%；采取加速折旧方法的，可采取双倍余额递减法或者年数总和法。本通知第一至三条规定之外的企业固定资产加速折旧所得税处理问题，继续按照企业所得税法及其实施条例和现行税收政策规定执行

5.3.2　通过固定资产加速折旧调节企业应纳税所得额

1. 纳税人基本情况

甲公司预计 2024 年度企业所得税应纳税所得额为 400 万元，该年度甲公司新增固定资产 200 万元，按税法规定的最短折旧年限 4 年期限提取折旧，该年度提取折旧 50 万元。根据税收政策，甲公司也可以将该批固定资产在 2024 年度一次性扣除。已知 2024 年度，除应纳税所得额以外，甲公司符合小型微利企业的其他条件。

2. 客户需求

利用固定资产折旧政策将甲公司 2024 年度的企业所得税税负减至最轻。

3. 客户现状下的税收负担

甲公司 2024 年度企业所得税应纳税所得额为 400 万元，应当缴纳企业所得税：400×25%=100（万元）。

4. 纳税筹划方案及其税收负担

甲公司选择将该 200 万元新增固定资产在当年一次性扣除，可以多扣除 150 万元。甲公司 2024 年度企业所得税应纳税所得额将降低为 250 万元，应当缴纳企业所得税：250×25%×20%=12.5（万元）。

甲公司减轻企业所得税负担：100-12.5=87.5（万元）。

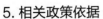

5. 相关政策依据

规范性法律文件	政策内容
《中华人民共和国企业所得税法》	第二十一条：在计算应纳税所得额时，企业财务、会计处理办法与税收法律、行政法规的规定不一致的，应当依照税收法律、行政法规的规定计算
《中华人民共和国企业所得税法实施条例》	第五十八条：固定资产按照以下方法确定计税基础： （一）外购的固定资产，以购买价款和支付的相关税费以及直接归属于使该资产达到预定用途发生的其他支出为计税基础； （二）自行建造的固定资产，以竣工结算前发生的支出为计税基础； （三）融资租入的固定资产，以租赁合同约定的付款总额和承租人在签订租赁合同过程中发生的相关费用为计税基础，租赁合同未约定付款总额的，以该资产的公允价值和承租人在签订租赁合同过程中发生的相关费用为计税基础； （四）盘盈的固定资产，以同类固定资产的重置完全价值为计税基础； （五）通过捐赠、投资、非货币性资产交换、债务重组等方式取得的固定资产，以该资产的公允价值和支付的相关税费为计税基础； （六）改建的固定资产，除企业所得税法第十三条第（一）项和第（二）项规定的支出外，以改建过程中发生的改建支出增加计税基础
	第五十九条：固定资产按照直线法计算的折旧，准予扣除。 企业应当自固定资产投入使用月份的次月起计算折旧；停止使用的固定资产，应当自停止使用月份的次月起停止计算折旧。 企业应当根据固定资产的性质和使用情况，合理确定固定资产的预计净残值。固定资产的预计净残值一经确定，不得变更
《国家税务总局关于企业固定资产加速折旧所得税处理有关问题的通知》（国税发〔2009〕81号）	二、企业拥有并使用的固定资产符合本通知第一条规定的，可按以下情况分别处理： （一）企业过去没有使用过与该项固定资产功能相同或类似的固定资产，但有充分的证据证明该固定资产的预计使用年限短于《实施条例》规定的计算折旧最低年限的，企业可根据该固定资产的预计使用年限和本通知的规定，对该固定资产采取缩短折旧年限或者加速折旧的方法。 （二）企业在原有的固定资产未达到《实施条例》规定的最低折旧年限前，使用功能相同或类似的新固定资产替代旧固定资产的，企业可根据旧固定资产的实际使用年限和本通知的规定，对新替代的固定资产采取缩短折旧年限或者加速折旧的方法
《财政部 国家税务总局关于进一步完善固定资产加速折旧企业所得税政策的通知》（财税〔2015〕106号）	一、对轻工、纺织、机械、汽车等四个领域重点行业（具体范围见附件）的企业2015年1月1日后新购进的固定资产，可由企业选择缩短折旧年限或采取加速折旧的方法
	二、对上述行业的小型微利企业2015年1月1日后新购进的研发和生产经营共用的仪器、设备，单位价值不超过100万元的，允许一次性计入当期成本费用在计算应纳税所得额时扣除，不再分年度计算折旧；单位价值超过100万元的，可由企业选择缩短折旧年限或采取加速折旧的方法
	三、企业按本通知第一条、第二条规定缩短折旧年限的，最低折旧年限不得低于企业所得税法实施条例第六十条规定折旧年限的60%；采取加速折旧方法的，可采取双倍余额递减法或者年数总和法。 按照企业所得税法及其实施条例有关规定，企业根据自身生产经营需要，也可选择不实行加速折旧政策

（续）

规范性法律文件	政策内容
《财政部　税务总局关于设备、器具扣除有关企业所得税政策的通知》（财税〔2018〕54 号）	一、企业在 2018 年 1 月 1 日至 2020 年 12 月 31 日期间新购进的设备、器具，单位价值不超过 500 万元的，允许一次性计入当期成本费用在计算应纳税所得额时扣除，不再分年度计算折旧；单位价值超过 500 万元的，仍按企业所得税法实施条例、《财政部　国家税务总局关于完善固定资产加速折旧企业所得税政策的通知》（财税〔2014〕75 号）、《财政部　国家税务总局关于进一步完善固定资产加速折旧企业所得税政策的通知》（财税〔2015〕106 号）等相关规定执行
	二、本通知所称设备、器具，是指除房屋、建筑物以外的固定资产
《财政部　税务总局关于延长部分税收优惠政策执行期限的公告》（财政部　税务总局公告 2021 年第 6 号）	一、《财政部　税务总局关于设备器具扣除有关企业所得税政策的通知》（财税〔2018〕54 号）等 16 个文件规定的税收优惠政策凡已经到期的，执行期限延长至 2023 年 12 月 31 日，详见附件 1
《财政部　税务总局关于扩大固定资产加速折旧优惠政策适用范围的公告》（财政部　税务总局公告 2019 年第 66 号）	一、自 2019 年 1 月 1 日起，适用《财政部　国家税务总局关于完善固定资产加速折旧企业所得税政策的通知》（财税〔2014〕75 号）和《财政部　国家税务总局关于进一步完善固定资产加速折旧企业所得税政策的通知》（财税〔2015〕106 号）规定固定资产加速折旧优惠的行业范围，扩大至全部制造业领域
	二、制造业按照国家统计局《国民经济行业分类与代码（GB/T 4754—2017）》确定。今后国家有关部门更新国民经济行业分类与代码，从其规定
《财政部　税务总局关于设备、器具扣除有关企业所得税政策的公告》（财政部　税务总局公告 2023 年第 37 号）	一、企业在 2024 年 1 月 1 日至 2027 年 12 月 31 日期间新购进的设备、器具，单位价值不超过 500 万元的，允许一次性计入当期成本费用在计算应纳税所得额时扣除，不再分年度计算折旧；单位价值超过 500 万元的，仍按企业所得税法实施条例、《财政部　国家税务总局关于完善固定资产加速折旧企业所得税政策的通知》（财税〔2014〕75 号）、《财政部　国家税务总局关于进一步完善固定资产加速折旧企业所得税政策的通知》（财税〔2015〕106 号）等相关规定执行
	二、本公告所称设备、器具，是指除房屋、建筑物以外的固定资产

5.4　企业折扣销售与兼营的纳税筹划

企业在折扣销售和混合销售时应当注意，在未实际取得价款和增值税销项税额时，不要因为筹划不到位而额外增加增值税负担。

企业价格折扣的纳税筹划应主要注意发票的开具方式，企业"买一赠一"销售的纳税筹划主要注意避免构成视同销售，企业混合销售的纳税筹划主要注意避免按照较高税率纳税。

5.4.1 企业价格折扣的纳税筹划

1. 纳税人基本情况

甲公司向乙公司销售一批货物，原定不含税价款为 1000 万元，甲公司按 1000 万元的金额向乙公司开具了增值税专用发票。后乙公司对产品质量提出异议，甲公司同意将不含税价款降低为 900 万元。由于乙公司已经抵扣上述发票中的增值税进项税额，因此并未退回之前收到的增值税专用发票，甲公司也未向乙公司开具红字增值税专用发票。现已知甲公司、乙公司均为增值税一般纳税人，该批货物适用增值税税率为 13%。

2. 客户需求

将甲公司该笔销售行为应计算的增值税销项税额降至最低。

3. 客户现状下的税收负担

由于甲公司按照不含税价款为 1000 万元的金额向乙公司开具了增值税专用发票，甲公司应当计算增值税销项税额：$1000 \times 13\% = 130$（万元）。

4. 纳税筹划方案及其税收负担

甲公司按照规定向乙公司开具不含税金额为 100 万元、增值税为 13 万元的红字增值税专用发票，甲公司可以从其销项税额中扣减 13 万元的增值税，即甲公司应计算增值税销项税额：$130-13=117$（万元）。乙公司收到红字增值税专用发票后，应当从其已经抵扣的进项税额中转出 13 万元的进项税额。

甲公司减轻增值税负担：$130-117=13$（万元）。

5. 相关政策依据

规范性法律文件	政策内容
《中华人民共和国增值税暂行条例实施细则》	第六条：销售额为纳税人发生应税销售行为收取的全部价款和价外费用，但是不包括收取的销项税额。 ……
	第十一条：小规模纳税人以外的纳税人（以下简称一般纳税人）因销售货物退回或者折让而退还给购买方的增值税额，应从发生销售货物退回或者折让当期的销项税额中扣减；因购进货物退出或者折让而收回的增值税额，应从发生购进货物退出或者折让当期的进项税额中扣减。 一般纳税人销售货物或者应税劳务，开具增值税专用发票后，发生销售货物退回或者折让、开票有误等情形，应按国家税务总局的规定开具红字增值税专用发票。未按规定开具红字增值税专用发票的，增值税额不得从销项税额中扣减
	第三十一条：小规模纳税人因销售货物退回或者折让退还给购买方的销售额，应从发生销售货物退回或者折让当期的销售额中扣减

（续）

规范性法律文件	政策内容
《国家税务总局关于印发〈增值税若干具体问题的规定〉的通知》（国税发〔1993〕154 号）	二、计税依据 …… （二）纳税人采取折扣方式销售货物，如果销售额和折扣额在同一张发票上分别注明的，可按折扣后的销售额征收增值税；如果将折扣额另开发票，不论其在财务上如何处理，均不得从销售额中减除折扣额。 ……
《国家税务总局关于折扣额抵减增值税应税销售额问题通知》（国税函〔2010〕56 号）	纳税人采取折扣方式销售货物，销售额和折扣额在同一张发票上分别注明是指销售额和折扣额在同一张发票上的"金额"栏分别注明的，可按折扣后的销售额征收增值税。未在同一张发票"金额"栏注明折扣额，而仅在发票的"备注"栏注明折扣额的，折扣额不得从销售额中减除

5.4.2　企业买一赠一销售的纳税筹划

1. 纳税人基本情况

甲公司为增值税一般纳税人，拟采取"买一赠一"的方式促销一批货物。该批货物不含税价格为 2000 万元，全部销售后，可以获得不含税价款 1000 万元。现已知该批货物适用增值税税率为 13%。

2. 客户需求

将甲公司销售该批货物应计算的增值税销项税额降至最低。

3. 客户现状下的税收负担

甲公司采取"买一赠一"方式促销货物，赠送的货物虽然未收取价款和增值税销项税额，但仍应按照视同销售的规定计算增值税销项税额：2000×13%=260（万元）。需要注意的是，在企业所得税领域，"买一赠一"不按照视同销售处理，按照组合销售处理。

4. 纳税筹划方案及其税收负担

建议甲公司将"赠与促销"改为"价格折扣促销"，当然，甲公司在宣传上可以采取"买一赠一"的方式，但在账务和税务处理中，应按照五折促销方式处理，相关发票也应按照价格折扣规范开具。这样，甲公司只需要计算增值税销项税额：1000×13%=130（万元）。

甲公司减轻增值税负担：260–130=130（万元）。

5. 相关政策依据

规范性法律文件	政策内容
《中华人民共和国增值税暂行条例》	第一条：在中华人民共和国境内销售货物或者加工、修理修配劳务（以下简称劳务），销售服务、无形资产、不动产以及进口货物的单位和个人，为增值税的纳税人，应当依照本条例缴纳增值税
《中华人民共和国增值税暂行条例实施细则》	第四条：单位或者个体工商户的下列行为，视同销售货物： …… （八）将自产、委托加工或者购进的货物无偿赠送其他单位或者个人
《国家税务总局关于确认企业所得税收入若干问题的通知》（国税函〔2008〕875号）	三、企业以买一赠一等方式组合销售本企业商品的，不属于捐赠，应将总的销售金额按各项商品的公允价值的比例来分摊确认各项的销售收入

5.4.3　企业兼营不同项目的纳税筹划

1. 纳税人基本情况

甲公司为增值税一般纳税人，提供设备销售、设备安装以及技术指导等服务，适用增值税税率分别为13%、9%和6%。甲公司服务的对象大多是小规模纳税人和个人，大多数不需要开具发票。在开具发票时，甲公司也是按照对方的需要开具，并未严格按照具体服务适用的税率。甲公司年度含税销售额为1130万元，无法准确区分适用三种税率的销售额。

2. 客户需求

将甲公司年度应计算增值税销项税额降至最低。

3. 客户现状下的税收负担

由于甲公司无法准确区分适用三种税率的销售额，应当按照最高税率计算增值税销项税额：$1130 \div (1+13\%) \times 13\% = 130$（万元）。

4. 纳税筹划方案及其税收负担

建议甲公司无论是否开具发票，均准确核算三种税率各自的销售额，假设适用13%税率的含税销售额为226万元，适用9%税率的含税销售额为327万元，剩余577万元含税销售额适用6%的税率，甲公司应计算增值税销项税额：$226 \div (1+13\%) \times 13\% + 327 \div (1+9\%) \times 9\% + 577 \div (1+6\%) \times 6\% = 85.66$（万元）。

甲公司减轻增值税负担：$130 - 85.66 = 44.34$（万元）。

5. 相关政策依据

规范性法律文件	政策内容
《中华人民共和国增值税暂行条例》	第三条：纳税人兼营不同税率的项目，应当分别核算不同税率项目的销售额；未分别核算销售额的，从高适用税率
	第十六条：纳税人兼营免税、减税项目的，应当分别核算免税、减税项目的销售额；未分别核算销售额的，不得免税、减税
《中华人民共和国增值税暂行条例实施细则》	第三十六条：纳税人销售货物或者应税劳务适用免税规定的，可以放弃免税，依照条例的规定缴纳增值税。放弃免税后，36 个月内不得再申请免税

5.5　增值税纳税义务发生时间的纳税筹划

企业以赊销方式销售货物时，通常是在收到货款后再申报缴纳增值税，但如果先开具了发票，则需要在发票开具后申报缴纳增值税。因此，赊销中增值税纳税义务发生时间的纳税筹划首先要注意合理选择发票的开具时间，原则上不要在收款之前开票。

企业赊销时，一定要明确约定付款日期，否则就应当在货物发出后申报缴纳增值税。

企业在采取预收款方式销售货物时，发票的开具时间一定要和发出货物的时间相同，而不要提前，否则就需要提前缴纳增值税。

企业委托他人代销货物时，发出货物满 180 天之前应重新办理委托手续，避免货物未售出就需要申报缴纳增值税。

5.5.1　赊销中发票开具时间的纳税筹划

1. 纳税人基本情况

甲公司为增值税一般纳税人，按月申报缴纳增值税，销售货物适用 13% 的税率缴纳增值税。甲公司的销售业务大多为赊销，回款期限平均为三个月。甲公司每年不含增值税销售额约 2000 万元，进项税额约 200 万元。甲公司通常在货物发出的同时向购货方开具增值税专用发票。

2. 客户需求

通过调整增值税纳税义务的发生时间，将甲公司销售货物的增值税负担减至最轻。

3. 客户现状下的税收负担

假设甲公司全年只在 1 月 1 日进行一笔销售业务，不含税销售额为 2000 万元，应当计算增值税销项税额：2000×13%=260（万元），应纳增值税：260−200=60（万元）。甲公司在 1 月 1 日开具增值税专用发票，需要在 2 月 15 日之前申报并缴纳增值税 60 万元。由于甲公司在 4 月 1 日才能收到货款，因此，甲公司需要贷款 60 万元去缴纳增值税。假设贷款 65 天的利率为 5%，甲公司需要额外承担利息：$60 \times 5\% = 3$（万元）。

4. 纳税筹划方案及其税收负担

甲公司修改与客户的合同，在采取赊销时，发票开具的时间与收到货款的时间相同，即甲公司在发出货物时并不开具发票，而是在三个月后，收到客户货款时再开具发票。这样，甲公司就不需要在未收到货款时提前缴纳增值税，也就不需要额外承担 3 万元的利息了。

甲公司减轻增值税负担：$3-0=3$（万元）。

5. 相关政策依据

规范性法律文件	政策内容
《中华人民共和国增值税暂行条例》	第十九条：增值税纳税义务发生时间： （一）发生应税销售行为，为收讫销售款项或者取得索取销售款项凭据的当天；先开具发票的，为开具发票的当天。 （二）进口货物，为报关进口的当天。 增值税扣缴义务发生时间为纳税人增值税纳税义务发生的当天
《中华人民共和国增值税暂行条例实施细则》	第三十八条：条例第十九条第一款第（一）项规定的收讫销售款项或者取得索取销售款项凭据的当天，按销售结算方式的不同，具体为： （一）采取直接收款方式销售货物，不论货物是否发出，均为收到销售款或者取得索取销售款凭据的当天； （二）采取托收承付和委托银行收款方式销售货物，为发出货物并办妥托收手续的当天； ……

5.5.2 赊销中付款日期约定的纳税筹划

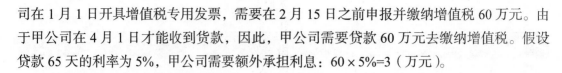

1. 纳税人基本情况

甲公司为增值税一般纳税人，按月申报缴纳增值税，销售货物适用 13% 的税率缴纳增值税。甲公司的销售业务大多为赊销，回款期限平均为三个月。甲公司每年不含增值税销售额约 2000 万元，进项税额约 200 万元。甲公司的销售业务通常不签订书面合同，即使签订书面合同，通常也不明确约定付款日期，而是由双方事后协商。

2. 客户需求

通过调整增值税纳税义务的发生时间，将甲公司销售货物的增值税负担减至最轻。

3. 客户现状下的税收负担

假设甲公司全年只在 1 月 1 日进行一笔销售业务，不含税销售额为 2000 万元，应当计算增值税销项税额：2000×13%=260（万元），应纳增值税：260–200=60（万元）。因甲公司未明确约定付款日期，需要在 2 月 15 日之前申报并缴纳增值税 60 万元。由于甲公司在 4 月 1 日才能收到货款，因此，甲公司需要贷款 60 万元去缴纳增值税，假设贷款 65 天的利率为 5%，甲公司需要额外承担利息：60×5%=3（万元）。

4. 纳税筹划方案及其税收负担

甲公司修改与客户的合同，在采取赊销时，明确约定付款日期以及收到客户货款时再开具发票。这样，甲公司就可以在收到货款后再申报缴纳增值税，而不需要在货物发出时提前缴纳增值税，也就不需要额外承担 3 万元的利息了。

甲公司减轻增值税负担：3–0=3（万元）。

5. 相关政策依据

规范性法律文件	政策内容
《中华人民共和国增值税暂行条例》	第十九条：增值税纳税义务发生时间： （一）发生应税销售行为，为收讫销售款项或者取得索取销售款项凭据的当天；先开具发票的，为开具发票的当天。 （二）进口货物，为报关进口的当天。 增值税扣缴义务发生时间为纳税人增值税纳税义务发生的当天
《中华人民共和国增值税暂行条例实施细则》	第三十八条：条例第十九条第一款第（一）项规定的收讫销售款项或者取得索取销售款项凭据的当天，按销售结算方式的不同，具体为： …… （三）采取赊销和分期收款方式销售货物，为书面合同约定的收款日期的当天，无书面合同的或者书面合同没有约定收款日期的，为货物发出的当天。 ……

5.5.3　预收款时发票开具时间的纳税筹划

1. 纳税人基本情况

甲公司为增值税一般纳税人，按月申报缴纳增值税，销售货物适用 13% 的税率缴纳增值税。甲公司的销售业务大多为预收货款方式，收款后平均三个月发货。甲公司每年不含增值税销售额约 2000 万元，进项税额约 200 万元。甲公司通常在收款的同时向购货方开具增值税专用发票。

2. 客户需求

通过调整增值税纳税义务的发生时间，将甲公司销售货物的增值税负担减至最轻。

3. 客户现状下的税收负担

假设甲公司全年只在 1 月 1 日进行一笔销售业务，不含税销售额为 2000 万元，应当计算增值税销项税额：2000×13%=260（万元），应纳增值税：260-200=60（万元）。因甲公司在收款的同时向购货方开具增值税专用发票，需要在2月15日之前申报并缴纳增值税60万元。

4. 纳税筹划方案及其税收负担

甲公司修改与客户的合同，在采取预收货款方式销售货物时，发票开具的时间与发出货物的时间相同，即甲公司在收款时并不开具发票，而是在三个月后，向客户发出货物时再开具发票。这样甲公司就可以将申报缴纳增值税的时间推迟三个月。假设三个月的资金成本为5%，甲公司可以节省资金成本：60×5%=3（万元）。

5. 相关政策依据

规范性法律文件	政策内容
《中华人民共和国增值税暂行条例》	第十九条：增值税纳税义务发生时间： （一）发生应税销售行为，为收讫销售款项或者取得索取销售款项凭据的当天；先开具发票的，为开具发票的当天。 （二）进口货物，为报关进口的当天。 增值税扣缴义务发生时间为纳税人增值税纳税义务发生的当天
《中华人民共和国增值税暂行条例实施细则》	第三十八条：条例第十九条第一款第（一）项规定的收讫销售款项或者取得索取销售款项凭据的当天，按销售结算方式的不同，具体为： …… （四）采取预收货款方式销售货物，为货物发出的当天，但生产销售生产工期超过12个月的大型机械设备、船舶、飞机等货物，为收到预收款或者书面合同约定的收款日期的当天。 ……

5.5.4 委托他人代销货物时的纳税筹划

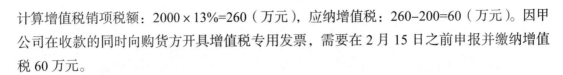

1. 纳税人基本情况

甲公司为增值税一般纳税人，按月申报缴纳增值税，销售货物适用13%的税率缴纳增值税。甲公司的销售业务大多为委托他人代销方式，货物发出后平均9个月售出，甲公司在货物售出后收到货款和代销清单。甲公司每年不含增值税销售额约2000万元，进项税额约200万元。甲公司通常在收款的同时向代销方开具增值税专用发票。

2. 客户需求

通过调整增值税纳税义务的发生时间，将甲公司销售货物的增值税负担减至最轻。

3. 客户现状下的税收负担

甲公司采取委托他人代销的方式销售货物，应当在发出代销货物满180天的当天确认收入并在次月 15 日之前申报缴纳增值税。甲公司应当计算增值税销项税额：$2000 \times 13\% = 260$（万元），应纳增值税：$260-200=60$（万元）。由于甲公司要在三个月后才能收到货款，因此，甲公司需要贷款 60 万元去缴纳增值税，假设贷款三个月的利率为 5%，甲公司需要额外承担利息：$60 \times 5\%=3$（万元）。

4. 纳税筹划方案及其税收负担

甲公司采取委托他人代销的方式销售货物时，如果发出代销货物满 179 天时尚未售出，甲公司撤销委托并重新办理委托手续，这样甲公司就可以在实际收到货款和代销清单后再申报缴纳增值税，避免提前三个月占用 60 万元的资金，避免承担额外利息。

甲公司减轻增值税负担：$3-0=3$（万元）。

5. 相关政策依据

规范性法律文件	政策内容
《中华人民共和国增值税暂行条例》	第十九条：增值税纳税义务发生时间： （一）发生应税销售行为，为收讫销售款项或者取得索取销售款项凭据的当天；先开具发票的，为开具发票的当天。 （二）进口货物，为报关进口的当天。 增值税扣缴义务发生时间为纳税人增值税纳税义务发生的当天
《中华人民共和国增值税暂行条例实施细则》	第三十八条：条例第十九条第一款第（一）项规定的收讫销售款项或者取得索取销售款项凭据的当天，按销售结算方式的不同，具体为： …… （五）委托其他纳税人代销货物，为收到代销单位的代销清单或者收到全部或者部分货款的当天。未收到代销清单及货款的，为发出代销货物满 180 天的当天； （六）销售应税劳务，为提供劳务同时收讫销售款或者取得索取销售款的凭据的当天； （七）纳税人发生本细则第四条第（三）项至第（八）项所列视同销售货物行为，为货物移送的当天

5.6　企业资金融通的纳税筹划

企业资金融通的纳税筹划主要应考虑超标利息如何税前扣除以及部分企业无法开具利息发票的问题。

企业员工内部融资的纳税筹划，主要技巧是将超标利息支出转化为工资薪金支出。

股权投资融资的纳税筹划，主要技巧是将企业资金融通的交易转化为企业股权投资交易。

预收款与违约金融资的纳税筹划，主要技巧是将企业资金融通的交易转化为其他交易中的预付款与违约金。

5.6.1 企业员工内部融资的纳税筹划

1. 纳税人基本情况

甲公司因资金周转困难拟向企业员工内部自愿融资，假设有 100 名员工参与融资，融资年利率 10%，人均融资金额为 5 万元，融资总额为 500 万元。已知金融企业的同期同类贷款利率为 5%，甲公司适用 25% 的税率，年度利润总额约 500 万元，参与融资的员工平均年工资总额（扣除社保和住房公积金后）为 5.5 万元。

2. 客户需求

将该次融资活动的税收负担减至最轻。

3. 客户现状下的税收负担

甲公司年度应纳税所得额应调增的金额为：$500 \times （10\%-5\%）=25$（万元）。甲公司应多缴纳企业所得税：$25 \times 25\%=6.25$（万元）。甲公司支付利息应代扣代缴个人所得税：$500 \times 10\% \times 20\%=10$（万元）。该次融资活动的合计税收负担为：$6.25+10=16.25$（万元）。

4. 纳税筹划方案及其税收负担

筹划方案一：甲公司将融资年利率降低为 5%，甲公司向员工支付的利息可以税前扣除，不需要调增应纳税所得额。甲公司支付利息应代扣代缴个人所得税：$500 \times 5\% \times 20\%=5$（万元）。参与融资的员工因支持企业发展，为企业作出较大贡献，在年度绩效考核中增加部分工资，弥补甲公司利息降低至 5% 的损失，即人均增加工资 2500 元。参与融资的员工因年度工资总额为 5.5 万元，增加 2500 元工资后仍然不需要缴纳个人所得税。该次融资活动的合计税收负担为 5 万元。

该次融资活动减轻税收负担：$16.25-5=11.25$（万元）。

筹划方案二：甲公司将融资活动改为由员工自愿无息支持企业发展。参与融资的员工因支持企业发展，为企业作出较大贡献，在年度绩效考核中增加部分工资，即人均增加工资 5000 元。参与融资的员工因年度工资总额为 5.5 万元，增加 5000 元工资后仍然不需要缴纳个人所得税。该次融资活动的合计税收负担为 0。

该次融资活动减轻税收负担：$35-0=35$（万元）。

5. 相关政策依据

规范性法律文件	政策内容
《中华人民共和国企业所得税法》	第八条：企业实际发生的与取得收入有关的、合理的支出，包括成本、费用、税金、损失和其他支出，准予在计算应纳税所得额时扣除

（续）

规范性法律文件	政策内容
《中华人民共和国企业所得税法实施条例》	第三十八条：企业在生产经营活动中发生的下列利息支出，准予扣除： （一）非金融企业向金融企业借款的利息支出、金融企业的各项存款利息支出和同业拆借利息支出、企业经批准发行债券的利息支出； （二）非金融企业向非金融企业借款的利息支出，不超过按照金融企业同期同类贷款利率计算的数额的部分
《国家税务总局关于企业向自然人借款的利息支出企业所得税税前扣除问题的通知》（国税函〔2009〕777号）	一、企业向股东或其他与企业有关联关系的自然人借款的利息支出，应根据《中华人民共和国企业所得税法》（以下简称税法）第四十六条及《财政部　国家税务总局关于企业关联方利息支出税前扣除标准有关税收政策问题的通知》（财税〔2008〕121号）规定的条件，计算企业所得税扣除额 二、企业向除第一条规定以外的内部职工或其他人员借款的利息支出，其借款情况同时符合以下条件的，其利息支出在不超过按照金融企业同期同类贷款利率计算的数额的部分，根据税法第八条和税法实施条例第二十七条规定，准予扣除。 （一）企业与个人之间的借贷是真实、合法、有效的，并且不具有非法集资目的或其他违反法律、法规的行为； （二）企业与个人之间签订了借款合同
《国家税务总局关于企业所得税若干问题的公告》（国家税务总局公告2011年第34号）	一、关于金融企业同期同类贷款利率确定问题 根据《实施条例》第三十八条规定，非金融企业向非金融企业借款的利息支出，不超过按照金融企业同期同类贷款利率计算的数额的部分，准予税前扣除。鉴于目前我国对金融企业利率要求的具体情况，企业在按照合同要求首次支付利息并进行税前扣除时，应提供"金融企业的同期同类贷款利率情况说明"，以证明其利息支出的合理性。 "金融企业的同期同类贷款利率情况说明"中，应包括在签订该借款合同当时，本省任何一家金融企业提供同期同类贷款利率情况。该金融企业应为经政府有关部门批准成立的可以从事贷款业务的企业，包括银行、财务公司、信托公司等金融机构。"同期同类贷款利率"是指在贷款期限、贷款金额、贷款担保以及企业信誉等条件基本相同下，金融企业提供贷款的利率。既可以是金融企业公布的同期同类平均利率，也可以是金融企业对某些企业提供的实际贷款利率
《中华人民共和国个人所得税法》	第六条：应纳税所得额的计算： （一）居民个人的综合所得，以每一纳税年度的收入额减除费用六万元以及专项扣除、专项附加扣除和依法确定的其他扣除后的余额，为应纳税所得额。 （二）非居民个人的工资、薪金所得，以每月收入额减除费用五千元后的余额为应纳税所得额；劳务报酬所得、稿酬所得、特许权使用费所得，以每次收入额为应纳税所得额。 ……

5.6.2　通过股权投资融资的纳税筹划

1. 纳税人基本情况

甲公司将 1000 万元借给乙公司使用 2 年，年利率为 10%。乙公司在第一年年底支付利息 100 万元，第二年年底支付本息 1100 万元。甲公司无法开具项目为"利息"的发票。现已知金融企业的同期同类贷款利率为 5%，甲公司和乙公司适用企业所得税税率均为 25%，其年度利润总额均超过 500 万元。

2. 客户需求

使该项融资业务的税收负担减至最轻。

3. 客户现状下的税收负担

甲公司取得 200 万元利息，应当计算增值税销项税额：200/（1+6%）×6%=11.32（万元）。甲公司应当缴纳企业所得税：200/（1+6%）×25%=47.17（万元）。甲公司取得净利润：200–11.32–47.17=141.51（万元）。乙公司因无法取得发票，应调增应纳税所得额 200 万元，应当多缴纳企业所得税：200×25%=50（万元）。合计税收负担为：11.32+47.17+50=108.49（万元）。

4. 纳税筹划方案及其税收负担

甲公司将 1000 万元投资给乙公司，持有乙公司 10% 的股权，乙公司增加注册资本和实收资本 1000 万元。甲公司持有股权期间，乙公司向甲公司分配股息 140 万元，甲公司不需要缴纳增值税和企业所得税。两年后，甲公司将该股权以 1100 万元的价格将股权转让给乙公司的其他股东，或者乙公司减少注册资本、甲公司退出，甲公司取得 10 万元所得，应当缴纳企业所得税：10×25%=2.5（万元）。甲公司取得净利润：140+10–2.5=147.5（万元）。乙公司不需要调增应纳税所得额。合计税收负担为 2.5 万元。

该项融资业务减轻税收负担：108.49–2.5=105.99（万元）。

5. 相关政策依据

规范性法律文件	政策内容
《中华人民共和国企业所得税法》	第十四条：企业对外投资期间，投资资产的成本在计算应纳税所得额时不得扣除
	第十六条：企业转让资产，该项资产的净值，准予在计算应纳税所得额时扣除
	第二十六条：企业的下列收入为免税收入： …… （二）符合条件的居民企业之间的股息、红利等权益性投资收益； ……
《中华人民共和国企业所得税法实施条例》	第七十四条：企业所得税法第十六条所称资产的净值和第十九条所称财产净值，是指有关资产、财产的计税基础减除已经按照规定扣除的折旧、折耗、摊销、准备金等后的余额
《中华人民共和国公司法》	第二百二十四条：公司减少注册资本，应当编制资产负债表及财产清单。 公司应当自股东会作出减少注册资本决议之日起十日内通知债权人，并于三十日内在报纸上或者国家企业信用信息公示系统公告。债权人自接到通知之日起三十日内，未接到通知的自公告之日起四十五日内，有权要求公司清偿债务或者提供相应的担保。 公司减少注册资本，应当按照股东出资或者持有股份的比例相应减少出资额或者股份，法律另有规定、有限责任公司全体股东另有约定或者股份有限公司章程另有规定的除外

（续）

规范性法律文件	政策内容
《中华人民共和国公司法》	第二百二十七条：有限责任公司增加注册资本时，股东在同等条件下有权优先按照实缴的出资比例认缴出资。但是，全体股东约定不按照出资比例优先认缴出资的除外。 股份有限公司为增加注册资本发行新股时，股东不享有优先认购权，公司章程另有规定或者股东会决议决定股东享有优先认购权的除外

5.6.3　通过预收款与违约金融资的纳税筹划

1. 纳税人基本情况

甲公司将 1000 万元借给乙公司使用 2 年，年利率为 10%。乙公司在第一年年底支付利息 100 万元，第二年年底支付本息 1100 万元。甲公司可以开具项目为"利息"的发票。现已知金融企业的同期同类贷款利率为 5%，甲公司和乙公司适用企业所得税税率均为 25%，其年度利润总额均超过 500 万元。

2. 客户需求

将该项融资业务的税收负担减至最轻。

3. 客户现状下的税收负担

甲公司取得 200 万元利息，应当计算增值税销项税额：200/（1+6%）×6%=11.32（万元）。甲公司应当缴纳企业所得税：200/（1+6%）×25%=47.17（万元）。甲公司取得净利润：200–11.32–47.17=141.51（万元）。乙公司支付的利息超过金融企业的同期同类贷款利率，应调增应纳税所得额：1000×（10%–5%）×2=100（万元）。应当多缴纳企业所得税：100×25%=25（万元）。合计税收负担为：11.32+47.17+25=83.49（万元）。

4. 纳税筹划方案及其税收负担

甲公司委托乙公司研发一项技术，研发期限 2 年，合同签订后甲公司预付 1000 万元，研发成功后，乙公司交付技术，甲公司支付剩余 1000 万元。若乙公司研发失败，需向甲公司返还 1000 万元并支付违约金 190 万元。乙公司收到预付款 1000 万元后不需要缴纳增值税和企业所得税。研发活动进行到第二年年底时，出于客观原因无法完成技术研发，乙公司向甲公司返还 1000 万元并支付违约金 190 万元。甲公司不需要缴纳增值税，应当缴纳企业所得税：190×25%=47.5（万元）。甲公司取得净利润：190–47.5=142.5（万元）。乙公司支付的违约金，可以在企业所得税税前扣除。合计税收负担为 47.5 万元。

该项融资业务减轻税收负担：83.49–47.5=35.99（万元）。

5. 相关政策依据

规范性法律文件	政策内容
《中华人民共和国企业所得税法实施条例》	第九条：企业应纳税所得额的计算，以权责发生制为原则，属于当期的收入和费用，不论款项是否收付，均作为当期的收入和费用；不属于当期的收入和费用，即使款项已经在当期收付，均不作为当期的收入和费用。本条例和国务院财政、税务主管部门另有规定的除外
《国家税务总局关于发布〈企业所得税税前扣除凭证管理办法〉的公告》（国家税务总局公告2018年第28号）	第十条：企业在境内发生的支出项目不属于应税项目的，对方为单位的，以对方开具的发票以外的其他外部凭证作为税前扣除凭证；对方为个人的，以内部凭证作为税前扣除凭证。企业在境内发生的支出项目虽不属于应税项目，但按税务总局规定可以开具发票的，可以发票作为税前扣除凭证

5.7 企业薪酬发放的纳税筹划

企业薪酬发放的纳税筹划可以在不提高企业负担的工资总额的前提下提高员工的税后工资，相当于变相提高了员工的工资，因此，企业应当积极进行薪酬发放的纳税筹划。

效果比较明显的筹划方法包括利用企业年金进行纳税筹划、利用商业健康险进行纳税筹划、利用职工福利进行纳税筹划、利用年终奖进行纳税筹划、利用股权激励进行纳税筹划、综合利用年终奖和股权激励的纳税筹划等。公司高管由于薪酬较高，应当综合运用多种方法进行纳税筹划。

5.7.1 利用企业年金进行纳税筹划

1. 纳税人基本情况

甲公司共有员工 1000 余人，人均年薪为 17 万元，人均年个人所得税税前扣除标准为 9 万元，人均年应纳税所得额为 8 万元，人均年应纳个人所得税：$80000 \times 10\% - 2520 = 5480$（元）。甲公司拟为员工涨薪，平均每人每年涨薪 6800元。未来每年涨薪幅度为 4%。

2. 客户需求

将该次涨薪给员工增加的个人所得税负担减至最轻。

3. 客户现状下的税收负担

甲公司若直接涨薪，人均年薪增加 6800 元，人均年个人所得税税前扣除标准不变，人均年应纳税所得额增加 6800 元，人均应纳个人所得税税额增加：$6800 \times 10\% = 680$（元）。

4. 纳税筹划方案及其税收负担

甲公司为全体员工缴纳企业年金，人均每年 6800 元。甲公司员工当期可以节省 680 元的个人所得税，未来领取时，不考虑增值部分，该 6800 元应纳个人所得税：$6800 \times 3\% = 204$（元）。

人均减轻个人所得税负担：$680-204=476$（元）。

5. 相关政策依据

规范性法律文件	政策内容
《中华人民共和国个人所得税法》	第六条：应纳税所得额的计算： （一）居民个人的综合所得，以每一纳税年度的收入额减除费用六万元以及专项扣除、专项附加扣除和依法确定的其他扣除后的余额，为应纳税所得额。 …… 本条第一款第一项规定的专项扣除，包括居民个人按照国家规定的范围和标准缴纳的基本养老保险、基本医疗保险、失业保险等社会保险费和住房公积金等；专项附加扣除，包括子女教育、继续教育、大病医疗、住房贷款利息或者住房租金、赡养老人等支出，具体范围、标准和实施步骤由国务院确定，并报全国人民代表大会常务委员会备案。 ……
《财政部　人力资源社会保障部　国家税务总局关于企业年金职业年金个人所得税有关问题的通知》（财税〔2013〕103 号）	一、企业年金和职业年金缴费的个人所得税处理 1. 企业和事业单位（以下统称单位）根据国家有关政策规定的办法和标准，为在本单位任职或者受雇的全体职工缴付的企业年金或职业年金（以下统称年金）单位缴费部分，在计入个人账户时，个人暂不缴纳个人所得税。 2. 个人根据国家有关政策规定缴付的年金个人缴费部分，在不超过本人缴费工资计税基数的 4% 标准内的部分，暂从个人当期的应纳税所得额中扣除。 3. 超过本通知第一条第 1 项和第 2 项规定的标准缴付的年金单位缴费和个人缴费部分，应并入个人当期的工资、薪金所得，依法计征个人所得税。税款由建立年金的单位代扣代缴，并向主管税务机关申报缴纳。 4. 企业年金个人缴费工资计税基数为本人上一年度月平均工资。月平均工资按国家统计局规定列入工资总额统计的项目计算。月平均工资超过职工工作地所在设区城市上一年度职工月平均工资 300% 的部分，不计入个人缴费工资计税基数。 职业年金个人缴费工资计税基数为职工岗位工资和薪级工资之和。职工岗位工资和薪级工资之和超过职工工作地所在设区城市上一年度职工月平均工资 300% 的部分，不计入个人缴费工资计税基数
	二、年金基金投资运营收益的个人所得税处理 年金基金投资运营收益分配计入个人账户时，个人暂不缴纳个人所得税
	六、本通知所称企业年金，是指根据《企业年金试行办法》（原劳动和社会保障部令第 20 号）的规定，企业及其职工在依法参加基本养老保险的基础上，自愿建立的补充养老保险制度。所称职业年金是指根据《事业单位职业年金试行办法》（国办发〔2011〕37 号）的规定，事业单位及其工作人员在依法参加基本养老保险的基础上，建立的补充养老保险制度

（续）

规范性法律文件	政策内容
《财政部 税务总局关于个人所得税法修改后有关优惠政策衔接问题的通知》（财税〔2018〕164号）	四、关于个人领取企业年金、职业年金的政策 个人达到国家规定的退休年龄，领取的企业年金、职业年金，符合《财政部 人力资源社会保障部 国家税务总局关于企业年金职业年金个人所得税有关问题的通知》（财税〔2013〕103号）规定的，不并入综合所得，全额单独计算应纳税款。其中按月领取的，适用月度税率表计算纳税；按季领取的，平均分摊计入各月，按每月领取额适用月度税率表计算纳税；按年领取的，适用综合所得税率表计算纳税。 个人因出境定居而一次性领取的年金个人账户资金，或个人死亡后，其指定的受益人或法定继承人一次性领取的年金个人账户余额，适用综合所得税率表计算纳税。对个人除上述特殊原因外一次性领取年金个人账户资金或余额的，适用月度税率表计算纳税

5.7.2 利用商业健康险进行纳税筹划

1. 纳税人基本情况

甲公司共有员工500余人，人均年薪为18万元，人均年个人所得税税前扣除标准为10万元，人均年应纳税所得额为8万元，人均年应纳个人所得税：80000×10%-2520=5480（元）。甲公司拟为全体员工每月发放200元（全年2400元）的健康补贴。

2. 客户需求

将该笔健康补贴给员工增加的个人所得税负担减至最轻。

3. 客户现状下的税收负担

甲公司若直接发放健康补贴，员工人均增加应纳税所得额2400元，人均增加应纳个人所得税：2400×10%=240（元）。

4. 纳税筹划方案及其税收负担

甲公司使用该项补贴为全体员工购买符合规定的商业健康保险产品，每人每月200元，员工不需要为此缴纳个人所得税。全体员工虽未实际取得每年的2400元补贴，但由于每人都有生病的可能，也都有机会享受商业健康保险带来的利益，与实际取得2400元（税后为2160元）现金的收益大体相当。

人均减轻个人所得税负担：240-0=240（元）。

5. 相关政策依据

规范性法律文件	政策内容
《中华人民共和国个人所得税法实施条例》	第十三条：个人所得税法第六条第一款第一项所称依法确定的其他扣除，包括个人缴付符合国家规定的企业年金、职业年金，个人购买符合国家规定的商业健康保险、税收递延型商业养老保险的支出，以及国务院规定可以扣除的其他项目。 专项扣除、专项附加扣除和依法确定的其他扣除，以居民个人一个纳税年度的应纳税所得额为限额；一个纳税年度扣除不完的，不结转以后年度扣除
《财政部　税务总局　保监会关于将商业健康保险个人所得税试点政策推广到全国范围实施的通知》（财税〔2017〕39号）	自 2017 年 7 月 1 日起，将商业健康保险个人所得税试点政策推广到全国范围实施。现将有关问题通知如下： 一、关于政策内容 对个人购买符合规定的商业健康保险产品的支出，允许在当年（月）计算应纳税所得额时予以税前扣除，扣除限额为 2400 元 / 年（200 元 / 月）。单位统一为员工购买符合规定的商业健康保险产品的支出，应分别计入员工个人工资薪金，视同个人购买，按上述限额予以扣除。 2400 元 / 年（200 元 / 月）的限额扣除为个人所得税法规定减除费用标准之外的扣除
	二、关于适用对象 适用商业健康保险税收优惠政策的纳税人，是指取得工资薪金所得、连续性劳务报酬所得的个人，以及取得个体工商户生产经营所得、对企事业单位的承包承租经营所得的个体工商户业主、个人独资企业投资者、合伙企业合伙人和承包承租经营者
《国家税务总局关于推广实施商业健康保险个人所得税政策有关征管问题的公告》（国家税务总局公告 2017 年第 17 号）	一、取得工资薪金所得、连续性劳务报酬所得的个人，以及取得个体工商户的生产经营所得、对企事业单位的承包承租经营所得的个体工商户业主、个人独资企业投资者、合伙企业个人合伙人和承包承租经营者，对其购买符合规定的商业健康保险产品支出，可按照《通知》规定标准在个人所得税前扣除
	二、《通知》所称取得连续性劳务报酬所得，是指个人连续 3 个月以上（含 3 个月）为同一单位提供劳务而取得的所得
	三、有扣缴义务人的个人自行购买、单位统一组织为员工购买或者单位和个人共同负担购买符合规定的商业健康保险产品，扣缴义务人在填报《扣缴个人所得税报告表》或《特定行业个人所得税年度申报表》时，应将当期扣除的个人购买商业健康保险支出金额填至申报表"税前扣除项目"的"其他"列中（须注明商业健康保险扣除金额），并同时填报《商业健康保险税前扣除情况明细表》（见附件）。 其中，个人自行购买符合规定的商业健康保险产品的，应及时向扣缴义务人提供保单凭证，扣缴义务人应当依法为其税前扣除，不得拒绝。个人从中国境内两处或者两处以上取得工资薪金所得，且自行购买商业健康保险的，只能选择在其中一处扣除。 个人未续保或退保的，应于未续保或退保当月告知扣缴义务人终止商业健康保险税前扣除

（续）

规范性法律文件	政策内容
《国家税务总局关于推广实施商业健康保险个人所得税政策有关征管问题的公告》（国家税务总局公告 2017 年第 17 号）	四、个体工商户业主、个人独资企业投资者、合伙企业个人合伙人和企事业单位承包承租经营者购买符合规定的商业健康保险产品支出，在年度申报填报《个人所得税生产经营所得纳税申报表（B 表）》、享受商业健康保险税前扣除政策时，应将商业健康保险税前扣除金额填至"允许扣除的其他费用"行（须注明商业健康保险扣除金额），并同时填报《商业健康保险税前扣除情况明细表》。 实行核定征收的纳税人，应向主管税务机关报送《商业健康保险税前扣除情况明细表》，主管税务机关按程序相应调减其应纳税所得额或应纳税额。纳税人未续保或退保的，应当及时告知主管税务机关，终止商业健康保险税前扣除
	五、保险公司销售符合规定的商业健康保险产品，及时为购买保险的个人开具发票和保单凭证，并在保单凭证上注明税优识别码。 个人购买商业健康保险未获得税优识别码的，其支出金额不得税前扣除
	六、本公告所称税优识别码，是指为确保税收优惠商业健康保险保单的唯一性、真实性和有效性，由商业健康保险信息平台按照"一人一单一码"的原则对投保人进行校验后，下发给保险公司，并在保单凭证上打印的数字识别码
《财政部 税务总局 银保监会关于进一步明确商业健康保险个人所得税优惠政策适用保险产品范围的通知》（财税〔2022〕21 号）	《财政部 税务总局 银保监会关于将商业健康保险个人所得税试点政策推广到全国范围实施的通知》（财税〔2017〕39 号）"关于商业健康保险产品的规范和条件"中所称符合规定的商业健康保险产品，其具体产品类型以及产品指引框架和示范条款由银保监会商财政部、税务总局确定。新的产品发布后，此前有关产品的规定与新的规定不一致的，按照新的规定执行
《中华人民共和国企业所得税法实施条例》	第三十五条：企业依照国务院有关主管部门或者省级人民政府规定的范围和标准为职工缴纳的基本养老保险费、基本医疗保险费、失业保险费、工伤保险费、生育保险费等基本社会保险费和住房公积金，准予扣除。 企业为投资者或者职工支付的补充养老保险费、补充医疗保险费，在国务院财政、税务主管部门规定的范围和标准内，准予扣除

5.7.3 利用职工福利进行纳税筹划

1. 纳税人基本情况

甲公司共有员工 50 余人，人均年薪为 16 万元，人均年个人所得税税前扣除标准为 8 万元，人均年应纳税所得额为 8 万元，人均年应纳个人所得税：80000×10%−2520=5480（元）。甲公司拟为全体员工每月增加工资 300 元（全年 3600 元）。目前甲公司尚未给员工提供交通工具，也未提供交通补助。

2. 客户需求

将新增的 3600 元年薪给员工增加的个人所得税负担减至最轻。

3. 客户现状下的税收负担

甲公司为每位员工增加年薪 3600 元，员工增加应纳税所得额 3600 元，增加应纳个人所得税：3600×10%=360（元）。

4. 纳税筹划方案及其税收负担

由于甲公司尚未给员工提供交通工具，也未提供交通补助，而员工每个工作日都需要支付交通费，休息日外出也需要支付交通费。甲公司可以为全体员工每月报销 300 元交通费发票，包括打车费发票、汽车加油费发票、公交一卡通充值费发票、过路费发票、停车费发票等。这样，每位员工每月实际增加 300 元工资，但并不增加个人所得税的应纳税所得额，不需要为此缴纳个人所得税。

人均减轻个人所得税负担：360−0=360（元）。

5. 相关政策依据

规范性法律文件	政策内容
《中华人民共和国个人所得税法实施条例》	第八条：个人所得的形式，包括现金、实物、有价证券和其他形式的经济利益；所得为实物的，应当按照取得的凭证上所注明的价格计算应纳税所得额，无凭证的实物或者凭证上所注明的价格明显偏低的，参照市场价格核定应纳税所得额；所得为有价证券的，根据票面价格和市场价格核定应纳税所得额；所得为其他形式的经济利益的，参照市场价格核定应纳税所得额
《中华人民共和国企业所得税法实施条例》	第四十条：企业发生的职工福利费支出，不超过工资薪金总额 14% 的部分，准予扣除
《国家税务总局关于企业工资薪金及职工福利费扣除问题的通知》（国税函〔2009〕3 号）	一、关于合理工资薪金问题 《实施条例》第三十四条所称的"合理工资薪金"，是指企业按照股东大会、董事会、薪酬委员会或相关管理机构制订的工资薪金制度规定实际发放给员工的工资薪金。税务机关在对工资薪金进行合理性确认时，可按以下原则掌握： （一）企业制订了较为规范的员工工资薪金制度； （二）企业所制订的工资薪金制度符合行业及地区水平； （三）企业在一定时期所发放的工资薪金是相对固定的，工资薪金的调整是有序进行的； （四）企业对实际发放的工资薪金，已依法履行了代扣代缴个人所得税义务。 （五）有关工资薪金的安排，不以减少或逃避税款为目的
	三、关于职工福利费扣除问题 《实施条例》第四十条规定的企业职工福利费，包括以下内容： （一）尚未实行分离办社会职能的企业，其内设福利部门所发生的设备、设施和人员费用，包括职工食堂、职工浴室、理发室、医务所、托儿所、疗养院等集体福利部门的设备、设施及维修保养费用和福利部门工作人员的工资薪金、社会保险费、住房公积金、劳务费等

（续）

规范性法律文件	政策内容
《国家税务总局关于企业工资薪金及职工福利费扣除问题的通知》（国税函〔2009〕3号）	（二）为职工卫生保健、生活、住房、交通等所发放的各项补贴和非货币性福利，包括企业向职工发放的因公外地就医费用、未实行医疗统筹企业职工医疗费用、职工供养直系亲属医疗补贴、供暖费补贴、职工防暑降温费、职工困难补贴、救济费、职工食堂经费补贴、职工交通补贴等。 （三）按照其他规定发生的其他职工福利费，包括丧葬补助费、抚恤费、安家费、探亲假路费等
	四、关于职工福利费核算问题 企业发生的职工福利费，应该单独设置账册，进行准确核算。没有单独设置账册准确核算的，税务机关应责令企业在规定的期限内进行改正。逾期仍未改正的，税务机关可对企业发生的职工福利费进行合理的核定
《国家税务总局关于企业工资薪金和职工福利费等支出税前扣除问题的公告》（国家税务总局公告2015年第34号）	一、企业福利性补贴支出税前扣除问题 列入企业员工工资薪金制度、固定与工资薪金一起发放的福利性补贴，符合《国家税务总局关于企业工资薪金及职工福利费扣除问题的通知》（国税函〔2009〕3号）第一条规定的，可作为企业发生的工资薪金支出，按规定在税前扣除。 不能同时符合上述条件的福利性补贴，应作为国税函〔2009〕3号文件第三条规定的职工福利费，按规定计算限额税前扣除
	二、企业年度汇算清缴结束前支付汇缴年度工资薪金税前扣除问题 企业在年度汇算清缴结束前向员工实际支付的已预提汇缴年度工资薪金，准予在汇缴年度按规定扣除
	三、企业接受外部劳务派遣用工支出税前扣除问题 企业接受外部劳务派遣用工所实际发生的费用，应分两种情况按规定在税前扣除：按照协议（合同）约定直接支付给劳务派遣公司的费用，应作为劳务费支出；直接支付给员工个人的费用，应作为工资薪金支出和职工福利费支出。其中属于工资薪金支出的费用，准予计入企业工资薪金总额的基数，作为计算其他各项相关费用扣除的依据

5.7.4 利用年终奖进行纳税筹划

1. 纳税人基本情况

甲公司经理陈某预计2024年度的工资及各类奖金合计为110万元，各项扣除合计10万元，综合所得应纳税所得额为100万元。甲公司原计划上述金额按月发放，不设年终奖。按月换算后的综合所得税率表见下表。

按月换算后的综合所得税率表

级数	全月应纳税所得额	税率	速算扣除数
1	不超过3000元的	3%	0
2	超过3000元至12000元的部分	10%	210

（续）

级数	全月应纳税所得额	税率	速算扣除数
3	超过 12000 元至 25000 元的部分	20%	1410
4	超过 25000 元至 35000 元的部分	25%	2660
5	超过 35000 元至 55000 元的部分	30%	4410
6	超过 55000 元至 80000 元的部分	35%	7160
7	超过 80000 元的部分	45%	15160

2. 客户需求

运用年终奖单独计税的优惠政策使陈某的个人所得税负担减至最轻。

3. 客户现状下的税收负担

陈某个人所得税的应纳税额为：$100 \times 45\% - 18.19 = 26.81$（万元）。

4. 纳税筹划方案及其税收负担

筹划方案一：甲公司为陈某发放 3.6 万元年终奖，其余 96.4 万元按月发放。陈某综合所得应纳税：$96.4 \times 45\% - 18.19 = 25.19$（万元）。年终奖应纳税：$3.6 \times 3\% = 0.11$（万元）。合计应纳税额为：$25.19 + 0.11 = 25.3$（万元）。

陈某减轻个人所得税负担：$26.81 - 25.3 = 1.51$（万元）。

筹划方案二：甲公司为陈某发放 14.4 万元年终奖，其余 85.6 万元按月发放。陈某综合所得应纳税：$85.6 \times 35\% - 8.59 = 21.37$（万元）。年终奖应纳税：$14.4 \times 10\% - 0.02 = 1.42$（万元）；合计应纳税额为：$21.37 + 1.42 = 22.79$（万元）。

陈某减轻个人所得税负担：$26.81 - 22.79 = 4.02$（万元）。

筹划方案三：甲公司为陈某发放 43 万元年终奖，其余 57 万元按月发放。陈某综合所得应纳税：$57 \times 30\% - 5.29 = 11.81$（万元）。年终奖应纳税：$43 \times 30\% - 0.44 = 12.46$（万元）。合计应纳税额为：$11.81 + 12.46 = 24.27$（万元）。

陈某减轻个人所得税负担：$26.81 - 24.27 = 2.54$（万元）。

本方案节税金额之所以比方案二少，是因为年终奖的适用税率实质是全额累进税率，在应纳税所得额刚刚越过一个等级时，会出现税负增速远远超过收入增速的现象，也就是"甲的税前年终奖比乙多，但甲的税后年终奖反而比乙少"的现象。43 万元的年终奖刚刚超过 42 万元，仍然处在这个区间。因此，将年终奖从 43 万元降低至 42 万元即可避免此类现象。

筹划方案四：甲公司为陈某发放 42 万元年终奖，其余 58 万元按月发放。陈某综合所得应纳税：$58 \times 30\% - 5.29 = 12.11$（万元）。年终奖应纳税：$42 \times 25\% - 0.27 = 10.23$（万元）。

合计应纳税额为：12.11+10.23=22.34（万元）。

陈某减轻个人所得税负担：26.81–22.34=4.47（万元）。

5. 相关政策依据

规范性法律文件	政策内容
《国家税务总局关于调整个人取得全年一次性奖金等计算征收个人所得税方法问题的通知》（国税发〔2005〕9号）	一、全年一次性奖金是指行政机关、企事业单位等扣缴义务人根据其全年经济效益和对雇员全年工作业绩的综合考核情况，向雇员发放的一次性奖金。 上述一次性奖金也包括年终加薪、实行年薪制和绩效工资办法的单位根据考核情况兑现的年薪和绩效工资
	三、在一个纳税年度内，对每一个纳税人，该计税办法只允许采用一次
	五、雇员取得除全年一次性奖金以外的其他各种名目奖金，如半年奖、季度奖、加班奖、先进奖、考勤奖等，一律与当月工资、薪金收入合并，按税法规定缴纳个人所得税
《财政部 税务总局关于延续实施全年一次性奖金个人所得税政策的公告》（财政部税务总局公告2023年第30号）	一、居民个人取得全年一次性奖金，符合《国家税务总局关于调整个人取得全年一次性奖金等计算征收个人所得税方法问题的通知》（国税发〔2005〕9号）规定的，不并入当年综合所得，以全年一次性奖金收入除以12个月得到的数额，按照本公告所附按月换算后的综合所得税率表，确定适用税率和速算扣除数，单独计算纳税。计算公式为： 应纳税额＝全年一次性奖金收入 × 适用税率－速算扣除数
	二、居民个人取得全年一次性奖金，也可以选择并入当年综合所得计算纳税
	三、本公告执行至2027年12月31日

5.7.5 利用股权激励进行纳税筹划

1. 纳税人基本情况

甲公司为上市公司，董事长王某预计2024年度的工资及各类奖金合计为510万元，各项扣除合计10万元，综合所得应纳税所得额为500万元。甲公司原计划上述金额按月发放，不设股票期权。

2. 客户需求

利用股权激励单独计算个人所得税的优惠政策，使甲公司董事长王某获得510万元年薪的个人所得税负担最轻。

3. 客户现状下的税收负担

甲公司为王某发放工资510万元，王某综合所得应纳税所得额为500万元，应纳个人所得税：500 × 45%－18.19=206.81（万元）。

4. 纳税筹划方案及其税收负担

筹划方案一：甲公司为王某设计股票期权所得 3.6 万元，剩余 496.4 万元作为工资发放。王某股票期权应纳税：3.6×3%=0.11（万元）。综合所得应纳税：496.4×45%–18.19 = 205.19（万元）；合计应纳税额为：0.11+205.19=205.3（万元）。

王某减轻个人所得税负担：206.81–205.3=1.51（万元）。

筹划方案二：甲公司为王某设计股票期权所得 14.4 万元，剩余 485.6 万元作为工资发放。王某股票期权应纳税：14.4×10%–0.25=1.19（万元）。综合所得应纳税：485.6×45%–18.19=200.33（万元）。合计应纳税额为：1.19+200.33=201.52（万元）。

王某减轻个人所得税负担：206.81–201.52=5.29（万元）。

筹划方案三：甲公司为王某设计股票期权所得 250 万元，剩余 250 万元作为工资发放。王某股票期权应纳税：250×45%–18.19=94.31（万元）。综合所得应纳税：250×45%–18.19=94.31（万元）。合计应纳税额为：94.31+94.31=188.62（万元）。

王某减轻个人所得税负担：206.81–188.62=18.19（万元）。

5. 相关政策依据

规范性法律文件	政策内容
《财政部　国家税务总局关于个人股票期权所得征收个人所得税问题的通知》（财税〔2005〕35 号）	一、关于员工股票期权所得征税问题 实施股票期权计划企业授予该企业员工的股票期权所得，应按《中华人民共和国个人所得税法》及其实施条例有关规定征收个人所得税。 企业员工股票期权（以下简称股票期权）是指上市公司按照规定的程序授予本公司及其控股企业员工的一项权利，该权利允许被授权员工在未来时间内以某一特定价格购买本公司一定数量的股票。 上述"某一特定价格"被称为"授予价"或"施权价"，即根据股票期权计划可以购买股票的价格，一般为股票期权授予日的市场价格或该价格的折扣价格，也可以是按照事先设定的计算方法约定的价格；"授予日"，也称"授权日"，是指公司授予员工上述权利的日期；"行权"，也称"执行"，是指员工根据股票期权计划选择购买股票的过程；员工行使上述权利的当日为"行权日"，也称"购买日"
	二、关于股票期权所得性质的确认及其具体征税规定 （一）员工接受实施股票期权计划企业授予的股票期权时，除另有规定外，一般不作为应税所得征税。 （二）员工行权时，其从企业取得股票的实际购买价（施权价）低于购买日公平市场价（指该股票当日的收盘价，下同）的差额，是因员工在企业的表现和业绩情况而取得的与任职、受雇有关的所得，应按"工资、薪金所得"适用的规定计算缴纳个人所得税。 对因特殊情况，员工在行权日之前将股票期权转让的，以股票期权的转让净收入，作为工资薪金所得征收个人所得税

（续）

规范性法律文件	政策内容
《财政部 国家税务总局关于个人股票期权所得征收个人所得税问题的通知》（财税〔2005〕35 号）	员工行权日所在期间的工资薪金所得，应按下列公式计算工资薪金应纳税所得额： 股票期权形式的工资薪金应纳税所得额 =（行权股票的每股市场价 – 员工取得该股票期权支付的每股施权价）× 股票数量 （三）员工将行权后的股票再转让时获得的高于购买日公平市场价的差额，是因个人在证券二级市场上转让股票等有价证券而获得的所得，应按照"财产转让所得"适用的征免规定计算缴纳个人所得税。 （四）员工因拥有股权而参与企业税后利润分配取得的所得，应按照"利息、股息、红利所得"适用的规定计算缴纳个人所得税
《财政部 税务总局 关于延续实施上市公司股权激励有关个人所得税政策的公告》（财政部 税务总局公告 2023 年第 25 号）	一、居民个人取得股票期权、股票增值权、限制性股票、股权奖励等股权激励（以下简称股权激励），符合《财政部 国家税务总局关于个人股票期权所得征收个人所得税问题的通知》（财税〔2005〕35 号）、《财政部 国家税务总局关于股票增值权所得和限制性股票所得征收个人所得税有关问题的通知》（财税〔2009〕5 号）、《财政部 国家税务总局关于将国家自主创新示范区有关税收试点政策推广到全国范围实施的通知》（财税〔2015〕116 号）第四条、《财政部 国家税务总局关于完善股权激励和技术入股有关所得税政策的通知》（财税〔2016〕101 号）第四条第（一）项规定的相关条件的，不并入当年综合所得，全额单独适用综合所得税率表，计算纳税。计算公式为： 应纳税额 = 股权激励收入 × 适用税率 – 速算扣除数
	二、居民个人一个纳税年度内取得两次以上（含两次）股权激励的，应合并按本公告第一条规定计算纳税
	三、本公告执行至 2027 年 12 月 31 日

5.7.6 综合利用年终奖和股权激励的纳税筹划

1. 纳税人基本情况

甲公司为上市公司，董事长刘某预计 2024 年度的工资及各类奖金合计为 610 万元，各项扣除合计 10 万元，综合所得应纳税所得额为 600 万元。甲公司原计划上述金额按月发放，不设年终奖和股票期权。

2. 客户需求

利用年终奖和股权激励单独计算个人所得税的优惠政策，使甲公司董事长刘某获得 610 万元年薪的个人所得税负担最轻。

3. 客户现状下的税收负担

甲公司为刘某发放工资 610 万元，刘某综合所得应纳税所得额为 600 万元，应纳个人所得税：600 × 45% – 18.19 = 251.81（万元）。

4. 纳税筹划方案及其税收负担

筹划方案一：甲公司为刘某发放年终奖 3.6 万元，设计股票期权所得 3.6 万元，剩余 592.8 万元作为工资发放。刘某年终奖应纳税：3.6×3%=0.11（万元）。股票期权应纳税：3.6×3%=0.11（万元）。综合所得应纳税：592.8×45%–18.19=248.57（万元）。合计应纳税额为：0.11+0.11+248.57=248.79（万元）。

刘某减轻个人所得税负担：251.81–248.79=3.02（万元）。

筹划方案二：甲公司为刘某发放年终奖 200 万元，设计股票期权所得 200 万元，剩余 200 万元作为工资发放。刘某年终奖应纳税：200×45%–1.52=88.48（万元）。股票期权应纳税：200×45%–18.19=71.81（万元）。综合所得应纳税：200×45%–18.19=71.81（万元）。合计应纳税额为：88.48 +71.81 +71.81=232.1（万元）。

刘某减轻个人所得税负担：251.81–232.1=19.71（万元）。

由于年终奖的适用税率实际为全额累进税率，年终奖的最高金额不应超过 96 万元。凡是超过 96 万元的年终奖，只要将超过 96 万元的部分放到工资中发放，就能减轻税收负担 8.8 万元。

筹划方案三：甲公司为刘某发放年终奖 96 万元，设计股票期权所得 252 万元，剩余 252 万元作为工资发放。刘某年终奖应纳税：96×35%–0.72=32.88（万元）。股票期权应纳税：252×45%–18.19=95.21（万元）。综合所得应纳税：252×45%–18.19=95.21（万元）。合计应纳税额为：32.88+95.21+95.21=223.3（万元）。

刘某减轻个人所得税负担：251.81–223.3=28.51（万元）。

5.7.7　公司高管薪酬的纳税筹划

1. 纳税人基本情况

甲公司有 10 名高管，年薪总额 800 万元，缴纳个人所得税总额 160 万元。甲公司采取年薪制，按月平均发放年薪，未设置年终奖和股权期权，未给高管提供福利。

2. 客户需求

在保持高管年薪总额不变的前提下，使高管的个人所得税负担最轻。

3. 客户现状下的税收负担

假设高管人均年薪 80 万元，各项扣除额 10 万元，应纳税所得额 70 万元，人均应纳个人所得税：70×35%–8.59=15.91（万元）。合计缴纳个人所得税：15.91×10=159.1（万元）。

4. 纳税筹划方案及其税收负担

筹划方案一：甲公司为全体高管提供交通、通信、餐饮、办公设备、办公家具等全方位福利，由高管提供相应发票，甲公司予以实报实销，假设人均年报销发票金额为 10 万元，则人均年应纳税所得额降低为 60 万元，人均应纳个人所得税：60×30%−5.29=12.71（万元）。合计缴纳个人所得税：12.71×10=127.1（万元）。

甲公司全体高管减轻个人所得税负担：159.1−127.1=32（万元）。

筹划方案二：在方案一的基础之上，假设高管中有三位计划新购三辆汽车，总额为 120 万元。由甲公司为这三位高管购置三辆汽车，三位高管的年薪相应扣除 120 万元。三位高管的人均年应纳税所得额降低为 20 万元，人均应纳个人所得税：20×20%−1.69=2.31（万元）。合计缴纳个人所得税：2.31×3+12.71×7=95.9（万元）。

甲公司全体高管减轻个人所得税负担：159.1−95.9=63.2（万元）。

筹划方案三：在方案二的基础之上，假设高管中有三位其父母拥有企业管理经验，分别被甲公司任命为该名高管的助理，每月发放工资 5000 元，该名高管的年薪相应降低 12 万元。该三位高管的人均年应纳税所得额降低为 48 万元，人均应纳个人所得税：48×30%−5.29=9.11（万元）。合计缴纳个人所得税：2.31×3+9.11×3+12.71×4=85.1（万元）。

甲公司全体高管减轻个人所得税负担：159.1−85.1=74（万元）。

筹划方案四：在方案三的基础之上，假设其中一位高管可以以公司服务的方式，由其成立一家乙企业咨询管理服务有限公司（以下简称乙公司），其应得的 80 万元年薪由甲公司以咨询费的方式支付给乙公司，乙公司年度收入总额为 80 万元，假设其利润总额为 20 万元，乙公司应当缴纳企业所得税：20×12.5%×20%=0.5（万元）。我们将乙公司缴纳的企业所得税等同于该名高管应当缴纳的个人所得税，合计缴纳个人所得税：2.31×3+9.11×3+0.5+12.71×3=72.89（万元）。

甲公司全体高管减轻个人所得税负担：159.1−72.89=86.21（万元）。

5. 相关政策依据

规范性法律文件	政策内容
《中华人民共和国企业所得税法》	第八条：企业实际发生的与取得收入有关的、合理的支出，包括成本、费用、税金、损失和其他支出，准予在计算应纳税所得额时扣除
	第十一条：在计算应纳税所得额时，企业按照规定计算的固定资产折旧，准予扣除
《中华人民共和国企业所得税法实施条例》	第三十四条：企业发生的合理的工资薪金支出，准予扣除。 前款所称工资薪金，是指企业每一纳税年度支付给在本企业任职或者受雇的员工的所有现金形式或者非现金形式的劳动报酬，包括基本工资、奖金、津贴、补贴、年终加薪、加班工资，以及与员工任职或者受雇有关的其他支出
	第四十九条：企业之间支付的管理费、企业内营业机构之间支付的租金和特许权使用费，以及非银行企业内营业机构之间支付的利息，不得扣除

第6章
企业利润分配期纳税筹划

企业利润分配期的税收负担取决于企业设立之初的股权架构，因此，企业在设立之初就应当考虑到企业终止之时的税收负担及纳税筹划。

股东从企业取得收益，除日常的工资薪金外，主要包括三种形式：从公司取得股息、转让公司股权获得溢价收益以及公司解散清算时取得剩余财产。对于三种形式都有切实可行的纳税筹划方案，因此企业利润分配期的纳税筹划应重点关注股息分配、股权转让和企业清算的所得税筹划。

6.1 股息分配所得税的纳税筹划

自然人股东从公司取得股息需要缴纳 20% 的个人所得税，税负比较重。股息分配所得税的筹划主要就是规避这 20% 的个人所得税。

股息分配所得税筹划，常用的方法包括将股息转化为工资的纳税筹划、将股息转化为成本费用的纳税筹划、将股息转化为借款的纳税筹划。如果要彻底解决大额股息的个人所得税问题，最好的方法还是利用双层公司来获得股息。

6.1.1 将股息转化为工资的纳税筹划

1. 纳税人基本情况

甲公司为李某创办的一人有限责任公司，符合小型微利企业的条件，预计 2024 年度利润总额 100 万元，李某计划从税后利润中取出 20 万元。已知甲公司无纳税调整事项，李某及其父母均参与甲公司的运营和业务管理，但均未在甲公司任职，也未从甲公司取得工资。李某父母已年满 60 周岁，李某未在其他单位任职或兼职，且李某为独生子女。

2. 客户需求

使李某取出 20 万元缴纳的所得税最少。

3. 客户现状下的税收负担

甲公司利润总额 100 万元，应当缴纳企业所得税：$100 \times 25\% \times 20\%=5$（万元）。李某从税后利润中取出 20 万元，应当缴纳个人所得税：$20 \times 20\%=4$（万元）。合计税收负担：$5+4=9$（万元）。

4. 纳税筹划方案及其税收负担

李某将自己任命为甲公司的总经理（如果已经有了总经理，可以担任副总经理），李某的父母担任甲公司副总经理或者总经理助理。李某的父母每月领取 5000 元工资，李某每月领取 7000 元工资，全年合计领取 20.4 万元工资。甲公司应纳税所得额降低为 79.6 万元，应当缴纳企业所得税：$79.6 \times 25\% \times 20\%=3.98$（万元）。李某不需要从甲公司税后利润中取出股息，不需要缴纳个人所得税。李某的父母每月领取 5000 元工资，每月扣除 5000 元费用后，不需要缴纳个人所得税。李某每月领取 7000 元工资，每月扣除 5000 元费用和 2000 元赡养老人专项附加扣除后，也不需要缴纳个人所得税。

李某减轻所得税负担：$9-3.98=5.02$（万元）。

5. 相关政策依据

规范性法律文件	政策内容
《中华人民共和国个人所得税法》	第二条：下列各项个人所得，应当缴纳个人所得税： …… （六）利息、股息、红利所得。 ……
	第三条：个人所得税的税率： …… （三）利息、股息、红利所得，财产租赁所得，财产转让所得和偶然所得，适用比例税率，税率为百分之二十
	第六条：应纳税所得额的计算： …… （六）利息、股息、红利所得和偶然所得，以每次收入额为应纳税所得额。 ……
《中华人民共和国企业所得税法实施条例》	第三十四条：企业发生的合理的工资薪金支出，准予扣除。 前款所称工资薪金，是指企业每一纳税年度支付给在本企业任职或者受雇的员工的所有现金形式或者非现金形式的劳动报酬，包括基本工资、奖金、津贴、补贴、年终加薪、加班工资，以及与员工任职或者受雇有关的其他支出

6.1.2 将股息转化为成本费用的纳税筹划

1. 纳税人基本情况

甲公司为张某创办的一人有限责任公司，符合小型微利企业的条件，预计 2024 年度利润总额 200 万元，张某计划从税后利润中取出 100 万元。已知甲公司无纳税调整事项，张某及其父母均参与甲公司的运营和业务管理，但均未在甲公司任职，未从甲公司取得工资，也未在甲公司报销任何发票。张某父母已年满 60 周岁，张某未在其他单位任职或者兼职。张某为独生子女。张某还有一个儿子和一个女儿，均已上小学，张某选择由其自己 100% 享受子女教育专项附加扣除。

2. 客户需求

使张某从税后利润中取出 100 万元的所得税负担最轻。

3. 客户现状下的税收负担

甲公司 2024 年度利润总额 200 万元，应当缴纳企业所得税：$200 \times 25\% \times 20\% = 10$（万元）。张某从税后利润中取出 100 万元，应当缴纳个人所得税：$100 \times 20\% = 20$（万元）。合计税收负担：$10 + 20 = 30$（万元）。

4. 纳税筹划方案及其税收负担

张某将自己任命为甲公司的总经理（如果已经有了总经理，可以担任副总经理），张某的父母担任甲公司副总经理或者总经理助理。张某的父母每月领取 0.8 万元工资，张某每月领取 1.2 万元工资，年底三人每人领取 3.6 万元年终奖，全年合计领取 44.4 万元工资和年终奖。将张某及其父母全年各项能够取得发票的支出计入甲公司的生产经营成本费用，假设合计为 20 万元。张某的配偶为甲公司提供咨询服务，到税务局代开一张金额为 35.6 万元的咨询费发票，张某按税务局核定比率缴纳各项税费 1 万元，甲公司向张某的配偶支付 35.6 万元。甲公司应纳税所得额降低为 100 万元，应当缴纳企业所得税：$100 \times 25\% \times 20\% = 5$（万元）。张某不需要从甲公司税后利润中取出股息，不需要缴纳个人所得税。张某的父母每月领取 0.8 万元工资以及领取 3.6 万元年终奖，需要缴纳个人所得税：$(0.8 - 0.5) \times 3\% \times 12 \times 2 + 3.6 \times 3\% \times 2 = 0.432$（万元）。张某每月领取 1.2 万元工资以及领取 3.6 万元年终奖，需要缴纳个人所得税：$(1.2 - 0.5 - 0.2 - 0.2) \times 3\% \times 12 + 3.6 \times 3\% = 0.216$（万元）。合计税收负担：$5 + 0.432 + 0.216 + 1 = 6.648$（万元）。

张某减轻所得税负担：$30 - 6.648 = 23.352$（万元）。

5. 相关政策依据

规范性法律文件	政策内容
《中华人民共和国个人所得税法实施条例》	第六条：个人所得税法规定的各项个人所得的范围. …… （五）经营所得，是指： 1. 个体工商户从事生产、经营活动取得的所得，个人独资企业投资人、合伙企业的个人合伙人来源于境内注册的个人独资企业、合伙企业生产、经营的所得； 2. 个人依法从事办学、医疗、咨询以及其他有偿服务活动取得的所得；

（续）

规范性法律文件	政策内容
《中华人民共和国个人所得税法实施条例》	3.个人对企业、事业单位承包经营、承租经营以及转包、转租取得的所得； 4.个人从事其他生产、经营活动取得的所得。 （六）利息、股息、红利所得，是指个人拥有债权、股权等而取得的利息、股息、红利所得
	第十五条：个人所得税法第六条第一款第三项所称成本、费用，是指生产、经营活动中发生的各项直接支出和分配计入成本的间接费用以及销售费用、管理费用、财务费用；所称损失，是指生产、经营活动中发生的固定资产和存货的盘亏、毁损、报废损失，转让财产损失，坏账损失，自然灾害等不可抗力因素造成的损失以及其他损失。 取得经营所得的个人，没有综合所得的，计算其每一纳税年度的应纳税所得额时，应当减除费用6万元、专项扣除、专项附加扣除以及依法确定的其他扣除。专项附加扣除在办理汇算清缴时减除。 从事生产、经营活动，未提供完整、准确的纳税资料，不能正确计算应纳税所得额的，由主管税务机关核定应纳税所得额或者应纳税额
《中华人民共和国企业所得税法》	第八条：企业实际发生的与取得收入有关的、合理的支出，包括成本、费用、税金、损失和其他支出，准予在计算应纳税所得额时扣除

6.1.3 将股息转化为借款的纳税筹划

1.纳税人基本情况

甲公司是孙某创办的一人有限责任公司，截至2023年年底，甲公司账面未分配利润已达到500万元。孙某拟从甲公司借款200万元长期使用。

2.客户需求

使孙某从甲公司借款的所得税负担最轻。

3.客户现状下的税收负担

孙某从甲公司借款200万元长期使用，应当按照股息所得缴纳个人所得税：$200 \times 20\%=40$（万元）。

4.纳税筹划方案及其税收负担

孙某在第一年年初从甲公司借款200万元，第一年年底前归还甲公司200万元；第二年年初再从甲公司借款200万元，年底前归还甲公司200万元；第三年以此类推。孙某只要确保在每次当年12月31日之前归还当年的借款，就不需要缴纳个人所得税。

孙某减轻所得税负担：40-0=40（万元）。

5. 相关政策依据

规范性法律文件	政策内容
《中华人民共和国企业所得税法》	第八条：企业实际发生的与取得收入有关的、合理的支出，包括成本、费用、税金、损失和其他支出，准予在计算应纳税所得额时扣除
《中华人民共和国企业所得税法实施条例》	第二十七条：企业所得税法第八条所称有关的支出，是指与取得收入直接相关的支出。企业所得税法第八条所称合理的支出，是指符合生产经营活动常规，应当计入当期损益或者有关资产成本的必要和正常的支出
《财政部　国家税务总局关于规范个人投资者个人所得税征收管理的通知》（财税〔2003〕158 号）	一、关于个人投资者以企业（包括个人独资企业、合伙企业和其他企业）资金为本人、家庭成员及其相关人员支付消费性支出及购买家庭财产的处理问题 个人独资企业、合伙企业的个人投资者以企业资金为本人、家庭成员及其相关人员支付与企业生产经营无关的消费性支出及购买汽车、住房等财产性支出，视为企业对个人投资者的利润分配，并入投资者个人的生产经营所得，依照"个体工商户的生产经营所得"项目计征个人所得税。 除个人独资企业、合伙企业以外的其他企业的个人投资者，以企业资金为本人、家庭成员及其相关人员支付与企业生产经营无关的消费性支出及购买汽车、住房等财产性支出，视为企业对个人投资者的红利分配，依照"利息、股息、红利所得"项目计征个人所得税。 企业的上述支出不允许在所得税前扣除
	二、关于个人投资者从其投资的企业（个人独资企业、合伙企业除外）借款长期不还的处理问题 纳税年度内个人投资者从其投资企业（个人独资企业、合伙企业除外）借款，在该纳税年度终了后既不归还，又未用于企业生产经营的，其未归还的借款可视为企业对个人投资者的红利分配，依照"利息、股息、红利所得"项目计征个人所得税
	三、《国家税务总局关于进一步加强对高收入者个人所得税征收管理的通知》（国税发〔2001〕57 号）中关于对私营有限责任公司的企业所得税后剩余利润，不分配、不投资、挂账达 1 年的，从挂账的第 2 年起，依照投资者（股东）出资比例计算分配征收个人所得税的规定，同时停止执行

6.1.4　利用双层公司获得股息的纳税筹划

1. 纳税人基本情况

赵某持有甲公司、乙公司、丙公司等十余家公司的股权，每年取得股息 500 万元，偶尔也会转让部分股权，取得股权溢价收益，平均每年取得增值 50 万元。赵某取得收益的主要用途包括投资。赵某的父母已经年满 60 周岁，均已退休，帮赵某打理公司业务。

2. 客户需求

使赵某每年取得的股息和股权转让所得缴纳的所得税最少。

3. 客户现状下的税收负担

赵某每年取得股息 500 万元，应当缴纳个人所得税：500 × 20%=100（万元）。赵某平均每年取得股权转让所得 50 万元，应当缴纳个人所得税：50 × 20%=10（万元）。合计缴纳个人所得税：100+10=110（万元）。

4. 纳税筹划方案及其税收负担

赵某设立赵氏投资有限公司（以下简称赵氏公司），将其持有的甲公司、乙公司、丙公司等十余家公司的股权全部转让给赵氏公司。赵氏公司每年取得股息 500 万元，该笔所得为免税所得，不需要缴纳企业所得税。赵氏公司平均每年取得股权转让所得 50 万元，赵某及其父母均担任赵氏公司的高管，从赵氏公司取得工资，相关投资由赵氏公司进行，投资收益仍然归属赵氏公司。假设赵氏公司每年应纳税所得额为 10 万元，应当缴纳企业所得税：10 × 25% × 20%=0.5（万元）。

赵某减轻所得税负担：110−0.5=109.5（万元）。

5. 相关政策依据

规范性法律文件	政策内容
《中华人民共和国个人所得税法》	第九条：个人所得税以所得人为纳税人，以支付所得的单位或者个人为扣缴义务人。纳税人有中国公民身份号码的，以中国公民身份号码为纳税人识别号；纳税人没有中国公民身份号码的，由税务机关赋予其纳税人识别号。扣缴义务人扣缴税款时，纳税人应当向扣缴义务人提供纳税人识别号
《中华人民共和国企业所得税法》	第二十六条：企业的下列收入为免税收入： …… （二）符合条件的居民企业之间的股息、红利等权益性投资收益； ……

6.2 股权转让所得税的纳税筹划

个人转让股权应当就取得的溢价所得缴纳 20% 的个人所得税，而小型微利企业的税负可以达到 5%，因此，利用小型微利企业转让股权就是常用的筹划方法。

公司取得股息是免税所得，因此，先分配股息再转让股权是最基本的筹划方法。

由于个人所得税尚未实现财产转让所得的综合征收，而公司可以实现所有所得的综合征收，利用公司亏损与股权转让所得相抵也成了常用的筹划方法。如果能将股权转让所得置于免税公司之下，则可以实现企业所得税零税负的目标。

6.2.1　利用小型微利企业转让股权的纳税筹划

1. 纳税人基本情况

马某拟出资 1000 万元购买甲公司 30% 的股权，未来六年，每年转让甲公司 5% 的股权，取得增值所得 100 万元。

2. 客户需求

使马某股权转让所得的所得税负担最轻。

3. 客户现状下的税收负担

马某转让股权，取得所得 100 万元，应当缴纳个人所得税：$100 \times 20\%=20$（万元）。六年合计缴纳个人所得税：$20 \times 6=120$（万元）。

4. 纳税筹划方案及其税收负担

马某出资 1000 万元设立马氏投资有限公司（以下简称马氏公司），马氏公司出资 1000 万元购买甲公司 30% 的股权，未来六年，每年转让甲公司 5% 的股权，取得增值所得 100 万元。马氏公司应当缴纳企业所得税：$100 \times 25\% \times 20\%=5$（万元）。六年合计缴纳企业所得税：$5 \times 6=30$（万元）。

马某减轻所得税负担：120-30=90（万元）。

5. 相关政策依据

规范性法律文件	政策内容
《中华人民共和国个人所得税法》	第二条：下列各项个人所得，应当缴纳个人所得税： …… （八）财产转让所得； ……
	第三条：个人所得税的税率： …… （三）利息、股息、红利所得，财产租赁所得，财产转让所得和偶然所得，适用比例税率，税率为百分之二十
	第六条：应纳税所得额的计算： …… （五）财产转让所得，以转让财产的收入额减除财产原值和合理费用后的余额，为应纳税所得额。 ……
《中华人民共和国企业所得税法》	第二十八条：符合条件的小型微利企业，减按 20% 的税率征收企业所得税。 ……

（续）

规范性法律文件	政策内容
《财政部　税务总局关于实施小微企业普惠性税收减免政策的通知》（财税〔2019〕13号）	二、对小型微利企业年应纳税所得额不超过100万元的部分，减按25%计入应纳税所得额，按20%的税率缴纳企业所得税；对年应纳税所得额超过100万元但不超过300万元的部分，减按50%计入应纳税所得额，按20%的税率缴纳企业所得税。 ……
《财政部　税务总局关于实施小微企业和个体工商户所得税优惠政策的公告》（财政部　税务总局公告2021年第12号）	一、对小型微利企业年应纳税所得额不超过100万元的部分，在《财政部　税务总局关于实施小微企业普惠性税收减免政策的通知》（财税〔2019〕13号）第二条规定的优惠政策基础上，再减半征收企业所得税
《财政部　税务总局关于进一步实施小微企业所得税优惠政策的公告》（财政部　税务总局公告2022年第13号）	一、对小型微利企业年应纳税所得额超过100万元但不超过300万元的部分，减按25%计入应纳税所得额，按20%的税率缴纳企业所得税
《财政部　税务总局关于小微企业和个体工商户所得税优惠政策的公告》（财政部　税务总局公告2023年第6号）	一、对小型微利企业年应纳税所得额不超过100万元的部分，减按25%计入应纳税所得额，按20%的税率缴纳企业所得税
	四、本公告执行期限为2023年1月1日至2024年12月31日

6.2.2　先分配股息再转让股权的纳税筹划

1. 纳税人基本情况

甲公司五年前出资1000万元购买乙公司30%的股权，目前拟以1500万元的价格对外转让。乙公司未分配利润为1000万元。甲公司适用25%的税率缴纳企业所得税，目前处于盈利状态。

2. 客户需求

使甲公司股权转让的所得税负担最轻。

3. 客户现状下的税收负担

甲公司转让股权，应当缴纳企业所得税：（1500-1000）×25%=125（万元）。

4. 纳税筹划方案及其税收负担

乙公司向甲公司分红300万元，甲公司取得股息，不需要缴纳企业所得税。甲公司将股权转让价格降低为1200万元，甲公司应当缴纳企业所得税：（1200-1000）×25%=50（万元）。

甲公司减轻所得税负担：125-50=75（万元）。

5. 相关政策依据

规范性法律文件	政策内容
《中华人民共和国企业所得税法》	第十四条：企业对外投资期间，投资资产的成本在计算应纳税所得额时不得扣除
	第十六条：企业转让资产，该项资产的净值，准予在计算应纳税所得额时扣除
	第二十六条：企业的下列收入为免税收入： …… （二）符合条件的居民企业之间的股息、红利等权益性投资收益； ……
《中华人民共和国企业所得税法实施条例》	第七十一条：企业所得税法第十四条所称投资资产，是指企业对外进行权益性投资和债权性投资形成的资产。 企业在转让或者处置投资资产时，投资资产的成本，准予扣除。投资资产按照以下方法确定成本： （一）通过支付现金方式取得的投资资产，以购买价款为成本； （二）通过支付现金以外的方式取得的投资资产，以该资产的公允价值和支付的相关税费为成本
《国家税务总局关于贯彻落实企业所得税法若干税收问题的通知》（国税函〔2010〕79号）	三、关于股权转让所得确认和计算问题 企业转让股权收入，应于转让协议生效且完成股权变更手续时，确认收入的实现。转让股权收入扣除为取得该股权所发生的成本后，为股权转让所得。 企业在计算股权转让所得时，不得扣除被投资企业未分配利润等股东留存收益中按该项股权所可能分配的金额
《中华人民共和国公司法》	第二百一十条：公司弥补亏损和提取公积金后所余税后利润，有限责任公司按照股东实缴的出资比例分配利润，全体股东约定不按照出资比例分配利润的除外；股份有限公司按照股东所持有的股份比例分配利润，公司章程另有规定的除外

6.2.3　利用公司亏损与股权转让所得相抵的纳税筹划

1. 纳税人基本情况

李某拟出资 500 万元用于投资，包括股票、房地产和非上市公司股权等。假设第一年投资股票亏损 20 万元，投资房地产和非上市公司股权尚未变现；第二年投资股票亏损 10 万元，转让部分非上市公司股权盈利 30 万元；第三年转让商铺亏损 25 万元，转让住房盈利 50 万元，转让非上市公司股权盈利 40 万元。

2. 客户需求

不考虑其他税费，使李某上述投资的所得税负担最轻。

3. 客户现状下的税收负担

第一年，李某投资亏损，不需要缴纳个人所得税。第二年，李某转让非上市公司股权盈利 30 万元，投资股票亏损 10 万元不能与其盈利相抵，应当缴纳个人所得税：30×20%=6（万元）。第三年，李某转让住房盈利 50 万元，应当缴纳个人所得税：50×20%=10（万元），转让非上市公司股权盈利 40 万元，应当缴纳个人所得税：40×20%=8（万元）。转让商铺的亏损同样不能与上述两笔盈利相抵。合计所得税负担：6+10+8=24（万元）。三年投资，综合计算，李某的税后利润为：−20−10+30−25+50+40−24=41（万元）。

4. 纳税筹划方案及其税收负担

李某出资 500 万元设立李氏投资有限公司（以下简称李氏公司），由李氏公司进行与上述情形相同的投资，投资损益也相同。第一年，李氏公司亏损 20 万元，不需要缴纳企业所得税。第二年，李氏公司投资股票亏损 10 万元，转让部分非上市公司股权盈利 30 万元，盈亏相抵后，盈利 20 万元，与第一年的亏损 20 万元相抵后，应纳税所得额为零，不需要缴纳企业所得税。第三年，李氏公司转让商铺亏损 25 万元，转让住房盈利 50 万元，转让非上市公司股权盈利 40 万元，盈亏相抵后盈利 65 万元，以前年度已经没有亏损需要弥补，应纳税所得额为 65 万元，应当缴纳企业所得税：65×25%×20%=3.25（万元）。三年投资，综合计算，李某的税后利润为：−20−10+30−25+50+40−3.25=61.75（万元）。

李某减轻所得税负担（增加税后利润）：61.75−41=20.75（万元）。

5. 相关政策依据

规范性法律文件	政策内容
《中华人民共和国个人所得税法》	第二条：下列各项个人所得，应当缴纳个人所得税： （一）工资、薪金所得； （二）劳务报酬所得； （三）稿酬所得； （四）特许权使用费所得； （五）经营所得； （六）利息、股息、红利所得； （七）财产租赁所得； （八）财产转让所得； （九）偶然所得。 居民个人取得前款第一项至第四项所得（以下称综合所得），按纳税年度合并计算个人所得税；非居民个人取得前款第一项至第四项所得，按月或者按次分项计算个人所得税。纳税人取得前款第五项至第九项所得，依照本法规定分别计算个人所得税
《中华人民共和国企业所得税法》	第五条：企业每一纳税年度的收入总额，减除不征税收入、免税收入、各项扣除以及允许弥补的以前年度亏损后的余额，为应纳税所得额
	第十八条：企业纳税年度发生的亏损，准予向以后年度结转，用以后年度的所得弥补，但结转年限最长不得超过五年

6.2.4　利用免税公司转让股权的纳税筹划

1. 纳税人基本情况

甲公司分别持有乙公司和丙公司两家子公司 100% 的股权。其中乙公司是设立在霍尔果斯属于《新疆困难地区重点鼓励发展产业企业所得税优惠目录》（以下简称《目录》）范围内的企业，享受五年内免征企业所得税的优惠；乙公司符合上述目录的年营业收入为 2000 万元，无其他营业收入；丙公司适用 25% 的税率缴纳企业所得税。甲公司原计划由丙公司对外投资 1000 万元，持有丁公司 40% 的股权，两年后再以 1500 万元的价格对外转让。

2. 客户需求

使该项股权投资的所得税负担最轻。

3. 客户现状下的税收负担

丙公司转让丁公司股权，应当缴纳企业所得税：（1500−1000）×25%=125（万元）。

4. 纳税筹划方案及其税收负担

甲公司应决定由乙公司对外投资 1000 万元，持有丁公司 40% 的股权，两年后，分两年转让丁公司的股权，分别取得 1000 万元收入和 500 万元收入，这样可以确保乙公司达到《目录》范围内的主营业务收入占企业收入总额的 60% 以上。乙公司两次转让股权的收入不需要缴纳企业所得税。

该项目股权投资减轻所得税负担：125−0=125（万元）。

5. 相关政策依据

规范性法律文件	政策内容
《中华人民共和国个人所得税法实施条例》	第十六条：个人所得税法第六条第一款第五项规定的财产原值，按照下列方法确定： （一）有价证券，为买入价以及买入时按照规定交纳的有关费用； （二）建筑物，为建造费或者购进价格以及其他有关费用； （三）土地使用权，为取得土地使用权所支付的金额、开发土地的费用以及其他有关费用； （四）机器设备、车船，为购进价格、运输费、安装费以及其他有关费用。其他财产，参照前款规定的方法确定财产原值。 ……
《财政部　税务总局关于新疆困难地区及喀什、霍尔果斯两个特殊经济开发区新办企业所得税优惠政策的通知》（财税〔2021〕27 号）	一、2021 年 1 月 1 日至 2030 年 12 月 31 日：对在新疆困难地区新办的属于《新疆困难地区重点鼓励发展产业企业所得税优惠目录》范围内的企业，自取得第一笔生产经营收入所属纳税年度起，第一年至第二年免征企业所得税，第三年至第五年减半征收企业所得税。 对在新疆喀什、霍尔果斯两个特殊经济开发区内新办的属于上述目录范围内的企业，自取得第一笔生产经营收入所属纳税年度起，五年内免征企业所得税
	三、属于《目录》范围内的企业是指以《目录》中规定的产业项目为主营业务，其主营业务收入占企业收入总额 60% 以上的企业

6.3 企业清算所得税的纳税筹划

企业清算中如果有所得，也需要缴纳企业所得税。

清算期间是企业最后一个纳税年度，如果该期间产生亏损则无法用以后年度的所得来弥补，因此，在纳税筹划中应注意选择合适的清算期间。

公司转让子公司股权之前应当先分配利润，但有时企业无钱分配，公积金也无从分配，对此，可以通过清算实现转让公司股权的目的。

公司合并时，如果选择特殊性税务处理方法，可以免于进行清算，这也是纳税筹划中常用的方法。

6.3.1 选择清算期间的纳税筹划

1. 纳税人基本情况

甲公司的股东拟解散甲公司，经过初步核算，如果以甲公司股东初步选定的 6 月 1 日至 7 月 31 日为清算期间，甲公司该年度 1 月 1 日至 5 月 31 日的应纳税所得额为 100 万元，清算期间亏损 50 万元。现已知甲公司计划在 6 月 10 日支付全体职工工资及经济补偿金 50 万元。甲公司适用 25% 的税率缴纳企业所得税。

2. 客户需求

不考虑其他税费，使甲公司在解散过程中的所得税负担最轻。

3. 客户现状下的税收负担

甲公司该年度 1 月 1 日至 5 月 31 日的应纳税所得额为 100 万元，应当缴纳企业所得税：100×25%=25（万元）。甲公司清算期间亏损 50 万元，不需要缴纳企业所得税。

4. 纳税筹划方案及其税收负担

甲公司股东会决定将清算期间修改为 6 月 15 日至 7 月 31 日，甲公司该年度 1 月 1 日至 6 月 14 日为一个纳税年度，由于甲公司在 6 月 10 日支付全体职工工资及经济补偿金 50 万元，该年度的应纳税所得额降低为 50 万元，应当缴纳企业所得税：50×25%=12.5（万元）。清算期间的应纳税所得额为 0，不需要缴纳企业所得税。

甲公司减轻所得税负担：25–12.5=12.5（万元）。

5. 相关政策依据

规范性法律文件	政策内容
《中华人民共和国企业所得税法》	第五十三条：企业所得税按纳税年度计算。纳税年度自公历 1 月 1 日起至 12 月 31 日止

（续）

规范性法律文件	政策内容
《中华人民共和国企业所得税法》	企业在一个纳税年度中间开业，或者终止经营活动，使该纳税年度的实际经营期不足十二个月的，应当以其实际经营期为一个纳税年度。 企业依法清算时，应当以清算期间作为一个纳税年度
《财政部 国家税务总局关于企业清算业务企业所得税处理若干问题的通知》（财税〔2009〕60号）	一、企业清算的所得税处理，是指企业在不再持续经营，发生结束自身业务、处置资产、偿还债务以及向所有者分配剩余财产等经济行为时，对清算所得、清算所得税、股息分配等事项的处理
	二、下列企业应进行清算的所得税处理： （一）按《公司法》《企业破产法》等规定需要进行清算的企业； （二）企业重组中需要按清算处理的企业
	三、企业清算的所得税处理包括以下内容： （一）全部资产均应按可变现价值或交易价格，确认资产转让所得或损失； （二）确认债权清理、债务清偿的所得或损失； （三）改变持续经营核算原则，对预提或待摊性质的费用进行处理； （四）依法弥补亏损，确定清算所得； （五）计算并缴纳清算所得税； （六）确定可向股东分配的剩余财产、应付股息等
	四、企业的全部资产可变现价值或交易价格，减除资产的计税基础、清算费用、相关税费，加上债务清偿损益等后的余额，为清算所得。 企业应将整个清算期作为一个独立的纳税年度计算清算所得
	五、企业全部资产的可变现价值或交易价格减除清算费用，职工的工资、社会保险费用和法定补偿金，结清清算所得税、以前年度欠税等税款，清偿企业债务，按规定计算可以向所有者分配的剩余资产。 被清算企业的股东分得的剩余资产的金额，其中相当于被清算企业累计未分配利润和累计盈余公积中按该股东所占股份比例计算的部分，应确认为股息所得；剩余资产减除股息所得后的余额，超过或低于股东投资成本的部分，应确认为股东的投资转让所得或损失。 被清算企业的股东从被清算企业分得的资产应按可变现价值或实际交易价格确定计税基础
《中华人民共和国公司法》	第二百二十九条：公司因下列原因解散： （一）公司章程规定的营业期限届满或者公司章程规定的其他解散事由出现； （二）股东会决议解散； （三）因公司合并或者分立需要解散； （四）依法被吊销营业执照、责令关闭或者被撤销； （五）人民法院依照本法第二百三十一条的规定予以解散
	第二百三十条：公司因本法第二百二十九条第一款第一项、第二项、第四项、第五项规定而解散的，应当清算。董事为公司清算义务人，应当在解散事由出现之日起十五日内组成清算组进行清算。 清算组由董事组成，但是公司章程另有规定或者股东会决议另选他人的除外。 清算义务人未及时履行清算义务，给公司或者债权人造成损失的，应当承担赔偿责任

6.3.2 通过清算转让公司股权的纳税筹划

1. 纳税人基本情况

甲公司五年前出资 1000 万元购买乙公司 100% 的股权，目前拟以 2000 万元的价格将股权转让给丙公司。乙公司未分配利润为 500 万元，盈余公积金为 400 万元。

乙公司持有大量应收账款和其他债权，没有足够现金进行利润分配。甲公司适用 25% 的税率缴纳企业所得税，目前处于盈利状态。

2. 客户需求

使甲公司转让乙公司股权的所得税负担最轻。

3. 客户现状下的税收负担

甲公司直接转让乙公司股权，应当缴纳企业所得税:（2000-1000）×25%=250（万元）。

4. 纳税筹划方案及其税收负担

甲公司将乙公司解散，乙公司资产公允价值为 2000 万元。甲公司收回投资成本 1000 万元，不需要缴纳企业所得税。甲公司收回未分配利润 500 万元、盈余公积金 400 万元，不需要缴纳企业所得税。甲公司应当缴纳企业所得税:（2000-1000-500-400）×25%=25（万元）。乙公司解散后，甲公司将乙公司全部资产转移给丙公司。

甲公司减轻所得税负担：250-25=225（万元）。

5. 相关政策依据

规范性法律文件	政策内容
《国家税务总局关于贯彻落实企业所得税法若干税收问题的通知》（国税函〔2010〕79号）	三、关于股权转让所得确认和计算问题 企业转让股权收入，应于转让协议生效且完成股权变更手续时，确认收入的实现。转让股权收入扣除为取得该股权所发生的成本后，为股权转让所得。企业在计算股权转让所得时，不得扣除被投资企业未分配利润等股东留存收益中按该项股权所可能分配的金额
	五、企业全部资产的可变现价值或交易价格减除清算费用，职工的工资、社会保险费用和法定补偿金，结清清算所得税、以前年度欠税等税款，清偿企业债务，按规定计算可以向所有者分配的剩余资产。 被清算企业的股东分得的剩余资产的金额，其中相当于被清算企业累计未分配利润和累计盈余公积中按该股东所占股份比例计算的部分，应确认为股息所得；剩余资产减除股息所得后的余额，超过或低于股东投资成本的部分，应确认为股东的投资转让所得或损失。 被清算企业的股东从被清算企业分得的资产应按可变现价值或实际交易价格确定计税基础

（续）

规范性法律文件	政策内容
《中华人民共和国企业所得税法实施条例》	第十一条：企业所得税法第五十五条所称清算所得，是指企业的全部资产可变现价值或者交易价格减除资产净值、清算费用以及相关税费等后的余额。 投资方企业从被清算企业分得的剩余资产，其中相当于从被清算企业累计未分配利润和累计盈余公积中应当分得的部分，应当确认为股息所得；剩余资产减除上述股息所得后的余额，超过或者低于投资成本的部分，应当确认为投资资产转让所得或者损失
《中华人民共和国公司法》	第二百一十条：公司分配当年税后利润时，应当提取利润的百分之十列入公司法定公积金。公司法定公积金累计额为公司注册资本的百分之五十以上的，可以不再提取。 公司的法定公积金不足以弥补以前年度亏损的，在依照前款规定提取法定公积金之前，应当先用当年利润弥补亏损。 公司从税后利润中提取法定公积金后，经股东会决议，还可以从税后利润中提取任意公积金。 公司弥补亏损和提取公积金后所余税后利润，有限责任公司按照股东实缴的出资比例分配利润，全体股东约定不按照出资比例分配利润的除外；股份有限公司按照股东所持有的股份比例分配利润，公司章程另有规定的除外。 公司持有的本公司股份不得分配利润
	第二百一十三条：公司以超过股票票面金额的发行价格发行股份所得的溢价款、发行无面额股所得股款未计入注册资本的金额以及国务院财政部门规定列入资本公积金的其他项目，应当列为公司资本公积金
	第二百一十四条：公司的公积金用于弥补公司的亏损、扩大公司生产经营或者转为增加公司注册资本。 公积金弥补公司亏损，应当先使用任意公积金和法定公积金；仍不能弥补的，可以按照规定使用资本公积金。 法定公积金转为增加注册资本时，所留存的该项公积金不得少于转增前公司注册资本的百分之二十五

6.3.3　通过免清算解散企业的纳税筹划

1.纳税人基本情况

甲公司五年前出资 1000 万元购买乙公司 100% 的股权，目前拟以 2000 万元的价格将股权转让给丙公司。甲公司适用 25% 的税率缴纳企业所得税，目前处于盈利状态。丙公司持有丁公司 100% 的股权。

2.客户需求

使甲公司转让乙公司股权的所得税负担最轻。

255

3. 客户现状下的税收负担

甲公司直接转让乙公司股权，应当缴纳企业所得税：（2000−1000）×25%=250（万元）。

4. 纳税筹划方案及其税收负担

将丁公司与乙公司合并，合并后，乙公司解散。双方选择特殊税务处理，甲公司不需要缴纳企业所得税。甲公司取得丁公司40%的股权，计税基础为1000万元。

丁公司每年向甲公司分红，甲公司取得股息，不需要缴纳企业所得税。若干年后，甲公司将丁公司40%的股权以1200万元的价格转让给丙公司，甲公司应当缴纳企业所得税：（1200−1000）×25%=50（万元）。

甲公司减轻所得税负担：250−50=200（万元）。

5. 相关政策依据

规范性法律文件	政策内容
《中华人民共和国企业所得税法实施条例》	第七十五条：除国务院财政、税务主管部门另有规定外，企业在重组过程中，应当在交易发生时确认有关资产的转让所得或者损失，相关资产应当按照交易价格重新确定计税基础
《财政部　国家税务总局关于企业重组业务企业所得税处理若干问题的通知》（财税〔2009〕59号）	一、本通知所称企业重组，是指企业在日常经营活动以外发生的法律结构或经济结构重大改变的交易，包括企业法律形式改变、债务重组、股权收购、资产收购、合并、分立等。 …… （五）合并，是指一家或多家企业（以下称为被合并企业）将其全部资产和负债转让给另一家现存或新设企业（以下称为合并企业），被合并企业股东换取合并企业的股权或非股权支付，实现两个或两个以上企业的依法合并。 ……
	二、本通知所称股权支付，是指企业重组中购买、换取资产的一方支付的对价中，以本企业或其控股企业的股权、股份作为支付的形式；所称非股权支付，是指以本企业的现金、银行存款、应收款项、本企业或其控股企业股权和股份以外的有价证券、存货、固定资产、其他资产以及承担债务等作为支付的形式
	三、企业重组的税务处理区分不同条件分别适用一般性税务处理规定和特殊性税务处理规定
	四、企业重组，除符合本通知规定适用特殊性税务处理规定的外，按以下规定进行税务处理： …… （四）企业合并，当事各方应按下列规定处理： 1.合并企业应按公允价值确定接受被合并企业各项资产和负债的计税基础。 2.被合并企业及其股东都应按清算进行所得税处理。 3.被合并企业的亏损不得在合并企业结转弥补。 ……

（续）

规范性法律文件	政策内容
《财政部　国家税务总局关于企业重组业务企业所得税处理若干问题的通知》（财税〔2009〕59号）	五、企业重组同时符合下列条件的，适用特殊性税务处理规定： （一）具有合理的商业目的，且不以减少、免除或者推迟缴纳税款为主要目的。 （二）被收购、合并或分立部分的资产或股权比例符合本通知规定的比例。 （三）企业重组后的连续 12 个月内不改变重组资产原来的实质性经营活动。 （四）重组交易对价中涉及股权支付金额符合本通知规定比例。 （五）企业重组中取得股权支付的原主要股东，在重组后连续 12 个月内，不得转让所取得的股权 六、企业重组符合本通知第五条规定条件的，交易各方对其交易中的股权支付部分，可以按以下规定进行特殊性税务处理： …… （四）企业合并，企业股东在该企业合并发生时取得的股权支付金额不低于其交易支付总额的 85%，以及同一控制下且不需要支付对价的企业合并，可以选择按以下规定处理： 1. 合并企业接受被合并企业资产和负债的计税基础，以被合并企业的原有计税基础确定。 2. 被合并企业合并前的相关所得税事项由合并企业承继。 3. 可由合并企业弥补的被合并企业亏损的限额 = 被合并企业净资产公允价值 × 截至合并业务发生当年年末国家发行的最长期限的国债利率。 4. 被合并企业股东取得合并企业股权的计税基础，以其原持有的被合并企业股权的计税基础确定。 ……

第 3 篇
多行业综合
纳税筹划

Chapter Seven

第7章
餐饮业综合纳税筹划

7.1 小型餐饮企业综合纳税筹划

小型餐饮企业所缴纳的主要税种包括增值税、企业所得税和个人所得税。

在增值税领域，应充分利用增值税小规模纳税人（以下简称小规模纳税人）免征增值税政策和小规模纳税人降低增值税征收率政策。

在企业所得税领域，应充分利用应纳税所得额 100 万元以下和 300 万元以下的低税率优惠政策。

在个人所得税领域，应充分利用个体工商户核定征税、减半征税等优惠以及充分享受各项扣除，适当采取工资向福利转化、家庭成员任职等方法。

7.1.1 增值税问题及其纳税筹划

小型餐饮企业大多数是小规模纳税人，近些年随着国家出台一系列针对小规模纳税人的增值税优惠政策，小型餐饮企业的增值税负担并不重，纳税筹划的需求不是很强烈。

1. 利用小规模纳税人免征增值税政策

对于小型餐饮企业中的微型餐饮企业，可以充分利用国家对小规模纳税人免征增值税的优惠政策。根据《财政部　税务总局关于增值税小规模纳税人减免增值税政策的公告》（财政部　税务总局公告 2023 年第 19 号）的规定，对月销售额 10 万元以下（含本数）的增值税小规模纳税人，免征增值税，该政策执行至 2027 年 12 月 31 日。根据《国家税务总局关于增值税小规模纳税人减免增值税等政策有关征管事项的公告》（国家税务总局公告 2023 年第 1 号）的规定，在适用上述政策时，注意以下几个方面：

1）小规模纳税人发生增值税应税销售行为，合计月销售额未超过 10 万元（以 1 个季度为 1 个纳税期的，季度销售额未超过 30 万元，下同）的，免征增值税。

2）小规模纳税人发生增值税应税销售行为，合计月销售额超过 10 万元，但扣除本期发生的销售不动产的销售额后未超过 10 万元的，其销售货物、劳务、服务、无形资产取得的销售额免征增值税。

3）适用增值税差额征税政策的小规模纳税人，以差额后的销售额确定是否可以享受上述免征增值税政策。增值税及附加税费申报表（小规模纳税人适用）中的"免税销售额"相关栏次，填写差额后的销售额。

4）《中华人民共和国增值税暂行条例实施细则》第九条中所称的"其他个人"（主要是指自然人，不包括个体工商户），采取一次性收取租金形式出租不动产取得的租金收入，可在对应的租赁期内平均分摊，分摊后的月租金收入未超过 10 万元的，免征增值税。

5）小规模纳税人取得应税销售收入，适用上述免征增值税政策的，纳税人可就该笔销售收入选择放弃免税并开具增值税专用发票。

6）小规模纳税人发生增值税应税销售行为，合计月销售额未超过 10 万元的，免征增值税的销售额等项目应填写在增值税及附加税费申报表（小规模纳税人适用）"小微企业免税销售额"或者"未达起征点销售额"相关栏次。

7）按固定期限纳税的小规模纳税人可以选择以 1 个月或 1 个季度为纳税期限，一经选择，一个会计年度内不得变更。

8）按照现行规定应当预缴增值税税款的小规模纳税人，凡在预缴地实现的月销售额未超过 10 万元的，当期无须预缴税款。

小规模纳税人免征增值税政策问答

1. 小规模纳税人免税月销售额标准调整以后，销售额的执行口径是否有变化？

答：没有变化。纳税人确定销售额有两个要点：一是以所有增值税应税销售行为（包括销售货物、劳务、服务、无形资产和不动产）合并计算销售额，判断是否达到免税标准。但为避免受偶然发生的不动产销售业务的影响，使纳税人更充分享受政策，小规模纳税人合计月销售额超过 10 万元（以 1 个季度为 1 个纳税期的，季度销售额超过 30 万元，下同），但在扣除本期发生的销售不动产的销售额后未超过 10 万元的，其销售货物、劳务、服务、无形资产取得的销售额，也可享受小规模纳税人免税政策；二是适用增值税差额征税政策的，以差额后的余额为销售额，确定其是否可享受小规模纳税人免税政策。

例如，按季度申报的小规模纳税人甲公司在 2023 年 4 月销售货物取得收入 10 万元；5 月提供建筑服务取得收入 20 万元，同时向其他建筑企业支付分包款 12 万元；6 月销售自建的不动产取得收入 200 万元。则甲公司 2023 年第二季度（4—6

月）差额后合计销售额218万元（10+20-12+200），超过30万元，但是扣除200万元不动产，差额后的销售额是18万元（10+20-12），不超过30万元，可以享受小规模纳税人免税政策。同时，纳税人销售不动产200万元应依法纳税。

2. 自然人出租不动产一次性收取的多个月份的租金，如何适用政策？

答：此前国家税务总局曾明确，《中华人民共和国增值税暂行条例实施细则》中第九条所称的"其他个人"，采取一次性收取租金（包括预收款）形式出租不动产取得的租金收入，可在对应的租赁期内平均分摊，分摊后的月租金收入不超过小规模纳税人免税月销售额标准的，可享受小规模纳税人免税政策。为确保纳税人充分享受政策，延续此前已出台政策的相关口径，小规模纳税人免税月销售额标准调整为10万元以后，其他个人采取一次性收取租金形式出租不动产取得的租金收入，同样可在对应的租赁期内平均分摊，分摊后的月租金未超过10万元的，可以享受免征增值税政策。

3. 小规模纳税人是否可以放弃减免税、开具增值税专用发票？

答：小规模纳税人适用月销售额10万元以下免征增值税政策的，纳税人可对部分或者全部销售收入选择放弃享受免税政策，并开具增值税专用发票。

4. 小规模纳税人可以根据经营需要自行选择按月或者按季申报吗？

答：小规模纳税人可以自行选择纳税期限。小规模纳税人纳税期限不同，其享受免税政策的效果可能存在差异。为确保小规模纳税人充分享受政策，延续《国家税务总局关于小规模纳税人免征增值税征管问题的公告》（国家税务总局公告2021年第5号）的相关规定，按照固定期限纳税的小规模纳税人可以根据自己的实际经营情况选择实行按月纳税或按季纳税。需要注意的是，纳税期限一经选择，一个会计年度内不得变更。

以下举例说明小规模纳税人选择按月或者按季纳税，在政策适用方面的不同：

情况1：某小规模纳税人2023年4—6月的销售额分别是6万元、8万元和12万元。如果纳税人按月纳税，则6月的销售额超过了月销售额10万元的免税标准，需要缴纳增值税，4月、5月的6万元、8万元则能够享受免税；如果纳税人按季纳税，2023年第二季度销售额合计26万元，未超过季度销售额30万元的免税标准，因此，26万元全部能够享受免税政策。

情况2：某小规模纳税人2023年4—6月的销售额分别是6万元、8万元和20万元。如果纳税人按月纳税，4月和5月的销售额均未超过月销售额10万元的免税标准，能够享受免税政策；如果纳税人按季纳税，2023年第二季度销售额合计34万元，超过季度销售额30万元的免税标准，因此，34万元均无法享受免税政策。

2. 小规模纳税人降低增值税征收率政策

规模稍微大一点的小型餐饮企业可以选择增值税小规模纳税人身份，享受国家对小规模纳税人降低征收率的优惠政策。规模较大的小型餐饮企业也可以运用拆分手段，将一家企业分为两家企业，从而享受小规模纳税人免征增值税的优惠政策。

根据《财政部　税务总局关于增值税小规模纳税人减免增值税政策的公告》（财政部　税务总局公告 2023 年第 19 号）的规定，增值税小规模纳税人适用 3% 征收率的应税销售收入，减按 1% 征收率征收增值税；适用 3% 预征率的预缴增值税项目，减按 1% 预征率预缴增值税，该政策执行至 2027 年 12 月 31 日。根据《国家税务总局关于增值税小规模纳税人减免增值税等政策有关征管事项的公告》（国家税务总局公告 2023 年第 1 号）的规定，在适用上述政策时，需注意以下几个方面：

1）小规模纳税人取得应税销售收入，适用上述规定的减按 1% 征收率征收增值税政策的，应按照 1% 征收率开具增值税发票。纳税人可就该笔销售收入选择放弃减税并开具增值税专用发票。

2）减按 1% 征收率征收增值税的销售额应填写在增值税及附加税费申报表（小规模纳税人适用）"应征增值税不含税销售额（3% 征收率）"相应栏次，对应减征的增值税应纳税额按销售额的 2% 计算，并填写在增值税及附加税费申报表（小规模纳税人适用）"本期应纳税额减征额"及增值税减免税申报明细表减税项目相应栏次。

3）按照现行规定应当预缴增值税税款的小规模纳税人，凡在预缴地实现的月销售额超过 10 万元的，适用 3% 预征率的预缴增值税项目，减按 1% 预征率预缴增值税。

7.1.2　企业所得税问题及其纳税筹划

小型餐饮企业大多符合小型微利企业的条件，可以享受小型微利企业的低税率优惠，企业所得税的负担并不重。

1. 充分利用应纳税所得额 100 万元以下的低税率优惠政策

小型微利企业适用 20% 的税率缴纳企业所得税，但国家又出台了更加优惠的政策。根据《财政部　税务总局关于实施小微企业普惠性税收减免政策的通知》（财税〔2019〕13 号）的规定，对小型微利企业年应纳税所得额不超过 100 万元的部分，减按 25% 计入应纳税所得额，按 20% 的税率缴纳企业所得税。这一优惠政策使得应纳税所得额不超过 100 万元小型微利企业，实际适用 5% 的企业所得税税率。

根据《财政部　国家税务总局关于实施小微企业和个体工商户所得税优惠政策的公告》（财政部　税务总局公告 2021 年第 12 号）的规定，对小型微利企业年应纳税所得额不超过 100 万元的部分，在《财政部　税务总局关于实施小微企业普惠性税收减免政策的通知》（财税〔2019〕13 号）第二条规定的优惠政策基础上，再减半征收企业所得税。这一优惠政策使得应纳税所得额不超过 100 万元小型微利企业，实际适用 2.5% 的企业所得税税率。

根据《财政部　税务总局关于小微企业和个体工商户所得税优惠政策的公告》（财政部　税务总局公告 2023 年第 6 号）的规定，2023 年 1 月 1 日至 2024 年 12 月 31 日，对小型微利企业年应纳税所得额不超过 100 万元的部分，减按 25% 计入应纳税所得额，按 20% 的税率缴纳企业所得税。

2. 充分利用应纳税所得额 300 万元以下的低税率优惠政策

根据《财政部　税务总局关于进一步实施小微企业所得税优惠政策的公告》（财政部　税务总局公告 2022 年第 13 号）、《财政部　税务总局关于进一步支持小微企业和个体工商户发展有关税费政策的公告》（财政部　税务总局公告 2023 年第 12 号）的规定，自 2022 年 1 月 1 日至 2027 年 12 月 31 日，对小型微利企业年应纳税所得额超过 100 万元但不超过 300 万元的部分，减按 25% 计入应纳税所得额，按 20% 的税率缴纳企业所得税。这一优惠政策使得应纳税所得额不超过 100 万元的小型微利企业，实际适用 5% 的企业所得税税率。在享受这一优惠政策时，应当注意，小型微利企业应当满足以下条件：从事国家非限制和禁止行业，且同时符合年度应纳税所得额不超过 300 万元；从业人数不超过 300 人；资产总额不超过 5000 万元等。

从业人数，包括与企业建立劳动关系的职工人数和企业接受的劳务派遣用工人数。

从业人数和资产总额指标，应按企业全年的季度平均值确定。具体计算公式如下：

季度平均值 =（季初值 + 季末值）/2

全年季度平均值 = 全年各季度平均值之和 /4

年度中间开业或者终止经营活动的，以其实际经营期作为一个纳税年度确定上述相关指标。

如果企业的从业人数或者资产总额刚刚超过小型微利企业的标准，可以在每个季度末适当调整从业人数或者资产总额，使得其全年季度平均值符合税法规定的标准。

调整从业人数的方法有自然调整法和人为调整法。自然调整法就是指如果有员工的劳动合同到期，可以间隔几天再签订，间隔的这几天正好是两个季度的季初与季末。人为调整法就是在某个或者某几个季度的季初与季末与部分关系较好的员工先解除劳动合同，再重新签订劳动合同，以降低季初与季末的从业人数。

调整资产总额的方法相对简单，企业只需要在季初与季末之日支付工资、偿还债务、支付应付款、退还预付款等，即可降低企业在季初与季末的资产总额。

7.1.3　个人所得税问题及其纳税筹划

小型餐饮企业的个人所得税问题主要包括业主、股东以及高管的个人所得税负担，普通员工的个人所得税负担不重，通常不是考虑的重点。部分小型餐饮企业采取个体工商户、个人独资企业和合伙企业的形式，业主或者投资者、合伙人需要按照经营所得缴纳个人所得税。

1. 个体工商户积极申请核定征税

个体工商户性质的餐饮企业通常是增值税小规模纳税人，其建账与会计核算的能力都比较弱，实际上难以满足查账征收的条件，应积极向税务机关申请核定征税。

《中华人民共和国个人所得税法实施条例》第十五条规定："从事生产、经营活动，未提供完整、准确的纳税资料，不能正确计算应纳税所得额的，由主管税务机关核定应纳税所得额或者应纳税额。"由此可见，核定征税并非各地税务机关的自行做法，而是法律明确规定的。只要餐饮企业满足这个条件，税务机关就应该核定征税。

根据《个体工商户税收定期定额征收管理办法》（2006 年 8 月 30 日国家税务总局令第 16 号公布，根据 2018 年 6 月 15 日《国家税务总局关于修改部分税务部门规章的决定》修正）的规定，个体工商户税收定期定额征收，是指税务机关依照法律、行政法规及本办法的规定，对个体工商户在一定经营地点、一定经营时期、一定经营范围内的应纳税经营额（包括经营数量）或所得额（以下简称定额）进行核定，并以此为计税依据，确定其应纳税额的一种征收方式。该征收方式适用于经主管税务机关认定和县以上税务机关（含县级，下同）批准的生产、经营规模小，达不到《个体工商户建账管理暂行办法》规定设置账簿标准的个体工商户（以下简称定期定额户）的税收征收管理。

定额执行期的具体期限由省税务机关确定，但最长不得超过一年。定额执行期是指税务机关核定后执行的第一个纳税期至最后一个纳税期。税务机关应当根据定期定额户的经营规模、经营区域、经营内容、行业特点、管理水平等因素核定定额，可以采用下列一种或两种以上的方法核定：①按照耗用的原材料、燃料、动力等推算或者测算核定；②按照成本加合理的费用和利润的方法核定；③按照盘点库存情况推算或者测算核定；④按照发票和相关凭据核定；⑤按照银行经营账户资金往来情况测算核定；⑥参照同类行业或类似行业中同规模、同区域纳税人的生产、经营情况核定；⑦按照其他合理方法核定。税务机关应当运用现代信息技术手段核定定额，增强核定工作的规范性和合理性。

税务机关核定定额程序如下：

① 自行申报。定期定额户要按照税务机关规定的申报期限、申报内容向主管税务机关申报，填写有关申报文书。申报内容应包括经营行业、营业面积、雇佣人数和每月经营额、所得额以及税务机关需要的其他申报项目。本项所称经营额、所得额为预估数。

② 核定定额。主管税务机关根据定期定额户自行申报情况，参考典型调查结果，采取《个体工商户税收定期定额征收管理办法》规定的核定方法核定定额，并计算应纳税额。

③ 定额公示。主管税务机关应当将核定定额的初步结果进行公示，公示期限为五个

工作日。公示地点、范围、形式应当按照便于定期定额户及社会各界了解、监督的原则，由主管税务机关确定。

④ 上级核准。主管税务机关根据公示意见结果修改定额，并将核定情况报经县以上税务机关审核批准后，填制"核定定额通知书"。

⑤ 下达定额。将"核定定额通知书"送达定期定额户执行。

⑥ 公布定额。主管税务机关将最终确定的定额和应纳税额情况在原公示范围内进行公布。

定期定额户应当建立收支凭证粘贴簿、进销货登记簿，完整保存有关纳税资料，并接受税务机关的检查。依照法律、行政法规的规定，定期定额户负有纳税申报义务。实行简易申报的定期定额户，应当在税务机关规定的期限内按照法律、行政法规规定缴清应纳税款，当期（指纳税期，下同）可以不办理申报手续。采用数据电文申报、邮寄申报、简易申报等方式的，经税务机关认可后方可执行。经确定的纳税申报方式在定额执行期内不予更改。

定期定额户可以委托经税务机关认定的银行或其他金融机构办理税款划缴。凡委托银行或其他金融机构办理税款划缴的定期定额户，应当向税务机关书面报告开户银行及账号。其账户内存款应当足以按期缴纳当期税款。其存款余额低于当期应纳税款，致使当期税款不能按期入库的，税务机关按逾期缴纳税款处理；对实行简易申报的，按逾期办理纳税申报和逾期缴纳税款处理。

定期定额户发生下列情形，应当向税务机关办理相关纳税事宜：①定额与发票开具金额或税控收款机记录数据比对后，超过定额的经营额、所得额所应缴纳的税款；②在税务机关核定定额的经营地点以外从事经营活动所应缴纳的税款。

税务机关可以根据保证国家税款及时足额入库、方便纳税人、降低税收成本的原则，采用简化的税款征收方式，具体方式由省税务机关确定。县以上税务机关可以根据当地实际情况，依法委托有关单位代征税款。税务机关与代征单位必须签订委托代征协议，明确双方的权利、义务和应当承担的责任，并向代征单位颁发委托代征证书。定期定额户经营地点偏远、缴纳税款数额较小，或者税务机关征收税款有困难的，税务机关可以按照法律、行政法规的规定简并征期。但简并征期最长不得超过一个定额执行期。简并征期的税款征收时间为最后一个纳税期。

通过银行或其他金融机构划缴税款的，其完税凭证可以到税务机关领取，或到税务机关委托的银行或其他金融机构领取；税务机关也可以根据当地实际情况采取邮寄送达方式，或委托有关单位送达。定期定额户在定额执行期结束后，应当以该期每月实际发生的经营额、所得额向税务机关申报，申报额超过定额的，按申报额缴纳税款；申报额低于定额的，按定额缴纳税款。具体申报期限由省税务机关确定。定期定额户当期发生的经营额、所得额超过定额一定幅度的，应当在法律、行政法规规定的申报期限内向税务机关进行申报并缴清税款。具体幅度由省税务机关确定。

定期定额户的经营额、所得额连续纳税期超过或低于税务机关核定的定额，应当提请税务机关重新核定定额，税务机关应当根据规定的核定方法和程序重新核定定额。具体期限由省税务机关确定。经税务机关检查发现定期定额户在以前定额执行期发生的经营额、所得额超过定额，或者当期发生的经营额、所得额超过定额一定幅度而未向税务机关进行纳税申报及结清应纳税款的，税务机关应当追缴税款、加收滞纳金，并按照法律、行政法规规定予以处理。

定期定额户发生停业的，应当在停业前向税务机关提交书面的停业报告；提前恢复经营的，应当在恢复经营前向税务机关提交书面的复业报告；需延长停业时间的，应当在停业期满前向税务机关提交书面的延长停业报告。

税务机关停止定期定额户实行定期定额征收方式，应当书面通知定期定额户。定期定额户对税务机关核定的定额有争议的，可以在接到核定定额通知书之日起 30 日内向主管税务机关提出重新核定定额申请，并提供足以说明其生产、经营真实情况的证据，主管税务机关应当自接到申请之日起 30 日内书面答复。定期定额户也可以按照法律、行政法规的规定直接向上一级税务机关申请行政复议；对行政复议决定不服的，可以依法向人民法院提起行政诉讼。定期定额户在未接到重新核定定额通知、行政复议决定书或人民法院判决书前，仍按原定额缴纳税款。

实务中，个人独资企业和合伙企业性质的餐饮企业也可以申请核定征税，相对难度略大一些，但也应向主管税务机关积极申请，争取能够核定征税。

2. 个体工商户享受应纳税所得额 100 万元以下减半征税的优惠政策

个体工商户形式的餐饮企业，如果不能申请核定征税，还可以享受应纳税所得额 100 万元以下减半征税的优惠政策。《财政部　税务总局关于小微企业和个体工商户所得税优惠政策的公告》（财政部　税务总局公告 2023 年第 6 号）规定："对个体工商户年应纳税所得额不超过 100 万元的部分，在现行优惠政策基础上，减半征收个人所得税。"《财政部　税务总局关于进一步支持小微企业和个体工商户发展有关税费政策的公告》（财政部　税务总局公告 2023 年第 12 号）规定："自 2023 年 1 月 1 日至 2027 年 12 月 31 日，对个体工商户年应纳税所得额不超过 200 万元的部分，减半征收个人所得税。个体工商户在享受现行其他个人所得税优惠政策的基础上，可叠加享受本条优惠政策。"根据《国家税务总局关于落实支持个体工商户发展个人所得税优惠政策有关事项的公告》（国家税务总局公告 2023 年第 5 号），关于个体工商户享受应纳税所得额 200 万元以下减半征税的优惠政策，应注意以下几个方面：

1）对个体工商户经营所得年应纳税所得额不超过 200 万元的部分，在现行优惠政策基础上，再减半征收个人所得税。个体工商户不区分征收方式，均可享受。

2）个体工商户在预缴税款时即可享受，其年应纳税所得额暂按截至本期申报所属期末的情况进行判断，并在年度汇算清缴时按年计算，多退少补。若个体工商户从两处以上取得经营所得，需在办理年度汇总纳税申报时，合并个体工商户经营所得年应纳税所得额，重新计算减免税额，多退少补。

3）个体工商户按照以下方法计算减免税额：

减免税额＝（个体工商户经营所得应纳税所得额不超过200万元部分的应纳税额－其他政策减免税额×个体工商户经营所得应纳税所得额不超过200万元部分/经营所得应纳税所得额）×（1-50%）

4）个体工商户需将按上述方法计算得出的减免税额填入对应经营所得纳税申报表"减免税额"栏次，并附报"个人所得税减免税事项报告表"。对于通过电子税务局申报的个体工商户，税务机关将提供该优惠政策减免税额和报告表的预填服务。实行简易申报的定期定额个体工商户，税务机关按照减免后的税额进行税款划缴。

5）《国家税务总局关于进一步落实支持个体工商户发展个人所得税优惠政策有关事项的公告》自2023年1月1日起施行，2027年12月31日终止执行。2023年1月1日至该公告发布前，按12号公告应减征的税款，在本公告发布前已缴纳的，可申请退税；也可自动抵减以后月份的税款，当年抵减不完的在汇算清缴时办理退税；12号公告发布之日前已办理注销的，不再追溯享受。

个体工商户享受减半征税优惠政策问答

1. 享受税收优惠政策的程序是怎样的？

答：个体工商户在预缴和汇算清缴所得税时均可享受减半政策，享受政策时无须进行备案，通过填写个人所得税纳税申报表和个人所得税减免税事项报告表相关栏次，即可享受。对于通过电子税务局申报的个体工商户，税务机关将自动为其提供申报表和报告表中该项政策的预填服务。实行简易申报的定期定额个体工商户，税务机关按照减免后的税额进行税款划缴。

2. 取得多处经营所得的个体工商户如何享受优惠政策？

答：按照现行政策规定，纳税人从两处以上取得经营所得的，应当选择向其中一处经营管理所在地主管税务机关办理年度汇总申报。若个体工商户从两处以上取得经营所得，需在办理年度汇总纳税申报时，合并个体工商户经营所得年应纳税所得额，重新计算减免税额，多退少补。

例如，纳税人张某同时经营个体工商户A和个体工商户B，年应纳税所得额分别为80万元和50万元，那么张某在年度汇总纳税申报时，可以享受减半征收个人所得税政策的应纳税所得额为130万元。

3. 个体工商户的减免税额怎么计算？

答：减免税额的计算公式如下：

减免税额＝（个体工商户经营所得应纳税所得额不超过 200 万元部分的应纳税额 – 其他政策减免税额 × 个体工商户经营所得应纳税所得额不超过 200 万元部分 / 经营所得应纳税所得额）×（1–50%）

举例说明如下：

纳税人李某经营个体工商户 C，年应纳税所得额为 80000 元（适用税率10%，速算扣除数 1500），同时可以享受残疾人政策减免税额 2000 元，那么李某该项政策的减免税额为：［（80000×10%–1500）–2000］×（1–50%）=2250（元）。

纳税人吴某经营个体工商户 D，年应纳税所得额为 2200000 元（适用税率35%，速算扣除数 65500），同时可以享受残疾人政策减免税额 6000 元，那么吴某该项政策的减免税额为：［（2000000×35%–65500）–6000×2000000/2200000］×（1–50%）=314523（元）。

实际上，这一计算规则已经内嵌到电子税务局信息系统中，税务机关将为纳税人提供申报表和报告表预填服务，符合条件的纳税人准确、如实填报经营情况数据，系统可自动计算减免税金额。

3. 股东和高管的个人所得税问题及筹划

高管的个人所得税问题主要是由高工资带来的。由于小型餐饮企业的整体工资水平并不高，即使是高管，年薪也很少有超过 50 万元的。因此，对于小型餐饮企业高管高工资的个人所得税筹划只需使用一些简单的方法即可减轻其个人所得税负担，主要包括以下三种方法：

1）充分享受个人所得税各项扣除法。首先，在计算个人所得税时，每个人都可以享受的扣除是每月 5000 元（即每年 6 万元）的费用扣除；其次，如果参加了社会保险（以下简称社保），可以扣除各项社保缴费，如果缴纳了住房公积金，可以扣除缴纳的住房公积金；最后，在满足子女教育、赡养老人等专项附加扣除条件时应当充分享受。例如，房贷利息扣除需要有住房贷款，因此，这些高管在购房时即使有钱也可以考虑贷款购房，同时，在提前归还房贷时，也应每月留一点房贷，以便享受房贷利息扣除的福利。可以税前扣除的商业健康险和个人养老金，相关高管也可以积极参加。

2）将工资薪金向职工福利转化法。餐饮企业自身的优势就是可以为高管提供免费餐饮，除此之外，还可以考虑住宿、交通、汽车、通信、旅游等福利。餐饮企业提供的福利越多，工资标准就可以越低。由此便可减轻股东和高管的个人所得税和社保等负担。

3）家庭成员任职法。餐饮企业的股东可以安排家庭成员在企业任职，从而可以从企

業领取工资。如果每月领取工资不超过扣除标准（至少为每月 5000 元），实际上并不需要缴纳个人所得税，但可以降低餐饮企业的利润总额，从而减轻其企业所得税负担。

7.1.4 综合纳税筹划案例分析

1. 纳税人基本情况

刘某拟创办甲餐饮有限责任公司（以下简称甲公司），甲公司性质为一人有限责任公司，保持增值税小规模纳税人身份，公司注册资本为 500 万元，每年实缴出资 100 万元，5 年完成出资。甲公司拟聘请一位总经理，年薪 40 万元；两位大厨，年薪 20 万元；其余员工工资较低，可以不予考虑。甲公司年不含增值税销售收入为 500 万元，年利润总额为 100 万元。总经理和大厨人均个人所得税各项扣除总额为 10 万元。刘某计划若干年内从甲公司取得股息 500 万元。

刘某及其妻子、父母、岳父母均未在甲公司任职，也未在其他单位任职。刘某有两个孩子。刘某的父母和岳父母均年满 60 周岁，退休在家。刘某及其妻子均为独生子女。

2. 客户需求

将刘某、甲公司及其总经理和大厨的税收负担减至最轻。

3. 客户现状下的税收负担

甲公司全年缴纳增值税：$500 \times 1\% = 5$（万元）；缴纳企业所得税：$100 \times 25\% \times 20\% = 5$（万元）；总经理缴纳个人所得税：$(40-10) \times 20\% - 1.69 = 4.31$（万元）；大厨缴纳个人所得税：$(20-10) \times 10\% - 0.25 = 0.75$（万元）。刘某取得股息 500 万元，需要缴纳个人所得税：$500 \times 20\% = 100$（万元）。刘某、甲公司及其总经理、大厨合计税收负担：$5+5+4.31+0.75 \times 2+100 = 115.81$（万元）。

4. 纳税筹划方案及其税收负担

甲公司按季度缴纳增值税，如果某个季度的销售收入低于 30 万元，该季度可以免于缴纳增值税。如果有可能，刘某可以创办 4 家餐饮公司，每家公司的季度销售额控制在 30 万元以内，可以免于缴纳增值税。如果以上方案不可行，对增值税可以暂不考虑节税。

总经理的 40 万元年薪，可以考虑通过以下方法节税：

1）如果总经理有家庭成员，如配偶、父母等，未在任何单位任职，可以将其聘为甲公司的总经理助理，每月工资 5000 元，每年可以领取 6 万元工资；总经理的年薪可以降低至 34 万元，缴纳个人所得税：$(34-10) \times 20\% - 1.69 = 3.11$（万元），减轻税收负担：$4.31-3.11 = 1.2$（万元）。

2）可以将总经理的符合税法规定且可以由甲公司税前扣除的发票计入甲公司的生产经营成本费用。假设金额为 6 万元，不考虑第一种节税方法，该方法也可以将总经理的年

270

薪降低至 34 万元，也可节税 1.2 万元；如果考虑第一种节税方法，总经理的年薪可以进一步降低至 28 万元，缴纳个人所得税：（28–10）× 20%–1.69=1.91（万元），减轻税收负担：4.31–1.91=2.4（万元）。

3）如果总经理因为公司业务需要购置一辆汽车，价格超过 18 万元，可以由甲公司购置，使用权归总经理，由此可将总经理的年薪进一步降低至 10 万元，总经理可以不用缴纳个人所得税，减轻税收负担 4.31 万元。

刘某可以改变甲公司的出资方式，将每年实缴出资 100 万元修改为 5 年后再出资，甲公司前期的运营资金由刘某以借款的形式借给甲公司，即刘某每年借给甲公司 100 万元资金，5 年合计借给甲公司 500 万元。甲公司用若干年时间向刘某归还 500 万元借款。刘某并未从甲公司取得利息，不需要缴纳个人所得税。

刘某可以在甲公司任职且将其妻子、父母、岳父母均聘为公司职员参与正常工作，两个孩子的子女教育专项附加扣除由刘某享受，刘某可以享受综合所得个人所得税每月 9000 元的扣除额，刘某的妻子可以享受 7000 元的扣除额，刘某的父母、岳父母可以享受 5000 元的扣除额，如果按上述标准设计工资，则刘某全家每月可以取得 3.6 万元工资且不需要缴纳个人所得税，全年可以取得 43.2 万元。假设刘某家庭未任职时参与业务的相关开支转化为公司职务开支的金额为 6.8 万元，由此可以将甲公司的年度利润总额降低为 50 万元，减少甲公司企业所得税 2.5 万元。

7.2 中型餐饮企业综合纳税筹划

中型餐饮企业需要缴纳的主要税种包括增值税、企业所得税和个人所得税。

在增值税领域，主要运用农产品抵扣进项税额以及进项税额加计抵减政策。

在企业所得税领域，主要运用固定资产加速折旧、雇佣残疾人员工资加计扣除以及农产品生产免税政策。

在个人所得税领域，主要运用年终奖单独计税优惠、充分享受各项扣除、向职工福利转化、配备公车以及家庭成员任职等方法。

7.2.1 增值税问题及其纳税筹划

中型餐饮企业属于增值税一般纳税人，采取一般计税法计算增值税，即销项税额减进项税额。由于销项税额是由销售额决定的，而销售额越大越好，销项税额实际上是企业无法控制或者不愿意控制的。因此，增值税一般纳税人应把重点放在控制进项税额上面，尽量增加进项税额。

1. 农产品抵扣进项税额政策

农业生产者销售自产农产品免纳增值税，餐饮企业从农业生产者购进农产品可以抵扣进项税额。中型餐饮企业应当充分享受这一税收政策。自 2019 年 4 月 1 日起，纳税人购进农产品允许按照农产品收购发票或者销售发票上注明的农产品买价和 9% 的扣除率抵扣进项税额。其中，购进用于生产或委托加工 13% 税率货物的农产品，按照农产品收购发票或者销售发票上注明的农产品买价和 10% 的扣除率抵扣进项税额。

需要特别注意的是，纳税人购进的必须是农业生产者销售的自产农产品才能享受抵扣进项税额的政策，如果是从农产品经销商手中购买非自产农产品，那就只能按照取得的增值税专用发票上记载的增值税税额进行抵扣，如果取得的是增值税普通发票，则无法抵扣进项税额。

根据《财政部　国家税务总局关于在部分行业试行农产品增值税进项税额核定扣除办法的通知》（财税〔2012〕38 号），自 2012 年 7 月 1 日起，以购进农产品为原料生产销售液体乳及乳制品、酒及酒精、植物油的增值税一般纳税人，纳入农产品增值税进项税额核定扣除试点范围，其购进农产品无论是否用于生产上述产品，增值税进项税额均按照《财政部　国家税务总局关于在部分行业试行农产品增值税进项税额核定扣除试点实施办法》的规定抵扣。

试点纳税人购进农产品不再凭增值税扣税凭证抵扣增值税进项税额，购进除农产品以外的货物、应税劳务和应税服务，增值税进项税额仍按现行有关规定抵扣。

试点纳税人以购进农产品为原料生产货物的，农产品增值税进项税额可按照以下方法核定：

1）投入产出法：参照国家标准、行业标准（包括行业公认标准和行业平均耗用值）确定销售单位数量货物耗用外购农产品的数量（以下简称农产品单耗数量）。

当期允许抵扣农产品增值税进项税额依据农产品单耗数量、当期销售货物数量、农产品平均购买单价（含税，下同）和农产品增值税进项税额扣除率（以下简称扣除率）计算。当期允许抵扣农产品增值税进项税额计算公式为：

当期允许抵扣农产品增值税进项税额 = 当期农产品耗用数量 × 农产品平均购买单价 × 扣除率 /（1+ 扣除率）

当期农产品耗用数量 = 当期销售货物数量（不含采购除农产品以外的半成品生产的货物数量）× 农产品单耗数量

对以单一农产品原料生产多种货物或者多种农产品原料生产多种货物的，在核算当期农产品耗用数量和平均购买单价时，应依据合理的方法归集和分配。

平均购买单价是指购买农产品期末平均买价，不包括买价之外单独支付的运费和入库前的整理费用。期末平均买价计算公式：

期末平均买价 =（期初库存农产品数量 × 期初平均买价 + 当期购进农产品数量 × 当

期买价）/（期初库存农产品数量 + 当期购进农产品数量）

2）成本法：依据试点纳税人年度会计核算资料，计算确定耗用农产品的外购金额占生产成本的比例（以下简称农产品耗用率）。当期允许抵扣农产品增值税进项税额依据当期主营业务成本、农产品耗用率以及扣除率计算。当期允许抵扣农产品增值税进项税额计算公式为：

当期允许抵扣农产品增值税进项税额 = 当期主营业务成本 × 农产品耗用率 × 扣除率 /（1+ 扣除率）

农产品耗用率 = 上年投入生产的农产品外购金额 / 上年生产成本

农产品外购金额（含税）不包括不构成货物实体的农产品（包括包装物、辅助材料、燃料、低值易耗品等）和在购进农产品之外单独支付的运费、入库前的整理费用。

对以单一农产品原料生产多种货物或者多种农产品原料生产多种货物的，在核算当期主营业务成本以及核定农产品耗用率时，试点纳税人应依据合理的方法进行归集和分配。

农产品耗用率由试点纳税人向主管税务机关申请核定。

年度终了，主管税务机关应根据试点纳税人本年实际对当年已抵扣的农产品增值税进项税额进行纳税调整，重新核定当年的农产品耗用率，并作为下一年度的农产品耗用率。

3）参照法：新办的试点纳税人或者试点纳税人新增产品的，试点纳税人可参照所属行业或者生产结构相近的其他试点纳税人确定农产品单耗数量或者农产品耗用率。次年，试点纳税人向主管税务机关申请核定当期的农产品单耗数量或者农产品耗用率，并据此计算确定当年允许抵扣的农产品增值税进项税额，同时对上一年增值税进项税额进行调整。核定的进项税额超过实际抵扣增值税进项税额的，其差额部分可以结转下期继续抵扣；核定的进项税额低于实际抵扣增值税进项税额的，其差额部分应按现行增值税的有关规定将进项税额做转出处理。

试点纳税人购进农产品直接销售的，农产品增值税进项税额按照以下方法核定扣除：

当期允许抵扣农产品增值税进项税额 = 当期销售农产品数量 /（1– 损耗率）× 农产品平均购买单价 ×13%/（1+13%）

损耗率 = 损耗数量 / 购进数量 ×100%

试点纳税人购进农产品用于生产经营且不构成货物实体的（包括包装物、辅助材料、燃料、低值易耗品等），增值税进项税额按照以下方法核定扣除：

当期允许抵扣农产品增值税进项税额 = 当期耗用农产品数量 × 农产品平均购买单价 ×13%/（1+13%）

农产品单耗数量、农产品耗用率和损耗率统称为农产品增值税进项税额扣除标准（以下简称扣除标准）。

根据《财政部　国家税务总局关于扩大农产品增值税进项税额核定扣除试点行业范围的通知》（财税〔2013〕57 号），自 2013 年 9 月 1 日起，各省、自治区、直辖市、计划单列市税务部门可商同级财政部门，根据《财政部　国家税务总局关于在部分行业试行农产品增值税进项税额核定扣除试点实施办法》（财税〔2012〕38号）的有关规定，结合本省（自治区、直辖市、计划单列市）特点，选择部分行业开展核定扣除试点工作。

2. 进项税额加计抵减政策

根据《财政部　税务总局　海关总署关于深化增值税改革有关政策的公告》（财政部　税务总局　海关总署公告2019年第39号），自2019年4月1日至2021年12月31日，允许生产、生活性服务业纳税人按照当期可抵扣进项税额加计10%，抵减应纳税额（以下简称加计抵减政策）。

生产、生活性服务业纳税人，是指提供邮政服务、电信服务、现代服务、生活服务（以下简称四项服务）取得的销售额占全部销售额的比重超过50%的纳税人。四项服务的具体范围按照《销售服务、无形资产、不动产注释》（财税〔2016〕36号印发）执行。根据《销售服务、无形资产、不动产注释》，生活服务是指为满足城乡居民日常生活需求提供的各类服务活动，包括文化体育服务、教育医疗服务、旅游娱乐服务、餐饮住宿服务、居民日常服务和其他生活服务。餐饮服务是指通过同时提供饮食和饮食场所的方式为消费者提供饮食消费服务的业务活动。

纳税人确定适用加计抵减政策后，当年内不再调整，以后年度是否适用，根据上年度销售额计算确定。纳税人可计提但未计提的加计抵减额，可在确定适用加计抵减政策当期一并计提。

纳税人应按照当期可抵扣进项税额的10%计提当期加计抵减额。按照现行规定，不得从销项税额中抵扣的进项税额，不得计提加计抵减额；已计提加计抵减额的进项税额，按规定作进项税额转出的，应在进项税额转出当期，相应调减加计抵减额。其计算公式如下：

当期计提加计抵减额 = 当期可抵扣进项税额 × 10%

当期可抵减加计抵减额 = 上期末加计抵减额余额 + 当期计提加计抵减额 − 当期调减加计抵减额

纳税人应按照现行规定计算一般计税方法下的应纳税额（以下简称抵减前的应纳税额）后，区分以下情形加计抵减：

1）抵减前的应纳税额等于零的，当期可抵减加计抵减额全部结转下期抵减；

2）抵减前的应纳税额大于零，且大于当期可抵减加计抵减额的，当期可抵减加计抵减额全额从抵减前的应纳税额中抵减；

3）抵减前的应纳税额大于零，且小于或等于当期可抵减加计抵减额的，以当期可抵减加计抵减额抵减应纳税额至零。未抵减完的当期可抵减加计抵减额，结转下期继续抵减。

纳税人出口货物劳务、发生跨境应税行为不适用加计抵减政策，其对应的进项税额不得计提加计抵减额。纳税人兼营出口货物劳务、发生跨境应税行为且无法划分不得计提加计抵减额的进项税额时，按照以下公式计算：

不得计提加计抵减额的进项税额 = 当期无法划分的全部进项税额 × 当期出口货物劳务和发生跨境应税行为的销售额 / 当期全部销售额

纳税人应单独核算加计抵减额的计提、抵减、调减、结余等变动情况。骗取适用加计抵减政策或虚增加计抵减额的，按照《税收征收管理法》等有关规定处理。

加计抵减政策执行到期后，纳税人不再计提加计抵减额，结余的加计抵减额停止抵减。

根据《财政部　税务总局关于明确生活性服务业增值税加计抵减政策的公告》（财政部　税务总局公告 2019 年第 87 号），2019 年 10 月 1 日至 2021 年 12 月 31 日，允许生活性服务业纳税人按照当期可抵扣进项税额加计 15%，抵减应纳税额（以下简称加计抵减 15% 政策）。生活性服务业纳税人，是指提供生活服务取得的销售额占全部销售额的比重超过 50% 的纳税人。生活服务的具体范围按照《销售服务、无形资产、不动产注释》（财税〔2016〕36 号印发）执行。

生活性服务业纳税人应按照当期可抵扣进项税额的 15% 计提当期加计抵减额。按照现行规定不得从销项税额中抵扣的进项税额，不得计提加计抵减额；已按照 15% 计提加计抵减额的进项税额，按规定作进项税额转出的，应在进项税额转出当期，相应调减加计抵减额。计算公式如下：

当期计提加计抵减额 = 当期可抵扣进项税额 × 15%

当期可抵减加计抵减额 = 上期末加计抵减额余额 + 当期计提加计抵减额 − 当期调减加计抵减额

根据《财政部　税务总局关于明确增值税小规模纳税人减免增值税等政策的公告》（财政部　税务总局公告 2023 年第 1 号），自 2023 年 1 月 1 日至 2023 年 12 月 31 日，增值税加计抵减政策按照以下规定执行：允许生活性服务业纳税人按照当期可抵扣进项税额加计 10% 抵减应纳税额。生活性服务业纳税人是指提供生活服务取得的销售额占全部销售额的比重超过 50% 的纳税人。

7.2.2 企业所得税问题及其纳税筹划

中型餐饮企业的利润通常超过 300 万元，无法享受小型微利企业的税收优惠政策，通常适用 25% 的税率缴纳企业所得税。因此，中型餐饮企业应更多使用固定资产加速折旧、雇佣残疾人员工资加计扣除以及农产品生产免税等优惠政策。

1. 固定资产加速折旧优惠政策

固定资产支出是中型餐饮企业重要的支出项目，如果按照通常方式折旧，企业固定资产支出需要若干年才能在企业所得税税前全部扣除，给企业增加了资金占用的压力；如果能采取加速折旧，则可以将相关支出更快在企业所得税税前扣除，从而减轻企业资金占用的压力。因此，餐饮企业在符合税法规定条件时，应当充分享受固定资产加速折旧的优惠政策。

根据《财政部　国家税务总局关于完善固定资产加速折旧企业所得税政策的通知》（财税〔2014〕75号），自2014年1月1日起，对所有行业企业持有的单位价值不超过5000元的固定资产，允许一次性计入当期成本费用在计算应纳税所得额时扣除，不再分年度计算折旧。中型餐饮企业的价值不太高的固定资产可以根据这一优惠政策直接在当年扣除，不需要分年度计算折旧。

根据《财政部　税务总局关于设备、器具扣除有关企业所得税政策的通知》（财税〔2018〕54号）、《财政部　税务总局关于设备、器具扣除有关企业所得税政策的公告》（财政部　税务总局公告2023年第37号），企业在2024年1月1日至2027年12月31日新购进的设备、器具，单位价值不超过500万元的，允许一次性计入当期成本费用并在计算应纳税所得额时扣除，不再分年度计算折旧。中型餐饮企业的固定资产大多不会超过500万元，因此，除不动产外，中型餐饮企业几乎所有的固定资产都可以作为一次性当期成本费用在计算应纳税所得额时扣除，不再分年度计算折旧，这对减轻餐饮企业的资金压力是一个利好政策。

2.雇佣残疾人员工资加计扣除优惠政策

中型餐饮企业所需员工人数较多，部分岗位也适合由轻度残疾人员担任，如果这些岗位雇佣残疾人员，不仅可以享受支付给残疾人员的工资加计扣除的优惠，还可以减少残疾人就业保障基金的缴纳。

根据《中华人民共和国企业所得税法实施条例》第九十六条的规定，企业安置残疾人员的，在按照支付给残疾职工工资据实扣除的基础上，按照支付给残疾职工工资的100%加计扣除。残疾人员的范围适用《中华人民共和国残疾人保障法》的有关规定。中型餐饮企业每支付给残疾职工100元工资，就可以少交企业所得税25元。

根据《中华人民共和国残疾人保障法》第三十六条的规定，国家对安排残疾人就业达到、超过规定比例或者集中安排残疾人就业的用人单位和从事个体经营的残疾人，依法给予税收优惠，并在生产、经营、技术、资金、物资、场地等方面给予扶持。国家对从事个体经营的残疾人，免除行政事业性收费。县级以上地方人民政府及其有关部门应当确定适合残疾人生产、经营的产品、项目，优先安排残疾人福利性单位生产或者经营，并根据残疾人福利性单位的生产特点确定某些产品由其专产。政府采购，在同等条件下应当优先购买残疾人福利性单位的产品或者服务。

根据《残疾人就业保障金征收使用管理办法》（财税〔2015〕72号）的规定，残疾人就业保障金（以下简称保障金）是为保障残疾人权益，由未按规定安排残疾人就业的机关、团体、企业、事业单位和民办非企业单位（以下简称用人单位）缴纳的资金。残疾人是指持有《中华人民共和国残疾人证》上注明属于视力残疾、听力残疾、言语残疾、肢体残疾、智力残疾、精神残疾和多重残疾的人员，或者持有《中华人民共和国残疾军人证》（1 至 8 级）的人员。

用人单位安排残疾人就业的比例不得低于本单位在职职工总数的 1.5%。具体比例由各省、自治区、直辖市人民政府根据本地区的实际情况规定。用人单位安排残疾人就业达不到其所在地省、自治区、直辖市人民政府规定比例的，应当缴纳保障金。

用人单位将残疾人录用为在编人员或依法与就业年龄段内的残疾人签订 1 年以上（含 1 年）劳动合同（服务协议），且实际支付的工资不低于当地最低工资标准，并足额缴纳社会保险费的，方可计入用人单位所安排的残疾人就业人数。用人单位安排 1 名持有《中华人民共和国残疾人证》（1 至 2 级）或《中华人民共和国残疾军人证》（1 至 3 级）的人员就业的，按照安排 2 名残疾人就业计算。用人单位跨地区招用残疾人的，应当计入所安排的残疾人就业人数。

保障金按上年用人单位安排残疾人就业未达到规定比例的差额人数和本单位在职职工年平均工资之积计算缴纳。其计算公式如下：

保障金年缴纳额 =（上年用人单位在职职工人数 × 所在地省、自治区、直辖市人民政府规定的安排残疾人就业比例 – 上年用人单位实际安排的残疾人就业人数）× 上年用人单位在职职工年平均工资用人单位在职职工，是指用人单位在编人员或依法与用人单位签订 1 年以上（含 1 年）劳动合同（服务协议）的人员。季节性用工应当折算为年平均用工人数。以劳务派遣用工的，计入派遣单位在职职工人数。用人单位安排残疾人就业未达到规定比例的差额人数，以公式计算结果为准，可以不是整数。上年用人单位在职职工年平均工资，按用人单位上年在职职工工资总额除以用人单位在职职工人数计算。

如果按照一名残疾职工年薪 10 万元、企业职工平均工资 15 万元计算，中型餐饮企业雇佣一名残疾职工，每年可以节约税费：10 × 25%+15=17.5（万元）。由此可见，企业雇佣一名残疾员工所带来的节税额已经超过了企业给残疾员工所支付的工资。因此，企业雇佣残疾员工是利己利人的筹划方法，有条件的企业一定尽量雇佣至少一名残疾员工。

3. 农产品生产企业免税优惠政策

中型餐饮企业对农产品的消耗量比较大，如果能够利用农产品生产企业免征企业所得税的优惠，通过设立或者收购农产品生产企业，并将利润适当转移至农产品生产企业，则可以起到很好的节税效果。

根据《中华人民共和国企业所得税法实施条例》第八十六条的规定，企业从事下列项目的所得，免征企业所得税：①蔬菜、谷物、薯类、油料、豆类、棉花、麻类、糖料、水果、坚果的种植；②农作物新品种的选育；③中药材的种植；④林木的培育和种植；⑤牲畜、家禽的饲养；⑥林产品的采集；⑦灌溉、农产品初加工、兽医、农技推广、农机作业和维修等农、林、牧、渔服务业项目；⑧远洋捕捞。企业从事下列项目的所得，减半征收企业所得税：①花卉、茶以及其他饮料作物和香料作物的种植；②海水养殖、内陆养殖。

7.2.3 个人所得税问题及其纳税筹划

中型餐饮企业的个人所得税问题主要包括高管的高收入问题以及股东取得股息的个人所得税问题。对于高管的高收入问题，可以采取小型餐饮企业高管的节税方法，即充分享受个人所得税各项扣除法、将工资薪金向职工福利转化法以及家庭成员任职法。除此之外，应当重点考虑以改变薪酬的支付方式来实现个人与企业的双赢。

根据《国家税务总局关于企业工资薪金及职工福利费扣除问题的通知》（国税函〔2009〕3号），"合理工资薪金"是指企业按照股东大会、董事会、薪酬委员会或相关管理机构制订的工资薪金制度规定实际发放给员工的工资薪金。税务机关在对工资薪金进行合理性确认时，可按以下原则掌握：①企业制定了较为规范的员工工资薪金制度；②企业所制定的工资薪金制度符合行业及地区水平；③企业在一定时期所发放的工资薪金是相对固定的，工资薪金的调整是有序进行的；④企业对实际发放的工资薪金，已依法履行了代扣代缴个人所得税义务；⑤有关工资薪金的安排，不以减少或逃避税款为目的。中型餐饮企业在给高管设计年薪时，在遵守以上规定的同时，可以适当灵活和创新。

对于股东取得股息的个人所得税问题，主要通过双层公司架构来解决。股东通过设立一家公司来持有中型餐饮企业的股权，中型餐饮企业的利润分给持股公司后，持股公司不再将利润分配给股东个人。股东个人的投资、传承等均通过持股公司来进行。股东个人与持股公司融为一体后，股东也就不存在或者很少存在纯粹的个人消费，股东个人的大多数行为均转化为控股公司的职务行为，其相关支出也可以由控股公司承担。

7.2.4 综合纳税筹划案例分析

1. 纳税人基本情况

张某、赵某和甲餐饮管理有限责任公司（以下简称甲公司）拟创办乙餐饮有限责任公司（以下简称乙公司），张某、赵某各持股30%，甲公司持股40%。乙公司保持增值税一般纳税人身份，公司注册资本为1000万元，一次性实缴出资1000万元。甲公司拟聘请多位高管及大厨，年薪为50万~100万元。其余员工工资较低，可以不予考虑。2023年甲公司年不含增值税销售收入5000万元，购进农产品800万元，除农产品外，允许抵扣的进项税额为65万元，年利润总额1000万元。乙公司每年分配股息 500 万元。乙公司适用 6% 的增值税税率和 25% 的企业所得税税率。

2. 客户需求

将张某、赵某、乙公司、乙公司高管及大厨的各项税收负担减至最轻。

3. 客户现状下的税收负担

乙公司应当缴纳增值税：$5000 \times 6\% - (800 \times 9\% + 65) \times (1 + 10\%) = 149.3$（万元）；乙公司取得利润总额 1000 万元，应当缴纳企业所得税：$1000 \times 25\% - 250$（万元）；乙公司高管及大厨取得年薪 50 万～100 万元，应当缴纳个人所得税，具体计算过程可以参见小型餐饮企业高管和大厨个人所得税的计算；张某、赵某取得股息合计缴纳个人所得税：$500 \times 60\% \times 20\% = 60$（万元）。

4. 纳税筹划方案及其税收负担

张某设立张氏投资有限公司（以下简称张氏公司），赵某设立赵氏投资有限公司（以下简称赵氏公司），由张氏公司、赵氏公司和甲公司合资成立乙公司和丙农产品生产有限责任公司（以下简称丙公司）。如果有合适的农产品生产公司，张氏公司、赵氏公司和甲公司也可以收购一家农产品生产公司作为丙公司。

乙公司所需的农产品全部从丙公司采购，由于丙公司采取绿色无污染技术种植蔬菜和养殖猪、家禽等，销售价格由 800 万元提高至 1000 万元。乙公司的年度利润总额降低为 800 万元。

乙公司应当缴纳增值税：$5000 \times 6\% - (1000 \times 9\% + 65) \times (1 + 10\%) = 129.5$（万元）。减轻增值税负担：$149.3 - 129.5 = 19.8$（万元）。

乙公司取得利润总额 800 万元，应当缴纳企业所得税：$800 \times 25\% = 200$（万元）。减轻企业所得税负担：$250 - 200 = 50$（万元）。

乙公司高管及大厨的节税方法参见小型餐饮企业高管和大厨的节税方法。

张氏公司、赵氏公司各自取得 150 万元股息，免于缴纳企业所得税。张某和赵某的投资、消费和传承由张氏公司和赵氏公司来承担。张某和赵某节税个人所得税负担 60 万元。

Chapter Eight

第**8**章
直播带货综合纳税筹划

直播带货行业的纳税筹划主要分为直播带货主播的纳税筹划与直播带货企业和平台的纳税筹划。

直播带货是一个新兴的行业，税务机关对该行业的监管越来越严，因此，在纳税筹划中应注意合法合理，避免出现涉税风险。

充分利用国家出台的各项税收优惠政策仍然是直播带货行业纳税筹划的主要方法。

8.1 直播带货主播综合纳税筹划

直播带货主播如果以个人名义从事带货业务，相关收入应计入综合所得，最高边际税率可以达到45%，税负比较重，如果采取其他组织形式从事带货业务，纳税筹划的空间较大。直播带货主播通常可以采取个体工商户或个人独资企业、合伙企业以及公司三种经营模式。

8.1.1 个体工商户或个人独资企业经营模式纳税筹划

1. 经营模式及其税收负担

自然人设立个体工商户或者个人独资企业从事直播带货业务是合法的。设立人或者投资人可以亲自担任直播带货主播，也可以雇佣其他人员担任直播带货主播。从纳税筹划的角度来看，通常是直播带货主播本人为减轻税收负担而设立个体工商户或者个人独资企业来从事直播带货业务。

在该经营模式下，由个体工商户或者个人独资企业与直播带货企业或者平台签订合作协议，由个体工商户或者个人独资企业收取服务费并开具发票。由个体工商户或者个人独资企业缴纳增值税及其附加，由投资人按照"经营所得"缴纳个人所得税，税后收益可以直接转入投资人的账户，不需要缴纳任何税费。

2. 增值税筹划

如果接受发票的直播带货企业或者平台是增值税一般纳税人，且愿意承担增值税进项税额，个体工商户或者个人独资企业可以选择成为增值税一般纳税人。假设双方商定的不含税服务费为 100 万元，个体工商户或者个人独资企业可以开具金额为 100 万元、税额为 6 万元、价税合计金额为 106 万元的增值税专用发票给直播带货企业或者平台。个体工商户或者个人独资企业实际上不需要承担增值税负担，仅需要按照其实际缴纳增值税金额的一定比例缴纳城市维护建设税（市区为 7%、县镇为 5%、其他为 1%）、教育费附加（3%）以及地方教育附加（2%）。

如果接受发票的直播带货企业或者平台是增值税小规模纳税人，或者其不愿意承担增值税进项税额，个体工商户或者个人独资企业可以选择成为增值税小规模纳税人。增值税小规模纳税人的标准增值税征收率为 3%。根据《财政部　税务总局关于明确增值税小规模纳税人减免增值税等政策的公告》（财政部　税务总局公告 2023 年第 1 号）、《财政部　税务总局关于增值税小规模纳税人减免增值税政策的公告》（财政部　税务总局公告 2023 年第 19 号）的规定，自 2023 年 1 月 1 日至 2027 年 12 月 31 日，增值税小规模纳税人适用 3% 征收率的应税销售收入，减按 1% 征收率征收增值税；适用 3% 预征率的预缴增值税项目，减按 1% 预征率预缴增值税。假设双方商定的含税服务费为 100 万元，个体工商户或者个人独资企业可以开具金额为 99.01 万元、税额为 0.99 万元、价税合计金额为 100 万元的增值税普通发票给直播带货企业或者平台。个体工商户或者个人独资企业缴纳 0.99 万元增值税，并按照 0.99 万元的一定比例缴纳城市维护建设税（市区为 7%、县镇为 5%、其他为 1%）、教育费附加（3%）以及地方教育附加（2%）。

如果个体工商户或者个人独资企业将其每月或者每季度开票金额控制在一定金额以下，还可以享受免征增值税的优惠。根据《财政部　税务总局关于明确增值税小规模纳税人减免增值税等政策的公告》（财政部　税务总局公告 2023 年第 1 号）、《财政部　税务总局关于增值税小规模纳税人减免增值税政策的公告》（财政部　税务总局公告 2023 年第 19 号）的规定，自 2023 年 1 月 1 日至 2027 年 12 月 31 日，对月销售额 10 万元以下（含本数）的增值税小规模纳税人，免征增值税。根据《国家税务总局关于增值税小规模纳税人减免增值税等政策有关征管事项的公告》（国家税务总局公告 2023 年第 1 号）的规定，增值税小规模纳税人（以下简称小规模纳税人）发生增值税应税销售行为，合计月销售额未超过 10 万元（以 1 个季度为 1 个纳税期的，季度销售额未超过 30 万元）的，免征增值税。假设个体工商户或者个人独资企业全年含税服务费为 120 万元，则其可以按月开具金额为 9.9 万元、税额为 0.1 万元、价税合计金额为 10 万元的增值税普通发票，也可以按季度开具金额为 29.7 万元、税额为 0.3 万元、价税合计金额为 30 万元增值税普通发票，既不需要缴纳增值税，也不需要缴纳城市维护建设税、教育费附加和地方教育附加。

中小企业涉税风险防控与纳税筹划

3. 个人所得税筹划

直播带货主播可以考虑在能够核定征税的科技园区设立个体工商户或者个人独资企业。根据《中华人民共和国个人所得税法实施条例》第十五条的规定，从事生产、经营活动，未提供完整、准确的纳税资料，不能正确计算应纳税所得额的，由主管税务机关核定应纳税所得额或者应纳税额。各地税务机关有不同的核定政策，如根据《宁夏回族自治区地方税务局、宁夏回族自治区国家税务局关于个体工商户核定征收个人所得税有关事项的通知》，自2015年7月1日起，对全区核定征收方式的个体工商户、企事业单位承包承租经营者取得生产经营所得，月应税收入不超过3万元（含3万元）的，征收率为0%；月应税收入超过3万元的，全额适用1%的征收率征收个人所得税。根据《国家税务总局广州市税务局关于调整个体工商户定期定额征收适用所得率的公告》（国家税务总局广州市税务局公告2019年第1号）的规定，自2019年1月1日（税款所属期）起，在广州市内对经营所得个人所得税采用定期定额方式征收的个体工商户业主，适用所得率确定如下：

行业类别	所得率
工业、商业	6%
交通运输业	6%
建筑业	8%
饮食业	8%
娱乐业	20%
其他行业	11%

假设个体工商户或者个人独资企业全年不含增值税服务费收入为100万元，主管税务机关确定的征收率为1%，则投资者需要缴纳个人所得税：100×1%=1（万元）。如果主管税务机关确定的所得率为11%，根据经营所得个人所得税税率表，适用20%的税率，速算扣除数为10500，则投资者需要缴纳个人所得税：100×11%×20%-1.05=1.15（万元）。

如果个体工商户或者个人独资企业无法核定征税，可采取查账方式征收个人所得税。个体工商户或者个人独资企业应当将其生产经营过程中产生的成本费用认真核算并依法取得发票等扣除凭证。个体工商户或者个人独资企业可以聘请工作人员，其向工作人员发放的工资或者劳务报酬可以作为成本费用依法扣除，但也应为该工作人员依法预扣预缴个人所得税。投资者的父母等家人如果为其工作提供了帮助，可以被聘请为个体工商户或者个人独资企业的管理人员或者员工，可以为他们发放工资和劳务报酬。需要注意的是，如果投资者未取得其他综合所得，其在计算经营所得应纳税所得额时，可以扣除计算综合所得应纳税所得额时允许扣除的6万元费用以及专项扣除、专项附加扣除等。

假设个体工商户或者个人独资企业全年不含增值税服务费收入为100万元，可以税

282

前扣除的成本费用为 70 万元，投资者个人可以扣除的各项费用为 8.4 万元（6 万元加两个子女的专项附加扣除），则其应纳税所得额为 21.6 万元，根据经营所得个人所得税税率表，适用 20% 的税率，速算扣除数为 10500，则投资者需要缴纳个人所得税：21.6×20%–1.05=3.27（万元）。个体工商户在 2023 年度至 2027 年度可以享受减半征税的优惠，即实际缴纳个人所得税 1.635 万元。

8.1.2　合伙企业经营模式纳税筹划

1. 经营模式及其税收负担

多名自然人设立合伙企业从事直播带货业务是合法的。合伙人可以亲自担任直播带货主播，也可以雇佣其他人员担任直播带货主播。从纳税筹划的角度来看，通常是直播带货主播本人及其合作伙伴为减轻税收负担而设立合伙企业来从事直播带货业务。直播带货主播通常为合伙人之一。

在该经营模式下，由合伙企业与直播带货企业或者平台签订合作协议，由合伙企业收取服务费并开具发票。由合伙企业缴纳增值税及其附加，由每位合伙人按照"经营所得"缴纳个人所得税，税后收益可以直接转入合伙人的账户，不需要缴纳任何税费。

2. 增值税筹划

合伙企业模式下，增值税的筹划与个体工商户或者个人独资企业模式下增值税的筹划基本相同。需要注意的是，如果合伙企业在过去 12 个月的开票金额超过 500 万元，在下一个纳税期，该合伙企业应当到税务机关进行增值税一般纳税人登记。如企业不愿意成为增值税一般纳税人，一方面，应当随时注意控制每月的开票金额；另一方面，可以再成立一家合伙企业来从事直播带货业务。相同的合伙人可以成立多家合伙企业，作为主要合伙人的直播带货主播也可以分别与不同的合作伙伴成立多家合伙企业。

3. 个人所得税筹划

合伙企业模式下，个人所得税的筹划与个体工商户或者个人独资企业模式下个人所得税的筹划基本相同，能争取核定征税的，尽量争取核定征税。

如果采取查账征收个人所得税，直播带货主播除自己担任合伙人外，其家庭成员均可以作为合伙企业的合伙人，由此可以大大减轻每位合伙人的个人所得税负担。

例 假设李女士与主要合作伙伴王女士成立甲合伙企业，各占 50% 的份额。甲合伙企业全年不含增值税收入为 500 万元，允许税前扣除的成本费用为 100 万元。甲合伙企业的利润总额为 100 万元，李女士和王女士各分得利润 200 万元，假设两人均未取得其他综合所得，可以扣除的各项费用合计为 10.8 万元，则李女士的应纳税所得额为：200–10.8=189.2（万元）。根据经营所得个人所得税税率表，适用 35% 的税率，速算扣除数为 65500，李女士需要缴纳个人所得税：189.2×35%–6.55=59.67（万元）。王女士同样需要缴纳个人所得税 59.67 万元。两位合伙人合计缴纳个人所得税 119.34 万元。

如果两位合伙人均已结婚，且其丈夫并无其他工作，可以将其丈夫列为合伙企业的合伙人，共同经营。四位合伙人，每人分得利润 100 万元，假设四位合伙人均未取得其他综合所得，可以扣除的各项费用合计为 10.8 万元，则李女士的应纳税所得额为：100–10.8=89.2（万元）。根据经营所得个人所得税税率表，适用 35% 的税率，速算扣除数为 65500，李女士需要缴纳个人所得税：89.2×35% –6.55 =24.67（万元）。四位合伙人合计缴纳个人所得税：24.67×4=98.68（万元）。减轻个人所得税负担：119.34–98.68=20.66（万元）。

如果两位合伙人的父母均健在且无其他工作，还可以将其父母列为合伙企业的合伙人，共同经营。六位合伙人，每人分得利润 66.67 万元，假设六位合伙人均未取得其他综合所得，可以扣除的各项费用合计为 10.8 万元，则李女士的应纳税所得额为：66.67–10.8=55.87（万元）。根据经营所得个人所得税税率表，适用 35% 的税率，速算扣除数为 65500，李女士需要缴纳个人所得税：55.87×35%–6.55=13（万元）。六位合伙人合计缴纳个人所得税：13×6=78（万元）。减轻个人所得税负担：119.34–78=41.34（万元）。

8.1.3 公司经营模式纳税筹划

1. 经营模式及其税收负担

一位或者多位自然人设立有限责任公司或者股份有限公司从事直播带货业务是合法的。股东可以亲自担任直播带货主播，也可以雇佣其他人员担任直播带货主播。从纳税筹划的角度来看，通常是直播带货主播本人及其合作伙伴为减轻税收负担而设立公司来从事直播带货业务。直播带货主播通常为股东之一。

在该经营模式下，由有限公司与直播带货企业或者平台签订合作协议，由有限公司收取服务费并开具发票。由有限公司缴纳增值税及其附加，缴纳企业所得税。作为股东的主播如果想从有限公司取得股息，应当缴纳 20% 的个人所得税；如果取得工资薪金，应当按照综合所得的计算方法依法缴纳个人所得税。

2. 增值税筹划

有限公司模式下，增值税的筹划与合伙企业模式下增值税的筹划基本相同。在增值税一般纳税人和小规模纳税人的选择上，与合伙企业的筹划也是类似的。主播可以与他人合伙设立多家有限公司来从事直播带货业务，需要注意的是，根据《中华人民共和国公司法》规定，一个自然人只能设立一家一人有限责任公司。如果主播一个人设立了一人有限责任公司，该一人有限责任公司不能再设立一个一人有限责任公司，但可以和其他股东一起设立有限责任公司。

3. 企业所得税筹划

有限公司的企业所得税通常采取查账征收的方式，很难采取核定征收的方式。因此，有限公司的企业所得税筹划主要依靠多列成本费用以及充分利用小型微利企业的低税率优惠。

直播带货的各项开支，如录播设备、场地租赁、办公设施购买或者租赁、录用员工的工资薪金支出、给其他单位或者个人的佣金支出等，都应依法取得发票或者其他凭证，以便可以在计算企业所得税时予以扣除。

主播本人及其家人不仅应担任有限公司的股东，还应担任有限公司的高管，其为直播带货工作而新购置的汽车、衣服、首饰，为直播带货工作而发生的餐饮费、差旅费等，都应依法取得发票并按税法规定列为有限公司的成本费用予以税前扣除。

根据《财政部　税务总局关于进一步实施小微企业所得税优惠政策的公告》（财政部　税务总局公告 2022 年第 13 号）的规定，对小型微利企业年应纳税所得额超过 100 万元但不超过 300 万元的部分，减按 25% 计入应纳税所得额，按 20% 的税率缴纳企业所得税。根据《财政部　税务总局关于小微企业和个体工商户所得税优惠政策的公告》（财政部　税务总局公告 2023 年第 6 号）的规定，对小型微利企业年应纳税所得额不超过 100 万元的部分，减按 25% 计入应纳税所得额，按 20% 的税率缴纳企业所得税。也就是说，小型微利企业的实际税率可以降低至 5%，这与一般企业 25% 的税率相比已经大大降低了。因此，如果一家公司直播带货的利润总额超过了 300 万元，应考虑设立多家有限公司来分别承接不同客户的直播带货业务，将利润分散在更多公司之中。

例. 甲公司 2023 年 1—6 月的利润总额已经达到 290 万元，此时就可以考虑重新设立一家有限公司（以下简称乙公司）来承接新的直播带货业务，假设乙公司的利润总额也达到了 290 万元，两家公司无纳税调整事项，则两家公司需要缴纳企业所得税：290×25%×20%+290×25%×20%=29（万元）。如果上述业务全部由甲公司来承接，甲公司利润总额将达到 580 万元，应当缴纳企业所得税：580×25%=145（万元）。甲公司减轻企业所得税负担：145-29=116（万元）。

4. 股东的个人所得税筹划

股东从有限公司取得股息需要缴纳 20% 的个人所得税，对这一问题可以从两个方面着手解决：一是股东及其家人担任公司职务，从公司取得工资薪金，将个人消费转化为公司职务消费，在减少公司利润的同时，也相当于从公司取得了股息；二是设立双重公司架构，将经营公司的利润转入控股公司，相关利润留存于控股公司，不再分配，通过控股公司实现投资、消费、传承等目的。

例. 李先生未在甲公司任职，也未取得工资薪金。甲公司从事直播带货业务，预计年度利润总额为 400 万元。甲公司应当缴纳企业所得税：400×25%=100（万元）。税后利润 300 万元全部分配给李先生，李先生应当缴纳个人所得税：300×20%=60（万元）。合计税收负担为 160 万元。

如果李先生及其妻子、父母四人均在甲公司任职，假设四人综合所得的扣除额均为10万元。四人每人领取年度工资薪金10万元，合计40万元，不需要缴纳个人所得税。甲公司年度利润降低为360万元，甲公司应当缴纳企业所得税：360×25%=90（万元）。税后利润270万元全部分配给李先生及其家人，李先生及其家人应当缴纳个人所得税：270×20%=54（万元）。合计税收负担为144万元。减轻所得税负担：160–144=16（万元）。

如果李先生及其家人每人领取年度工资薪金13.6万元、年终奖3.6万元，合计68.8万元，需要缴纳个人所得税：（3.6×3%+3.6×3%）×4=0.864（万元）。甲公司年度利润降低为331.2万元，甲公司应当缴纳企业所得税：331.2×25%=82.8（万元）。税后利润248.4万元全部分配给李先生及其家人，李先生及其家人应当缴纳个人所得税：248.4×20%=49.68（万元）。合计税收负担：0.864+82.8+49.68=133.344（万元）。减轻所得税负担：160–133.344=26.656（万元）。

如果李先生及其家人的年度开支31.2万元能够转化为公司职务支出，则甲公司年度利润降低为300万元，甲公司应当缴纳企业所得税：300×25%×20%=15（万元）。税后利润285万元全部分配给李先生及其家人，李先生及其家人应当缴纳个人所得税：285×20%=57（万元）。合计税收负担：0.864+15+57=72.864（万元）。减轻所得税负担：160–72.864=87.136（万元）。

如果李先生及其家人领取年度工资薪金24.4万元、年终奖14.4万元，合计155.2万元，需要缴纳个人所得税：（14.4×10%–0.252）×2×4=9.504（万元）。李先生全家将年度开支44.8万元转化为公司职务支出，甲公司年度利润降低为200万元，甲公司应当缴纳企业所得税：200×25%×20%=10（万元）。税后利润190万元全部分配给李先生及其家人，李先生及其家人应当缴纳个人所得税：190×20%=38（万元）。合计税收负担为：9.504+10+38=57.504（万元）。减轻所得税负担：160–57.504=102.496（万元）。

8.2　直播带货企业与平台综合纳税筹划

直播带货企业与平台通常都是有限公司的组织形式，其自身所涉及的税收问题包括增值税和企业所得税，另外还涉及其员工和股东的个人所得税问题。可以充分利用的税收优惠政策包括增值税小规模纳税人降低征收率优惠和免征增值税优惠政策、小型微利企业税收优惠政策、个人年终奖和股权激励所得单独计税优惠政策等。利用双层公司架构仍然是股东取得股息个人所得税筹划的主要方式。

8.2.1　增值税问题及其纳税筹划

直播带货企业与平台如果能够取得足够增值税进项税额或者可以轻松将增值税负担转嫁给他人，可以选择增值税一般纳税人身份，对开票金额没有限制。

直播带货企业与平台如果不能够取得足够增值税进项税额或者无法将增值税负担转嫁给他人，可以选择增值税小规模纳税人身份，但需要注意的是，其连续 12 个月的开票金额不能超过 500 万元。如果企业的业务需求量大于该标准，可以考虑通过设立多家企业来从事相关业务。

如果直播带货企业与平台选择增值税小规模纳税人身份且业务量不大，可以将月度开票金额控制在 10 万元以内或者将季度开票金额控制在 30 万元以内，企业可以享受免于缴纳增值税的优惠。

部分科技园区有增值税奖励和返还优惠政策，直播带货企业与平台可以选择在该科技园区注册并享受相关优惠政策。如直播带货企业与平台所在地没有增值税奖励和返还优惠政策且不方便迁址，可以考虑在具有上述优惠政策的科技园区设立实际运营企业，将直播带货企业与平台转变为中转企业，中转企业接单后转包给科技园区的实际运营企业，将增值税负担转移至实际运营企业。

例 甲公司所在地没有增值税奖励和返还优惠政策，甲公司每年对外开具增值税专用发票 5000 万元、销项税额 300 万元，进项税额仅为 100 万元，实际缴纳增值税 200 万元（300-100）。甲公司的股东可以在增值税奖励 40% 的科技园区设立实际运营的乙公司，甲公司接单后将业务转包给乙公司，乙公司向甲公司开具增值税专用发票 4900 万元、销项税额 294 万元，甲公司取得的进项税额 100 万元转为由乙公司取得。乙公司实际缴纳增值税 194 万元（294-100），甲公司实际缴纳增值税 6 万元，合计也是 200 万元，与筹划之前相同。由于乙公司可以获得 194 万元 40% 的退税，即 77.6 万元。该筹划方案可以让甲公司减轻增值税负担 77.6 万元。

8.2.2　企业所得税问题及其纳税筹划

由于企业所得税的标准税率为 25%，而小型微利企业的实际税率仅为 5%，因此，直播带货企业与平台应尽量选择小型微利企业。如果企业利润较高，可以通过设立多家企业的方式来分散利润，包括设立功能相同但承接不同企业业务的同质企业以及设立功能互补、互相配合的互补企业。如果企业的规模实在不允许其享受小型微利企业税收优惠政策，也可以考虑设立兄弟公司分散其部分利润或者在具有企业所得税返还或者奖励优惠的科技园区设立公司分散其利润并获得税收返还或者奖励。

例．甲公司的年度利润为 1000 万元，需要缴纳企业所得税 250 万元。

筹划方案一：拆分甲公司为四家公司，每家公司利润为 250 万元，需要缴纳企业所得税：$250 \times 25\% \times 20\% \times 4=50$（万元）。减轻所得税负担：$250 - 50 = 200$（万元）。

筹划方案二：在企业所得税返还 30% 的科技园区设立实际运营的乙公司，将甲公司改造为中转公司，甲公司仅保留 300 万元利润，乙公司实际取得 700 万元利润。甲公司需要缴纳企业所得税：$300 \times 25\% \times 20\%=15$（万元）。乙公司需要缴纳企业所得税：$700 \times 25\%=175$（万元）。乙公司获得税收返还：$175 \times 30\%=52.5$（万元）。减轻所得税负担：$250-15-175+52.5=112.5$（万元）。

8.2.3　个人所得税问题及其纳税筹划

1. 员工的个人所得税问题及其纳税筹划

针对员工的个人所得税，可以通过将员工部分工资转化为福利、将员工部分个人开支转化为职务开支、将员工家人聘用为公司员工以分散取得年薪、综合运用年终奖和股权激励等方式减轻税收负担。

例．甲公司总经理李先生年薪 120 万元，假设其综合所得各项扣除合计为 10 万元，李先生应纳税所得额为 110 万元，适用 45% 的税率，速算扣除数为 181920，李先生应当缴纳个人所得税：$110 \times 45\%-18.192=31.308$（万元）。

筹划方案一：李先生将个人年度开支 14 万元转化为公司职务行为的开支，甲公司实际向李先生发放 106 万元年薪，李先生应纳税所得额为 96 万元，适用 35% 的税率，速算扣除数为 85920，李先生应当缴纳个人所得税：$96 \times 35\%-8.592=25.008$（万元）。减轻个人所得税负担：$31.308-25.008=6.3$（万元）。

筹划方案二：李先生因业务需要计划购买一辆 30 万元的汽车，则在方案一的基础之上，甲公司为其提供一辆 30 万元汽车的终身使用权，甲公司实际向李先生发放 76 万元年薪，李先生应纳税所得额为 66 万元，适用 30% 的税率，速算扣除数为 52920，李先生应当缴纳个人所得税：$66 \times 30\%-5.292=14.508$（万元）。减轻个人所得税负担：$31.308-14.508=16.8$（万元）。

筹划方案三：李先生的父母均退休在家，则在方案一和方案二的基础之上，甲公司聘用李先生的父母担任总经理助理参与实际工作，每人年薪 6 万元，甲公司实际向李先生发放 64 万元年薪，李先生应纳税所得额为 54 万元，适用 30% 的税率，速算扣除数为 52920，李先生应当缴纳个人所得税：$54 \times 30\%-5.292=10.908$（万元）。减轻个人所得税负担：$31.308-10.908=20.4$（万元）。

筹划方案四：根据年终奖单独计税优惠政策，对方案三进行优化。李先生的父母每年年薪为 9.6 万元，年终奖为 3.6 万元，甲公司实际向李先生发放 46 万元年薪和 3.6 万元年终奖，李先生应纳税所得额为 36 万元，适用 25% 的税率，速算扣除数为 31920，李先生应当缴纳个人所得税：36×25%-3.192=5.808（万元）。李先生的父母应当缴纳个人所得税：3.6×3%×2×2=0.432（万元）。减轻个人所得税负担：31.308-5.808-0.432=25.068（万元）。

2. 股东的个人所得税问题及其纳税筹划

股东的个人所得税可以通过高管个人所得税筹划的方案加上双层公司架构来实现。

例。 甲公司每年实现利润 1000 万元，缴纳 250 万元企业所得税，税后利润为 750 万元。甲公司共五位股东，假设税后利润全部分配，合计需要缴纳个人所得税：750×20%=150（万元）。五位股东均未在甲公司任职，也未从甲公司领取年薪和报销其他费用。甲公司及其股东合计所得税负担为 400 万元。

筹划方案一：甲公司五位股东分别设立 A、B、C、D、E 五家公司，由 A、B、C、D、E 五家公司分别持有甲公司的股权，甲公司的税后利润全部分配给 A、B、C、D、E 五家公司。五位股东的业务开支、投资和传承任务交由 A、B、C、D、E 五家公司来完成，可以减轻个人所得税负担 150 万元。

筹划方案二：在方案一的基础之上，五位股东均在甲公司任职参与管理，每人年薪 98 万元，采取上述公司总经理李先生的节税方法，即每位股东在甲公司报销业务相关发票 20 万元，甲公司为每位股东配备一辆 50 万元的业务专用汽车，每位股东领取年薪 10 万元，每位股东配备三位家人担任业务助理，各领取年薪 6 万元。假设每位股东综合所得各项扣除合计为 10 万元，则每位股东实际不需要缴纳个人所得税。甲公司利润总额降低为：1000-98×5=510（万元）。甲公司需要缴纳企业所得税：510×25%=127.5（万元）。甲公司税后利润分配给 A、B、C、D、E 五家公司，不需要缴纳所得税。甲公司及其股东合计减轻所得税负担：400-127.5=272.5（万元）。

Chapter Nine

第**9**章
电商及灵活就业综合纳税筹划

电商是广大中小企业和个人比较热衷的经营模式，也吸纳了不少灵活就业的人群。该行业需要进行纳税筹划的主体主要包括电商企业、电商的投资人以及其他灵活就业的人群。对于跨境经营的电商还面临境内境外双重税收负担，可利用一些特殊的政策进行纳税筹划。

9.1 电商企业综合纳税筹划

电商企业的组织形式包括个体工商户、个人独资企业、合伙企业和公司，涉及的税种主要包括增值税和所得税。在增值税领域，电商企业可以充分利用增值税小规模纳税人征收率优惠、小规模纳税人增值税免税优惠、农产品免税优惠、农产品进项税额抵扣以及地方财政奖励等政策进行纳税筹划；在所得税领域，电商企业可以充分利用个体工商户核定征收个人所得税、小型微利企业所得税优惠、农产品免征企业所得税等政策进行纳税筹划。

9.1.1 电商企业增值税纳税筹划

电商企业的经营规模可大可小，在利用增值税小规模纳税人征收率优惠、小规模纳税人增值税免税优惠等政策方面具有得天独厚的优势。电商企业比较灵活，在利用地方财政奖励方面也具有天然的优势。

1. 利用增值税小规模纳税人征收率优惠政策

增值税小规模纳税人的标准征收率为 3%，根据《财政部　税务总局关于明确增值税小规模纳税人减免增值税等政策的公告》（财政部　税务总局公告 2023 年第 1 号）、《财政部　税务总局关于增值税小规模纳税人减免增值税政策的公告》（财政部　税务总局公告

2023 年第 19 号）的规定，自 2023 年 1 月 1 日至 2027 年 12 月 31 日，增值税小规模纳税人适用 3% 征收率的应税销售收入，减按 1% 征收率征收增值税。目前增值税小规模纳税人的标准为年应税销售额不超过 500 万元。如果电商企业超过这个标准，可以设立多家电商企业来经营。

例. 甲电商企业为增值税一般纳税人，预计 2023 年度销售额为 2000 万元。由于进项税额较少，需要缴纳增值税 120 万元。如果能根据甲电商企业的经营特点，分别成立 A、B、C、D 四家电商企业来承接甲电商企业的业务，每家电商企业的年度销售额控制在 500 万元以内，则四家电商企业预计在 2023 年度合计需要缴纳增值税：500×1%×4=20（万元）。减轻增值税负担：120-20=100（万元）。

2. 利用小规模纳税人增值税免税优惠政策

根据《财政部 税务总局关于明确增值税小规模纳税人减免增值税等政策的公告》（财政部 税务总局公告 2023 年第 1 号）、《财政部 税务总局关于增值税小规模纳税人减免增值税政策的公告》（财政部 税务总局公告 2023 年第 19 号）的规定，自 2023 年 1 月 1 日至 2027 年 12 月 31 日，对月销售额 10 万元以下（含本数）的增值税小规模纳税人，免征增值税。年度销售额较小的电商企业可以考虑通过拆分企业的方法将其月度销售额控制在 10 万元以内，或者季度销售额控制在 30 万元以内，由此可以免于缴纳增值税。

例. 甲电商企业年度销售额为 480 万元，为增值税小规模纳税人，需要缴纳增值税 4.8 万元。如果能根据甲电商企业的经营特点，分别成立 A、B、C、D 四家电商企业来承接甲电商企业的业务，每家电商企业的季度销售额控制在 30 万元以内，则四家电商企业在 2023 年度不需要缴纳增值税。减轻增值税负担 4.8 万元。

3. 利用农产品免税优惠政策

根据《中华人民共和国增值税暂行条例》第十五条的规定，农业生产者销售的自产农产品免征增值税。如果农业生产者设立电商企业来销售自产农产品，可以享受免征增值税的优惠。其他电商企业通常不直接从事农业生产，其销售的农产品往往不是自产农产品，因此，也无法享受免征增值税的优惠。在这种情况下，可以由投资者与农业生产者合作设立电商企业，将电商企业转变为农业生产者。

例. 张某以个人名义在网上销售李某生产的农产品，由于张某销售的并非自产农产品，无法享受免征增值税的优惠。张某可以与李某合作，以李某的名义在网上销售自产农产品，由此可以享受免征增值税的优惠。网上销售的前期投资和维护费用由张某负担，全部销售收入属于张某，张某按照事先商量好的价格向李某支付农产品的购买价款。

例. 甲电商企业销售农民赵某、钱某、孙某、李某等人的农产品，由于甲电商企业销售的并非自产农产品，无法享受免征增值税的优惠。甲电商企业可以与农民赵某、钱某、孙某、李某等人合作，承包他们的土地，再聘请他们进行农产品的种植。甲电商企业向他们支付工资或者劳务报酬，工资或者劳务报酬的总额相当于双方事先商定的农产品的收购价格。这样，甲电商企业就转变为农业生产者了，其销售的就是自产农产品，就可以享受免征增值税的优惠。

4. 利用农产品进项税额抵扣优惠政策

根据现行增值税政策，纳税人购进农产品允许按照农产品收购发票或者销售发票上注明的农产品买价和 9% 的扣除率抵扣进项税额。其中，购进用于生产或委托加工 13% 税率货物的农产品，按照农产品收购发票或者销售发票上注明的农产品买价和 10% 的扣除率抵扣进项税额。电商企业如果直接从农业生产者手中采购农产品，应注意依法取得农产品销售发票，或者依法开具农产品收购发票并依法享受进项税额抵扣的优惠政策。如果电商企业自己生产农产品并进行深加工，可以设立两家电商企业：一家享受销售自产农产品免征增值税的优惠；另一家享受购买农产品抵扣进项税额的优惠政策。

例 甲电商企业自己种植农产品并深加工为 A 产品，已知 A 产品适用 13% 的税率。甲电商企业为增值税一般纳税人，A 产品年度销售额为 1000 万元。甲电商企业种植农产品可以取得进项税额 10 万元，生产 A 产品可以取得进项税额 20 万元，甲电商企业需要缴纳增值税：1000×13%-10-20=100（万元）。如果甲电商企业的股东再设立乙电商企业，其中甲电商企业专业从事农产品的生产，乙电商企业专业从事 A 产品的生产。甲电商企业将自产农产品以 600 万元销售给乙电商企业，乙电商企业加工成 A 产品后以 1000 万元的不含税价格对外销售。甲电商企业销售自产农产品免征增值税，乙电商企业应当缴纳增值税：1000×13%-600×10%-20=50（万元）。甲电商企业减轻增值税负担：100-50=50（万元）。

5. 利用地方财政奖励优惠政策

部分地方为招商引资和促进地方经济发展，会对位于特定科技园区的企业给予一定财政奖励，电商企业可以充分利用该优惠政策，将企业设立在享受财政奖励的科技园区。

例 甲电商企业为增值税一般纳税人，年缴纳增值税 1000 万元。乙科技园区对于入住本园区且在本地缴纳增值税的企业给予实际缴纳增值税 45% 的财政奖励。若甲电商企业设立在乙科技园区或者迁址至乙科技园区，每年可以享受 450 万元（1000×45%）的财政奖励，相当于减轻增值税负担 450 万元。

9.1.2 电商企业企业所得税纳税筹划

电商企业如果采取个体工商户、个人独资企业或者合伙企业形式，应当缴纳个人所得税；如果采取公司形式，应当缴纳企业所得税。电商企业可以利用个体工商户核定征收个人所得税、小型微利企业所得税优惠、农产品免征企业所得税等政策进行纳税筹划。

1. 利用个体工商户核定征收个人所得税优惠政策

根据《中华人民共和国个人所得税法实施条例》第十五条的规定，从事生产、经营活动，未提供完整、准确的纳税资料，不能正确计算应纳税所得额的，由主管税务机关核定应纳税所得额或者应纳税额。如果电商企业采取个体工商户形式，不能正确计算应纳税所得额，可以向主管税务机关申请核定征收个人所得税。

例 甲电商企业为个体工商户，其年度收入总额为 500 万元，预估利润总额为 100 万元，由于未提供完整、准确的纳税资料，不能正确计算应纳税所得额，特向主管税务机关申请核定征收个人所得税。主管税务机关核定的征收率为 2%。甲电商企业如按预估利润总额纳税，应当缴纳个人所得税：$100 \times 35\% - 6.55 = 28.45$（万元）。如按税务机关核定的征收率，应当缴纳个人所得税：$500 \times 2\% = 10$（万元）。甲电商企业减轻个人所得税负担：$28.45 - 10 = 18.45$（万元）。

2. 利用小型微利企业所得税优惠政策

目前，我国对小型微利企业年应纳税所得额不超过 300 万元的部分，减按 25% 计入应纳税所得额，按 20% 的税率缴纳企业所得税。电商企业可以通过拆分的方式在保持增值税小规模纳税人身份的同时享受小型微利企业的所得税优惠政策。

例 甲电商企业年度利润总额为 600 万元，应当缴纳企业所得税：$600 \times 25\% = 150$（万元）。如果甲电商企业的股东再成立一家乙电商企业，由乙电商企业承接甲电商企业的部分业务，两家公司各实现利润总额 300 万元，合计缴纳企业所得税：$(300 \times 25\% \times 20\%) \times 2 = 30$（万元）。甲电商企业减轻企业所得税负担：$150 - 30 = 120$（万元）。

3. 利用农产品免征企业所得税优惠政策

根据《中华人民共和国企业所得税法实施条例》第八十六条的规定，企业从事下列项目的所得，免征企业所得税：①蔬菜、谷物、薯类、油料、豆类、棉花、麻类、糖料、水果、坚果的种植；②农作物新品种的选育；③中药材的种植；④林木的培育和种植；⑤牲畜、家禽的饲养；⑥林产品的采集；⑦灌溉、农产品初加工、兽医、农技推广、农机作业和维修等农、林、牧、渔服务业项目；⑧远洋捕捞。电商企业如从事上述项目，从该项目中取得的所得可以免征企业所得税。电商企业如果从事相关产业，可以考虑往免税项目转移。

例 甲电商企业专业销售高档水果，年度利润总额为 400 万元，应当缴纳企业所得税：$400 \times 25\% = 100$（万元）。如果甲电商企业与水果种植农户合作，甲电商企业承租农户的土地、聘请农户从事高档水果的种植与销售，水果种植阶段的利润以工资的形式发放给农户，甲电商企业仍然取得 400 万元利润，该利润免征企业所得税。甲电商企业减轻企业所得税负担 100 万元。

9.2 电商灵活就业人群综合纳税筹划

电商领域灵活就业人群的纳税筹划主要涉及增值税的筹划和个人所得税的筹划。增值税的筹划主要运用小规模纳税人免征增值税优惠以及小规模纳税人降低征收率优惠政策；个人所得税的筹划主要运用福利转化以及经营所得核定征税等优惠政策。

9.2.1 电商灵活就业人群增值税筹划

电商领域灵活就业人群的月度收入大多符合增值税小规模纳税人免征增值税的优惠条件，往往不需要缴纳增值税。如果其月度收入超过了免税标准，也可以享受小规模纳税人降低征收率的优惠政策。

例. 张某自行购买一辆汽车，加入某平台从事网约车旅客运输服务。张某每月营运收入约 10000 元，支付给平台 2000 元服务费，实际取得收入 8000 元。由于张某的月度销售额远远低于 10 万元，张某不需要缴纳增值税及其附加。

例. 李某在某咨询平台提供咨询服务，每月收入约 15 万元（含税，下同），支付给平台 2 万元服务费后，实际取得收入 13 万元。李某每个季度应当依法申报缴纳增值税：13×3/（1+1%）×1%=0.386（万元）。

9.2.2 电商灵活就业人群个人所得税筹划

电商灵活就业人群的年度收入通常不高，需要缴纳的个人所得税也不高，往往不需要专门进行筹划。部分高收入的灵活就业人群可以考虑设立个体工商户从事相关经营，将综合所得转化为经营所得，也可以将尚未就业或者已经退休的家庭成员任命为自己的助理，分散年度所得的数额，从而降低个人所得税负担。

例. 李某是灵活就业人员，主要为企业介绍客户、推广市场，年度取得佣金收入 1010 万元，如果按照综合所得计算个人所得税，个人综合所得扣除标准为 10 万元，应当缴纳个人所得税：（1010-10）×45%-18.192=431.81（万元）。

如果李某到甲科技园区设立个体工商户，查账征收个人所得税，假设其能够取得发票的各项成本费用为 210 万元，应当缴纳个人所得税：（1010-210）×35%-6.55=273.45（万元）。李某减轻个人所得税负担：431.81-273.45=158.36（万元）。

如果李某设立的个体工商户可以按照 3% 的征收率核定缴纳个人所得税，李某应当缴纳个人所得税：1010×3%=30.3（万元）。李某减轻个人所得税负担：431.81-30.3=401.51（万元）。

如果李某将自己的父母和配偶任命为自己的助理，三位助理每人取得 106 万元工资和 96 万元年终奖，李某取得剩余的 404 万元，假设个人综合所得扣除标准为 10 万元，三位助理每人缴纳个人所得税：（106–10）×35%–8.59+96×35%–0.72=57.89（万元）。李某应当缴纳个人所得税：（404–10）×45%–18.19=159.11（万元）。四人合计缴纳个人所得税：57.89×3+159.11=332.78（万元）。李某减轻个人所得税负担：431.81–332.78=99.03（万元）。

9.3　电商跨境经营综合纳税筹划

电商跨境经营要注意在境内外依法纳税。境外人员在中国停留的时间要注意提前筹划，尽量选择短期非居民个人的身份。必要时，也可以选择短期居民个人的身份纳税。境内企业在境外避税港设立公司，可以将利润合理转移至境外避税港公司。

9.3.1　境外人员个人所得税筹划

跨境电商经营人员中如果有境外人员，应当依法在中国申报缴纳个人所得税，可以充分享受短期非居民个人和短期居民个人的税收优惠政策。

1. 短期非居民个人税收优惠政策

根据《中华人民共和国个人所得税法实施条例》第五条的规定，在中国境内无住所的个人，在一个纳税年度内在中国境内居住累计不超过 90 天的，其来源于中国境内的所得，由境外雇主支付并且不由该雇主在中国境内的机构、场所负担的部分，免予缴纳个人所得税。如果境外个人在境外的税负比较轻，在条件允许时，可以将在中国境内累计居住天数控制在 90 天以内，从而享受部分所得免于在中国纳税的优惠。

例. 李女士为中国香港永久居民，就职于香港、内地跨境经营的电商甲公司。2023 年度，甲公司计划安排李女士在深圳的分公司工作 180 天（6 个月）。李女士 2023 年度每月工资为 2 万元，6 个月的工资总额为 12 万元，由于其在香港可以享受的各项扣除比较多，税负接近零。

如果不进行筹划，李女士来源于中国境内的 6 个月的工资需要在内地纳税。每月应纳个人所得税：（20000–5000）×20%–1410=1590（元）；6 个月合计应纳个人所得税：1590×6=9540（元）。

甲公司可以调整公司制度以减轻员工照顾家庭的压力，实行双人季度轮休，派两位员工轮流到深圳工作，每人工作 90 天，每月工资均为 2 万元。由此该两位员工可以享受短期非居民个人的税收优惠，即在深圳工作期间取得的工资，可以在香港纳税（实际税负为零），不需要在深圳缴纳个人所得税。由此，可以为两位员工节税 9540 元。

2. 短期居民个人税收优惠政策

根据《中华人民共和国个人所得税法实施条例》第四条的规定，在中国境内无住所的个人，在中国境内居住累计满 183 天的年度连续不满 6 年的，经向主管税务机关备案，其来源于中国境外且由境外单位或者个人支付的所得，免予缴纳个人所得税；在中国境内居住累计满 183 天的任一年度中有一次离境超过 30 天的，其在中国境内居住累计满 183 天的年度的连续年限重新起算。对于短期来华人员，如果每年停留时间均超过 183 天，则应充分利用短期居民个人的税收优惠，在第六年一次离境达到 31 天即可永远保持短期居民个人的身份。

 赵先生为中国香港永久居民，在深圳创办了香港、内地跨境经营的电商甲公司，每年在中国境内停留时间约 360 天。自 2019 年度起，甲公司境内每年应纳税所得额约为 50 万元，境外每年房租收入 120 万元。

如果不进行筹划，自 2019 年度起，赵先生来自境外的房租收入可以免税五年。自第六年起，赵先生来自境外的租金收入需要在内地缴纳个人所得税，每月应纳个人所得税：$100000 \times (1-20\%) \times 20\% = 16000$（元）；全年应纳个人所得税：$16000 \times 12 = 192000$（元）。如果赵先生在境外已经就该 120 万元的租金收入缴纳了个人所得税，可以从上述 19.2 万元的应纳税额中扣除。假设赵先生在境外实际纳税 10 万元，则赵先生还应在内地补税 9.2 万元。

如果赵先生在自 2020 年起的每个第六年离境 31 天，则赵先生可以永远保持短期居民个人的身份，其来自境外的每年 120 万元的租金收入可以免于在内地纳税，每年可以节税 9.2 万元。

3. 充分利用居住时间判断标准

根据《财政部 税务总局关于在中国境内无住所的个人居住时间判定标准的公告》（财政部 税务总局公告 2019 年第 34 号）第二条的规定，无住所个人一个纳税年度内在中国境内累计居住天数，按照个人在中国境内累计停留的天数计算。在中国境内停留的当天满 24 小时的，计入中国境内居住天数，在中国境内停留的当天不足 24 小时的，不计入中国境内居住天数。根据上述制度，运用多次离境的方式就可以降低在中国境内居住的天数。

 马先生为中国香港永久居民，就职于香港、内地跨境经营的电商甲公司。甲公司在深圳设立了分公司，需要派驻一位经理。甲公司原计划在深圳为马先生租赁一套公寓，预计 2024 年度马先生在深圳停留的天数约为 200 天。马先生将成为中国内地居民纳税人。

如果马先生增加回香港的次数，每回香港一次将减少在内地停留的天数，如果马先生将 2024 年度在内地停留的天数降低为 182 天，就可以非居民个人的身份在内地缴纳个人所得税。

如果马先生能够几乎天天回香港，即工作在深圳，但居住在香港，只是偶尔居住在深圳，将 2024 年度在内地停留的天数降低为 90 天，就可以不在内地缴纳个人所得税，仅在香港缴纳相关税费。

4. 充分利用外籍人员的各项免税补贴

根据《财政部　税务总局关于个人所得税法修改后有关优惠政策衔接问题的通知》（财税〔2018〕164 号）第七条以及《财政部　税务总局关于延续实施外籍个人津补贴等有关个人所得税优惠政策的公告》（财政部　税务总局公告 2021 年第 43 号）的规定，2019 年 1 月 1 日至 2023 年 12 月 31 日，外籍个人符合居民个人条件的，可以选择享受个人所得税专项附加扣除，也可以选择按照《财政部　国家税务总局关于个人所得税若干政策问题的通知》（财税〔1994〕020 号）、《国家税务总局关于外籍个人取得有关补贴征免个人所得税执行问题的通知》（国税发〔1997〕54 号）和《财政部　国家税务总局关于外籍个人取得港澳地区住房等补贴征免个人所得税的通知》（财税〔2004〕29 号）、《财政部　税务总局关于延续实施外籍个人有关津补贴个人所得税政策的公告》（财政部　税务总局公告 2023 年第 29 号）的规定，享受住房补贴、语言训练费、子女教育费等津补贴免税优惠政策，但不得同时享受。外籍个人一经选择，在一个纳税年度内不得变更。自 2028 年 1 月 1 日起，外籍个人不再享受住房补贴、语言训练费、子女教育费津补贴免税优惠政策，应按规定享受专项附加扣除。

根据《财政部　国家税务总局关于个人所得税若干政策问题的通知》（财税〔1994〕020 号）的规定，下列所得暂免征收个人所得税：①外籍个人以非现金形式或实报实销形式取得的住房补贴、伙食补贴、搬迁费、洗衣费；②外籍个人按合理标准取得的境内、外出差补贴；③外籍个人取得的探亲费、语言训练费、子女教育费等，经当地税务机关审核批准为合理的部分；④外籍个人从外商投资企业取得的股息、红利所得。

对外籍个人而言，应综合考量专项附加扣除与各项免税补贴之间的关系，选择可以最大减轻税收负担的扣除方式。

例　孙先生为外籍人士（非独生子女），因工作需要，长期在中国境内居住。2024 年度，按税法规定可以享受免税优惠的各项补贴总额预计为 8 万元。孙先生目前可以享受的专项附加扣除为两个子女的教育费和一位老人的赡养费。

如孙先生选择居民纳税人的专项附加扣除，则扣除总额为：$2000 \times 12 \times 2 + 1500 \times 12 = 66000$（元）；如孙先生选择免税补贴优惠，则扣除总额为 8 万元，可以多扣除：$80000 - 66000 = 14000$（元）。如果孙先生综合所得适用的最高税率为 20%，则每年最高可以节税：$14000 \times 20\% = 2800$（元）。

5. 平均发放工资

根据《中华人民共和国个人所得税法》第二条的规定，非居民个人取得工资、薪金所得，劳务报酬所得，稿酬所得，特许权使用费所得，按月或者按次分项计算个人所得税。工资、薪金所得适用超额累进税率，如果某个月的工资过高，则会适用较高的税率，从而增加税收负担，只有平均发放工资，才能实现最低的税负。

例 刘女士为跨境电商甲公司的外籍员工，属于中国非居民个人。因工作需要，每年在中国停留四个月，领取四个月的工资。甲公司原计划按工作绩效发工资，假设 2024 年领取的四个月工资分别为 3000 元、6000 元、4000 元和 20000 元，总额为 33000 元。刘女士 2023 年度在中国应纳个人所得税：（6000-5000）×3%+（20000-5000）×20%-1410=1620（元）。

如刘女士预先估计四个月的工资总额在 30000 元左右，可以先按平均数发放，最后一个月汇总计算，即前三个月工资按照 8000 元发放，第四个月按照 9000 元（33000-8000×3）发放。刘女士 2024 年度在中国应纳个人所得税:（8000-5000）×3%×3+（9000-5000）×10%-210=460（元）。减轻个人所得税负担：1620-460=1160（元）。

9.3.2 境外避税港公司的纳税筹划

避税港是跨国公司热衷的地方。判断是否属于避税港的一般标准包括：①不征税或税率很低，特别是所得税和资本利得税；②实行僵硬的银行或商务保密法，为当事人保密，不得通融；③外汇开放，毫无限制，资金来去自由；④拒绝与外国税务当局进行任何合作；⑤一般不定税收协定或只有很少的税收协定；⑥是非常便利的金融、交通和信息中心。

跨境电商可以在避税港设立公司，将境内企业的利润转移至避税港公司。为提高利润转移的合理性，可以将商标、专利等知识产权留在避税港公司，境内公司仅承担生产加工任务。

例 跨境电商甲公司生产家用电器并在网上销售，主要销往境外，年度利润总额1000 万元。应纳企业所得税：1000×25%=250（万元）。如果甲公司的股东在境外避税港设立乙公司，并将生产家用电器的商标、专利等投资至乙公司，甲公司仅承担生产加工的任务，取得生产加工利润 300 万元，缴纳企业所得税：300×25%×20%=15（万元）。乙公司负责销售，取得利润 700 万元，在当地按照 5% 的税率缴纳企业所得税：700×5%=35（万元）。甲公司及乙公司减轻企业所得税负担：250-15-35=200（万元）。

需要注意的是，根据《中华人民共和国企业所得税法》第四十一条的规定，企业与其关联方之间的业务往来，不符合独立交易原则而减少企业或者其关联方应纳税收入或者所得额的，税务机关有权按照合理方法调整。根据《中华人民共和国企业所得税法实施条例》第一百零九条的规定，关联方是指与企业有下列关联关系之一的企业、其他组织或者个人：①在资金、经营、购销等方面存在直接或者间接的控制关系；②直接或者间接地同为第三者控制；③在利益上具有相关联的其他关系。根据《中华人民共和国企业所得税法实施条例》第一百一十条的规定，独立交易原则，是指没有关联关系的交易各方，按照公平成交价格和营业常规进行业务往来遵循的原则。

跨境电商在将利润从境内企业转移至避税港公司时，应当注意符合独立交易原则，否则有被税务机关进行反避税调查和特别纳税调整的风险。企业在符合独立交易原则的前提下进行利润转移、合理节税可以使用以下方法：

1）在交易商品的商标、名称、质量、配方、工艺等方面创新，使其在市场上无可比商品或者与可比商品有重大差异。

2）用业务转移策略替代利润转移。例如，甲公司生产 A 产品，低价卖给乙公司，利润就转移至乙公司了。也可以直接在乙公司购置生产线，由乙公司直接生产 A 产品（甲公司可以给予支持），这样，A 产品的利润同样留在了乙公司。

第**10**章
建筑安装业综合纳税筹划

建筑安装业综合纳税筹划主要涉及建筑安装企业的增值税筹划，建筑安装企业自身的企业所得税筹划以及建筑安装企业员工、高管及其股东的个人所得税及社保筹划。对广大中小建筑安装企业而言，应当充分利用国家针对小型微利企业、增值税小规模纳税人、年终奖单独计税的税收优惠政策以及充分利用工资福利化、家庭成员任职法、双层公司架构等方法来进行纳税筹划。

10.1 建筑安装业增值税筹划

建筑安装业一般纳税人按照 9% 的税率缴纳增值税，小规模纳税人按照 3% 或者 1% 的征收率缴纳增值税，特定业务还可以享受简易计税的优惠。建筑安装企业根据自身条件选择适当的增值税纳税人身份、增值税计算方法以及增值税纳税地点是增值税筹划的重点。

10.1.1 建筑安装业增值税纳税人身份的筹划

建筑安装业中小型企业有两种增值税纳税人身份可供选择：一般纳税人与小规模纳税人。如果企业有充足的进项税额，或者交易相对方只要增值税一般纳税人开具的增值税专用发票，企业可以选择一般纳税人身份。否则，尽量选择增值税小规模纳税人身份。

1. 选择增值税小规模纳税人身份

建筑安装业小规模纳税人的标准征收率为 3%，根据《财政部 税务总局关于明确增值税小规模纳税人减免增值税等政策的公告》（财政部 税务总局公告 2023 年第 1 号）、《财政部 税务总局关于增值税小规模纳税人减免增值税政策的公告》（财政部税务总局公告 2023 年第 19 号）的规定，自 2023 年 1 月 1 日至 2027 年 12 月 31 日，增值税小规模纳税人适用 3% 征收率的应税销售收入，减按 1% 征收率征收增值税。

目前，年应税销售额不超过 500 万元的建筑安装企业可以选择小规模纳税人身份。

例 甲公司为建筑安装业小型企业，年度销售额为 900 万元，属于增值税一般纳税人，年度取得增值税进项税额 40 万元，应当缴纳增值税：900×9%-40=41（万元）。如果甲公司的股东设立乙公司来承接甲公司无法取得增值税进项税额的业务，将能够取得充足进项税额的业务留在甲公司。假设甲公司销售额为 500 万元，进项税额为 40 万元；乙公司销售额为 400 万元，无进项税额。甲公司应当缴纳增值税：500×9%-40=5（万元）。乙公司应当缴纳增值税：400×1%=4（万元）。合计缴纳增值税 9 万元，减轻增值税负担：41-9=32（万元）。

2. 享受小规模纳税人免征增值税优惠政策

根据《财政部　税务总局关于明确增值税小规模纳税人减免增值税等政策的公告》（财政部　税务总局公告 2023 年第 1 号）、《财政部　税务总局关于增值税小规模纳税人减免增值税政策的公告》（财政部　税务总局公告 2023 年第 19 号）的规定，自 2023 年 1 月 1 日至 2027 年 12 月 31 日，对月销售额 10 万元以下（含本数）的增值税小规模纳税人，免征增值税。

例 甲公司为建筑安装业小型企业，年度销售额为 400 万元，属于增值税小规模纳税人，应当缴纳增值税：400×1%=4（万元）。由于甲公司的销售客户位于四个地区，为了便于服务客户，甲公司的股东增加设立乙公司、丙公司和丁公司，四家公司分别服务于四个地区的客户。四家公司每月销售额控制在 10 万元以内，可以享受免征增值税的优惠，减轻增值税负担 4 万元。

10.1.2　建筑安装业增值税计税方法的筹划

建筑安装业增值税一般纳税人既可以选择一般计税法计算缴纳增值税，在满足一定条件时，还可以选择简易计税法计算缴纳增值税。由于简易计税法的设置就是为了减轻建筑安装业中小型企业的增值税负担，在满足条件或者经过筹划可以满足条件时，中小企业应尽量选择简易计税法计算缴纳增值税。

1. 甲供工程选择简易计税法缴纳增值税

一般纳税人为甲供工程提供的建筑服务，可以选择适用简易计税方法按照 3% 的征收率计税。甲供工程，是指全部或部分设备、材料、动力由工程发包方自行采购的建筑工程。

例 甲安装公司主要通过甲供工程的方式提供建筑服务，年销售额约 2000 万元，属于增值税一般纳税人，适用 9% 的税率，全年进项税额约 40 万元，需要缴纳增值税：2000÷（1+9%）×9%-40=125.14（万元）。甲安装公司独立核算以甲供工程的方式提供的建筑服务，并选择适用简易计税法计税。全年需要缴纳增值税：2000/（1+3%）×3%=58.25（万元）。减轻增值税负担：125.14-58.25=66.89（万元）。

2. 清包工选择简易计税法缴纳增值税

一般纳税人以清包工方式提供的建筑服务，可以选择适用简易计税方计税。以清包工方式提供建筑服务，是指施工方不采购建筑工程所需的材料或只采购辅助材料，并收取人工费、管理费或者其他费用的建筑服务。

例. 甲装修公司主要以清包工方式提供装修服务，年含税销售额为3000万元左右，属于增值税一般纳税人，适用9%的税率，全年进项税额约50万元，需要缴纳增值税：3000÷（1+9%）×9%-50=197.71（万元）。甲装修公司独立核算以清包工方式提供的建筑服务，并选择适用简易计税法计税。全年需要缴纳增值税：3000÷（1+3%）×3%=87.38（万元）。减轻增值税负担：197.71-87.38=110.33（万元）。

10.1.3 建筑安装业增值税纳税地点的筹划

部分科技园区有财政奖励政策，无法通过选择小规模纳税人身份节税的增值税一般纳税人可以考虑将企业迁址至具有财政奖励政策的科技园区或者在该科技园区设立中转企业，转移增值税纳税地点。

例. 甲公司为建筑安装业中小型企业，年度销售额为9000万元，属于增值税一般纳税人，年度取得增值税进项税额400万元，应当缴纳增值税：9000×9%-400=410（万元）。如果甲公司能迁址至具有40%财政奖励政策的科技园区，甲公司可以享受财政奖励：410×40%=164（万元）。相当于减轻增值税负担164万元。

如果甲公司无法迁址，则可以在上述科技园区设立乙公司，甲公司缺少进项税额的项目均由乙公司采购，再由乙公司销售给甲公司，乙公司给甲公司开具增值税专用发票。假设乙公司全年增值税销项税额为320万元，进项税额为0。甲公司应当缴纳增值税：9000×9%-400-320=90（万元）。乙公司应当缴纳增值税320万元，可以享受财政奖励：320×40%=128（万元）。相当于减轻增值税负担128万元。

10.2 建筑安装业企业所得税筹划

建筑安装业企业所得税筹划应当充分利用小型微利企业税收优惠政策，充分利用公司自然人股东工资的福利化、家庭成员任职法等来进行纳税筹划，必要时也可以运用各地财政奖励政策来进行纳税筹划。

10.2.1　充分利用小型微利企业税收优惠政策

建筑安装业小型微利企业是满足年度应纳税所得额不超过 300 万元、从业人数不超过 300 人、资产总额不超过 5000 万元三个条件的企业。目前，对建筑安装业小型微利企业年应纳税所得额不超过 300 万元的部分，减按 25% 计入应纳税所得额，按 20% 的税率缴纳企业所得税。在条件允许时，建筑安装业中小企业可以通过拆分的方式来享受小型微利企业的所得税优惠政策。

例. 甲公司为建筑安装业小型企业，从业人数为 280 人、资产总额为 4900 万元。甲公司年度利润总额为 600 万元，应当缴纳企业所得税：600×25%=150（万元）。如果甲公司的股东再设立一家乙公司来承接甲公司的部分业务，将甲公司的 300 万元利润转移至乙公司，则甲公司和乙公司合计缴纳企业所得税：（300×25%×20%）×2=30（万元）。减轻企业所得税负担：150-30=120（万元）。

10.2.2　充分利用公司自然人股东进行纳税筹划

公司自然人股东如果在公司担任高管，其个人支出和职务支出往往难以区分，在满足合理性原则的前提下，建筑安装业中小企业可以将自然人股东的工资充分福利化，也可以将自然人股东的家庭成员转化为公司员工，达到公司和股东个人双赢的效果。

例. 甲公司为建筑安装业中小型企业，年度利润总额为 600 万元，应当缴纳企业所得税：600×25%=150（万元）。甲公司有两位自然人股东，目前均未在公司任职，也未在公司报销任何票据。假设两位自然人股东并未在其他单位取得综合所得，其综合所得年度扣除标准为 10 万元。如果两位自然人股东均在甲公司任高管，每人每年领取 10 万元工资，同时将个人与公司业务相关的支出票据合计 30 万元在甲公司报销。则甲公司的年度利润总额将降低：10×2+30=50（万元）。减轻企业所得税负担：50×25%=12.5（万元）。

如果两位自然人股东能各自将其三位家庭成员任命为公司员工，假设所有任职人员均未在其他单位取得综合所得，其综合所得年度扣除标准均为 10 万元。同时，上述 8 人将个人与公司业务相关的支出票据合计 70 万元在甲公司报销。则甲公司的年度利润总额将降低：10×8+70=150（万元）。减轻企业所得税负担：150×25%=37.5（万元）。

10.2.3　充分利用各地财政奖励政策进行纳税筹划

部分科技园区有财政奖励政策，无法通过其他方式进一步节税的建筑安装企业可以考虑将企业迁址至具有财政奖励政策的科技园区或者在该科技园区设立中转企业，转移企业所得税纳税地点。

例. 甲公司为建筑安装业中型企业，年度利润总额为 1000 万元，应当缴纳企业所得税：1000×25%=250（万元）。如果甲公司能迁址至财政奖励35%的科技园区，甲公司可以享受财政奖励：250×35%=87.5（万元）。相当于减轻企业所得税负担87.5万元。

如果甲公司无法迁址，则可以在上述科技园区设立乙公司，甲公司将所有采购业务交由乙公司，留部分利润在乙公司，或者将部分业务转包给乙公司，将部分利润转移至乙公司。假设乙公司全年利润总额为300万元，应当缴纳企业所得税：300×25%×20%=15（万元）。可以享受财政奖励：15×35%=5.25（万元）。甲公司利润总额降低为700万元，应当缴纳企业所得税：700×25%=175（万元）。合计缴纳企业所得税：15−5.25+175=184.75（万元）。减轻企业所得税负担：250−184.75=65.25（万元）。

10.3 建筑安装业个人所得税及社保缴费筹划

建筑安装业个人所得税及社保缴费筹划主要涉及建筑安装业的普通从业人员的个人所得税和社保缴费筹划、高管的个人所得税和社保缴费筹划以及股东兼高管的个人所得税和社保缴费筹划。充分利用社保的缴费政策及个人所得税的相关优惠、双层公司架构是税费筹划的关键技巧。

10.3.1 建筑安装业社保缴费筹划

建筑安装业普通员工的工资收入并不高，往往不需要进行个人所得税筹划，但因其需要缴纳社保，而建筑安装企业和员工缴纳社保的意愿普遍不高，因此企业和员工进行社保缴费筹划的需求比较强烈。建筑安装业高管的收入较高，进行个人所得税和社保缴费筹划的需求都比较迫切。

1. 将工资转化为职工福利

工资与职工福利费在使用的方向上具有很多相同之处，如交通费、通信费、餐饮费、差旅费、住宿费、办公用品费、既能家用也能办公用的电器和家具等。如果建筑安装企业能够合理筹划，将部分员工的部分工资转化为职工福利费，既可以实现在企业所得税税前扣除的目的，也可以实现减轻社保费负担的目的。在使用这一方法时，应注意数额适中，相关票据合法并符合企业所得税税前扣除的政策。

例 甲建筑安装公司预计2024年度发放工资总额为1000万元，企业设计了两套方案。方案一：延续2023年度的模式，实际发放工资总额1000万元；方案二：为部分员工每月报销1000元发票，同时将该员工的工资相应减少900元，预计全年报销发票200万元，减少工资发放180万元。假设甲公司负担的社保费为工资总额的20%。

在方案一中，甲公司需要负担社保费：1000×20%=200（万元）。

在方案二中，甲公司需要负担社保费：（1000−180）×20%=164（万元）。

方案二比方案一减轻社保费负担：200-164=36（万元）。同时，甲公司增加支出：200-180=20（万元）。增减相抵后，甲公司实际减轻负担：36-20=16（万元）。员工增加工资20万元。

2. 将工资转化为劳务报酬

建筑安装企业短期用工、临时用工，或安排在校学生实习，可以与劳动者签订劳务合同，向劳动者发放劳务报酬。劳务报酬不属于工资，劳动者与企业均不需要缴纳社保费。在条件允许的前提下，企业可以充分利用劳务用工的方式减轻社保费的负担。在使用这一方法时，应注意不能把全部劳动合同均改为劳务合同，应注意控制劳务合同用工的数量。通常情况下，劳务合同用工不超过全部职工的20%比较合理。

例.甲建筑安装公司预计2024年度发放工资总额为1000万元，企业设计了两套用工方案。方案一：延续2023年度的模式，全体员工均签订劳动合同，缴纳社保；方案二：将部分短期用工和临时用工由签订劳动合同改为签订劳务合同，由此将发放劳务报酬200万元，工资总额降低为800万元。假设甲公司负担的社保费为工资总额的20%。

在方案一中，甲公司需要负担社保费：1000×20%=200（万元）。在方案二中，甲公司需要负担社保费：800×20%=160（万元）。方案二比方案一减轻社保费负担：200-160=40（万元）。

3. 将计费工资转化为非计费工资

建筑安装企业雇佣退休人员，二者不再构成《中华人民共和国劳动法》和《中华人民共和国劳动合同法》意义上的劳动关系。企业向退休人员发放的报酬虽然在税法上属于工资薪金所得，需要依法纳税，但在劳动法上并不属于需要缴纳社保的工资。企业向退休人员发放的工资与劳务报酬不需要缴纳社保。

例.甲建筑安装公司原计划在2024年度招聘员工100人，人均月工资5000元。由于甲公司的劳动岗位劳动强度小，退休人员也可以胜任，甲公司为此设计了两套用人方案。方案一：全部雇佣尚未达到退休年龄的人员；方案二：全部雇佣已经达到退休年龄的人员。假设甲公司所在地，个人缴纳社保的比例为工资的10%，企业缴纳社保的比例为工资的20%。

在方案一中，甲公司的员工每年需要缴纳社保费：100×0.5×12×10%=60（万元）；甲公司每年需要缴纳社保费：100×0.5×12×20%=120（万元）；合计缴纳社保费：60+120=180（万元）。在方案二中，甲公司的员工每年少缴社保费60万元，甲公司每年少缴社保费120万元。

4. 利用劳务派遣减轻社保负担

建筑安装企业用工，既可以采取自己招聘员工的形式，也可以采取劳务派遣的形式。自己招聘员工需要负担员工的社保费，劳务派遣不需要负担员工的社保费。在条件允许的前提下，企业可以充分利用劳务派遣的方式来减轻企业的社保负担。劳务派遣的适用范围比较广泛，企业几乎所有的岗位都可以适用。劳务派遣的员工，原则上每半年应调整一次工作岗位，避免被监管部门认为是长期工作岗位违法使用劳务派遣。对于建筑安装企业而言，劳务派遣是减轻社保负担以及用工成本的重要方法。

例. 甲建筑安装公司 2023 年度支付的员工工资总额为 1000 万元，2024 年度设计了两套用工方案。方案一：继续采用 2023 年度的模式，由公司雇佣员工完成各项加工任务，预计工资总额为 1200 万元；方案二：试点在部分工作岗位上采取劳务派遣的方式，由此，在完成相同工作任务的同时，可以将工资总额降低为 800 万元。假设甲公司负担的社保费为工资总额的 20%。

在方案一中，甲公司需要负担社保费：1200×20%=240（万元）。在方案二中，甲公司需要负担社保费：800×20%=160（万元）。方案二比方案一减轻社保费负担：240-160=80（万元）。

5. 利用劳务外包减轻社保负担

利用劳务外包是常见的减轻自身用工成本的方法，这一方法目前在全球范围内被广泛采用，特别是发达国家（劳动力成本比较高）利用发展中国家的低成本劳动力时，主要采用这种方法。利用劳务派遣与利用劳务外包具有类似的作用，分别适用不同的情形。如果相关劳务可以仅仅依靠最终的成果来判断，可以采取劳务外包的方式；如果相关劳务的成果很难判断或者需要在公司内部完成相关劳务，就适宜采取劳务派遣的方式。如公司的保安服务、保洁服务、运输服务、前台接待服务等。

例. 甲建筑安装公司为减轻自身用工成本，与全国十余家建筑安装企业签订了合作协议。甲公司将自身一半的建筑安装服务转移给了其他合作企业，每年节约工资支出 1000 万元（转化为承包费支出）。假设公司负担的社保费为工资总额的 20%，通过劳务外包可以减少社保费负担：1200×20%=240（万元）。

6. 利用福利转化与劳务外包减轻高管负担

建筑安装公司高管工资较高，负担的社保与个人所得税等负担也比较重。公司高管本身也是员工，因此，可以用在一般员工身上的方法也可以用在高管身上。如可以将公司高管的部分工资分解为职工福利费或者其他生产经营成本，高管的私家车等数额较大的支出也可以与工资互相转化，同时，高管还可以成立个体工商户，为公司提供技术服务、咨询服务或者管理服务，相当于将自己的部分劳务外包出去。

例. 甲建筑安装公司高管 2024 年度工资总额预计约 1000 万元，公司有两个方案可供选择。方案一：实际发放 1000 万元工资；方案二：由公司高管提供可以税前扣除的发票 100 万元，部分高管计划购买的私家车以公司的名义购买，等额减少高管的工资约 100 万元，部分高管成立个体工商户，为公司提供技术服务、咨询服务和管理服务，开具发票 200 万元，由个体工商户核定缴纳个人所得税，由此将公司高管工资总额降低为 600 万元。假设甲公司负担的社保费为工资总额的 20%。

在方案一中，甲公司需要负担社保费：1000×20%=200（万元）。在方案二中，甲公司需要负担社保费：600×20%=120（万元）。方案二比方案一减轻社保费负担：200-120=80（万元）。

7. 利用合伙企业组织用工

利用合伙企业组织用工是在劳务外包与劳务派遣等用工形式的基础上发展起来的。其基本特点是在不解散现有员工的基础上实行劳务外包，即由部分员工设立合伙企业，公司将部分劳务外包给该合伙企业，合伙企业可以利用公司原有的厂房、设备等从事劳务。公司原支付给员工的工资可以劳务费或者加工费的方式支付给合伙企业。合伙企业的全体合伙人同时也是为企业提供劳务的全体员工，合伙人从合伙企业取得的是经营利润，不是工资，因此，不需要缴纳社保。

合伙企业相当于公司的一个建筑队，或者一个分公司，因此，原来设置了若干个建筑队的公司，或者原有较多分公司的公司比较适宜采取这种方式。如公司的维护部门作为一个整体可以变更为合伙企业，原工作人员变为合伙企业的合伙人。相关人员的工作岗位和待遇可以保持不变。采取这种方式减轻社保负担应注意两点：一是与主管税务机关，特别是税收专管员保持良好关系；二是循序渐进，一个部门成熟后再转化下一个部门，先试点。

例. 甲建筑安装公司有员工 1000 余人，其中有 500 余人在 10 个相对独立的建筑施工队从事不同项目的建筑施工工作。2023 年度发放的工资总额为 5000 万元，预计 2024 年度发放的工资总额与 2023 年度大体相同。甲公司设计了两套用工方案。方案一：延续 2023 年度的用工模式，由甲公司直接向全体员工发放工资；方案二：将 10 个建筑施工队独立出去，设立 10 家合伙企业，原建筑施工队的员工全部变为合伙企业的合伙人，甲公司与 10 家合伙企业签订合作合同，由 10 家合伙企业完成往年的建筑施工任务，甲公司按照以往工资总额向 10 家合伙企业支付建筑施工费，合伙企业取得建筑施工费后向每个合伙人分配合伙企业的利润。由此可以将 2000 万元的工资转化为合伙企业的经营利润。假设员工负担的社保费为工资总额的 10%，甲公司负担的社保费为工资总额的 20%。

在方案一中，员工与甲公司负担的社保费：5000×（10%+20%）=1500（万元）。在方案二中，员工与甲公司负担的社保费：（5000-2000）×（10%+20%）=900（万元）。减轻社保费负担：1500-900=600（万元）。

8. 利用两家公司发放工资

在同一地区，劳动者可以在两家以上用人单位工作并领取工资，但只能在一家公司缴纳社保。对于集团化经营的企业，可以利用多家公司为员工发放工资，从而适当减轻公司和员工的社保负担。

例. 甲建筑安装公司拥有 100 名员工，人均月工资 1 万元，企业负担 20% 的社保费，个人负担 10% 的社保费。2024 年度，甲公司改变经营模式，将公司分立为甲公司和乙公司，该 100 名员工分别受雇于甲公司和乙公司，同时在另一公司兼职（兼职工资 4000 元）。假设甲公司 2024 年度共有 50 名员工缴纳社保，人均月工资 6000 元，乙公司 2023 年度也有 50 名员工缴纳社保，人均月工资 6000 元。请计算该项筹划为甲乙公司及员工节约的社保负担。

2023 年度甲公司及其员工应缴纳社保费：$1 \times 100 \times（10\%+20\%）=30$（万元）。2024 年度甲公司、乙公司及其员工应缴纳社保费：$0.6 \times 100 \times（10\%+20\%）=18$（万元）。甲乙公司及员工节约社保负担：$30-18=12$（万元）。需要注意的是，在两地工作，需要在两地缴纳工伤保险费。

10.3.2 建筑安装业高管的纳税筹划

建筑安装业高管的纳税筹划与其他行业高管的纳税筹划类似，应当充分利用个人所得税的各项扣除、年终奖与股权激励单独计税以及工资福利化、家庭成员任职法等进行筹划。必要时，建筑安装业高管也可以到特定科技园区设立个体工商户，享受核定征税或者财政奖励的优惠。

例. 甲建筑安装公司拥有 10 位高管，平均年薪为 100 万元，平均综合所得扣除标准为 10 万元。如果不进行纳税筹划，每位高管需要缴纳个人所得税：$（100-10）\times 35\%-8.592=22.908$（万元）。平均税负率为：$22.908 \div 100 \times 100\%=22.91\%$。

如果给每位高管设置 3.6 万元年终奖，每位高管需要缴纳个人所得税：$（100-10-3.6）\times 35\%-8.592+3.6 \times 3\%=21.756$（万元）。平均税负率为：$21.756 \div 100 \times 100\%=21.76\%$。

如果平均每位高管能提供 10 万元可以由甲公司税前扣除的办公用品、交通费、差旅费等发票，每位高管需要缴纳个人所得税：$（100-10-3.6-10）\times 35\%-8.592+3.6 \times 3\%=18.256$（万元）。平均税负率为：$18.256 \div 100=18.26\%$。

如果每位高管能提供两位家庭成员担任助理，每人领取 13.6 万元年薪和 3.6 万元年终奖，假设每人综合所得扣除标准为 10 万元。每位高管需要缴纳个人所得税：$（100-10-3.6-10-13.6 \times 2-3.6 \times 2）\times 25\%-3.192+3.6 \times 3\%=7.416$（万元）。两位助理每人需要缴纳个人所得税：$（13.6-3.6）\times 3\%+3.6 \times 3\%=0.216$（万元）。合计缴纳个人所得税：$7.416 + 0.216 \times 2=7.848$（万元）。平均税负率为：$7.848 \div 100 \times 100\%=7.85\%$。

10.3.3 建筑安装业自然人股东的纳税筹划

建筑安装业自然人股东原则上也应当在公司任职，公司高管纳税筹划的方法，自然人股东都可以使用。除此之外，由于建筑安装公司往往还有

较高的未分配利润，为避免未来需要缴纳个人所得税，每位自然人股东应当通过双层公司架构来投资建筑安装公司。

例 一个比较理想的建筑安装公司的股权架构和人员安排是这样的：张某持有 A 公司 100% 的股权，张某及其三位家庭成员任 A 公司的高管；李某持有 B 公司 100% 的股权，李某及其三位家庭成员任 B 公司的高管；A 公司和 B 公司共同持有 C 公司的股权，张某及其家庭成员、李某及其家庭成员同时担任 C 公司的高管。C 公司是实际经营的建筑安装公司，其承接建筑安装业务，取得相关工程款，向公司高管发放工资。公司高管与公司经营相关的支出均在 C 公司报销。C 公司缴纳企业所得税之后的净利润分配给 A 公司和 B 公司，A 公司和 B 公司取得股息不需要缴纳企业所得税。A 公司和 B 公司不向张某和李某分配股息，张某和李某的投资全部由 A 公司和 B 公司承担，未来直接将 A 公司和 B 公司交给各自的继承人。

Chapter Eleven

第**11**章
房地产业与不动产投资综合纳税筹划

房地产业与不动产投资涉及的特殊税种包括土地增值税、契税和房产税，该领域的纳税筹划主要是对上述三个税种的筹划。利用国家出台的各个税种的税收优惠政策是进行纳税筹划的核心，利用双层公司进行不动产投资是该领域进行纳税筹划的基本架构。

11.1　土地增值税综合纳税筹划

土地增值税是对房地产转让中产生的增值所征收的一种税，利用销售普通标准住宅土地增值税优惠政策、巧选利息核算方法增加扣除金额、个人转让住房免土地增值税优惠政策、企业改制土地增值税优惠政策、股权转让免土地增值税政策、两次销售房地产降低增值率是土地增值税筹划常用的方法与技巧。

11.1.1　利用销售普通标准住宅土地增值税优惠政策

转让国有土地使用权、地上的建筑物及其附着物（以下简称转让房地产）并取得收入的单位和个人，为土地增值税的纳税人。土地增值税按照纳税人转让房地产所取得的增值额和规定的税率计算征收。纳税人转让房地产所取得的收入减除规定扣除项目金额后的余额，为增值额。

土地增值税实行四级超率累进税率：①增值额未超过扣除项目金额50%的部分，税率为30%；②增值额超过扣除项目金额50%、未超过扣除项目金额100%的部分，税率为40%；③增值额超过扣除项目金额100%、未超过扣除项目金额200%的部分，税率为50%；④增值额超过扣除项目金额200%的部分，税率为60%。

纳税人建造普通标准住宅出售，增值额未超过扣除项目金额20%的，免征土地增值税。通常有两种方法来利用这一税收优惠政策，第一种方法是当增值额刚刚超过扣除项目金额 20% 时，适当控制销售价格。

例. 甲公司建造一栋普通标准住宅，经核算，税法规定的扣除项目金额为 5000 万元，甲公司原定不含增值税销售价格为 6100 万元。仅考虑土地增值税，不考虑其他税费。

如果按 6100 万元销售，该项目的增值额为：6100-5000=1100（万元），增值率为：1100÷5000×100%=22%。该项目应纳土地增值税：1100×30%=330（万元）。

建议甲公司将销售价格降低为 6000 万元，此时增值额为 1000 万元，增值率为 20%，可以免征土地增值税。虽然甲公司销售收入减少了 100 万元，但其节省了 330 万元的土地增值税，实际上增加利润 230 万元。通过纳税筹划，该项目增加利润 230 万元。由此可见，在增值率刚刚超过 20% 时，可以通过降低销售价格使得增值率控制在 20% 以内，从而享受免征土地增值税的优惠政策。

纳税人转让房地产所取得的收入，包括货币收入、实物收入和其他收入。计算增值额的扣除项目包括：①取得土地使用权所支付的金额；②开发土地的成本、费用；③新建房及配套设施的成本、费用，或者旧房及建筑物的评估价格；④与转让房地产有关的税金；⑤财政部规定的其他扣除项目。纳税人享受建造普通标准住宅出售免征土地增值税优惠的第二种方法是当增值额较大超过扣除项目金额 20% 时，适当增加扣除项目金额。

例. 甲公司建造一栋普通标准住宅，经核算，税法规定的扣除项目金额为 5000 万元，甲公司原定不含增值税销售价格为 6500 万元。仅考虑土地增值税，不考虑其他税费。

如果按 6500 万元销售，该项目的增值额为：6500-5000=1500（万元），增值率为：1500÷5000×100%=30%。应纳土地增值税：1500×30%=450（万元）。如甲公司将销售价格降低为 6000 万元，虽然免征了土地增值税，但仍得不偿失。

建议甲公司提高住宅的装修水平，使得扣除项目金额提高至 7500 万元，但增值额仍保持 1500 万元，此时的增值率为：1500÷7500×100%=20%。可以免征土地增值税。通过纳税筹划，减轻土地增值税负担 450 万元。由此可见，当通过降低销售价格、降低增值率得不偿失时，可以通过增加扣除项目金额降低增值率。

11.1.2 利用巧选利息核算方法增加扣除金额

在土地增值税的计算中，开发土地和新建房及配套设施的费用（以下简称房地产开发费用）是指与房地产开发项目有关的销售费用、管理费用、财务费用。财务费用中的利息支出，凡能够按转让房地产项目计算分摊并提供金融机构证明的，允许据实扣除，但最高不能超过按商业银行同类同期贷款利率计算的金额。其他房地产开发费用，按取得土地使用权所支付的金额、开发土地和新建房及配套设施的成本之和的百分之五以内计算扣除。凡不能按转让房地产项目计算分摊利息支出或不能提供金融机构证明的，房地产开发费用按上述标准的百分之十以内计算扣除。上述计算扣除的具体比例，由各省、自治区、直辖市人民政府规定。

下面通过两个案例来看如何选择利息核算的方法。

例 甲房地产企业开发一处房地产，为取得土地使用权支付 1000 万元，为开发土地和新建房及配套设施花费 1200 万元，财务费用中可以按转让房地产项目计算分摊利息的利息支出为 200 万元，不超过商业银行同类同期贷款利率。请确定甲企业是否提供金融机构证明？

如果甲企业不提供金融机构证明，则该企业所能扣除费用的最高额为：（1000+1200）×10%=220（万元）。

如果甲企业提供金融机构证明，该企业所能扣除费用的最高额为：200+（1000+1200）×5%=310（万元）。

通过纳税筹划，甲企业增加扣除金额：310-220=90（万元）。

因此，建议甲企业提供金融机构证明。

例 乙房地产企业开发一处房地产，为取得土地使用权支付 1000 万元，为开发土地和新建房及配套设施花费 1200 万元，财务费用中可以按转让房地产项目计算分摊利息的利息支出为 80 万元，不超过商业银行同类同期贷款利率。请确定乙企业是否提供金融机构证明？

如果乙企业提供金融机构证明，则该企业所能扣除费用的最高额为：80+（1000+1200）×5%=190（万元）。

如果乙企业不提供金融机构证明，该企业所能扣除费用的最高额为：（1000+1200）×10%=220（万元）。

通过纳税筹划，乙企业增加扣除金额：220-190=30（万元）。

因此，建议乙企业不提供金融机构证明。

由此可见，当利息支出超过扣除标准的 5% 时，选择分别扣除；当利息支出低于扣除标准的 5% 时，选择合并扣除。

11.1.3 利用个人转让住房免土地增值税优惠政策

根据《关于调整房地产交易环节税收政策的通知》（财税〔2008〕137号）的规定，对个人销售住房暂免征收土地增值税。对住房投资而言，以个人名义投资在税收上的优惠更多，税负相对较轻；对商用房投资而言，以公司名义投资在税收上的优惠较多，税负相对较轻。

例 李先生计划设立甲公司，由甲公司购置一套面积不超过 90 平方米的普通住房，购置价为 200 万元，持有满两年后，以 300 万元的价格出售。仅考虑契税和土地增值税，土地增值税按 3% 的征收率核定征收，契税标准税率为 3%。

如果由甲公司购置，购置时，需缴纳契税：200×3%=6（万元）。销售时需要缴纳土地增值税：200×3%=6（万元）。合计纳税 12 万元。

如果由李先生个人购置（假设属于李先生家庭的第二套住房且住房位于"北上广深"四市以外），购置时需缴纳契税：$200 \times 1\% = 2$（万元）。销售时免纳土地增值税。节税 10 万元。

甲公司销售住房需要缴纳增值税及其附加，李先生销售住房可以免纳增值税。在所得税上，甲公司可以享受小微企业低税率优惠，但股息分配给个人股东时仍需要缴纳 20% 的个人所得税（通过双层公司架构可以免除）。以股权转让代替住房转让可以实现免增值税和土地增值税。个人投资住房与企业投资住房的优劣需要综合考量。

11.1.4　利用企业改制土地增值税优惠政策

2027 年 12 月 31 日之前，企业按照《中华人民共和国公司法》有关规定整体改制，包括非公司制企业改制为有限责任公司或股份有限公司，有限责任公司变更为股份有限公司，股份有限公司变更为有限责任公司，对改制前的企业将国有土地使用权、地上的建筑物及其附着物（以下简称房地产）转移、变更到改制后的企业，暂不征土地增值税。整体改制是指不改变原企业的投资主体，并承继原企业权利、义务的行为。

按照法律规定或者合同约定，两个或两个以上企业合并为一个企业，且原企业投资主体存续的，对原企业将房地产转移、变更到合并后的企业，暂不征土地增值税。

按照法律规定或者合同约定，企业分设为两个或两个以上与原企业投资主体相同的企业，对原企业将房地产转移、变更到分立后的企业，暂不征土地增值税。

单位、个人在改制重组时以房地产作价入股进行投资，对其将房地产转移、变更到被投资的企业，暂不征土地增值税。

上述改制重组有关土地增值税政策不适用于房地产转移任意一方为房地产开发企业的情形。企业在满足相关条件时，可以充分利用上述企业改制土地增值税优惠政策进行纳税筹划。

例　甲公司拟将一处不动产转移给子公司——乙公司，如果直接转让，需要缴纳土地增值税约 5000 万元。甲公司可以进行改制重组，将该处不动产作价入股，投资于乙公司，增加乙公司注册资本和实收资本，可以免于缴纳 5000 万元的土地增值税。

11.1.5　利用股权转让免土地增值税政策

股权转让不属于土地增值税的征税范围，本来是不涉及土地增值税问题的，但根据《国家税务总局关于以转让股权名义转让房地产行为征收土地增值税问题的批复》（国税函〔2000〕687 号）的规定，鉴于深圳市能源集团有限公司和深圳能源投资股份有限公司一次性共同转让深圳能源（钦州）实业有限公司 100% 的股权，且这些以股权形式表现的资产主要是土地使用权、地上建筑物及附着物，经研究，对此应按土地增值税的规定征税。

先看一个案例。恒立实业于 2019 年 10 月 8 日发布公告，披露公司分别于 2016 年 11 月底与 2017 年 7 月底两次作价共 2.91 亿元（其中不动产作价 2.78 亿元）转让子公司恒通实业累计 100% 的股权（将恒通实业 80% 股权作价 2.33 亿元转让给长沙丰泽房地产咨询有限公司，将恒通实业 20% 股权作价 5820 万元转让给长沙道明房地产有限公司），鉴于该股权转让事项起始就被岳阳市主管税务机关认定为以股权转让名义进行的土地使用权转让，需按税法规定缴纳土地增值税。经测算，需缴纳土地增值税 6691.79 万元。由此可见，仅仅通过分两次转让公司股权，无法避免被征收土地增值税的风险。必须从避免 100% 转让股权和公司主要资产是房地产两个方面入手，才能避免被征收土地增值税的风险。

例 甲公司计划将全资子公司乙公司 100% 的股权转让给丙公司，已知乙公司拥有的房地产占乙公司全部资产的 95%。如直接转让，有可能被税务机关认定为以股权转让的名义转让房地产，需要缴纳土地增值税。

筹划方案一：甲公司将乙公司 80% 的股权转让给丙公司，剩余 20% 的股权设定为丙公司委托甲公司代为持有。这样，甲公司并未转让乙公司 100% 的股权，不会被税务机关认定为实质转让房地产，但丙公司在客观上持有了乙公司的全部股权。

筹划方案二：丙公司以现金方式向乙公司出资，持有乙公司 50% 的股权，其余 50% 的股权由丙公司委托甲公司代为持有，经营一段时间后，甲公司再将乙公司 50% 的股权转让给丙公司，由于此时乙公司的房地产占乙公司全部资产的比例不足 50%，税务机关无法将该股权转让行为认定为实质转让房地产。

在马庆泉、马松坚与湖北瑞尚置业有限公司股权转让纠纷民事判决中［（2014）民二终字第 264 号］，原告以股权转让合同逃避缴纳税款，要求判定合同无效。最高人民法院判决认为："由于转让股权和转让土地使用权是完全不同的行为，当股权发生转让时，目标公司并未发生国有土地使用权转让的应税行为，目标公司并不需要缴纳营业税和土地增值税。"因此，最高人民法院也认为股权转让不应当征收土地增值税。

11.1.6 利用两次销售房地产降低增值率

土地增值税实行四级超率累进税率，增值率越高，适用的税率也越高。如果能将同一处房地产分两次转让，则每次转让的增值率都较低，适用的税率较低，由于两次转让房地产的合计增值额与一次转让房地产的增值额是相同的，在税率降低的情形下，可以减轻土地增值税的整体税负。

例 甲房地产公司开发一处房地产，经测算，转让房地产取得不含税收入 40000 万元，计算增值额允许扣除的金额为 15000 万元，增值额为 25000 万元，增值率为 167%，适用税率为 50%，速算扣除系数为 15%，应纳土地增值税：25000×50%−

15000×15%=10250（万元）。纳税筹划方案如下：

建议甲房地产公司的股东再成立乙房地产公司，甲公司在项目建成后，以 30000 万元销售给乙公司，乙公司再以 40000 万元的价格对外销售。

甲公司的收入为 30000 万元，扣除项目金额为 15000 万元，增值额为 15000 万元，增值率为 100%，适用税率为 40%，速算扣除系数为 5%，应纳土地增值税：15000×40%-15000×5%=5250（万元）。

乙公司的收入为 40000 万元，扣除项目金额为 30000 万元，增值额为 10000 万元，增值率为 30%，适用税率为 30%，应纳土地增值税：10000×30%=3000（万元）。

两家公司合计纳税 8250 万元（5250＋3000），节税 2000 万元（10250-8250）。

11.2　契税与房产税综合纳税筹划

个人与单位购置房地产需要缴纳契税，目前个人购置契税有优惠政策，个人和单位互换房地产有契税优惠政策，单位改制也有契税优惠政策，契税的筹划应当充分利用上述优惠政策。房产税在计税方式和计税依据的确定上都有一些特殊政策，充分利用这些特殊政策是进行房产税筹划的重点。

11.2.1　利用契税优惠政策进行筹划

1. 利用个人购置住房的契税优惠政策

根据《财政部　国家税务总局　住房城乡建设部关于调整房地产交易环节契税　营业税优惠政策的通知》（财税〔2016〕23 号）的规定，自2016 年 2 月 22 日起，对个人购买家庭唯一住房（家庭成员范围包括购房人、配偶以及未成年子女，下同），面积为 90 平方米及以下的，减按 1% 的税率征收契税；面积为 90 平方米以上的，减按 1.5% 的税率征收契税。

北京市、上海市、广州市、深圳市以外地区，对个人购买家庭第二套改善性住房，面积为 90 平方米及以下的，减按 1% 的税率征收契税；面积为 90 平方米以上的，减按 2% 的税率征收契税。家庭第二套改善性住房是指已拥有一套住房的家庭，购买的家庭第二套住房。

个人在购置住房时应注意购房的面积，在同等条件下，应当尽量选择可以享受契税优惠的住房。

例 家住武汉的李女士目前正在购买家庭第二套住房。李女士看中了两套住房，一套 90 平方米，另一套 90.5 平方米，均为两室一厅的小户型住房。在其他条件基本相当的前提下，李女士应当购买哪一套住房？

李女士应当购买 90 平方米的住房。因为购买该套住房可以享受按 1% 的税率缴纳契税的优惠政策，而购买 90.5 平方米的住房只能享受按 2% 的税率缴纳契税的优惠政策，如果购房不含增值税价款为 300 万元，购买第一套住房可以节省契税 3 万元。

2. 利用纳税人互换房地产的契税优惠政策

根据《中华人民共和国契税法》（2020 年 8 月 11 日第十三届全国人民代表大会常务委员会第二十一次会议通过）第四条的规定，土地使用权互换、房屋互换，契税的计税依据为所互换的土地使用权、房屋价格的差额。如果纳税人可以通过互换房地产来实现其目的，可以利用互换房地产契税计税依据的优惠来进行契税筹划。

例 甲公司拥有价值 1000 万元的 A 房产，甲公司拟将 A 房产出售给乙公司，再从乙公司购买价值 2000 万元的 B 房产。如两套房产均采取买卖的方式，当地契税税率为 4%，乙公司需要缴纳契税：1000×4%=40（万元）。甲公司需要缴纳契税：2000×4%=80（万元）。如果甲乙公司互换房产，甲公司向乙公司支付差额 1000 万元，则乙公司不需要缴纳契税，甲公司仅需要缴纳契税：1000×4%=40（万元）。甲乙两公司合计减轻契税负担 80（80+40-40）万元[一]。

3. 利用企业改制契税优惠政策

根据《财政部　税务总局关于继续实施企业、事业单位改制重组有关契税政策的公告》（财政部　税务总局公告 2023 年第 49 号）的规定，2024 年 1 月 1 日至 2027 年 12 月 31 日，执行以下契税政策：

1）企业改制。企业按照《中华人民共和国公司法》有关规定整体改制，包括非公司制企业改制为有限责任公司或股份有限公司，有限责任公司变更为股份有限公司，股份有限公司变更为有限责任公司，原企业投资主体存续并在改制（变更）后的公司中所持股权（股份）比例超过 75%，且改制（变更）后公司承继原企业权利、义务的，对改制（变更）后公司承受原企业土地、房屋权属，免征契税。

2）事业单位改制。事业单位按照国家有关规定改制为企业，原投资主体存续并在改制后企业中出资（股权、股份）比例超过 50% 的，对改制后企业承受原事业单位土地、房屋权属，免征契税。

3）公司合并。两个或两个以上的公司，依照法律规定、合同约定，合并为一个公司，且原投资主体存续的，对合并后公司承受原合并各方土地、房屋权属，免征契税。

4）公司分立。公司依照法律规定、合同约定分立为两个或两个以上与原公司投资主体相同的公司，对分立后公司承受原公司土地、房屋权属，免征契税。

〇 此案例中计算不含增值税金额。

5）企业破产。企业依照有关法律法规规定实施破产，债权人（包括破产企业职工）承受破产企业抵偿债务的土地、房屋权属，免征契税；对非债权人承受破产企业土地、房屋权属，凡按照《中华人民共和国劳动法》等国家有关法律法规政策妥善安置原企业全部职工规定，与原企业全部职工签订服务年限不少于三年的劳动用工合同的，对其承受所购企业土地、房屋权属，免征契税；与原企业超过 30% 的职工签订服务年限不少于三年的劳动用工合同的，减半征收契税。

6）资产划转。对承受县级以上人民政府或国有资产管理部门按规定进行行政性调整、划转国有土地、房屋权属的单位，免征契税。同一投资主体内部所属企业之间土地、房屋权属的划转，包括母公司与其全资子公司之间，同一公司所属全资子公司之间，同一自然人与其设立的个人独资企业、一人有限公司之间土地、房屋权属的划转，免征契税。母公司以土地、房屋权属向其全资子公司增资，视同划转，免征契税。

7）债权转股权。经国务院批准实施债权转股权的企业，对债权转股权后新设立的公司承受原企业的土地、房屋权属，免征契税。

8）划拨用地出让或作价出资。以出让方式或国家作价出资（入股）方式承受原改制重组企业、事业单位划拨用地的，不属上述规定的免税范围，对承受方应按规定征收契税。

9）公司股权（股份）转让。在股权（股份）转让中，单位、个人承受公司股权（股份），公司土地、房屋权属不发生转移，不征收契税。

上述企业、公司，是指依照我国有关法律法规设立并在中国境内注册的企业、公司。上述投资主体存续，企业改制重组的，是指原改制重组企业的出资人必须存在于改制重组后的企业；事业单位改制的，是指履行国有资产出资人职责的单位必须存在于改制后的企业。出资人的出资比例可以发生变动。上述投资主体相同，是指公司分立前后出资人不发生变动，出资人的出资比例可以发生变动。

单位和个人可以充分利用上述优惠政策进行房地产转让的契税筹划。

例　赵先生准备用自己名下的一处价值 1000 万元的商用房投资设立一家一人有限责任公司，已知当地契税税率为 3%。仅考虑契税，不考虑其他税费。

如果直接投资，该有限责任公司需要缴纳契税：1000 × 3%=30（万元）。

建议赵先生先成立一家一人有限责任公司，然后将自己名下的商用房划转至该一人有限责任公司，则可以免于缴纳 30 万元的契税。

11.2.2　利用房产税优惠政策进行筹划

1. 利用房产税两种计税方法的转化进行筹划

房产税是以房产为征税对象，按照房产的计税价值或计税租金向产

权所有人或管理人征收的一种税。从价计征的房产税，是以房产余值为计税依据。房产余值，是房产的原值减除规定比例后的剩余价值。房产税依照房产原值一次减除10%至30%后的余值计算缴纳。具体扣减比例由省、自治区、直辖市人民政府确定。

从价计征是按房产的原值减除一定比例后的余值计征，其计算公式为：

从价计征的房产税应纳税额＝应税房产原值×（1–扣除比例）×1.2%

房产出租的，以房屋出租取得的租金收入为计税依据，计缴房产税。计征房产税的租金收入不含增值税。免征增值税的，确定计税依据时，租金收入不扣减增值税额。

从租计征是按房产的租金收入计征，其计算公式为：

从租计征的房产税应纳税额＝租金收入×12%

房产税的两种计算方法为我们提供了纳税筹划的空间，如果选择从租计征，应当将房产租赁，如果选择从价计征，不能将房产租赁，可以采取其他经营方式。

例. 甲公司拟将一处房产出租给乙公司，年度不含增值税租金为100万元，甲公司需要缴纳房产税：100×12%=12（万元）。由于该处房产购置较早，其原值仅为800万元，当地规定的扣除比例为30%。甲乙公司可以将租赁合同修改为仓储租赁合同，甲公司按照从价计征方式缴纳房产税：800×（1–30%）×1.2%=6.72（万元）。每年减轻房产税负担：12–6.72=5.28（万元）。

2. 利用房产税的计税依据进行纳税筹划

房产的租金收入是指房屋产权所有人出租房产使用权所取得的报酬，包括货币收入和实物收入。对以劳务或其他形式为报酬抵付房租收入的，应根据当地同类房产的租金水平，确定一个标准租金额从租计征。纳税人对个人出租房屋的租金收入申报不实或申报数与同一地段同类房屋的租金收入相比明显不合理的，税务部门可以按照《中华人民共和国税收征收管理法》的有关规定，采取科学合理的方法核定其应纳税额。

由于租金以外的收入不计入房产税的计税依据，纳税人可以通过分别核算房产出租的各项收入来减轻房产税负担。

例. 甲公司拟将一处房产出租给乙公司，由于甲公司需要为乙公司配备充足的办公设施以及物业服务，因此，甲公司拟每年收取不含增值税租金200万元。甲公司需要缴纳房产税：200×12%=24（万元）。经核算，甲公司配备的办公设施的年度租金价值为30万元，甲公司提供的物业服务的年度价值为20万元。

建议甲公司与乙公司分别签订三份合同：房产租赁合同，年度不含增值税租金为150万元；办公设备租赁合同，年度不含增值税租金为30万元；物业服务合同，年度不含增值税服务费20万元。甲公司需要缴纳房产税：150×12%=18（万元）。每年减轻房产税负担：24–18=6（万元）。

11.3 双层公司不动产投资综合纳税筹划

个人和企业购买商业不动产需要缴纳契税和印花税。个人和企业出租商业不动产需要缴纳增值税及其附加、房产税、印花税和所得税。个人和企业转让商业不动产需要缴纳增值税及其附加、土地增值税、印花税和所得税。由于个人出租商铺取得财产租赁所得、转让商铺取得财产转让所得适用的税率为 20%，而小型微利企业的实际税率可以降至 5%，股权转让还可以避免增值税及其附加、土地增值税以及契税的纳税义务。使用双层公司进行不动产投资可以实现最低的税收负担。

11.3.1 个人投资商业不动产的税收负担分析

例　张先生手中有若干闲置资金，计划以个人名义在某商业圈购置两处商铺，对外出租，价格合适时再对外出售。假设两处商铺性质完全相同，市场价合计为 1000 万元。购置后出租，五年取得租金 100 万元。五年之后以 1500 万元的价格将两处商铺出售。当地契税适用税率为 3%。个人转让不动产，土地增值税按 3% 核定征收。

如果以张先生个人的名义购买商铺，个人购买商业不动产需要缴纳契税和印花税。张先生需要缴纳契税：1000÷（1+9%）×3%=27.52（万元）。印花税数额较小，这里不予考虑。

个人出租商业不动产需要缴纳增值税及其附加、房产税、印花税和所得税。张先生需要缴纳增值税：100÷（1+5%）×5%=4.76（万元）。需要缴纳城市维护建设税、教育费附加和地方教育附加：4.76×（7%+3%+2%）=0.57（万元）。需要缴纳房产税：100÷（1+5%）×12%=11.43（万元）。需要缴纳个人所得税：［100÷（1+5%）－0.57－11.43］×（1－20%）×20%=13.31（万元）。

五年后张先生出售商铺，需要缴纳增值税及其附加:［1500÷（1+5%)－1000÷（1+9%）］×5%=25.56（万元）；需要缴纳城市维护建设税、教育费附加和地方教育附加：25.56×（7%+3%+2%）=3.07（万元）；需要缴纳土地增值税：1500÷（1+5%）×3%=42.86（万元）；需要缴纳个人所得税：［1500÷（1+5%）－1000－27.52－3.07－42.86］×20%=71.02（万元）。购买方需要缴纳契税：1500÷（1+5%）×3%=42.86（万元）。

综上，以张先生的名义购置商铺合计纳税 27.52 万元；张先生出租商铺取得租金合计纳税 30.07 万元；五年后张先生出售商铺合计纳税 200.1 万元（含购买方缴纳的契税）。以上合计纳税 242.96 万元。

11.3.2　双层公司投资商业不动产的税收负担分析

例 张先生设立张氏投资公司，张氏投资公司之下设立甲、乙两家公司，甲公司之下设立 A 公司，乙公司之下设立 B 公司，A 公司和 B 公司各购置一处商铺，以公司名义经营和转让商铺。A 公司和 B 公司均为增值税小规模纳税人，甲公司和乙公司为小型微利企业。

A 公司和 B 公司购置商铺，合计需要缴纳契税：$1000 \div (1+9\%) \times 3\% = 27.52$（万元）。

A 公司和 B 公司出租商铺，合计需要缴纳增值税：$100 \div (1+5\%) \times 5\% = 4.76$（万元）；需要缴纳城市维护建设税、教育费附加和地方教育附加：$4.76 \times (7\%+3\%+2\%) = 0.57$（万元）；需要缴纳房产税：$100 \div (1+5\%) \times 12\% = 11.43$（万元）；需要缴纳企业所得税：$[100 \div (1+5\%) - 0.57 - 11.43] \times 25\% \times 20\% = 4.16$（万元）。为简化计算，这里不扣除商铺的折旧，在转让商铺时也不考虑商铺的折旧。

甲、乙公司分别以 750 万元的价格转让 A、B 公司的股权。在转让之前，先将 A、B 公司的未分配利润全部分配给甲、乙公司。假设 A、B 公司的实收资本等于购置两处商铺的金额，即 1000 万元。

甲公司转让 A 公司的股权，取得应纳税所得：$750 - 500 = 250$（万元）；需要缴纳企业所得税：$250 \times 25\% \times 20\% = 12.5$（万元）。乙公司转让 B 公司的股权，需要缴纳企业所得税 12.5 万元。

综上，以公司的名义购置商铺合计纳税 27.52 万元；公司出租商铺取得租金合计纳税 20.92 万元；五年后转让 A 公司和 B 公司股权合计纳税 25 万元。以上合计纳税 73.44 万元。与个人投资商铺相比节税 169.52 万元。

Chapter Twelve

第12章
金融业与股权投资综合纳税筹划

金融业与股权投资综合纳税筹划的关键仍然是充分利用金融行业以及股权投资领域的税收优惠政策。企业融资属于广义的金融业，其纳税筹划的要点是尽量避免由普通企业开具利息发票。

股权投资纳税筹划中应重点应用小型微利企业税收优惠政策、股权转让免征增值税、契税、土地增值税优惠政策以及母公司从子公司取得股息免税优惠政策。

12.1 金融业综合纳税筹划

普通企业开具利息发票会导致金税系统报警，从而给企业带来涉税风险，因此，普通企业之间的融资应尽量通过银行理财、股权投资、预付款等其他形式进行。企业购买基金可以享受免税优惠，企业可以充分利用这一政策来进行纳税筹划。金融企业应充分利用增值税优惠政策进行纳税筹划。

12.1.1 企业通过银行理财进行融资

根据《中华人民共和国企业所得税法》的规定，企业在生产经营活动中发生的下列利息支出，准予扣除：①非金融企业向金融企业借款的利息支出、金融企业的各项存款利息支出和同业拆借利息支出、企业经批准发行债券的利息支出；②非金融企业向非金融企业借款的利息支出，不超过按照金融企业同期同类贷款利率计算的数额的部分。

非金融企业开具利息发票可能给企业带来涉税风险，因此，非金融企业之间直接融资的涉税风险比较大。企业可以通过银行理财进行融资。

> **例** 甲公司有 5000 万元闲置资金，甲公司与乙公司计划签订借款协议，期限一年，

年利率为 8%。假设银行同期同类贷款利率为 5%。甲公司、乙公司面临以下风险：第一，如果甲公司无法开出利息发票，乙公司支付的利息将无法在税前扣除，导致乙公司多缴纳企业所得税：5000×8%×25%=100（万元）；第二，即使甲公司可以开出利息发票，乙公司支付的利息也无法全部在税前扣除，导致乙公司多缴纳企业所得税：5000×（8%–5%）×25%=37.5（万元）。

甲公司、乙公司可以和银行合作。甲公司将 5000 万元委托给银行发行理财产品，银行将该 5000 万元发放给乙公司。银行按照年收益率 7.9% 向甲公司支付理财收益，乙公司按照年收益率 8.1% 向银行支付利息。在这一方案下，甲公司的收益减少 0.1%、乙公司的成本增加 0.1%，合计 10 万元，但乙公司向银行支付的融资成本可以在税前扣除，由此避免多缴企业所得税 37.5 万元或者 100 万元。

12.1.2　企业通过股权投资进行融资

根据《中华人民共和国企业所得税法》第二十六条的规定，符合条件的居民企业之间的股息、红利等权益性投资收益为免税收入。根据《中华人民共和国企业所得税法实施条例》第八十三条的规定，符合条件的居民企业之间的股息、红利等权益性投资收益，是指居民企业直接投资于其他居民企业取得的投资收益，不包括连续持有居民企业公开发行并上市流通的股票不足 12 个月取得的投资收益。企业可以通过股权投资的方式进行融资。

例 甲公司有 5000 万元闲置资金，甲公司与乙公司计划签订借款协议，期限一年，年利率为 8%。假设银行同期同类贷款利率为 5%。甲公司、乙公司面临和上述案例相同的风险。甲公司取得利息收入，还应当缴纳 6% 的增值税和 25% 的企业所得税。

甲公司可以将 5000 万元投资给乙公司，持有乙公司若干比例的股权。持股期间，乙公司向甲公司分红 375 万元，股息免税。持股满 1 年后，甲公司将乙公司股权转让给乙公司其他股东或者以减资的方式退出（可以象征性地缴纳所得税）。由此节约企业所得税 50 万元或 125 万元。另外，甲公司取得股息不需要缴纳增值税，甲公司也不需要向乙公司开具发票。

12.1.3　企业通过预付款进行融资

根据《中华人民共和国企业所得税法实施条例》第九条的规定，企业应纳税所得额的计算，以权责发生制为原则，属于当期的收入和费用，不论款项是否收付，均作为当期的收入和费用；不属于当期的收入和费用，即使款项已经在当期收付，均不作为当期的收入和费用。本条例和国务院财政、税务主管部门另有规定的除外。

权责发生制在很多情况下对企业是不利的，因为经常出现企业尚未收到付款就需要纳税的现象。但企业如果能够巧妙使用预付款，也可以实现顺利融资的目的。

例 甲公司有 5000 万元闲置资金，甲公司与乙公司计划签订借款协议，期限一年，年利率为 8%。假设银行同期同类贷款利率为 5%。甲公司、乙公司面临和前述案例相同的风险。

甲公司可以与乙公司签订一份委托研发无形资产的协议。根据约定，甲公司向乙公司预付转让无形资产价款 5000 万元，待乙公司研发成功并交付无形资产时再支付剩余的 5000 万元。研发期限为一年，若乙公司研发失败，乙公司应返还甲公司预付的 5000 万元价款并支付 500 万元违约金。

由于遇到不可克服的困难（疫情、洪水、技术研发难题），乙公司无法按期研发无形资产，导致乙公司在研发协议期满后需要返还甲公司 5000 万元并支付 500 万元违约金。

对乙公司而言，该 500 万元违约金是企业生产经营中合理的成本，根据税法规定，允许在企业所得税税前扣除。甲公司不需要缴纳增值税，不需要向乙公司开具发票，但需缴纳 25% 的企业所得税。

12.1.4　企业通过基金免税优惠进行纳税筹划

根据《财政部　国家税务总局关于企业所得税若干优惠政策的通知》（财税〔2008〕1 号）的规定，对证券投资基金从证券市场中取得的收入，包括股票买卖、债券的差价收入、股权的股息、红利收入、债券的利息收入及其他收入，暂不征收企业所得税；对投资者从证券投资基金分配中取得的收入，暂不征收企业所得税；对债券投资基金管理人运用基金买卖股票、债券的差价收入，暂不征收企业所得税。企业投资基金的收入不征收企业所得税，但其投资基金的亏损可以抵减其利润，由此，企业就有了节税的空间。

例 甲公司购买基金，第一年盈利 1000 万元，第二年亏损 1000 万元。甲公司两年投资基金整体上不亏不盈。但甲公司第一年盈利，并不需要缴纳企业所得税，没有所得税负担，第二年的亏损可以从其利润总额中扣除，从而降低利润总额 1000 万元，甲公司少交企业所得税 250 万元。甲公司投资基金，减轻企业所得税负担 250 万元。

12.1.5　金融企业利用税收优惠进行纳税筹划

1. 充分利用增值税优惠政策

根据现行增值税政策，农村信用社、村镇银行、农村资金互助社、由银行业机构全资发起设立的贷款公司、法人机构在县（县级市、区、旗）及县以下地区的农村合作银行和农村商业银行提供金融服务收入，可以选择适用简易计税方法按照 3% 的征收率计算缴纳增值税。

村镇银行，是指经中国银行业监督管理委员会依据有关法律、法规批准，由境内外金

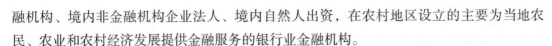

融机构、境内非金融机构企业法人、境内自然人出资，在农村地区设立的主要为当地农民、农业和农村经济发展提供金融服务的银行业金融机构。

农村资金互助社，是指经银行业监督管理机构批准，由乡（镇）、行政村农民和农村小企业自愿入股组成，为社员提供存款、贷款、结算等业务的社区互助性银行业金融机构。

由银行业机构全资发起设立的贷款公司，是指经中国银行业监督管理委员会依据有关法律、法规批准，由境内商业银行或农村合作银行在农村地区设立的专门为县域农民、农业和农村经济发展提供贷款服务的非银行业金融机构。县（县级市、区、旗），不包括直辖市和地级市所辖城区。

我国针对农村金融的一些税收优惠政策也值得关注和享受。

2017年1月1日至2023年12月31日，对金融机构向农户、小型企业、微型企业及个体工商户发放小额贷款取得的利息收入，免征增值税。金融机构应将相关免税证明材料留存备查，单独核算符合免税条件的小额贷款利息收入，按现行规定向主管税务机构办理纳税申报；未单独核算的，不得免征增值税。

金融机构在满足上述条件时，应注意选择按照简易方法计算缴纳增值税或者免于缴纳增值税。

2. 充分利用企业所得税优惠政策

根据现行企业所得税政策，2017年1月1日至2023年12月31日，对金融机构农户小额贷款的利息收入，在计算应纳税所得额时，按90%计入收入总额。

2017年1月1日至2023年12月31日，对保险公司为种植业、养殖业提供保险业务取得的保费收入，在计算应纳税所得额时，按90%计入收入总额。

农户，是指长期（一年以上）居住在乡镇（不包括城关镇）行政管理区域内的住户，还包括长期居住在城关镇所辖行政村范围内的住户和户口不在本地而在本地居住一年以上的住户、国有农场的职工和农村个体工商户。位于乡镇（不包括城关镇）行政管理区域内和在城关镇所辖行政村范围内的国有经济的机关、团体、学校、企事业单位的集体户，以及有本地户口，但举家外出谋生一年以上的住户，无论是否保留承包耕地，均不属于农户。农户以户为统计单位，既可以从事农业生产经营，也可以从事非农业生产经营。农户贷款的判定应以贷款发放时的承贷主体是否属于农户为准。

小额贷款，是指单笔且该农户贷款余额总额在10万元（含本数）以下的贷款。保费收入，是指原保险保费收入加上分保费收入减去分出保费后的余额。金融机构应对符合条件的农户小额贷款利息收入进行单独核算，不能单独核算的不得适用上述规定的优惠政策。

金融机构和保险公司在满足以上条件时，应注意将利息收入和保费收入按90%计入收入总额。

3. 充分利用印花税优惠政策

2018 年 1 月 1 日至 2023 年 12 月 31 日，对金融机构与小型企业、微型企业签订的借款合同免征印花税。

小型企业、微型企业，是指符合《中小企业划型标准规定》（工信部联企业〔2011〕300 号）的小型企业和微型企业。其中，资产总额和从业人员指标均以贷款发放时的实际状态确定；营业收入指标以贷款发放前 12 个自然月的累计数确定，不满 12 个自然月的，按照以下公式计算：

营业收入（年）= 企业实际存续期间营业收入 / 企业实际存续月数 × 12

金融机构在与符合条件的小型企业、微型企业签订借款合同时，应注意不要错误缴纳印花税或者粘贴印花税票。

12.2　股权投资综合纳税筹划

股权投资综合纳税筹划主要是指充分利用各种税收优惠政策来实现股权或者资产的转让，包括利用小型微利企业、亏损企业、双层公司股息免税政策以及地方财政奖励来转让股权，利用股权转让免增值税、契税的政策来转让资产。

12.2.1　利用小型微利企业转让股权

个人股权投资的收益主要是股息和股权转让所得。个人转让股权所得，适用税率为 20%。小型微利企业转让股权实际适用税率可以降至 5%。因此，搭建双层公司架构，利用小型微利企业持有股权并转让，可以起到节税的效果。

例 王先生计划出资 100 万元购买甲公司 10% 的股权，若干年后，以 200 万元的价格将股权转让给他人。王先生应缴纳个人所得税：（200−100）×20%=20（万元）。

如果王先生先成立王氏投资公司，由其出资 100 万元购买甲公司 10% 的股权，若干年后以 200 万元的价格将股权转让给他人。王氏投资公司应纳企业所得税：100×25%×20%=5（万元）。减轻所得税负担：20−5=15（万元）。

12.2.2　利用亏损企业转让股权

根据《中华人民共和国企业所得税法》的规定，企业某一纳税年度发生的亏损可以用下一年度的所得弥补，下一年度的所得不足以弥补的，可以逐年延续弥补，但最长不得超过 5 年。个人股权转让需要缴纳 20% 的个人所得税，如果利用亏损企业转让股权，所得可以用于弥补亏损，减少当期应纳税款。

例 徐先生计划出资1000万元购买甲公司股权，若干年后，以2000万元的价格将股权转让给他人。徐先生应缴纳个人所得税200万元。

若徐先生拥有（或收购）一家亏损1000万元的乙公司，由乙公司出资1000万元购买甲公司10%的股权，若干年后，以2000万元的价格将股权转让给他人。乙公司应纳税所得额为0，不需要缴纳企业所得税。徐先生节税200万元。

12.2.3 利用双层公司股息免税政策转让股权

在双层公司架构下，母公司从子公司取得股息不需要缴纳企业所得税。个人在股权转让时，也可以利用双层公司股息免税政策来进行纳税筹划。

例 郑女士拥有甲公司30%的股权，初始投资为100万元，目前市场价值为1000万元。已知甲公司未分配利润为3000万元。如果直接转让股权，郑女士需要缴纳个人所得税：（1000-100）×20%=180（万元）。

如果郑女士事先成立双层公司架构，即郑女士成立一人有限责任公司乙公司，由乙公司持有甲公司30%的股权，甲公司向乙公司分红890万元，乙公司不需要纳税。分红之后，乙公司再以110万元的价格转让甲公司30%的股权，乙公司需要缴纳企业所得税：（110-100）×25%×20%=0.5（万元）。郑女士减轻税收负担：180-0.5=179.5（万元）。

12.2.4 利用地方财政奖励转让股权

某些地方在招商引资中有财政奖励政策，企业或者个人事先在享受财政奖励的地区设立控股公司并由其转让股权，可以享受当地的财政奖励政策。

例 甲公司以1000万元收购A公司，若干年后，再以2000万元的价格转让A公司，在此期间，A公司收购了当地的金属矿，因此其公司价值有了明显提升。甲公司应当缴纳企业所得税：（2000-1000）×25%=250（万元）。如果甲公司事先在享受财政奖励90%优惠的地方设立乙公司，由乙公司去收购A公司，未来再转让A公司，由乙公司缴纳250万元企业所得税。乙公司可以获得企业所得税地方分享部分（目前所得税收入中地方分享比例为40%）90%的财政奖励：250×40%×90%=90（万元）。甲公司集团减轻税收负担90万元。

12.2.5 利用股权转让免增值税政策

股权转让不征收增值税，企业或者个人如果事先将有可能需要转让的资产移入公司之中，未来就可以利用股权转让免增值税政策进行纳税筹划。

例　属于增值税小规模纳税人的甲公司购置一处写字楼自用，若干年后，将该写字楼转让给其他企业，甲公司应当缴纳增值税及其附加。如果甲公司先成立乙公司，再由乙公司购置该处写字楼，出租给甲公司使用。若干年后，甲公司直接将乙公司转让给其他企业，甲公司不需要缴纳增值税及其附加。

12.2.6　利用股权转让免契税政策

根据《关于继续执行企业　事业单位改制重组有关契税政策的公告》（财政部　税务总局公告 2021 年第 17 号）的规定，在股权（股份）转让中，单位、个人承受公司股权（股份），公司土地、房屋权属不发生转移，不征收契税。股权转让不征收契税，企业或者个人如果事先将有可能需要转让的不动产转入公司之中，未来就可以利用股权转让免契税政策进行纳税筹划。

例　甲公司购置一处商铺自用，若干年后，将该商铺转让给乙公司。乙公司使用若干年后再将该商铺转让给丙公司。甲公司购置商铺时需要按 3%~5% 的税率缴纳契税，甲公司将商铺转让给乙公司时，乙公司需要再缴纳一次契税。乙公司将商铺转让给丙公司时，丙公司也需要再缴纳一次契税。

如果甲公司先成立 A 公司，由 A 公司购置该处商铺，A 公司需要缴纳一次契税。未来，甲公司将 A 公司转让给乙公司，乙公司再将 A 公司转让给丙公司时，均不需要缴纳契税。

附　录

附录 A
纳税筹划实战案例练习题

以下均为编者在教学中讲授多次且于现实中操作过的经典简化案例。

案例 1

李女士以个人名义经营一家网店，目前该网店的年度销售额约 1000 万元，利润总额约 200 万元。该网店雇佣员工约 10 人。网店销售收入均入李女士个人账户，相关支出也从其个人账户出。该网店未办理营业执照，也未缴纳任何税款。请为李女士提出纳税合规建议与纳税筹划方案。

案例 2

赵先生担任 A 公司总经理，月工资 8 万元，无年终奖。赵先生为独生子女，其父母已经年满 60 周岁。赵先生的妻子为全职太太，两个孩子均在某小学读书。赵先生未申报专项附加扣除。请为赵先生提出纳税筹划方案。

案例 3

任某某担任 B 集团首席经济学家，2024 年度年薪 1500 万元，请计算：

（1）年薪如全部按工资发放，需要缴纳多少个人所得税？

（2）年薪如按工资和年终奖两种方式发放，最低需要缴纳多少个人所得税？

（3）年薪如按股票期权和工资两种方式发放，最低需要缴纳多少个人所得税？

（4）年薪如按工资、年终奖和股票期权三种方式发放，最低需要缴纳多少个人所得税？

（5）假设任某某 2024 年度各种税前扣除项目的总额为 10 万元，即全年应纳税所得额为 1490 万元。是否还有其他节税方法？如有，请设计一个更节税的方法。

案例 4

C 公司主要生产和销售酱菜，每年销售收入约 8000 万元，其中约 3000 万元入公司账户，5000 万元入老板个人账户。C 公司账面年度利润总额约 500 万元，缴纳企业所得税

125 万元。账外收入用于支付部分原材料和员工工资，以减轻社保和个税负担。请为 C 公司提出纳税合规建议与纳税筹划方案。

案例 5

D 公司为增值税一般纳税人，主要为短视频平台巨头提供服务，年开票金额为 1 亿元，适用增值税税率为 6%。短视频平台的几百名主播均与 D 公司签订合同，以 D 公司的名义与短视频平台合作，从 D 公司取得所得，年所得从 1 万元至 200 万元不等。如果按照劳务报酬纳税，主播的税负较高，D 公司也缺少进项。请为 D 公司及主播提供纳税筹划方案。

案例 6

王先生计划购买 E 公司（医疗美容企业）的全部股权，目前 E 公司租赁一处不动产从事经营，年度收入总额约 8000 万元，应纳税所得额约 4000 万元，需要缴纳企业所得税 1000 万元。E 公司每年需支付渠道费 2000 万元，房租 200 万元，均无法取得发票，因此也无法税前扣除。未来一年王先生计划由 E 公司购置一处不动产（价值约 5000 万元）以及若干机器设备（价值约 1000 万元）从事经营。请对王先生的上述投资计划提出纳税筹划方案。

案例 7

张先生经营一家有限责任公司——F 公司。

（1）由于经营规模扩大，张先生计划在 F 公司之下设立若干家子公司或者分公司，关于分公司还是子公司的设立问题，请从纳税筹划的角度为张先生提供一些建议。

（2）张先生每年从 F 公司取得股息 100 万元，这些股息主要用于再投资，由于 F 公司还有其他股东，根据公司章程的规定，F 公司必须每年分红。就该笔股息所得，从纳税筹划的角度为张先生提供一些建议。

（3）目前 F 公司每年盈利约 500 万元，适用 25% 的企业所得税税率。张先生了解国家对小型微利企业、设立在特定地区的企业均有税收优惠政策，但不清楚如何利用，请从纳税筹划的角度为张先生提供一些建议。

案例 8

李女士看中了上海的一处不动产，该处不动产为一栋大厦的整个第三层，有 6000 平方米，共 20 个房产证，总价格约 2 亿元。该层建筑主要适合作为写字楼和会议室使用，李女士计划购买之后对外出租，在价格合适时再对外出售。目前，李女士名下有一家房地产开发公司（位于南京）和一家贸易公司（位于上海自贸区）。请对李女士计划购买的该项不动产投资提出纳税筹划方案（应综合考虑个人所得税、企业所得税、增值税、土地增值税、房产税和契税等主要税种）。

案例9

G公司年度利润约2000万元，适用25%的企业所得税税率。2024年度计划购置一台价值500万元的设备用于生产经营，公司原计划由自己出资购置并按直线法分五年进行折旧（无残值，每年折旧100万元）。请计算该设备的折旧能为G公司节约多少企业所得税？如果G公司想进一步发挥该套设备所带来的节税功能且利用小微企业的税收优惠政策，你有什么好的建议？

案例10

张先生是H有限责任公司（以下简称H公司）的唯一股东。H公司主要从事股权投资业务。往年年度收入约300万元，成本费用约200万元，利润总额约100万元。H公司持有一家上市公司4%的股份，该股属于限售股，将于半年后解禁，按目前股价计算，全部减持后带来6亿元的收入，其持有成本为1000万元。请为张先生提供纳税筹划方案。

附录 B
财税政策目录

国家会计制度与会计准则

- **基本会计制度**

  《中华人民共和国会计法》（2017 年 11 月 4 日）

  《企业财务会计报告条例》（2000 年 6 月 21 日）

  《会计基础工作规范》（2019 年 3 月 14 日）

  《财政部门实施会计监督办法》（2001 年 2 月 20 日）

  《关于加强国家统一的会计制度贯彻实施工作的指导意见》（2019 年 10 月 22 日）

- **代理记账管理制度**

  《代理记账管理办法》（2019 年 3 月 14 日）

  《财政部关于印发〈代理记账行业协会管理办法〉的通知》（2018 年 11 月 13 日）

  《关于深化代理记账行业"证照分离"改革进一步激发市场主体发展活力的通知》（2021 年 7 月 23 日）

  《财政部办公厅关于做好 2022 年代理记账行业管理工作的通知》（2022 年 3 月 14 日）

- **会计人员管理制度**

  《财政部人事部关于修订印发〈会计专业技术资格考试暂行规定〉及其实施办法的通知》（2000 年 9 月 8 日）

  《财政部　人力资源社会保障部关于印发〈会计专业技术人员继续教育规定〉的通知》（2018 年 5 月 19 日）

  《财政部关于印发〈会计人员管理办法〉的通知》（2018 年 12 月 6 日）

  《财政部关于加强会计人员诚信建设的指导意见》（2018 年 4 月 19 日）

- **企业会计制度与会计准则**

  《企业会计制度》（2000 年 12 月 29 日）

  《财政部关于印发〈农民专业合作社会计制度〉的通知》（2021 年 12 月 30 日）

《财政部关于印发〈工会会计制度〉的通知》（2021 年 4 月 14 日）

《企业会计准则——基本准则》（2014 年 7 月 23 日）

《财政部关于印发〈小企业会计准则〉的通知》（2011 年 10 月 18 日）

- **政府会计与档案管理**

  《财政部关于印发〈政府会计制度——行政事业单位会计科目和报表〉的通知》（2017 年 10 月 24 日）

  《财政部关于印发〈财政总预算会计制度〉的通知》（2015 年 10 月 10 日）

  《政府会计准则——基本准则》（2015 年 10 月 23 日）

  《税收会计制度》（2018 年 6 月 15 日）

  《会计档案管理办法》（2015 年 12 月 11 日）

- **行政事业单位及国有企业财务制度**

  《中华人民共和国企业国有资产法》（2008 年 10 月 28 日）

  《总会计师条例》（2011 年 1 月 8 日）

  《企业财务通则》（2006 年 12 月 4 日）

  《事业单位财务规则》（2022 年 1 月 7 日）

  《行政单位财务规则》（2012 年 12 月 6 日）

- **行政事业单位与企业内部控制制度**

  《财政部关于印发〈行政事业单位内部控制规范（试行）〉的通知》（2012 年 11 月 29 日）

  《财政部关于全面推进行政事业单位内部控制建设的指导意见》（2015 年 12 月 21 日）

  《财政部证监会审计署银监会保监会关于印发〈企业内部控制基本规范〉的通知》（2008 年 5 月 22 日）

  《财政部关于印发〈小企业内部控制规范（试行）〉的通知》（2017 年 6 月 29 日）

国家财政与财务监督制度

- **国家预算制度**

  《中华人民共和国预算法》（2018 年 12 月 29 日）

  《全国人民代表大会常务委员会关于加强中央预算审查监督的决定》（2021 年 4 月 29 日）

  《中华人民共和国预算法实施条例》（2020 年 8 月 3 日）

  《国务院关于进一步深化预算管理制度改革的意见》（2021 年 3 月 7 日）

- **国家审计制度**

  《中华人民共和国审计法》（2021 年 10 月 23 日）

《中华人民共和国审计法实施条例》（2010 年 2 月 2 日）

《中央预算执行情况审计监督暂行办法》（1995 年 7 月 19 日）

《审计机关审计听证规定》（2021 年 11 月 19 日）

- **社会审计制度**

《中华人民共和国注册会计师法》（2014 年 8 月 31 日）

《注册会计师注册办法》（2019 年 3 月 15 日）

《会计师事务所执业许可和监督管理办法》（2019 年 1 月 2 日）

《国务院办公厅关于进一步规范财务审计秩序促进注册会计师行业健康发展的意见》（2021 年 7 月 30 日）

- **票据管理制度**

《中华人民共和国票据法》（2004 年 8 月 28 日）

《票据管理实施办法》（2011 年 1 月 8 日）

《最高人民法院关于审理票据纠纷案件若干问题的规定》（2020 年 12 月 23 日）

《标准化票据管理办法》（2020 年 6 月 24 日）

《财政票据管理办法》（2020 年 12 月 3 日）

- **现金管理制度**

《中华人民共和国人民币管理条例》（2018 年 3 月 19 日）

《现金管理暂行条例》（2011 年 1 月 8 日）

《财政部　人民银行关于印发〈单位公务卡管理办法（试行）〉的通知》（2016 年 1 月 4 日）

《中国人民银行关于规范人民币现金收付行为有关事项的公告》（2020 年 12 月 9 日）

《国家税务总局办公厅关于税费征收过程中人民币现金收付有关事项的通知》（2021 年 1 月 26 日）

- **政府采购管理制度**

《中华人民共和国政府采购法》（2014 年 8 月 31 日）

《中华人民共和国政府采购法实施条例》（2015 年 1 月 30 日）

《政府采购质疑和投诉办法》（2017 年 12 月 26 日）

《政府采购信息发布管理办法》（2019 年 11 月 27 日）

《政府采购框架协议采购方式管理暂行办法》（2022 年 1 月 14 日）

社会保险与所得税法律制度

- **社会保险制度**

《中华人民共和国社会保险法》（2018 年 12 月 29 日）

《社会保险费征缴暂行条例》（2019 年 3 月 24 日）

《财政部关于印发〈社会保险基金会计制度〉的通知》（2017 年 11 月 28 日）

《国务院办公厅关于印发降低社会保险费率综合方案的通知》（2019 年 4 月 1 日）

《国家医保局　财政部　国家税务总局关于做好 2022 年城乡居民基本医疗保障工作的通知》（2022 年 6 月 30 日）

《国家医保局等四部门关于阶段性缓缴职工基本医疗保险单位缴费的通知》（2022 年 6 月 30 日）

● **企业所得税制度**

《中华人民共和国企业所得税法》（2018 年 12 月 29 日）

《中华人民共和国企业所得税法实施条例》（2019 年 4 月 23 日）

《国家税务总局关于印发〈企业所得税核定征收办法〉（试行）的通知》（2008 年 3 月 6 日）

《非居民企业所得税核定征收管理办法》（2018 年 6 月 15 日）

《国家税务总局关于发布〈企业所得税税前扣除凭证管理办法〉的公告》（2018 年 6 月 6 日）

《财政部　税务总局关于延长高新技术企业和科技型中小企业亏损结转年限的通知》（2018 年 7 月 11 日）

《财政部　税务总局关于广告费和业务宣传费支出税前扣除有关事项的公告》（2020 年 11 月 27 日）

《财政部　国家税务总局　科技部关于完善研究开发费用税前加计扣除政策的通知》（2015 年 11 月 2 日）

《财政部　税务总局　科技部关于企业委托境外研究开发费用税前加计扣除有关政策问题的通知》（2018 年 6 月 25 日）

《财政部　税务总局关于进一步完善研发费用税前加计扣除政策的公告》（2021 年 3 月 31 日）

《财政部　税务总局　科技部关于进一步提高科技型中小企业研发费用税前加计扣除比例的公告》（2022 年 3 月 23 日）

《财政部　税务总局关于进一步完善研发费用税前加计扣除政策的公告》（2023 年 3 月 26 日）

《关于延续西部大开发企业所得税政策的公告》（2020 年 4 月 23 日）

《关于促进集成电路产业和软件产业高质量发展企业所得税政策的公告》（2020 年 12 月 11 日）

《财政部　税务总局　民政部关于生产和装配伤残人员专门用品企业免征企业所得税的公告》（2021 年 4 月 2 日）

《关于延续境外机构投资境内债券市场企业所得税、增值税政策的公告》（2021 年 11 月 22 日）

《关于基础设施领域不动产投资信托基金（REITs）试点税收政策的公告》（2022 年 1 月 26 日）

《国家税务总局关于进一步完善固定资产加速折旧企业所得税政策有关问题的公告》（2015年9月25日）

《财政部　税务总局关于中小微企业设备器具所得税税前扣除有关政策的公告》（2022年3月2日）

《财政部　税务总局关于实施小微企业和个体工商户所得税优惠政策的公告》（2021年4月2日）

《关于进一步实施小微企业所得税优惠政策的公告》（2022年3月14日）

《国家税务总局关于小型微利企业所得税优惠政策征管问题的公告》（2022年3月22日）

《关于小微企业和个体工商户所得税优惠政策的公告》（2023年3月26日）

《国家税务总局关于落实小型微利企业所得税优惠政策征管问题的公告》（2023年3月27日）

《关于进一步支持小微企业和个体工商户发展有关税费政策的公告》（2023年8月2日）

《财政部　税务总局　科技部关于加大支持科技创新税前扣除力度的公告》（2022年9月22日）

《关于企业投入基础研究税收优惠政策的公告》（2022年9月30日）

● **个人所得税制度**

《中华人民共和国个人所得税法》（2018年8月31日）

《中华人民共和国个人所得税法实施条例》（2018年12月18日）

《国务院关于印发个人所得税专项附加扣除暂行办法的通知》（2018年12月13日）

《国务院关于设立3岁以下婴幼儿照护个人所得税专项附加扣除的通知》（2022年3月19日）

《关于全面实施新个人所得税法若干征管衔接问题的公告》（2018年12月19日）

《国家税务总局关于修订发布〈个人所得税专项附加扣除操作办法（试行）〉的公告》（2022年3月25日）

《关于个人取得有关收入适用个人所得税应税所得项目的公告》（2019年6月13日）

《国家税务总局关于发布〈个人所得税扣缴申报管理办法（试行）〉的公告》（2018年12月21日）

《国家税务总局关于完善调整部分纳税人个人所得税预扣预缴方法的公告》（2020年7月28日）

《国家税务总局关于进一步简便优化部分纳税人个人所得税预扣预缴方法的公告》（2020年12月4日）

《国家税务总局关于办理2022年度个人所得税综合所得汇算清缴事项的公告》（2023年2月2日）

《演出市场个人所得税征收管理暂行办法》（2018年6月15日）

《广告市场个人所得税征收管理暂行办法》（2018年6月15日）

《机动出租车驾驶员个人所得税征收管理暂行办法》（2018年6月15日）

《建筑安装业个人所得税征收管理暂行办法》（2018 年 6 月 15 日）

《个体工商户个人所得税计税办法》（2018 年 6 月 15 日）

《个体工商户建账管理暂行办法》（2018 年 6 月 15 日）

《个体工商户税收定期定额征收管理办法》（2018 年 6 月 15 日）

《关于落实支持个体工商户发展个人所得税优惠政策有关事项的公告》（2023 年 3 月 26 日）

《财政部　税务总局关于公益慈善事业捐赠个人所得税政策的公告》（2019 年 12 月 30 日）

《关于权益性投资经营所得个人所得税征收管理的公告》（2021 年 12 月 30 日）

《财政部　税务总局关于延续实施全年一次性奖金等个人所得税优惠政策的公告》（2021 年 12 月 31 日）

《关于延续实施外籍个人津补贴等有关个人所得税优惠政策的公告》（2021 年 12 月 31 日）

《境外所得个人所得税征收管理暂行办法》（2018 年 6 月 15 日）

《关于非居民个人和无住所居民个人有关个人所得税政策的公告》（2019 年 3 月 14 日）

《关于境外所得有关个人所得税政策的公告》（2020 年 1 月 17 日）

《财政部　税务总局　证监会关于交易型开放式基金纳入内地与香港股票市场交易互联互通机制后适用税收政策问题的公告》（2022 年 6 月 30 日）

《财政部　税务总局关于法律援助补贴有关税收政策的公告》（2022 年 8 月 5 日）

《财政部　税务总局关于支持居民换购住房有关个人所得税政策的公告》（2022 年 9 月 30 日）

《国家税务总局关于支持居民换购住房个人所得税政策有关征管事项的公告》（2022 年 9 月 30 日）

《财政部　税务总局关于个人养老金有关个人所得税政策的公告》（2022 年 11 月 3 日）

货物与劳务税法律制度

● 增值税制度

《中华人民共和国增值税暂行条例》（2017 年 11 月 19 日）

《全国人民代表大会常务委员会关于外商投资企业和外国企业适用增值税、消费税、营业税等税收暂行条例的决定》（1993 年 12 月 19 日）

《国务院关于外商投资企业和外国企业适用增值税、消费税、营业税等税收暂行条例有关问题的通知》（1994 年 2 月 22 日）

《中华人民共和国增值税暂行条例实施细则》（2011 年 10 月 28 日）

《财政部　税务总局关于全面推开营业税改征增值税试点的通知》（2016 年 3 月 23 日）

《增值税一般纳税人登记管理办法》（2017 年 12 月 29 日）

《国家税务总局关于在新办纳税人中实行增值税专用发票电子化有关事项的公告》（2020 年
12 月 20 日）

《财政部关于印发〈增值税会计处理规定〉的通知》（2016 年 12 月 3 日）

《财政部　税务总局关于明确国有农用地出租等增值税政策的公告》（2020 年 1 月 20 日）

《关于二手车经销有关增值税政策的公告》（2020 年 4 月 8 日）

《财政部　税务总局关于明确无偿转让股票等增值税政策的公告》（2020 年 9 月 29 日）

《财政部　税务总局关于继续执行边销茶增值税政策的公告》（2021 年 2 月 19 日）

《财政部　税务总局关于延续宣传文化增值税优惠政策的公告》（2021 年 3 月 22 日）

《关于出口货物保险增值税政策的公告》（2021 年 12 月 22 日）

《关于完善资源综合利用增值税政策的公告》（2021 年 12 月 30 日）

《关于对增值税小规模纳税人免征增值税的公告》（2022 年 3 月 24 日）

《关于快递收派服务免征增值税政策的公告》（2022 年 4 月 29 日）

《关于扩大全额退还增值税留抵税额政策行业范围的公告》（2022 年 6 月 7 日）

《国家税务总局关于扩大全额退还增值税留抵税额政策行业范围有关征管事项的公告》
（2022 年 6 月 7 日）

《关于增值税期末留抵退税政策适用〈增值税会计处理规定〉有关问题的解读》（2022 年 6
月 24 日）

《财政部　税务总局关于银行业金融机构、金融资产管理公司不良债权以物抵债有关税收政
策的公告》（2022 年 9 月 30 日）

《财政部　海关总署　税务总局关于跨境电子商务出口退运商品税收政策的公告》（2023 年
1 月 30 日）

● **消费税制度**

《中华人民共和国消费税暂行条例》（2008 年 11 月 5 日）

《中华人民共和国消费税暂行条例实施细则》（2008 年 12 月 15 日）

《关于对电池涂料征收消费税的通知》（2015 年 1 月 26 日）

《财政部　国家税务总局关于调整卷烟消费税的通知》（2015 年 5 月 7 日）

《国家税务总局关于白酒消费税最低计税价格核定问题的公告》（2015 年 5 月 19 日）

《财政部　国家税务总局关于调整化妆品消费税政策的通知》（2016 年 9 月 30 日）

《国家税务总局关于高档化妆品消费税征收管理事项的公告》（2016 年 10 月 19 日）

《财政部　国家税务总局关于对超豪华小汽车加征消费税有关事项的通知》（2016 年 11 月
30 日）

《国家税务总局关于卷烟消费税计税价格核定管理有关问题的公告》（2017 年月 29 日）

《关于延长对废矿物油再生油品免征消费税政策实施期限的通知》（2018 年 12 月 7 日）

《财政部　海关总署　税务总局关于对部分成品油征收进口环节消费税的公告》（2021 年 5 月 12 日）

《国家税务总局关于增值税消费税与附加税费申报表整合有关事项的公告》（2021 年 7 月 9 日）

《财政部　海关总署　税务总局关于对电子烟征收消费税的公告》（2022 年 10 月 2 日）

《国家税务总局关于电子烟消费税征收管理有关事项的公告》（2022 年 10 月 25 日）

- **城市维护建设税制度**

《中华人民共和国城市维护建设税法》（2020 年 8 月 11 日）

《财政部　税务总局关于继续执行的城市维护建设税优惠政策的公告》（2021 年 8 月 24 日）

《财政部　税务总局关于城市维护建设税计税依据确定办法等事项的公告》（2021 年 8 月 24 日）

《国家税务总局关于城市维护建设税征收管理有关事项的公告》（2021 年 8 月 31 日）

- **车辆购置税制度**

《中华人民共和国车辆购置税法》（2018 年 12 月 29 日）

《财政部　税务总局关于车辆购置税有关具体政策的公告》（2019 年 5 月 23 日）

《财政部　税务总局　工业和信息化部关于新能源汽车免征车辆购置税有关政策的公告》（2020 年 4 月 16 日）

《财政部　税务总局　工业和信息化部关于设有固定装置的非运输专用作业车辆免征车辆购置税有关政策的公告》（2020 年 7 月 1 日）

《财政部　税务总局关于减征部分乘用车车辆购置税的公告》（2022 年 5 月 31 日）

《财政部　税务总局　工业和信息化部关于延续新能源汽车免征车辆购置税政策的公告》（2022 年 9 月 18 日）

- **烟叶税制度**

《中华人民共和国烟叶税法》（2017 年 12 月 27 日）

《财政部　国家税务总局关于明确烟叶税计税依据的通知》（2018 年 6 月 29 日）

财产税法律制度

- **车船税制度**

《中华人民共和国车船税法》（2019 年 4 月 23 日）

《关于节能新能源车船享受车船税优惠政策的通知》（2018 年 7 月 10 日）

- **房产税制度**

《中华人民共和国房产税暂行条例》（2011 年 1 月 8 日）

《全国人民代表大会常务委员会关于授权国务院在部分地区开展房地产税改革试点工作的决定》（2021 年 10 月 23 日）

《财政部　国家税务总局关于房产税若干具体问题的解释和暂行规定》（1986 年 9 月 25 日）

《财政部　国家税务总局关于具备房屋功能的地下建筑征收房产税的通知》（2005 年 12 月 23 日）

《财政部　国家税务总局关于房产税　城镇土地使用税有关问题的通知》（2008 年 12 月 18 日）

《财政部　国家税务总局关于房产税　城镇土地使用税有关问题的通知》（2009 年 11 月 22 日）

《财政部　国家税务总局关于营改增后契税房产税土地增值税个人所得税计税依据问题的通知》（2016 年 4 月 25 日）

● **城镇土地使用税制度**

《中华人民共和国城镇土地使用税暂行条例》（2019 年 3 月 2 日）

《财政部　国家税务总局关于城镇土地使用税若干具体问题的解释和暂行规定》（1988 年 10 月 24 日）

《财政部　国家税务总局关于企业范围内荒山林地湖泊等占地城镇土地使用税有关政策的通知》（2014 年 1 月 20 日）

《财政部　国家税务总局关于承租集体土地城镇土地使用税有关政策的通知》（2017 年 3 月 31 日）

《关于继续实施物流企业大宗商品仓储设施用地城镇土地使用税优惠政策的公告》（2020 年 3 月 13 日）

《关于继续实施物流企业大宗商品仓储设施用地城镇土地使用税优惠政策的公告》（2023 年 3 月 26 日）

● **契税制度**

《中华人民共和国契税法》（2020 年 8 月 11 日）

《关于贯彻实施契税法若干事项执行口径的公告》（2021 年 6 月 30 日）

《国家税务总局关于契税纳税服务与征收管理若干事项的公告》（2021 年 8 月 26 日）

《财政部　税务总局关于继续执行企业事业单位改制重组有关契税政策的公告》（2021 年 4 月 26 日）

《关于继续实施企业、事业单位改制重组有关契税政策的公告》（2023 年 9 月 22 日）

● **土地增值税制度**

《中华人民共和国土地增值税暂行条例》（2011 年 1 月 8 日）

《中华人民共和国土地增值税暂行条例实施细则》（1995 年 1 月 27 日）

《国家税务总局关于印发〈土地增值税清算管理规程〉的通知》（2009 年 5 月 12 日）

《国家税务总局关于土地增值税清算有关问题的通知》（2010 年 5 月 19 日）

《国家税务总局关于营改增后土地增值税若干征管规定的公告》（2016 年 11 月 10 日）

《财政部　税务总局关于继续实施企业改制重组有关土地增值税政策的公告》（2021 年 5 月 31 日）

《关于继续实施企业改制重组有关土地增值税政策的公告》（2023 年 9 月 22 日）

● **耕地占用税制度**

《中华人民共和国耕地占用税法》（2018 年 12 月 29 日）

《财政部　税务总局　自然资源部　农业农村部　生态环境部关于发布〈中华人民共和国耕地占用税法实施办法〉的公告》（2019 年 8 月 29 日）

《国家税务总局关于耕地占用税征收管理有关事项的公告》（2019 年 8 月 30 日）

● **资源税制度**

《中华人民共和国资源税法》（2019 年 8 月 26 日）

《财政部　税务总局关于继续执行的资源税优惠政策的公告》（2020 年 6 月 24 日）

《关于资源税有关问题执行口径的公告》（2020 年 6 月 28 日）

《关于进一步实施小微企业"六税两费"减免政策的公告》（2022 年 3 月 1 日）

行为税法律制度

● **环境保护税制度**

《中华人民共和国环境保护税法》（2018 年 10 月 26 日）

《中华人民共和国环境保护税法实施条例》（2017 年 12 月 25 日）

《国务院关于环境保护税收入归属问题的通知》（2017 年 12 月 22 日）

《财政部　税务总局　生态环境部关于明确环境保护税应税污染物适用等有关问题的通知》（2018 年 10 月 25 日）

《生态环境部　财政部　税务总局关于发布计算环境保护税应税污染物排放量的排污系数和物料衡算方法的公告》（2021 年 4 月 28 日）

● **印花税制度**

《中华人民共和国印花税法》（2021 年 6 月 10 日）

《关于北京证券交易所税收政策适用问题的公告》（2021 年 11 月 14 日）

《财政部　税务总局关于印花税若干事项政策执行口径的公告》（2022 年 6 月 12 日）

《财政部　税务总局关于印花税法实施后有关优惠政策衔接问题的公告》（2022 年 6 月 27 日）

《国家税务总局关于实施〈中华人民共和国印花税法〉等有关事项的公告》（2022 年 6 月 28 日）

进出口税收法律制度

● **船舶吨税制度**

《中华人民共和国船舶吨税法》（2018 年 10 月 26 日）

《海关总署关于〈中华人民共和国船舶吨税法〉实施有关事项的公告》（2018 年 6 月 26 日）

● **关税制度**

《中华人民共和国海关法》（2021 年 4 月 29 日）

《中华人民共和国进出口关税条例》（2017 年 3 月 1 日）

《中华人民共和国海关税收保全和强制措施暂行办法》（2009 年 8 月 19 日）

《工业和信息化部等部门关于印发〈重大技术装备进口税收政策管理办法实施细则〉的通知》（2020 年 7 月 24 日）

《财政部　海关总署　税务总局关于支持集成电路产业和软件产业发展进口税收政策的通知》（2021 年 3 月 16 日）

《国家税务总局关于优化整合出口退税信息系统更好服务纳税人有关事项的公告》（2021 年 6 月 3 日）

《科技部　财政部　海关总署　税务总局关于印发〈科研院所等科研机构免税进口科学研究、科技开发和教学用品管理细则〉的通知》（2021 年 9 月 30 日）

《国务院关税税则委员会关于发布〈中华人民共和国进出口税则（2022）〉的公告》（2021 年 12 月 30 日）

《财政部　海关总署　税务总局关于调整海南自由贸易港自用生产设备"零关税"政策的通知》（2022 年 2 月 11 日）

《国务院关税税则委员会关于调整煤炭进口关税的公告》（2022 年 4 月 26 日）

税收程序法律制度

● **税收征收管理制度**

《中华人民共和国税收征收管理法》（2015 年 4 月 24 日）

《中华人民共和国税收征收管理法实施细则》（2016 年 2 月 6 日）

《中华人民共和国发票管理办法》（2019 年 3 月 2 日）

《中华人民共和国发票管理办法实施细则》（2019 年 7 月 24 日）

《网络发票管理办法》（2018 年 6 月 15 日）

《税收票证管理办法》（2019 年 7 月 24 日）

《税务登记管理办法》（2019 年 7 月 24 日）

《邮寄纳税申报办法》（2018 年 6 月 15 日）

《纳税担保试行办法》（2005 年 5 月 24 日）

《税务稽查案件办理程序规定》（2021 年 7 月 12 日）

《国家税务总局关于发布〈纳税信用管理办法（试行）〉的公告》（2014 年 7 月 4 日）

《国家税务总局关于纳税信用管理有关事项的公告》（2020 年 9 月 13 日）

《国家税务总局关于纳税信用评价与修复有关事项的公告》（2021 年 11 月 15 日）

《税收违法行为检举管理办法》（2019 年 11 月 26 日）

《检举纳税人税收违法行为奖励暂行办法》（2017 年 1 月 13 日）

《欠税公告办法（试行）》（2018 年 6 月 15 日）

《税务违法案件公告办法》（2018 年 6 月 15 日）

《重大税收违法失信主体信息公布管理办法》（2021 年 12 月 31 日）

《税收执法督察规则》（2018 年 6 月 15 日）

《一般反避税管理办法（试行）》（2014 年 12 月 2 日）

《税收会计制度》（2018 年 6 月 15 日）

《中共中央办公厅国务院办公厅印发〈关于进一步深化税收征管改革的意见〉》（2021 年 3 月 24 日）

《国家税务总局关于全面实行税务行政许可事项清单管理的公告》（2022 年 9 月 28 日）

● **行政处罚制度**

《中华人民共和国行政处罚法》（2021 年 1 月 22 日）

《税务行政处罚听证程序实施办法（试行）》（1996 年 9 月 28 日）

《国家税务总局关于推行税收执法权力清单制度的指导意见》（2014 年 12 月 31 日）

《国家税务总局关于发布第一批税务行政处罚权力清单的公告》（2015 年 2 月 16 日）

《国家税务总局关于发布〈税务行政处罚裁量权行使规则〉的公告》（2016 年 11 月 30 日）

《国家税务总局关于发布〈税务行政处罚"首违不罚"事项清单〉的公告》（2021 年 3 月 31 日）

《国家税务总局关于发布〈第二批税务行政处罚"首违不罚"事项清单〉的公告》（2021 年 12 月 30 日）

● **行政复议制度**

《中华人民共和国行政复议法》（2017 年 9 月 1 日）

《中华人民共和国行政复议法实施条例》（2007 年 5 月 29 日）

《税务行政复议规则》（2018 年 6 月 15 日）

《中华人民共和国海关行政复议办法》（2014 年 3 月 13 日）

《国务院办公厅关于国务院行政复议案件处理程序若干问题的通知》（2001 年 5 月 14 日）